Le rôle du juge constitutionnel dans la consolidation de l'État de droit

Mélanges en l'honneur du Professeur Henri Pallard

Logiques Juridiques

Fondée par Gérard Marcou
Dirigée par Jean-Claude Némery et Thomas Perroud

Le droit n'est pas seulement un savoir, il est d'abord un ensemble de rapports et pratiques que l'on rencontre dans presque toutes les formes de sociétés. C'est pourquoi il a toujours donné lieu à la fois à une littérature de juristes professionnels, produisant le savoir juridique, et à une littérature sur le droit, produite par des philosophes, des sociologues ou des économistes notamment.

Parce que le domaine du droit s'étend sans cesse et rend de plus en plus souvent nécessaire le recours au savoir juridique spécialisé, même dans des matières où il n'avait jadis qu'une importance secondaire, les ouvrages juridiques à caractère professionnel ou pédagogique dominent l'édition, et ils tendent à réduire la recherche en droit à sa seule dimension positive. À l'inverse de cette tendance, la collection « Logiques juridiques » des éditions L'Harmattan est ouverte à toutes les approches du droit. Tout en publiant aussi des ouvrages à vocation professionnelle ou pédagogique, elle se fixe avant tout pour but de contribuer à la publication et à la diffusion des recherches en droit, ainsi qu'au dialogue scientifique sur le droit. Comme son nom l'indique, elle se veut plurielle.

Dernières parutions

Alex ATANASOV, *La machine judiciaire. Analyse économique et comparative du fonctionnement du système judiciaire*, 2023.
Mohamed KETATA, *Droit du marché financier et droit des contrats. Contribution à l'étude de l'opération de marché en droits tunisien et français*, 2023.
Van Anh LY, *La codification du droit international privé vietnamien à la lumière de la codification québécoise*, 2023.
Ruben AKONO MINLO, *Introduction au droit minier applicable au Cameroun. Une vue synoptique des aspects juridiques de l'exploitation minière*, 2023.
Yao AGBETSE, *La supervision de la mise en œuvre des droits de l'homme à l'épreuve de la volonté politique des États africains. La Commission africaine des droits de l'homme et des peuples dans tous ses états*, 2023.
Golnaz KARIMZADEH MEIBODI, *La subrogation réelle en droit patrimonial de la famille*, 2023.
Rawaa SALHI, *La constitution tunisienne de 2014 et le droit international. Tout ce qu'il faut comprendre !*, 2023.
Philippe DE LADOUCETTE, *Régulation indépendante du marché de l'énergie*, 2023.

Sous la direction de
El Houssain Abouchi,
Abdelmalek El Ouazzani,
Michel Giroux

Le rôle du juge constitutionnel dans la consolidation de l'État de droit

Mélanges en l'honneur du Professeur Henri Pallard

Préface de
Yadh Ben Achour

L'Harmattan

5-7, rue de l'École-Polytechnique, 75005 Paris
http://www.editions-harmattan.fr
ISBN : 978-2-336-52671-3
EAN : 9782336526713

SOMMAIRE

Curriculum vitae : Henri Pallard 11

Préface. Mélanges en l'honneur
du professeur Henri Pallard 49
Yadh BEN ACHOUR

Apport du juge constitutionnel dans la construction
de l'État de droit 57
El Houssain ABOUCHI, Abdelmalek EL OUAZZANI, et Michel GIROUX

Société, juge et droit 81
Rachid BAGAOUI

Les Sociétés islamiques et l'idée de constitutionnalité.
La Société de droit contre l'État de droit 89
Yadh BEN ACHOUR

Le Juge constitutionnel et l'État de droit au Maroc 101
Nadia BERNOUSSI

La Tunisie, le juge constitutionnel et l'État de droit 119
Lamia NEJI

Le Contrôle de constitutionnalité en Égypte.
Les amendements constitutionnels 151
Hassan ABDELHAMID

La Question prioritaire de constitutionnalité :
la France, une démocratie suffisamment mûre
pour accepter pleinement l'État de droit ? 169
Thomas SIRET

Justice constitutionnelle et État de droit en France :
un mariage de raison 183
Martial MATHIEU

Le Conseil constitutionnel français et l'environnement 197
Jean-Marie BRETON

Le Tribunal constitutionnel espagnol et l'État de droit. Dérive partisane d'un organisme politisé 219
Damià DEL CLOT

La Justice constitutionnelle portugaise. Vol d'oiseau 249
Paulo FERREIRA DA CUNHA

Évolution de la *rule of law* et du constitutionnalisme au Royaume-Uni 257
Alex Atansasov

Primauté de la politique et suprématie judiciaire aux États-Unis : de *Marbury v. Madison* à *Shelby County v. Holder* 279
Michel GIROUX et Henri PALLARD

Suprématie du parlement et *rule of law* au Canada : 1867-1982 303
Henri Pallard

Contrôle judiciaire de la constitutionnalité des lois et de l'action gouvernementale : la Charte canadienne des droits et libertés 321
Michel Giroux

Constitution et cour constitutionnelle : l'histoire de la Mongolie 343
Manuel J. PELÁEZ et Xiaomei HAN

Ding Qi : La Cour populaire suprême et la construction chinoise d'un État de droit 353
Dale BRAWN

Table des matières 367

CURRICULUM VITAE

Henri Pallard

Diplômes et titres universitaires

1969 Diplôme de fin d'études. Collège Saint-Jean, Edmonton, Canada.
1972 B.A. (histoire), Université de l'Alberta, Canada.
1975 B.A. (spécialisation philosophie), Université d'Ottawa, Canada.
1975 B.Ph. (philosophie), Université Saint-Paul, Ottawa, Canada.
1977 M.A. (philosophie), Université d'Ottawa, Canada.
1977 License (philosophie), Université Saint-Paul, Ottawa, Canada.
1977 D.E.A. (philosophie), Université de Dijon, France.
1981 Docteur de 3e cycle (histoire des idées/philosophie du droit), Université de Nice, France. *L'Idée d'institution et la nature du phénomène juridique. Une Description phénoménologique du droit.* Mention très bien avec les félicitations du jury.
1984 LL.B./J.D. (common law), Université McGill. Montréal, Canada.

Expérience universitaire

Université Laurentienne, Sudbury (Ontario), Canada

Département de Droit et Justice
1986 Professeur adjoint.
1990 Professeur agrégé.
1998 Professeur titulaire.
2021 Professeur émérite.

Contributions sur le plan administratif
1989-1992 Directeur, Département de Droit et Justice.
1994-2007 Directeur, Personne, culture et droits, équipe internationale subventionné par le *réseau : Droits fondamentaux*, Agence universitaire de la Francophonie.
2007-2021 Directeur, Centre international de recherche interdisciplinaire sur le droit.
2009-2016 Directeur adjoint, Pauvreté, sans-abrisme et migration, subventionné par le Conseil de recherche en sciences humaines du Canada.
2019-2021 Directeur, Département de Droit et Justice.

Professeur associé

2014-2023 Faculté de Droit, Université de Sherbrooke, Québec, Canada.

Professeur invité

1987-1989 Faculté de Droit, Section droit civil, Université d'Ottawa, Canada.
1997 Faculté des Sciences Juridiques, Politiques et Sociales de Tunis, Université de Carthage, Tunisie.
1998 Faculté des Sciences Juridiques, Économiques et Sociales, Université Cadi Ayyad, Marrakech, Maroc.
2000 Faculté de Droit, Université Ain Chams, Le Caire, Égypte
2002 Faculté de Droit, Université des Sciences et Technologie du Sud-Ouest, Mianyang, Chine.
2003-2021 Faculté de Droit, Université de Sherbrooke, Québec, Canada.
2005 Faculté de Droit, Université Pierre Mendès France (Grenoble II), France.
2010 Faculté des Sciences Juridiques, Économiques et Sociales, Université Cadi Ayyad, Marrakech, Maroc.
2017 Institut franco-chinois, Collège international de l'Université Renmin de Chine à Suzhou (Jiangsu), Chine.
2019-2022 Faculté de Droit, British University in Egypt, El Sherouk, Égypte.

Contributions professionnelles

Niveau national

2018-2021 Réseau national de formation en justice, Association des collèges et universités de la francophonie canadienne.
2015-2016 Comité consultatif sur l'accès à la justice dans les deux langues officielles, ministère de la Justice, gouvernement du Canada.
1987-1997, 2002-2010 Programme national d'administration de la justice dans les deux langues officielles, Comité consultatif, ministère de la Justice, gouvernement du Canada.

Niveau international

2007-2010 Représentant des Amériques, Comité du *réseau : Droits fondamentaux*, Agence universitaire de la Francophonie, Paris, France.

Expérience professionnelle

Arbitre, médiateur et tiers neutre

1990-1994 Arbitre, Programme d'arbitrage pour les véhicules automobiles de l'Ontario, Canada.

1992-1998 Enquêteur, médiateur et arbitre, Commission des relations de travail en éducation, Ontario, Canada.

1995-Arbitre, Programme d'arbitrage pour les véhicules automobiles du Canada.

1999-2010 Réviseur tiers indépendant, Agence du revenu du Canada.

2004-2010 Réviseur tiers indépendant, Agence canadienne d'inspection des aliments, Canada.

2004-2010 Médiateur, Travaux publics et Services gouvernementaux Canada.

2006- Arbitre, Service fédéral de médiation et de conciliation, gouvernement du Canada.

2007-2010 Arbitre, Centre de résolution des différends sportifs du Canada.

2011-2016 Arbitre, art. 48 et 49, Loi sur les relations de travail, Ontario, Canada.

2016-2024 Réviseur tiers indépendant, Agence du revenu du Canada.

2022- Vice-président, Commission des griefs de la fonction publique, Ontario, Canada.

Avocat

1986-1988 Avocat et notaire, Barreau de la Saskatchewan, Canada.

1988- Avocat et notaire, Barreau de l'Ontario, Canada.

Travaux

Livres

Précis de droit commercial pour les petites entreprises, L'Institut des technologies télématiques, Sudbury, 1991, 158 p.

Les Professions juridiques, coll. Common law en poche, Éditions Bruylant/Yvon Blais, Bruxelles/Montréal, 1999, 130 p.

La Déontologie juridique, coll. Common law en poche, Éditions Bruylant/Yvon Blais, Bruxelles/Montréal, 2003, 140 p.

La Responsabilité professionnelle, coll. Common law en poche, Éditions Bruylant/Yvon Blais, Bruxelles/Montréal, 2005, 128 p.

Forced Migration of Rohingya: The Untold Experience, Ontario International Development Agency, Ottawa, Ontario, 2018, 121 p. En collaboration avec Mohshin Habib, Christine Jubb, Salahuddin Ahmad, Masadur Rahman.

Éditions de livres et de revues

Le Monde juridique et la société franco-ontarienne, Revue du Nouvel Ontario, n° 10, 1988, 159 p. En collaboration avec René Champagne (dir.).

Reflections on Sentencing and Corrections, Canadian Journal of Law and Jurisprudence, Vol. V, n° 1, 1992, 174 p. En collaboration avec A. Wesley Cragg (dir.).

Droits fondamentaux et diversité culturelle, L'Harmattan, Paris, 1997, 176 p. En collaboration avec Stamatios Tzitizs (dir.).

État de droit, droits fondamentaux et diversité culturelle, L'Harmattan, Paris, 1999, 368 p. En collaboration avec Pierre Arsac et Jean-Luc Chabot (dir.).

Minorités, culture et droits, L'Harmattan, Paris, 2001, 139 p. En collaboration avec Stamatios Tzitizs (dir.).

La Mondialisation et la question des droits fondamentaux, coll. Dikè, Presses de l'Université Laval, Québec, 2003, 191 p. En collaboration avec Stamatios Tzitizs (dir.).

Démocratie, élections et culture : de la théorie à la pratique, Série : Colloques et Séminaires, n° 30, Faculté des sciences juridiques, Économiques et Sociales, Université Cadi Ayyad, Marrakech, Maroc, 2011, 239 p. En collaboration avec El Houssain Abouchi (dir.).

L'État de droit et la question religieuse, Série : Colloques et Séminaires, n° 44, Laboratoire de Recherche sur la Coopération Internationale pour le Développement, Université Cadi Ayyad, Marrakech, Maroc, 2014, 453 p. En collaboration avec El Houssain Abouchi (dir.).

Place, Space, Poverty and Homelessness in Northeastern Ontario, Canada, OIDA International Journal of Sustainable Development, Vol. 8, n° spécial, 2015, 118 p. En collaboration avec Carol Kauppi (dir.).

Une Cour constitutionnelle internationale au service du droit démocratique et du droit constitutionnel. Actes du colloque. Konrad Adenauer Stiftung, Beyrouth, 2016. 315 p. En collaboration avec Asma Ghachem (dir.).

Articles et chapitres de livres

« La Succession et l'égalisation des biens familiaux nets », in *L'Avocat au service de la famille*, L'Association du barreau canadien, Ottawa, 1987, 14 p. En collaboration avec Bernard Dumont, c.r.

« Droit constitutionnel », dans *Introduction au droit canadien*, Université Laurentienne, 1988, 22 p.

« La règle et le droit : la subjectivité et la genèse de la normativité dans l'ordre juridique », *Revue de la recherche juridique — Droit prospectif*, n° 1988-1, Faculté de Droit et de science politique, Université d'Aix-Marseille, p. 211-242.

« La phénoménologie et le droit : méthode et théorie en philosophie du droit », *Revue de la recherche juridique — Droit prospectif*, n° 1988-3, Faculté de Droit et de science politique, Université d'Aix-Marseille, p. 677-727.

« Le monde juridique et la société franco-ontarienne : voies inexplorées », *Le Monde juridique et la société franco-ontarienne*, Revue du Nouvel Ontario, n° 10 (1988), p. 9-16. En collaboration avec René Champagne.

« Liberalism, individualism and contract theory », dans *LAW 1*, CGA Canada, Vancouver, 1993 (2e éd., 1997, 3e éd., 1998), 6 p.

« La question ontologique et la *Phénoménologie de la perception* », *Man and World*, vol. 24 (1991), p. 373-393. En collaboration avec Richard Hudson.

« Herméneutique, justification et châtiment », *Revue Internationale de Philosophie Pénale et de Criminologie de l'Acte*, n° 3-4 (1994), Paris, p. 179-190.

« Quelques repères pour comprendre le *Critical Legal Studies Movement* », *Eudikia*, n° 3-4 (1995), Revue du Centre International de Philosophie et de Théorie du Droit, Athènes, Grèce, p. 133-145.

« Spécificités culturelles et universalité des droits fondamentaux », dans *Droits fondamentaux et diversité culturelle,* L'Harmattan, Paris, 1997, p. 11-20. En collaboration avec Stamatios Tzitzis.

« Culture et diversité culturelle : essai préliminaire à une étude sur l'universalité des droits fondamentaux », dans *Droits fondamentaux et diversité culturelle*, L'Harmattan, Paris, 1997, p. 21-40.

« La common law et ses institutions, 1066-1875 », dans *Éléments de la common law*, Louise Bélanger-Hardy et Aline Grenon (dir.), Carswell Legal Publishers, Montréal, 1997, p. 1-58.

« Personne, culture et droits : Polyphonie, harmonie et dissonance », dans *Les Droits fondamentaux dans le monde francophone*,

Jacques-Yvan Morin (dir.), Éditions Bruylant, Bruxelles, 1997, p. 121-135.

« Altérité, individualité et droits fondamentaux », *Eudikia*, n° 5-6 (1999), Revue du Centre International de Philosophie et de Théorie du Droit, Athènes, Grèce, p. 131-143.

« L'État de droit devant la diversité culturelle : l'impossible troisième voie », dans *État de droit, droits fondamentaux et diversité culturelle*, L'Harmattan, Paris, 1999, p. 307-320.

« Carlos Cossio (1903-1988) », dans *The Philosophy of Law: An Encyclopedia*, C. Gray (dir.), New York, Garland Publishing, 1999, p. 165-167. En collaboration avec Richard Hudson.

« Gerhart Husserl (1893-1973) », *The Philosophy of Law: An Encyclopedia*, C. Gray (dir.), New York, Garland Publishing, 1999, p. 385-386. En collaboration avec Richard Hudson.

« Felix Kaufmann (1895-1949) », *The Philosophy of Law: An Encyclopedia*, C. Gray (dir.), New York, Garland Publishing, 1999, p. 476-477. En collaboration avec Richard Hudson.

« Phenomenology of law », *The Philosophy of Law: An Encyclopedia*, C. Gray (dir.), New York, Garland Publishing, 1999, p. 645-647. En collaboration avec Richard Hudson.

« Adolf Reinach (1883-1917) », *The Philosophy of Law: An Encyclopedia*, C. Gray (dir.), New York, Garland Publishing, 1999, p. 732-733. En collaboration avec Richard Hudson.

« De la pratique à la théorie des droits fondamentaux : culture et universalité », dans *Les Défis des droits fondamentaux*, Bruylant, Bruxelles, 2000, p. 219-234.

« Droits collectifs et diversité culturelle : libéralisme, communautarisme et universalité des droits fondamentaux », dans *Minorités, culture et droits*, L'Harmattan, Paris, 2001, p. 111-128.

« Les droits linguistiques face à la doctrine conservatrice en matière de *Charte* : du compromis politique à l'interprétation libérale », dans *La Communauté franco-ontarienne : Un peuple, ses droits, son destin*, Centre des droits linguistiques, Université d'Ottawa, 2001, p. 81-96.

« La signification des mots et leur histoire : *court* et tribunal, *mortgage* et hypothèque », *25 ans de common law en français : une histoire à suivre*, Revue de la common law en français, vol. 5(1) (2003), p. 221-243.

« Manifestations de l'État libéral et de l'État de droit. Procédure contradictoire et droit pénal en common law », dans *Francophonie et*

Commonwealth. Quelles missions d'avenir ? L'Harmattan, Paris, 2003, p. 117-133. En collaboration avec Michel Giroux.

« Les droits culturels entre individualité et collectivité », dans *Diversité et droits culturels*, Agence intergouvernementale de la francophonie, Paris, 2003, p. 169-178.

« L'universalisation des droits fondamentaux et l'occidentalisation de l'universalité », dans *L'Odyssée des droits de l'homme*, Tome III, *Enjeux et perspectives des droits de l'homme*, coll. La librairie des Humanités, L'Harmattan, Paris, 2003, p. 163-172.

« Histoire et mondialisation. Diversité culturelle et droits fondamentaux », dans *La Mondialisation et la question des droits fondamentaux*, coll. Dikè, Presses de l'Université Laval, Québec, 2003, p. 9-22.

« Mondialisation, droits fondamentaux et diversité culturelle », dans *La Mondialisation et la question des droits fondamentaux*, coll. Dikè, Presses de l'Université Laval, Québec, 2003, p. 1-7. En collaboration avec Stamatios Tzitzis.

« Common law », dans *Dictionnaire des sciences criminelles*, Gérard Lopez et Stamatios Tzitzis (dir.), Dalloz, Paris, 2004, p. 148-150. En collaboration avec Michel Giroux.

« Avoiding costly and needless litigation when calling for bids », *Construction Law Newsletter*, vol. 22, n° 2 (2005), LexisNexis Canada—Butterworths, p. 1-4.

« De l'hétérogénéité culturelle à l'homogénéisation occidentale. Droits fondamentaux et État de droit entre universalisme et relativisme », dans *Droit et philosophie*, Georges Saad (dir.), Ed. al-Najoie, Beyrouth, 2006, p. 113-132.

« L'État de droit et la question religieuse », *État de droit et liberté religieuse en Méditerranée*, Revue Marocaine d'Administration Locale et de Développement, n° 54, 2006, p. 143-147. En collaboration avec Yadh Ben Achour et El Houssain Abouchi.

« Universalité ou universalisation des droits de l'homme ? Un philosophe du droit lit un anthropologue du droit », dans *La quête anthropologique du droit. Autour de la démarche d'Étienne Le Roy*, Christoph Eberhard et Geneviève Vernicos (dir.), Éditions Karthala, Paris, 2006, p. 115-129.

« De la déconstruction de l'outre-langue à la construction de l'histoire par la langue », dans *Étudier et enseigner le droit : hier, aujourd'hui et demain, Études offertes à Jacques Vanderlinden*, Éditions Bruylant, Bruxelles, 2007, p. 319-328.

« Le fédéralisme canadien : symétrie et asymétrie », dans *Quelle autonomie pour les provinces du Sud ?* Université de Settat, 2007, p. 105-120.

« La common law », dans *Droit. Aide-mémoire*, Guillaume Bernard (dir.), Éditions Studyrama, Paris, 2008, p. 1-16.

« Égalité et liberté entre libéralisme et libertarisme », *Mélanges Yadh Ben Achour*, Centre de Publication Universitaire, Tunis, 2008, p. 385-403.

« Canada (état des droits fondamentaux au —) », dans *Dictionnaire des droits de l'homme*, J. Andriantsimbazovina *et al.* (dir.), Presses Universitaires de France, 2008, p. 115-118.

« Homeless People and the Police: Unreasonable Searches and Seizures, and Arbitrary Detentions and Arrests », dans *IJAS, Conference Proceedings*, Vol. 1(6), 2009, 16 p. En collaboration avec Carol Kauppi.

« Élections, droit et politique », dans *Démocratie, élections et culture : de la théorie à la pratique*, El Houssain Abouchi et Henri Pallard (dir.), Série : Colloques et Séminaires, n° 33, Faculté des Sciences Juridiques, Économiques et Sociales, Université Cadi Ayyad, Marrakech, p. 21-30. En collaboration avec El Houssain Abouchi.

« Jeux de pouvoir : démocratie, état de droit et droits fondamentaux », dans *Démocratie, élections et culture : de la théorie à la pratique*, El Houssain Abouchi et Henri Pallard (dir.), Série : Colloques et Séminaires, n° 33, Faculté des Sciences Juridiques, Économiques et Sociales,, Université Cadi Ayyad, Marrakech, p. 35-39.

« Démocratie, élections et suffrage : l'Angleterre aux XVIIIe et XIXe siècles », dans *Démocratie, élections et culture : de la théorie à la pratique*, El Houssain Abouchi et Henri Pallard (dir.), Série : Colloques et Séminaires, n° 33, Faculté des Sciences Juridiques, Économiques et Sociales, Université Cadi Ayyad, Marrakech, 2010, p. 71-81.

« La gestion du système électoral canadien », dans *Démocratie, élections et culture : de la théorie à la pratique*, El Houssain Abouchi et Henri Pallard (dir.), Série : Colloques et Séminaires, n° 33, Faculté des Sciences Juridiques, Économiques et Sociales, Université Cadi Ayyad, Marrakech, 2010, p. 179-185.

« Les élections et la démocratie : un processus », dans *Démocratie, élections et culture : de la théorie à la pratique*, El Houssain Abouchi et Henri Pallard (dir.), Série : Colloques et Séminaires, n° 33, Faculté des sciences juridiques, Université Cadi Ayyad, Marrakech, 2010, p. 227-233. En collaboration avec El Houssain Abouchi.

« Niveaux et raisons du sans-abrisme chez les Francophones dans le nord de l'Ontario », *Reflets : revue d'intervention sociale et communautaire*, vol. 18, n° 1 (2012), p. 91-118. En collaboration avec Carol Kauppi, Thomas Matukala Nkosi. et Suzanne Lemieux.

« Into and out of homelessness: understanding societal constraints and systemic disadvantages through and individual case study », dans *Proceedings of The 3rd International Conference on Society and Information Technologies: ICSIT 2012*, 25-28 mars, 2012, Orlando, Floride, États-Unis. En collaboration avec Carol Kauppi et Wayne Neegan.

« Migration and homelessness: exploring attachment to place amongst Francophone, Anglophone and Indigenous people in northeastern Ontario », *Spaces and Flows: An International Journal of Urban and ExtraUrban Studies*, vol. 3(1) (2013), p. 97-108. En collaboration avec Carol Kauppi et Arshi Shaikh.

« Development of supportive housing for seniors in Iroquois Falls, Canada », *International Journal of Sustainable Development*, vol. 6, n° 3 (2013), p. 10-21. En collaboration avec Arshi Shaikh et Carol Kauppi.

« Transformation dans la signification de la liberté religieuse: histoire et philosophie », *Revista europea de historia de las ideas políticas y de las instituciones públicas*, vol. 6 (2013), p. 67-78.

« Societal constraints, systemic disadvantages and homelessness: an individual case study », *Journal of Systemics, Cybernetics and Informatics*, vol. 11, n° 7 (2013), p. 42-49. En collaboration avec Carol Kauppi, George Stephen, Wayne Neegan.

« La question de la liberté religieuse dans un État de droit », dans *L'État de droit et la question religieuse*. El Houssain Abouchi et Henri Pallard (dir.), Série : Colloques et Séminaires, n° 44, Laboratoire de Recherche sur la Coopération Internationale pour le Développement, Université Cadi Ayyad, Marrakech, Maroc, 2014, p. 9-27. Version arabe : p. 11-36. En collaboration avec El Houssain Abouchi.

« De l'intolérance à la liberté religieuse en Occident », dans *L'État de droit et la question religieuse*. El Houssain Abouchi et Henri Pallard (dir.), Série : Colloques et Séminaires, n° 44, Laboratoire de Recherche sur la Coopération Internationale pour le Développement, Université Cadi Ayyad, Marrakech, Maroc, 2014, p. 28-42.

« Liberté religieuse, liberté et égalité : le niqab et la Cour suprême du Canada », dans *L'État de droit et la question religieuse*. El Houssain Abouchi et Henri Pallard (dir.), Série : Colloques et Séminaires, n° 44, Laboratoire de Recherche sur la Coopération Internationale pour le Développement, Université Cadi Ayyad, Marrakech, Maroc, 2014, p. 199-216.

« La protection de la diversité culturelle et de la liberté religieuse : le recul canadien », dans *Réforme de l'État et globalisation. La circulation des modèles en question*, Martial Mathieu (dir.), Les Presses universitaires de Grenoble, 2014. p. 425-437.

« Photovoice methodology and health research: living on the outside », dans *Deliberations on Research Methodology: An Interdisciplinary Approach*, Shveta Dhaliwal *et al.* (dir.), New Delhi, Mohan Law House, 2015, p. 56-75. En collaboration avec Carol Kauppi, Phyllis Montgomery, Vera Etches et Deana Renaud.

« Developing and refining strategies for research collaborations between universities and communities », dans *Deliberations on Research Methodology: An Interdisciplinary Approach*, Shveta Dhaliwal *et al.* (dir.), New Delhi, Mohan Law House, 2015, p. 19-37. En collaboration avec Carol Kauppi.

« Using Q methodology to facilitate relational connectedness within a CURA », *Deliberations on Research Methodology: An Interdisciplinary Approach*, dans Shveta Dhaliwal *et al.* (dir.), New Delhi, Mohan Law House, 2015, p. 38-55. En collaboration avec Phyllis Montgomery, Susan Mossey, Carol Kauppi et Arshi Shaikh.

« Methodological challenges in health research among vulnerable populations of northern Canada », dans *Deliberations on Research Methodology: An Interdisciplinary Approach*, Shveta Dhaliwal *et al.* (dir.), New Delhi, Mohan Law House, 2015, p. 101-120. En collaboration avec Arshi Shaikh, Hiren Rawal et Carol Kauppi.

« Sans-abrisme et itinérance à Sudbury : l'expérience des fournisseurs de services », dans *Actes des 17e et 18e Journées Sciences et Savoirs*, Acfas-Sudbury, 2015, p. 243-258. En collaboration avec Melissa Sullivan, Kayla Seyler, Suzanne Lemieux et Carol Kauppi.

« Photovoice and homelessness in subarctic and urban communities », *The International Journal of Social, Political and Community Agendas in the Arts*, vol. 10 (1) (2015), p. 25-41. En collaboration avec Carol Kauppi et Jessica Hein.

« Poverty, homelessness and migration in Northeastern Ontario, Canada », *Place, Space, Poverty and Homelessness in Northeastern Ontario, Canada*, OIDA International Journal of Sustainable Development, vol. 8, n° spécial (2015), p. 11-22. En collaboration avec Carol Kauppi et Emily Faries.

« Migration and transient homelessness in Northern Ontario, Canada: pathways to homelessness in Sudbury and its related impacts », *Place, Space, Poverty and Homelessness in Northeastern Ontario, Canada*, OIDA International Journal of Sustainable Development, vol. 8, n° spécial (2015), p. 67-99. En collaboration avec Carol Kauppi.

« Homelessness in Timmins, Ontario, Canada », *Place, Space, Poverty and Homelessness in Northeastern Ontario, Canada*, OIDA International Journal of Sustainable Development, vol. 8, n° spécial (2015), p. 23-36. En collaboration avec Carol Kauppi.

« Homelessness in North Bay, Ontario, Canada », *Place, Space, Poverty and Homelessness in Northeastern Ontario, Canada*, OIDA International Journal of Sustainable Development, vol. 8, n° spécial (2015), p. 37-50. En collaboration avec Carol Kauppi, Kathy King et Katrina Srigley.

« Homelessness and housing at a northeastern Ontario, Canada First Nation: a community-based project », *Place, Space, Poverty and Homelessness in Northeastern Ontario, Canada*, OIDA International Journal of Sustainable Development, vol. 8 (2015), n° spécial, p. 51-66. En collaboration avec Carol Kauppi.

« Mental illness and homelessness: experiences of Francophone, Anglophone and Indigenous Persons in Northeastern Ontario », *The International Journal of Interdisciplinary Cultural Studies*, vol. 9(3-4) (2015), p. 9-19, En collaboration avec Carol Kauppi et Arshi Shaikh.

« Needs assessment for an inter-professional clinic to serve poor and homeless people in Sudbury », dans *La diversité dans la recherche 2015*, George Sheppard et Line Tremblay (dir.), Sudbury, Université Laurentienne, 2015, p. 12-22. En collaboration avec Carol Kauppi, Lyndsay Glass, Melissa Stacey. Sarah McDonald et Chris Lavalle.

« Social profiling, homelessness and policing in Canada », *International Journal of Interdisciplinary Civic and Political Studies*, vol. 11(4) (2016), p. 13-26. En collaboration avec Carol Kauppi.

« Interactions des personnes sans abri avec les services de police : profilage social et droits », *Reflets : revue d'intervention sociale et communautaire*, vol. 22(1) (2016), p. 83-122. En collaboration avec Carol Kauppi et Vivian Ellery.

« Les personnes sans-abri, les fouilles et les perquisitions abusives, et les détentions arbitraires dans le contexte canadien », dans *Itinéraires du droit et terre des hommes*, Éditions mare et martin, Le Kremlin-Bicêtre, 2018, p. 1085-1096. En collaboraton avec Carol Kauppi.

« L'aide médicale à mourir au Canada : de *Rodriguez* à *Carter* », *Revue des droits et libertés fondamentaux*, 2019, chron. n° 06, 10 p. En collaboration avec Michel Giroux.

« La bonne foi et le précédent : *Bhasin c. Hrynew* et la common law canadienne », *Revista Opinião Jurídica (Fortaleza)*, vol. 18, n° 28 (2020), p. 163-178. En collaboration avec M. Giroux.

« Droit naturel, raison théorique et raison pratique », dans *Pensar, Ensinar e Fazer Justiça – Estudos em homenagem a Paulo Ferreira da Cunha, Tome II*, Jean Lauand, et João Relvão Caetano (dir.), Kapenke, Santo André, Brasil, 2020, p. 159-168. En collaboration avec Michel Giroux.

« Demandes anticipées d'aide médicale à mourrir : le contexte juridique canadien », dans *Veillissement et droit : perspectivces internationales. France-Chine-Canada-Suisse*, Bénédicte Bévière-Boyer, Bérengère Legros et Xin Chen (dir.), LEH Éditioin, Bordeaux, 2020, p. 165-178. En collaboration avec Michel Giroux.

« Housing and health challenges in rural and remote communities: a study of two First Nations and a rural town in northeastern Ontario », dans *Health and Healthcare in the Canadian North*, Rebecca Schiff et Helle Møller (dir.), Toronto: University of Toronto Press, 2021, p. 57-88. En collaboration avec Carol Kauppi, Emily Faries, Phyllis Montgomery. et Sharolyn Mossey.

« Le droit religieux, le droit civil et la liberté religieuse », dans *Patrimoine judéo-marocain et onomastique*, Hassan Faouzi et Michel Abitol (dir.), Paris, Éditions L'Harmattan, 2023, p. 211-224. En collaboration avec Michel Giroux.

« Mobility and Migration from the James Bay », dans *Housing, Homelessness and Social Policy in the Urban North*. Julia Christensen,

Steve Arnfjord, Sally Carraher, Travis Hedwig et Steven Arnfjord (dir.), Toronto, University of Toronto Press. 2024. En collaboration avec Carol Kauppi et Michael Hankard.

Rapports de recherche

Observation stratégique environnementale et analyse du marché du travail, 1998. Carol Kauppi, Richard Chenier et Henri Pallard avec Noreen Russell, Strategic Development Associates. Pour la Commission de formation et d'adaptation des Districts de Sudbury et de Manitoulin, septembre 1998, 100 p.

Planning for the Future. Report to the Sudbury Action Centre for Youth. Carol Kauppi et Henri Pallard, 19 avril 1999, 31 p.

Report on the National Child Benefit Reinvestment Plan for the Regional Municipality of Sudbury. Bev Bourget, Carol Kauppi et Henri Pallard, avec John Lewko et Richard Volpe, Strategic Development Associates, mars 1999, 95 p.

Seeing Ourselves: Multi-Cultural Voices of Seniors in Sudbury, Report on Year One (1999) et *Final Report* (2000). Carol Kauppi et Henri Pallard. Patrimoine Canada et le Conseil de planification sociale Région de Sudbury, juillet 2000, 128 p.

Review of Child and Family Intervention Services in the Sudbury Region, 2000. Carol Kauppi, Beverley Bourget et Henri Pallard avec Sheila Hardy. Pour le ministère des Services sociaux et communautaires, janvier 2001, 141 p.

The National Child Benefit. Program Evaluation for the City of Greater Sudbury. Carol Kauppi, Beverley Bourget, et Henri Pallard. Pour la Ville du Grand Sudbury, décembre 2001, 72 p.

Programme Review of Rural Children's Mental Health Services in the Sudbury/Manitoulin District. Carol Kauppi et Henri Pallard. Pour le ministère des Services communautaires, à la famille et à l'enfance, juin 2002, 63 p.

Programme Evaluation of the Establishment of Single Point of Access & Case Management Model for Children's Voluntary Services District of Algoma, Final Report. Carol Kauppi et Henri Pallard. Pour le ministère des Services communautaires, à la famille et à l'enfance, octobre 2004, 72 p.

Sudbury/Manitoulin Foster Parent Retention Survey. Carol Kauppi et Henri Pallard. Pour la Société d'aide à l'enfance des districts de Sudbury et de Manitoulin, août 2005, 69 p.

Report on the Respite Eligibility Tool: The Development and Testing of a Tool for Determining Eligibility for Respite Care Services. Carol Kauppi et Henri Pallard. Pour le Réseau communautaire pour les enfants, et le ministère des Services sociaux et communautaires, gouvernement de l'Ontario, février, 2008.

Report on the Respite Eligibility Tool: Phase 2. The Testing and Scoring of the RET. Carol Kauppi et Henri Pallard. Pour le Réseau communautaire pour les enfants et le ministère des Services sociaux et communautaires, gouvernement de l'Ontario, mars, 2008.

Report on the Respite Eligibility Tool: 2009 Update. Refining a Tool for Determining Eligibility for Respite Care Services. Carol Kauppi et Henri Pallard. Pour le Réseau communautaire pour les enfants, mars 2009, 26 p.

Migratory and Transient Homelessness in Northern Ontario: A Study of the Pathways to Becoming Homeless in Sudbury and Its Related Impacts. Final Report. Carol Kauppi, Janet Gasparini et Henri Pallard. Pour le Secrétariat des partenariats de lutte contre l'itinérance, Ressources humaines et Développement social Canada, et le ministère des Services sociaux et communautaires, gouvernement de l'Ontario, 2009, 83 p.

Housing and Homelessness at Atikameksheng Anishnawbek: A Community-Based Project. Final Report. Carol Kauppi et Henri Pallard. Pour la Première Nation Atikameksheng Anishnawbek, août, 2009.

Homelessness in Timmins, January 2011. Final Report. Carol Kauppi, Henri Pallard, Suzanne Lemieux, et Thomas Matukala Nkosi. Conseil d'administration des services sociaux du district de Cochrane, juin 2012, 34 p.

Community-Based Responses to Poverty, Homelessness and Migration in Northern Communities: CURA Mid-Term Report. Carol Kauppi, Emily Faries, Gary Kinsman, Henri Pallard, *et al.* Conseil de recherche en sciences humaines du Canada, 2012, 47 p.

Homelessness in North Bay. Carol Kauppi, Henri Pallard, Kathy King, Katrina Srigley et Roger Gervais. Conseil d'administration des services sociaux du district de Nipissing, North Bay, Ontario, 2013, 32 p.

Pauvreté, logement et sans-abrisme à Hearst. Henri Pallard, Carol Kauppi, Lyne Poliquin, Louis Corbeil, Roger Gervais, Suzanne

Lemieux, et Thomas Matukala Nkosi. Université de Hearst, Hearst, Ontario, 2013, 31 p.

Literature Review: Homelessness Among Families: Report 1. Carol Kauppi, Arshi Shaikh, Henri Pallard, et Roger Gervais. Secrétariat des partenariats de lutte contre l'itinérance, Ressources humaines et Développement social Canada, 2013, 51 p.

Understanding and Addressing Family Homelessness in a Northern Community—Timmins, Ontario. A Comparative Study With Three Northern Ontario Communities: Report 2. Carol Kauppi, Arshi Shaikh, Henri Pallard et Hiren Rawal. Secrétariat des partenariats de lutte contre l'itinérance, Ressources humaines et Développement social Canada, 2013, 46 p.

Supportive Housing Complex for Older Adults in Iroquois Falls: Review of Processes and Effects. Arshi Shaikh, Carol Kauppi et Henri Pallard. Pour le Conseil d'administration des services sociaux du district de Cochrane, et le Ministère des Affaires municipales et du Logement, Ontario, 2013. 69 p.

Understanding and Addressing Homelessness in a Northern Community—Timmins, Ontario. Report 3: Survey of Service Providers. Arshi Shaikh, Carol Kauppi, Henri Pallard et Emily Faries. Pour le Secrétariat des partenariats de lutte contre l'itinérance, Ressources humaines et Développement social Canada, 2013, 26 p.

Understanding and Addressing Homelessness in a Northern Community—Timmins, Ontario. Reports 4 &5: Qualitative Data Collection and Analysis: Interviews and Focus Groups with Homeless Parents and Service Providers. Arshi Shaikh, Carol Kauppi, Henri Pallard et Emily Faries Pour le Secrétariat des partenariats de lutte contre l'itinérance, Ressources humaines et Développement social Canada, 2013, 56 p.

Understanding and Addressing Homelessness in a Northern Community—Timmins, Ontario. Summary of Findings. Arshi Shaikh, Carol Kauppi, Henri Pallard et Emily Faries. Pour le Secrétariat des partenariats de lutte contre l'itinérance, Ressources humaines et Développement social Canada, 2014, 33 p.

Understanding and Addressing Homelessness in a Northern Community—Timmins, Ontario. Final Report. Arshi Shaikh, Carol Kauppi, Henri Pallard et Emily Faries. Pour le Secrétariat des partenariats de lutte contre l'itinérance, Ressources humaines et Développement social Canada, 2014, 231 p.

Homelessness in Greater Sudbury: 2015 Period Prevalence Count. Poverty, Homelessness and Migration. Carol Kauppi, Henri Pallard et Emily Faries. Centre de recherche en justice et politique sociales, Université Laurentienne, Sudbury, Ontario, 9 mars 2015, 28 p.

Homelessness in Cochrane, Ontario. Carol Kauppi, Henri Pallard et Emily Faries. Centre de recherche en justice et politique sociales, Université Laurentienne, Sudbury, Ontario, 30 juin 2015, 33 p.

Community-Based Responses to Poverty, Homelessness and Migration in Northern Communities: CURA Final Report. Carol Kauppi, Emily Faries, Gary Kinsman, Henri Pallard, *et al.* Conseil de recherche en sciences humaines du Canada, 2017, 78 p.

Homelessness in the City of Greater Sudbury: 2018 Enumeration. Carol Kauppi, Henri Pallard, Emily Faries, Phyllis Montgomery et Michael Hankard. Pour la Ville du Grand Sudbury. Centre de recherche en justice et politique sociales, Université Laurentienne, Sudbury, Ontario, juin 2018, 28 p.

Homelessness Enumeration in the Cochrane District: Evaluation and Comparison of Methodologies. Carol Kauppi. Henri Pallard, Michael Hankard, Phyllis Montgomery et Rebecca Elphick. Pour la Fondation Trillium de l'Ontario. Centre de recherche en justice et politique sociales, Université Laurentienne, Sudbury, Ontario, février 2020, 80 p.

Vidéo

Will to Live: George Stephen On and Off the Street | Le vouloir vivre : George Stephen et la rue. Wayne Neegan, Carol Kauppi, Emily Faries, et Henri Pallard, Vidéo documentaire. Pauvreté, sans-abrisme et migration. Centre de recherche en justice et politique sociales, Université Laurentienne, 2012. 30 minutes.

Expositions avec jury

Living on the Outside: Exploring the realities of home (I). Gallery 6500, Sudbury, Ontario. 12 juin au 11 juillet 2016. Avec catalogue d'exposition. En collaboration avec Carol Kauppi, Jessica Hein, et Phyllis Montgomery.

Living on the Outside: Exploring the realities of home (II). Musée de Timmins, Ontario. 1er au 13 novembre 2016. Exposition multimédia. Avec catalogue d'exposition. En collaboration avec Jessica Hein et Carol Kauppi.

Vivre à l'écart (I). Université de Hearst, Ontario. Hearst : 27 au 31 mars 2017; Kapuskasing : 19 au 25 avril 2017. Exposition photovoix. Avec catalogue d'exposition. En collaboration avec Carol Kauppi et Jessica Hein.

Vivre à l'écart (II). Galerie 815, Conseil des arts de Hearst, Ontario. 13 novembre au 10 décembre 2018. Exposition multimédia. Avec catalogue d'exposition. Collectif feu nord (Jessica Hein, Carol Kauppi et Henri Pallard).

Conférences et présentations

« La critique de la pensée traditionnelle et la tâche de la philosophie selon la *Phénoménologie de la perception* de Maurice Merleau-Ponty ». Congrès annuel, Association canadienne de philosophie, Université de Montréal, Québec. 30 mai 1985. En collaboration avec Richard Hudson.

« Commentary: the orientation of section 15 of the Canadian Charter of Rights and Freedoms by Anne Bayefsky ». Réunion annuelle, Section canadienne, Association internationale pour la philosophie du droit et la philosophie sociale, Université de Montréal, Québec. 5 juin 1985.

« Structure juridique et subjectivité ». Réunion annuelle, Société canadienne de philosophie politique et philosophie du droit, Université du Manitoba, Winnipeg, Manitoba. 27 mai 1986.

« La succession et l'égalisation des biens familiaux nets ». *Conférence sur le droit de la famille en Ontario*, Ottawa, Ontario. 25 septembre 1987. En collaboration avec Bernard Dumont, c.r.

« The potential tort liability of sports officials ». *International Referees' Seminar*, Programme national de certification des arbitres, Association canadienne du hockey amateur, North Bay, Ontario. 4 septembre 1988.

« Les Voies de fait et les instituteurs ». Congrès annuel, ACFAS, section sciences juridiques, UQAM, Montréal, Québec. 18 mai 1989. En collaboration avec Michel Giroux.

« La responsabilité délictuelle de l'arbitre de hockey ». *Camp de développement — Arbitres élites*, Association canadienne du hockey amateur, Kitchener, Ontario. 17 août 1989.

« Commentary: Cartesian penology by Jean-Paul Brodeur ». *Special Nordic Conference*, Association internationale pour la philosophie du droit et la philosophie sociale, St. Michael's College, University of Toronto, Ontario. 20 juin 1990.

« Le châtiment corporel des élèves en droit pénal ». ACFAS-Alberta et Faculté St-Jean, Université de l'Alberta, Edmonton, Alberta. 20 févirer 1992.

« Droits linguistiques, libéralisme et modernisme ». ACFAS-Alberta et Faculté St-Jean, Université de l'Alberta. 11 février 1992.

« La pensée politiquement correcte — une réflexion ». ACFAS-Alberta et Faculté St-Jean, Université de l'Alberta, 12 février, 1992.

« Culture et diversité culturelle ». *Droits fondamentaux, diversité culturelle et l'individu*, Personne, culture et droits, Université Panthéon-Assas (Paris II), France. 3 novembre 1994.

« Universalité des droits fondamentaux et diversité culturelle ». *Diversité et universalité, culture et droits fondamentaux — Table ronde,* Personne, culture et droits, Université Panthéon-Assas (Paris II), France. 4 novembre 1994.

« Altérité, individualité et droits fondamentaux ». *Droits fondamentaux, diversité culturelle et société*, Personne, culture et droits, Faculté des Sciences Juridiques, Politiques et Sociales de Tunis, Tunisie, 4 décembre 1995. Section canadienne de l'Association International pour la philosophie du droit et la philosophie sociale, *Sociétés savantes*, Université Brock, Saint-Catherines, Ontario. 2 juin 1996.

« Universalité des droits fondamentaux et diversité culturelle ». *Diversité et universalité, culture et droits fondamentaux — Table ronde II,* Personne, culture et droits, Faculté des Sciences Juridiques, Politiques et Sociales de Tunis, Tunisie. 5 décembre 1995.

« Personne, culture et droits : Polyphonie, harmonie et dissonance ». *Premières Journées scientifiques, réseau : Droits fondamentaux*, Faculté des Sciences Juridiques, Politiques et Sociales de Tunis, Tunisie. 10 octobre 1996.

« L'État de droit : l'impossible troisième voie ». *État de droit, droits fondamentaux et diversité culturelle*, Personne, culture et droits, Centre des droits de l'homme, Université Pierre Mendès France (Grenoble II), France. 4 décembre 1997.

« Libéralisme, droits fondamentaux et capitalisme ». École des Hautes Études Commerciales, Marrakech, Maroc. 3 décembre 1998.

« John Stuart Mill et le libéralisme ». Faculté des Sciences Juridiques, Économiques et Sociales, Université Cadi Ayyad, Marrakech, Maroc. 4 décembre 1998.

« Droits collectifs et diversité culturelle : libéralisme, communautarisme et universalité des droits fondamentaux ». *Droits fondamentaux, diversité culturelle et minorités*, Personne, culture et droits, Fondation du Roi Abdul-Aziz al Saoud, Casablanca, Maroc. 8 décembre 1998.

« Les limites du libéralisme devant les droits fondamentaux ». Université de Porto, Portugal. 10 décembre 1998.

« Relativisme culturelle et droits universels ». *Les droits fondamentaux entre théorie et pratique*, Personne, culture et droits, Montréal, Québec, 28 septembre 1999.

« De la théorie à la pratique des droits fondamentaux ». Table ronde, Centre international des droits de la personne et du développement démocratique, Montréal, Québec. 29 septembre 1999.

« De la théorie à la pratique des droits fondamentaux : culture et universalité ». *Deuxièmes Journées scientifiques, réseau Droits fondamentaux*, Agence Universitaire de la Francophonie, Université Laval, Québec. 2 octobre 1999.

« Le développement d'une profession juridique autonome en Angleterre ». Université de Montpellier, France. 29 novembre 1999.

« Droits fondamentaux : théistes, agnostiques et fumistes ». Faculté de Droit, Université Pierre Mendès France (Grenoble). France, 30 novembre 1999.

« Développement historique de la common law ». Faculté de Droit, Université Pierre Mendès France (Grenoble), France. 13 décembre 1999.

« Les cours supérieures en common law : histoire et tradition ». Faculté de Droit, Université d'Ain Chams, Le Caire, Égypte. 22 avril 2000.

« Le précédent en common law : théorie et pratique ». Faculté de Droit, Université d'Ain Chams, Le Caire, Egypte. Université d'Ain Chams, Le Caire, Égypteé 22 avril 22.

« La doctrine, la Charte et les droits linguistiques ». *La Communauté franco-ontarienne : un peuple, ses droits, son destin*, Université d'Ottawa, Ontario. 11 août 2000.

« Les fouilles, perquisitions et saisies abusives en droit canadien depuis l'avènement de la Charte ». *Au Carrefour des droits de la personne — du Nord au Sud, du droit civil à la common law*, Faculté des Sciences Juridiques, Économiques et Sociales, Université Cadi Ayyad, Marrakech, Maroc. 4 décembre 2000. En collaboration avec Michel Giroux.

« Lois rétroactives, peines cruelles ou inusitées en droit canadien depuis l'avènement de la *Charte* ». *Au Carrefour des droits de la personne — du Nord au Sud, du droit civil à la common law*, Faculté des Sciences Juridiques, Économiques et Sociales, Université Cadi Ayyad, Marrakech, Maroc. 5 décembre 2000. En collaboration avec Michel Giroux.

« La Mondialisation, la diversité culturelle et les droits fondamentaux ». *Personne, culture et droits V — Table ronde*, Faculté des ciences Juridiques, Économiques et Sociales, Université d'Ain Chams, Le Caire, Égypte. 2 mars 2001.

« La Mondialisation, l'histoire et la transformation de la société ». *Mondialisation, culture et droits*, Faculté de Droit, Université d'Ain Chams, Le Caire, Égypte.4 mars 200.

« L'Occident, le constituant de l'universalité en droits fondamentaux ». *2001, Odyssée des droits de l'homme*, Centre historique et juridique des droits de l'Homme, Université Pierre Mendès France (Grenoble II), et réseau Droits fondamentaux, Agence universitaire de la Francophonie. 23 octobre 2001.

« L'État de droit en Francophonie et en Commonwealth ». *Francophonie et Commonwealth. Quel avenir ?* Conseil Franco-Britannique et Fondation Polignac-Singer, Paris, France. En collaboration avec Michel Giroux. 23 janvier 2002.

« Precedent in the common law in Canada ». Faculté de Droit, Université de Sciences et Technologie du Sud-Ouest, Mianyang, Chine. 14 mai 2002.

« Natural justice ». Faculté de Droit, Université de Sciences et Technologie du Sud-Ouest, Mianyang, Chine, 22 mai 2002.

« Legal precedent in the common law in Canada ». Faculté de Droit, Université de Sciences et Technologie du Sud-Ouest, Mianyang, Chine. 23 mai 2002.

« Legal ethics in the common law: the role of individualism and liberalism ». Faculté de Droit, Université de Sciences et Technologie du Sud-Ouest, Mianyang, Chine. 23 mai 2002.

« Les droits culturels entre l'homogénéisation occidentale et l'hétérogénéité culturelle ». *Diversité et droits culturels*, Agence intergouvernementale de la Francophonie, Tunis, Tunisie. 29 septembre 2002.

« Les élections et la démocratie : apprentissage historique ». *Personne, culture et droit — Journées d'études*, Université Catholique d'Afrique Centrale, Yaoundé, Cameroun. 3-4 décembre 2002.

« La démocratie et le scrutin libre comme spécificités culturelles occidentales ». *Colloque Démocratie et élections*, Université Catholique d'Afrique Centrale, Yaoundé, Cameroun. 5 décembre 2002.

« *Court* et tribunal, *mortgage* et hypothèque ». *25 ans de common law en français : une histoire à suivre !*, Université de Moncton, Nouveau-Brunswick, Canada. 21 mars 2003.

« Thinking about law and human rights in the Western and Arab Worlds ». *Conférence pour la communauté*, parrainée par le Vice-recteur aux études et à la recherche, Université Laurentienne, Sudbury, Ontario, Canada. 10 novembre 2003.

« Démocratie, État de droit et droits fondamentaux : les jeux du pouvoir ». *Le Code civil et les droits de l'Homme*, Centre historique et juridique des droits de l'Homme, Université Pierre Mendès France (Grenoble II), France. 4 décembre 2003.

« Droit et langue ». *Étudier et enseigner le droit : hier, aujourd'hui et demain, Colloque juridique international*, Centre de recherche en droit privé et comparé du Québec, Université McGill, Montréal, Québec, et Centre international de la common law en français, Université de Moncton, Nouveau-Brunswick. 25 août 2004.

« Les cours supérieures et la doctrine du précédent ». Faculté des Sciences Juridiques, Politiques et Sociales de Tunis, Université de Carthage, Tunisie. 16 mars 2005.

« Le défi électoral — légitimité politique et démocratie ». *Les Élections et la démocratie face au droit et à la politique*, Personne, culture et droits, Faculté des Sciences Juridiques, Économiques et Sociales, Université Cadi Ayyad, Marrakech, Maroc. 21 mars 2005.

« Le développement de la common law par les cours supérieures ». Faculté de Droit, Université Pierre Mendès-France (Grenoble II), France. 26 avril 2005.

« Le droit, les droits fondamentaux et la religion dans les pays arabes ». Centre d'études canadiennes, Campus St-Jean, Université de l'Alberta, Edmonton, Alberta. 16 février 2006.

« Le fédéralisme canadien : fonctionnement et dysfonctionnement ». *Quelle autonomie pour les provinces du Sud ?*, Université Hassan I, Settat, Maroc. 30 mai 2006.

« Fédéralisme symétrique et asymétrique au Canada ». Faculté des Sciences Juridiques, Economiques et Sociales, Université Cadi Ayyad, Marrakech, Maroc. 5 juin 2006.

« Le précédent en common law : construction et déconstruction ». Faculté des Sciences Juridiques, Économiques et Sociales, Université Cadi Ayyad, Marrakech, Maroc, 6 juin 2006. Faculté des Sciences Juridiques, Politiques et Sociales, Université de Carthage, Tunisie. 27 novembre 2006.

« Méthodologie et idéologie : la recherche en common law ». Faculté des Sciences Juridiques, Politiques et Sociales de Tunis, Université de Carthage, Tunisie. 28 novembre 2006.

« Réception de la charia au Canada : une tentative avortée ». Faculté des Sciences Juridiques, Politiques et Sociales de Tunis, Université de Carthage, Tunisie. 29 novembre 2006.

« Les sûretés mobilières et le financement des opérations commerciales au Canada ». Faculté des Sciences Juridiques, Économiques et Sociales, Université Cadi Ayyad, Marrakech, Maroc. 5 décembre 2006.

« Méthodologie et idéologie : la recherche en common law ». Faculté des Sciences Juridiques, Économiques et Sociales, Université Cadi Ayyad, Marrakech, Maroc. 6 décembre 2006.

« Réception de la charia au Canada : une tentative avortée ». *L'État de droit et la liberté religieuse, Colloque international*, Personne, culture et droits, Faculté des Sciences Juridiques, Économiques et Sociales, Université Cadi Ayyad, Marrakech, Maroc. 7 décembre 2006.

« International Aid and Development Ethics ». *International Development Conference*, OIDA, Université Laurentienne, Sudbury, Ontario. 2 octobre 2008.

« Homeless people and the police: unreasonable searches and seizures, and arbitrary detentions and arrests ». *Conference of the International Journal of Arts & Sciences*, Université de Malte, Gozo, Malte. 23 février 2009. En collaboration avec Carol Kauppi.

« Le développement des droits fondamentaux dans l'organisation des États américains ». Réseau Droits fondamentaux, Agence Universitaire de la Francophonie, Paris, France. 12 novembre 2009.

« Relativisme, légitimation et droits fondamentaux ». *Pertinence et impertinence des droits de l'Homme au XXIe siècle*, Université de Montpellier 2, France. 10 septembre 2009.

« Migratory and Transient Homelessness in Northern Ontario ». Réunion du Comité national de recherche sur le logement, automne 2009, Société canadienne d'hypothèques et de logement, Ottawa,

Ontario. En collaboration avec Carol Kauppi et Janet Gasparini. 3 novembre 2009.

« Les itinérants à Sudbury : Une étude comparée entre les francophones et les anglophones ». *Langue et territoire, colloque international*, Université Laurentienne, Sudbury, Canada. 31 août 2010. En collaboration avec Suzanne Lemieux, Carol Kauppi, Kayla Seyler et Melissa Sullivan.

« Migration, territory and homelessness: exploring attachment to place and identity amongst Francophone, Anglophone and Indigenous People in Northeastern Ontario ». *Langue et territoire, colloque international*, Université Laurentienne, Sudbury, Canada. 1er septembre 2010. En collaboration avec Carol Kauppi.

« Républicanisme, libéralisme et communautarisme ». *Republica(s) e neorepublicanismo(s). VI Colóquio international*, Instituto Jurídico Interdisciplinar, Université de Porto, Portugal. 16 octobre 2010.

« Pouvoir et pouvoirs en common law ». Faculté des Sciences Juridiques, Économiques et Sociales, Université Cadi Ayyad, Cycle de conférences dans le cadre du programme de formation au corps professoral.

1. « Les cours supérieures et le pouvoir institutionnel ». 18 octobre 2010.
2. « Les cours supérieures et le pouvoir jurisprudentiel ». 19 octobre 2010.
3. « Le pouvoir professionnel : les juges, les *barristers* et les *solicitors* ». 20 octobre 2010.
4. « Le pouvoir de contrôle I : la déontologie ». 21 octobre 2010.
5. « Le pouvoir de contrôle II : la responsabilité professionnelle ». 22 octobre 2010.
6. « Pouvoir et pouvoirs en common law : table ronde ». 23 octobre 2010.

« La diversité culturelle et l'universalité des droits fondamentaux ». Groupe de recherche sur l'inter/transculturalité et l'immigration, Campus Saint-Jean, Université de l'Alberta, Edmonton, Alberta. 4 novembre 2010.

« L'islam et sa relation avec l'État de droit ». Institut d'études canadiennes, Campus Saint-Jean, Université de l'Alberta, Edmonton, Alberta. 8 novembre 2010.

« Northern CURA Project Update ». *Première conférence annuelle : Pauvreté, sans-abrisme et migration*, Université de Hearst,

Timmins, Ontario. 13 novembre 2010. En collaboration avec Carol Kauppi.

« Overview of research activities: Northern CURA ». *Première conférence annuelle : Pauvreté, sans-abrisme et migration*, Université de Hearst, Timmins, Ontario. 13 novembre 2010. En collaboration avec Carol Kauppi.

« Défi à la république : le droit à la polygamie ». *Republica(s) e neorepublicanismo(s)*. VII Colóquio international, Instituto Jurídico Interdisciplinar, Université de Porto, Portugal. 7 octobre 2011.

« Homelessness and migration: an integrative review. » *Third International Conference on Sustainable Development,* Université Tun Abdul Razak, Putrajaya, Malaisie. 5 décembre 2011. En collaboration avec Arshi Shaikh et Carol Kauppi.

« Migratory patterns of homeless people in Sudbury (Ontario), Canada. » *Third International Conference on Sustainable Development*, OIDA, Université Tun Abdul Razak, Putrajaya, Malaisie. 5 décembre 2011. En collaboration avec Carol Kauppi.

« Overview of the Poverty, Homelessness and Migration project ». *Deuxième conférence annuelle: Pauvreté, sans-abrisme et migration*, Ecolodge, Moose Factory, Ontario. 21 février 2012. En collaboration avec Carol Kauppi.

« Door to door survey of poverty and homelessness in a Francophone community of northeastern Ontario ». *Deuxième conférence annuelle: Pauvreté, sans-abrisme et migration*, Ecolodge, Moose Factory, Ontario. 21 février 2012. En collaboraton avec Mindy Mitron.

« Les droits de la personne et le monde arabe ». *Droits et Démocratie*, Ottawa, Ontario. 16 mars 2012.

« Table ronde : Les droits de l'homme sont-ils exportables ? » *Droit et politique : la circulation internationale des modèles en question(s)*, Semaine internationale du CERDHAP, Faculté de Droit, Université Pierre Mendès France (Grenoble II), France. 21 mars 2012.

« Diversité culturelle, droits fondamentaux et la Cour suprême du Canada ». *Droit et politique : la circulation internationale des modèles en question(s)*, Semaine internationale du CERDHAP, Faculté de Droit, Université Pierre Mendès France (Grenoble II), France. 21 mars 2012.

« Into and out of homelessness: understanding societal constraints and systemic disadvantages through an individual case study. » *The*

3rd International Conference on Society and Information Technologies: ICSIT 2012, Orlando, Florida, États-Unis. 27 mars 2012. En collaboration avec Carol Kauppi et Wayne Neegan.

« Homelessness among Anglophones, Francophones and Indigenous People in Northeastern Ontario: Levels of homelessness and Mental Illness ». *Fourth International Conference on Sustainable Development 2012*, OIDA, PSEG Institute for Sustainability Studies, Montclair State University, États-Unis. 1er août 2012. En collaboration avec Carol Kauppi.

« Le sans-abrisme dans le nord-est de l'Ontario : Les conséquences pour le travail interdisciplinaire avec les personnes sans-abri ». *Santé IMPACT*, Université Laurentienne. 4 septembre 2012.

« Human rights: universal and rationally necessary or contingent and culturally relative? ». Faculté de Droit, Université Renmin de Chine, Beijing, Chine. 11 novembre 2012.

« Legal education in Canada ». Faculté de Droit, Université des Sciences et Technologie du Sud-Ouest, Mianyang, Chine. 14 novembre 2012.

« Judicial independence in the Canadian legal system ». Faculté de Droit, Université des Sciences et Technologie du Sud-Ouest, Mianyang, Chine. 15 novembre 2012.

« Consideration and formation of the contract at common Law ». Faculté de Droit, Université des Sciences et Technologie du Sud-Ouest, Mianyang, Chine. 16 novembre 2012.

« Counting the homeless: a methodological approach ». Rajiv Ghandi National University of Law, Patalia, Punjab, Inde. 20 novembre 2012.

« Speaking about human rights: from necessity to rhetoric ». Indian Council of Social Science and Research, North West Regional Centre, Chandigarh, Punjab, Inde. 21 novembre 2012.

« Les sans abris à Sudbury et à Hearst : Une étude comparative des Francophones et des Anglophones ». *La Recherche au service de la pratique professionnelle et de la théorie*, Congrès de la Faculté des écoles professionnelles, Université Laurentienne, Sudbury. 13 décembre 2012. En collaboration avec Suzanne Lemieux et Carol Kauppi.

« Homelessness in North Bay ». Nipissing District Social Services Administration Board, North Bay, Ontario. 23 janvier 2013. En collaboration avec Carol Kauppi, Kathy King, Katrina Srigley et Roger Gervais.

« Photovoice as a research methodology: Living on the Outside ». *Research Methodology: A Multidisciplinary Approach*, Rajiv Gandhi National University of Law, Patiala, Punjab, Inde. 2 mars 2013. En collaboration avec Carol Kauppi et Phyllis Montgomery.

« Poverty, housing and homelessness in Moosonee ». Moosonee Native Friendship Centre, Moosonee, Ontario. 7 mars 2013. En collaboration avec Emily Faries, Carol Kauppi, Mandy Scott, Roger Gervais.

« Pauvreté, logement et sans-abrisme à Hearst ». Université de Hearst, Hearst, Ontario. 17 avril 2013. En collaboration avec Carol Kauppi, Lyne Poliquin, Louis Corbeil, Roger Gervais, Suzanne Lemieux, et Thomas Matukala Nkosi.

« Le témoin, le voile et la Cour suprême du Canada ». Faculté des Sciences Juridiques, Économiques et Sociales, Université Cadi Ayyad, Marrakech, Maroc. 29 avril 2013.

« Living on the outside: a photo exhibit using art in the struggle for social justice ». *Eighth International Conference on the Arts in Society*, Eötvös Loránd University, Budapest, Hongrie. 25 juin 2013.

« Deconstructing Universal Human Rights ». *2008 Summer Conference, International Conference on Sustainable Development*, Ryerson University, Toronto, Ontario. 6 août 2013.

« Using photovoice methods to compare housing in Cree communities and Sudbury ». *Poverty, Homelessness and Migration Monthly Conferences*, téléconférence aux partenaires communautaires à Kashechewan, Fort Albany, Moose Factory, Moosonee, Cochrane, Hearst, Timmins, North Bay et Sudbury, Ontario. 14 août 2013

« Freedom of religion, liberalism and libertarianism ». *Sixth International Conference on Sustainable Development*, Rajiv Gandhi National University of Law-Punjab, Chandigarh, Inde, 4 décembre 2013.

« De la tolérance religieuse moderne à la liberté religieuse postmoderne ». Faculté des Sciences, Juridiques, Économiques et Sociales, Université Cadi Ayyad, Marrakech, Maroc. 19 février 2014.

« Health challenges for homeless migrants ». *Public Health 2014 Conference*, Canadian Public Health Association, Toronto, Ontario. 28 mai 2014. En collaboration avec Carol Kauppiet Phyllis Montgomery.

« A comparison of physical and mental illnesses among homeless Francophone, Anglophone and Indigenous people in northeastern Ontario ». *Ninth International Conference on Interdisciplinary Social Sciences*, University of British Columbia, Vancouver, Canada. 12 juin 2014.

« Family Homelessness in Timmins, Ontario ». *Seventh International Conference on Sustainable Development*, OIDA, Ryerson University, Toronto, Ontario. 7 août 2014. En collaboration avec Carol Kauppi et Arshi Shaikh.

« Accès à la justice des peuples autochtones:contexte socio-économique ». *Congrès de l'AJEFO*, Sudbury, Ontario. 3 octobre 2014. En collaboration avec Carol Kauppi et Vivian Ellery.

« Protecting Democracy: an International Constitutional Court ». *OIDA International Conference on Sustainable Development 2014*, POLIS, University of Zululand, Richards Bay, Afrique du Sud. 2 décembre 2014.

« Poor and without a home… in a rich country. » *Eigth International Conference on Sustainable Development*, OIDA, POLIS, University of Zululand, Richards Bay, South Africa. 3 décembre 2014. En collaboration avec Carol Kauppi.

« Managing by leading — listening, understanding, repeating, reframing ». POLIS, University of Zululand, Three Cities Square, Umhlanga, South Africa. 6 décembre 2014.

« An International Constitutional Court: furthering constitutionalism and democracy ». South African Institute for Advanced Constitutional, Public, Human Rights, and International Law, University of Johannesburg, South Africa. 9 décembre 2014.

« La promotion de la démocratie et une Cour constitutionnelle mondiale. » Centre Mohammed Hassan Ouazzani, Casablanca, Maroc. 26 mai 2016.

« Flood hazard in Kashechewan First Nation: an environmental justice perspective ». *16th International Congress on Circumpolar Health: Focus on Future Health and Wellbeing*, Oulu, Finlande. 10 juin 2015. En collaboration avec Carol Kauppi et Arshi Shaikh.

« Substance use, mental health challenges and systemic disadvantages: a northern cree perspective. » *16th International Congress on Circumpolar Health: Focus on Future Health and Wellbeing*, Oulu, Finland. 11 juin 2015. En collaboration avec Carol Kauppi, Jessica Hein, et Amanda McLeod.

« Quelle cour constitutionnelle pour quelle démocratie ? » *Colloque international : Une Cour constitutionnelle internationale au service du droit démocratique et du droit constitutionnel.* Faculté de Droit, Université Mohammed V, Rabat, Maroc. 17 juin 2015.

« Rising homelessness in a land of plenty ». *Ninth International Conference on Sustainable Development.* OIDA, Athènes, Grèce. 2 septembre 2015. En collaboration avec Carol Kauppi.

« Factors Linked to Rising Homelessness in Sudbury, Canada ». *Tenth International Conference on Sustainable Development*, OIDA, Trisakti University, Jakarta, Indonésie. 1er décembre 2015. En collaboration avec Carol Kauppi.

« Needs assessment for an inter-professional clinic to serve poor and homeless people in Sudbury. » Diversity in Research Conference. Faculty of Health and Faculty of Education, Laurentian University. 9 décembre 2015. En collaboration avec Carol Kauppi, L. Glass et M. Stacey.

« Histoire de la garantie des droits au Canada ». Faculté de Droit, Université Pierre Mendès France (Grenoble II), France.

1. « Avant 1982 : une protection restreinte — la common law et des lois ordinaires. » 1er mars 2016.
2. « 1982: un renouveau — une loi constitutionnelle : Charte canadienne des droits et libertés. » 2 mars 2016
3. « Le problème de l'activisme judiciaire. » 3 mars 2016.
4. « La liberté religieuse dans le contexte canadien. » 4 mars 2016.

« Le précédent qui n'a pas (très longtemps) fait jurisprudence ». Département de Droit, Université de Bretagne Sud, Vannes, France. 9 mars 2016.

« Refining methods to reach policy objectives ». *11th International Conference on Sustainable Development 2016*, OIDA, VMI University College et Faculty of Civil & Environmental Engineering, Universiti Tun Hussein Onn, Kuala Lumpur Malaisie. En collaboration avec Carol Kauppi. 6 septembre 2016.

« Research Methodology: Community based surveys ». *11th International Conference on Sustainable Development*, OIDA, VMI University College et Faculty of Civil and Environmental Engineering, Université Tun Hussein Onn, Kuala Lumpur, Malaisie. En collaboration avec Carol Kauppi. 8 septembre 2016.

« Pédagogie et études dialogiques dans le contexte universitaire canadien ». Institut franco-chinois, Université Renmin de Chine à Suzhou (Jiangsu), Chine. 15 septembre 2016.

« Measuring homelessness in a northern Ontario city: comparison of results for daily counts in Sudbury, Ontario ». National *Conference on Ending Homelessness, CAEH 2016*, London, Ontario. 11 mars 2016. En collaboration avec Carol Kauppi.

« Opération du revirement jurisprudentiel selon la Cour suprême du Canada ». Faculté de Droit, Université Bretagne Sud, Vannes, France. 29 novembre 2016.

« La liberté religieuse sans protection constitutionnelle dans le contexte canadien ». Faculté de Droit, Université Grenoble Alpes, France. 1er décembre 2016.

« Le positivisme juridique et la Cour constitutionnelle internationale ». *Table ronde : Projet de création d'une Cour constitutionnelle internationale*. Faculté de Droit, Université Grenoble Alpes, France. 1er décembre 2016.

« La liberté religieuse et sa protection constitutionnelle dans le contexte canadien ». Faculté de Droit, Université Grenoble Alpes, France. 2 décembre 2016.

« Constitutionalisme internationale et positivisme juridique ». *Table ronde : Projet de création d'une Cour constitutionnelle internationale*, Faculté de Droit, Université d'Ottawa. 12 janvier 2017.

« Histoire des institutions en common law ». Institut franco-chinois, Université Renmin de Chine à Suzhou (Jiangsu), Chine. Cycle de conférences aux étudiants de 2e cycle. 10 au 21 avril 2017.

1. Histoire des cours supérieures.
2. Histoire de la doctrine du précédent.
3. Histoire des professions juridiques.
4. Histoire de la déontologie professionnelle.

« Adapting qualitative methods for Indigenous-led housing research ». *Ninth International Congress of Arctic Social Sciences: People and Place (ICASS IX)*. University of the Arctic and Umeå University, Umeå, Sweden. 8 juin 2017. En collaboration avec Carol Kauppi, Emily Faries et Amanda McLeod.

« Comparing Indigenous and non-Indigenous perspectives on health and housing in the Canadian north ». *Ninth International Congress of Arctic Social Sciences: People and Place (ICASS IX)*. University of the Arctic and Umeå University, Umeå, Sweden. 10 juin 2017. En collaboration avec Carol Kauppi.

« Domestication and housing in the north: Housing design and Indigenous culture ». *Ninth International Congress of Arctic Social Sciences: People and Place (ICASS IX)*. University of the Arctic and Umeå University, Umeå, Sweden. 12 juin 2017. En collaboration avec Amanda McLeod et Carol Kauppi.

« Hidden homelessness in rural and northern Ontario ». *12th International Conference on Sustainable Development*, OIDA, Carleton University, Ottawa, Ontario. 9 août 2017. En collaboration avec Carol Kauppi.

« Community-based research with marginalised populations. Special Workshop. » *12th International Conference on Sustainable Development 2017*, Carleton University, Ottawa, Ontario. 10 août 2017. En collaboration avec Carol Kauppi.

« From the rule of law and the supremacy of Parliament to the rule of law and the supremacy of the judiciary: religion and cultural diversity in Canada. » *2017 Global Forum on the Rule of Law: Culture, the Rule of Law and Social Development*, Faculté de Droit, Université Renmin de Chine et Korea Foundation for Advanced Studies, 18 novembre 2017.

« *Stare decisis* in common law: theory and practice ». *Association pour la recherche sur la transition démocratique*, Faculté des Sciences Juridiques, Politiques et Sociales de Tunis, Université de Carthage, Tunisie, 9 février 2018.

« Carter et la mort assisté au Canada ». Département de Droit, Université de Bretagne Sud, Vannes, France. 14 février 2018.

« Considerations on Reconciliation between Francophones and Indigenous People ». *Symposium : Sans-abrisme et réconciliation*, Centre de recherche en justice et politique sociales. Université Laurentienne, Sudbury, Ontario. 20 mars 2018.

« L'aide médicale à mourir au Canada : de Rodriguez à Carter ». *Le droit à la santé et le vieillissement*. Collège International de l'Université Renmin de Chine à Suzhou (Jiangsu), Chine. 18 mai 2018. En collaboration avec Michel Giroux.

« The new principle of good faith in the Canadian common law of contracts ». *Developments in the civil law*. Collège International de l'Université Renmin de Chine à Suzhou (Jiangsu), Chine. 2018-05-19. En collaboration avec Michel Giroux.

« Health and Housing, domestication and decolonisation in Indigenous communities in northern Canada ». *13th International Conference on Sustainable Development*, OIDA à l'University d'Oxford,

Queen's College, Oxford, Royaume-Uni. 15 août 2018. En collaboration avec Carol Kauppi et Amanda McLeod.

« Considerations on reconciliation between Francophones and Indigenous People ». *CAEH 2018, Language, culture and reconciliation*, Hamilton, Ontario. 6 novembre 2018.

« La suprématie du Parlement et l'État de droit au Canada avant l'avènement de la Charte des droits et libertés 1867-1982 ». *Le rôle du juge constitutionnel dans la consolidation de l'État de droit*, Faculté des Sciences Juridiques, Économiques et Sociales, Université Cadi Ayyad, Marrkech Maroc. 14 juin 2019.

« Methods of enumerating homelessness: using Period Prevalence Counts versus Point-in-Time Counts ». *National Conference on Ending Homelessness CAEH19*, Edmonton, Alberta. 5 novembre 2019. En collaboration avec Carol Kauppi et Phyllis Montgomery.

« Challenges to reconciliation: Franco-Ontarians and Indigenous people ». *Revenir chez soi*. Université Laurentienne et Université de Sudbury, Ontario. 15 novembre 2019.

« How social research methodology determines results and social policy: an example: counting homeless people ». *14th International Conference on Sustainable Development 2019*, OIDA, PSEG Institute for Sustainability Studies, Université Montclair State, à l'Université Harvard, Boston, États-Unis. 10 décembre 2019. En collaboration avec Carol Kauppi.

« Setting the scene and the background: compensation for returning refugees ». *Creating Conditions for a Sustainable Return: Safety and Compensation for Rohingya Returnees*, International Webinar, Université Swinburne, Melbourne, Australie. 19 septembre 2020.

« Are the rule of law, democracy and human rights necessary for sustainable development? » *15th International Conference on Sustainable Development*, OIDA, Université Davangere et Université Tumkur, Inde. 6 octobre 2020.

« Reconciliation and decolonization in Canada: Housing and Homelessness ». *15th International Conference on Sustainable Development*, OIDA, Université Davangere et Université Tumkur, Inde. 7 octobre 2020.

« L'Onomastique juive au Maroc : regards croisés ». Table ronde : *L'Onomastique juive au Maroc : Enjeux politiques, économiques et territoriaux*, Universiapolis – Université Internationale d'Agadir, Maroc. 23 novembre 2021.

« Droit religieux et droit civil : priorité et déstabilisation ». *L'Onomastique juive au Maroc : Enjeux politiques, économiques et territoriaux*, Universiapolis – Université Internationale d'Agadir, Maroc. En collaboration avec Michel Giroux. 24 novembre 2021.

« Sustainable development and humanrights ». *17th International Conference on Sustainable Development*, Université autonome de Barcelone et OIDA. 18 juilllet 2023.

Projets de recherche subventionnée

1994-2007 « Personne, culture et droits ». Réseau : Droits fondamentaux, Agence Universitaire de la Francophonie, Paris, France.

2010-2016 « Pauvreté, sans-abrisme et migration ». Conseil de recherche en sciences humaines, Canada. Sous la direction de Carol Kauppi.

2019-2024 « En déplacement : une étude à méthodes mixtes sur l'itinérance et la migration des Autochtones et des non-Autochtones dans le nord-est de l'Ontario ». Réseaux de centres d'excellence, gouvernement du Canada. Sous la direction de Carol Kauppi.

Organisation de colloques

1994 *Droits fondamentaux, diversité culturelle et l'individu*, Personne, culture et droits, Université de Paris II, France.

1995 *Droits fondamentaux, diversité culturelle et société*, Personne, culture et droits, Faculté des Sciences Juridiques, Sociales et Politiques de Tunis, Tunisie.

1997 *Droits fondamentaux, diversité culturelle et État de droit*, Personne, culture et droits, Centre des Droits de l'Homme, Université de Grenoble II, France.

1998 *Droits fondamentaux, diversité culturelle et minorités*, Personne, culture et droits, Fondation du Roi Abdul-Aziz al Saoud, Casablanca, Maroc.

2000 *Au Carrefour des droits de la personne — du Nord au Sud, du droit civil à la common law*, Faculté des Sciences Juridiques, Économiques et Sociales, Université Cadi Ayyad, Marrakech, Maroc.

2001 *Mondialisation, culture et droits*, Faculté de Droit, Université d'Ain Chams, Le Caire, Égypte.

2001 *2001, L'Odyssée des droits de l'homme*, avec le *Centre historique et juridique des droits de l'homme*, Université Pierre Mendès France (Grenoble II), France et le *réseau Droits fondamentaux*, Agence Universitaire de la Francophonie.

2002 *Démocratie et élections*, Université Catholique d'Afrique Centrale et Université de Yaoundé II, Cameroun.

2005 *Les élections et la démocratie face au droit et à la politique*, Faculté des Sciences Juridiques, Économiques et Sociales, Université Cadi Ayyad, Marrakech, Maroc.

2006 *L'État de droit et la liberté religieuse : les conditions de la coexistence*, Faculté des Sciences Juridiques, Économiques et Sociales, Université Cadi Ayyad, Marrakech, Maroc.

2008 *International Conference on Sustainable Development*, Ontario International Development Agency, et Centre international de recherche interdisciplinaire sur le droit, Université Laurentienne, Sudbury, Canada.

2010 *Second International Conference on Sustainable Development,* Ontario International Development Agency, et Centre international de recherche interdisciplinaire sur le droit, Université Laurentienne, Sudbury, Canada.

2011 *Poverty, Homelessness and Migration, First Annual Conference*, Université de Hearst, Timmins, Canada.

2011 *Third International Conference on Sustainable Development*, Ontario International Development Agency, Centre international de recherche interdisciplinaire sur le droit, Université Laurentienne, Université Tun Abdul Razak, Kuala Lumpur, Malaisie.

2012 *Fourth International Conference on Sustainable Development*, Ontario International Development Agency, Centre international de recherche interdisciplinaire sur le droit, Université Laurentienne, PSEG Institute for Sustainability Studies, Université Montclair State, New Jersey, États-Unis.

2013 *Fifth International Conference on Sustainable Development*, Ontario International Development Agency, Centre international de recherche interdisciplinaire sur le droit, Université Laurentienne, Université Ryerson, Toronto, Canada.

2013 *Sixth International Conference on Sustainable Development*, Ontario International Development Agency, Centre international de recherche interdisciplinaire sur le droit, Université Laurentienne, Rajiv Gandhi National University of Law, Chandigarh, Inde.

2014 *Seventh International Conference on Sustainable Development*, Ontario International Development Agency, Centre international de recherche interdisciplinaire sur le droit, Université Laurentienne, Université Ryerson, Toronto, Canada.

2014 *Eighth International Conference on Sustainable Development*, Ontario International Development Agency, Centre international de recherche interdisciplinaire sur le droit, Université Laurentienne, Université du Zululand, Richards Bay, Afrique du Sud.

2015 *Une Cour Constitutionnelle International au service du droit démocratique et du droit constitutionnel*, Konrad Adenauer Stiftung, Université Mohammed V, Rabat, Maroc.

2015 *Ninth International Conference on Sustainable Development*, Ontario International Development Agency, Centre international de recherche interdisciplinaire sur le droit, Université Laurentienne, Athènes, Grêce.

2015 *Tenth International Conference on Sustainable Development*, Ontario International Development Agency, Centre international de recherche interdisciplinaire sur le droit, Université Laurentienne, Université Trisakti, Jakarta, Indonésie.

2016 *11th International Conference on Sustainable Development*, Ontario International Development Agency, Centre international de recherche interdisciplinaire sur le droit, Université Laurentienne, Collège universitaire international Vinayaka Missions, Kuala Lumpur, Malaisie.

2017 *Projet de création d'une Cour constitutionnelle internationale*, Table ronde, Faculté de Droit, Université d'Ottawa, Ottawa, Canada.

2017 *12th International Conference on Sustainable Development*, Ontario International Development Agency, Centre international de recherche interdisciplinaire sur le droit, Université Laurentienne, Université Carleton, Ottawa, Canada.

2018 *13th International Conference on Sustainable Development*, Ontario International Development Agency, Centre international de recherche interdisciplinaire sur le droit, Université Laurentienne, Newcastle University, Queens College, Université d'Oxford, Royaume-Uni.

2018 *Symposium : Sans-abrisme et réconciliation,* Centre de recherche en justice et politique sociales, Université Laurentienne, Sudbury, Canada.

2019 *Le Rôle du juge constitutionnel dans la consolidation de l'État de droit*, Centre international de recherche interdisciplinaire sur le droit, Université Laurentienne, Fondation Hans Seidel et Faculté des Sciences Juridiques, Économiques et Sociales, Université Cadi Ayyad, Marrakech, Maroc.

2019 *Revenir chez soi.* Centre de recherche en justice et politique sociales, Université Laurentienne, et Université de Sudbury.

2019 *14th International Conference on Sustainable Development*, Ontario International Development Agency, Centre international de recherche interdisciplinaire sur le droit, Université Laurentienne, PSEG Institute for Sustainability Studies, Université Montclair State, Boston, États-Unis.

2020 *15th International Conference on Sustainable Development*, Ontario International Development Agency, Centre international de recherche interdisciplinaire sur le droit, Université Laurentienne, Université Tumkur, Inde et Ottawa (en ligne), Canada.

2022 *16th International Conference on Sustainable Development*, Ontario International Development Agency, United Nations Conference Centre, Bangkok, Thailand.

2023 *17th International Conference on Sustainable Development*, Ontario International Development Agency, Centre international de recherche interdisciplinaire sur le droit, Université Laurentienne, Centre international de recherche interdisciplinaire sur le droit, Université Laurentienne, Université autonome de Barcelone, Espagne.

2023 *18th International Conference on Sustainable Development*, Ontario International Development Agency, Centre international de recherche interdisciplinaire sur le droit, Université Laurentienne, PSEG Institute for Sustainability Studies, Université Montclair State, New Jersey, États-Unis.

2024 *19th International Conference on Sustainable Development*, Ontario International Development Agency, Centre international de recherche interdisciplinaire sur le droit, Université Laurentienne, Université de la Sorbonne, Paris, France.

2024 *20th International Conference on Sustainable Development*, Ontario International Development Agency, Centre international de recherche interdisciplinaire sur le droit, Université Laurentienne, Université de Pretoria, Afrique du Sud.

Thèses de doctorat

Direction, Université Laurentienne, Sudbury, Canada

2007-2011 Steve Kusan, *Exploring the Dialectics of Mind, Body and Place: A Qualitative Inquiry Towards a Grounded Theory of Mental Health Literacy.*

2008-2014 Neville Hewage, *Cataract surgery: impact on activities, time-use, and gender and power relations in rural India.*

2011-2020 Rahat Naeem, *A Comprehensive Study of Homelessness and Migration in Northern Rural and Urban Centers in the Near North of Ontario, Canada Using GIS Techniques.*

2020- Zeinab Seifpour, *Unveiling the Hidden Flaw: A Critical Investigation of Modernist Urban Interventions from Theory to Practice.*

Examinateur externe/Rapporteur

Christian Eberhard, *Droits de l'homme et dialogue interculturel. Vers un désarmement culturel pour un droit de paix*, Université Paris I, France. 14 décembre 2000.

Fabien Nkot, *Perversion politique du droit et construction de l'État unitaire au Cameroun*, Université Laval, Québec. 16 mai 2001.

Jean Rosier Descardes, Dynamique vodou et État de droit en Haïti, Droit de l'homme et diversité culturelle, Université de Paris I, France. 25 novembre 2001.

Guillaume Rousseau, L'État unitaire et la décentralisation en France et au Québec : Identité nationale et identités régionales, Faculté de Droit, Université Laval, Université de Sherbrooke et Université Panthéon-Sorbonne. 28 August 2012.

Roger Koudé, *Examen des travaux de recherche portant sur La justice pénale internationale : un instrument pour raisonner la raison d'État ?* HDR (droit) (Habilitation à diriger des recherches en droit). École Doctorale Sciences Juridiques, Université Grenoble Alpes, France. 17 décembre 2018.

Mohammad Ali Anvari, La protection des droits de l'Homme en Asie du Sud-Est : un système régional inachevé. Faculté de Droit, Université Grenoble Alpes, France. 20 décembre 2019.

Khady Kane Broc, L'accès à la propriété foncière pour les femmes rurales en Afrique : le cas du Sénégal (de l'époque des grands royaumes à nos jours). Faculté de Droit, Université Grenoble Alpes, France. 30 septembre 2021.

Kahina Merzelkad, La responsabilité de protéger à l'épreuve des faits : les expériences libyenne et tunisienne. Faculté de Droit, Université Grenoble Alpes, France. 22 octobre 2021.

Thèse de maîtrise

Isabelle-Gabriele Hendel, Urban and rural homelessness in northern Ontario: an Indigenous lens. 10 septembre 2021.

Prix, bourses et distinctions universitaires ou professionnels

1974 Bourse de deuxième langue, gouvernement du Canada.

1975 Bourse d'études supérieures de l'Ontario, Canada.

1975 Bourse de deuxième langue, gouvernement du Canada.

1976-1980 Bourse, Programme d'échange culturel France-Canada, gouvernement de la France.

1981 Doctorat de 3e cycle, mention très bien avec les félicitations du jury, *L'Idée d'institution et la nature du phénomène juridique. Une Description phénoménologique du droit*, Université de Nice, France.

1992 Bourse postdoctorale, Agence Universitaire de la Francophonie, Paris, France.

2003 Conférencier invité, Conférence pour la communauté parrainée par le Vice-recteur aux études et à la recherche, Université Laurentienne, Canada.

2008 Lauréat, Prix d'excellence en recherche, Université Laurentienne, Canada.

2010 Lauréat, Prix d'honneur Saint-Jean pour anciens, Campus Saint-Jean, Université de l'Alberta, Edmonton, Alberta, Canada.

2012 Meilleur court métrage documentaire, Winnipeg Aboriginal Film Festival, *Will to Live: George Stephen On and Off the Street* | *Le vouloir vivre : George Stephen et la rue,* avec Wayne Neegan, Carol Kauppi et Emily Faries.

2017 Prix Impact–Partenariat, *Pauvreté, sans-abrisme et migration*, sous la direction de Carol Kauppi, Conseil de recherche en sciences humaines, Canada.

2022 Ordre du mérite, Association des juristes d'expression française de l'Ontario, Canada.

PRÉFACE

Mélanges en l'honneur du professeur Henri Pallard

Yadh Ben ACHOUR[1]

Véritable ami du monde arabo-musulman, engagé à maintes reprises, au cours d'un quart de siècle, auprès des étudiantes et étudiants, enseignants, chercheurs, nous rendons aujourd'hui hommage au professeur Henri Pallard en lui offrant ce recueil de textes portant sur le juge constitutionnel et l'État de droit. Philosophe, juriste et historien de formation, le professeur Pallard se plait à répéter que sa longue formation universitaire ne fut qu'un moment de préparation en vue de sa rencontre avec le monde arabo-musulman, qui est alors devenu sa véritable passion intellectuelle. Son approche interdisciplinaire lui a permis de mieux comprendre ce monde tout en lui fournissant un cadre à l'intérieur duquel s'inscrit le long dialogue qu'il a mené avec ses collègues et étudiants.

Se destinant initialement à la pratique du droit, ce n'est que par accident, dit-il, qu'il a fait carrière dans l'enseignement et la recherche à l'Université Laurentienne (1986-2021) où il est aujourd'hui professeur émérite. Or cet accident a rendu possible un échange fructueux avec le Maroc, la Tunisie et l'Égypte à travers de nombreuses actions. Il a appuyé la formation de doctorants par ses conseils et son encouragement. Il a permis à des professeurs magrébins d'enseigner à l'Université Laurentienne au Canada. Grâce à lui, des étudiantes et étudiants canadiens ont ensuite pu faire des séjours universitaires et mener des actions de recherche au Magreb. Le professeur Pallard a lui-

---

[1] Ancien doyen, Faculté des Sciences Juridiques, Politiques et Sociales de Tunis, Université de Carthage ; ancien membre, Conseil constitutionnel, Tunisie ; membre, Institut de Droit International ; ancien membre, Comité des droits de l'homme, Nations Unies ; président, Haute instance pour la réalisation des objectifs de la révolution, de la réforme politique et de la transition démocratique, Tunisie ; premier titulaire, chaire Averroès, Université d'Aix-Marseille ; chaire annuel 2022, Mondes francophones, Collège de France ; docteur *honoris causa*, Université Laurentienne (Canada), Université de Genève (Suisse), et Université d'Aix-Marseille (France) ; lauréat, Prix international de la démocratie ; lauréat, Prix Tahar-Haddad pour la promotion des études et des recherches en sciences humaines et sociales.

même aussi été professeur invité à l'Université Cadi Ayyad à Marrakech, la Faculté des Sciences Juridiques, Politiques et Sociales de Tunis, à l'Université d'Ain Chams et à la British University in Egypt au Caire.

Dans toutes ses activités, le professeur Pallard a mis à contribution ses nombreuses relations internationales pour assurer l'engagement de chercheurs provenant d'Asie, d'Europe, des Amériques et d'Afrique, en leur permettant de découvrir le Magreb et de nouer des relations avec ses chercheurs, rendant possible un enrichissement réciproque. De telles initiatives ont permis à leurs participants d'acquérir des connaissances sur le terrain et de dépasser ainsi les points de vue stéréotypés, tout en jetant les bases pour de véritables échanges et d'améliorer la compréhension entre des cultures profondément différentes.

La rencontre des cultures et la qualité de l'échange qui en découle forment une des lignes directrices de la pensée du professeur Pallard. En tant que directeur de *Personne, culture et droits* (1993-2007) — une équipe de recherche interdisciplinaire internationale subventionnée par le *réseau : Droits fondamentaux* de l'Agence universitaire de la Francophonie — il a mené une action de recherche axée sur la diversité culturelle et l'universalité des droits fondamentaux. On y a retrouvé des chercheurs de divers pays — le Maroc, la Tunisie, l'Égypte, le Portugal, la France, le Cameroun, le Sénégal et le Canada — au sein de cette équipe qui a travaillé sur des thèmes tels que les minorités et les droits fondamentaux, les droits de la personne entre common law et droit civil, l'État de droit et la question religieuse, la démocratie, les élections et la culture.

Question fondamentale : comment expliquer que certaines sociétés aient pu adopter les droits de la personne en tant que pôle de référence pour l'activité politique ? Pour le professeur Pallard, les traits principaux de l'idéologie libérale ont été établis par l'Occident et s'accordent avec sa vision sociale, politique et économique. Une certaine culture en découle où les droits de la personne se trouvent imbriqués dans les institutions mêmes de ces pays. Par exemple, la liberté d'expression, un droit fondamental et une valeur clé du libéralisme, sert aussi, de façon instrumentale, au bon fonctionnement des marchés capitalistes. La liberté économique est intimement liée à la liberté politique. Les marchés libres sont perçus comme protection essentielle à la liberté d'expression. Ils appuient la création d'un environnement propice au dialogue et à l'expression. Le marché économique, encadré par la liberté et la transparence, permet l'échange d'idées et leur confrontation facilite l'émergence de la vérité à travers un discours public. C'est une certaine vision subjective des droits de la personne que véhicule l'idéologie dominante en Occident. Or il ne faut pas oublier, estime le professeur Pallard, que l'idéologie libérale et les droits de la personne ont eux-mêmes des assises fragiles dans les sociétés occidentales, comme le démontre la montée de l'illibéralisme dans ces pays dans ce premier quart du vingt-et-unième siècle. Ces valeurs fondamentales ne sont pas des acquis ; notre adhésion doit être continuellement renouvelée.

L'activité gouvernementale dans les pays en voie de développement doit composer avec des conditions sociales et économiques différentes. Les différences politiques, aggravées par les séquelles du colonialisme, viennent s'ajouter aux défis que connait l'idéologie libérale dans ces pays. Le colonialisme leur a légué des structures démocratiques faibles. Leur souveraineté économique est souvent limitée, car dépendante des anciennes puissances coloniales. Le colonialisme a aussi eu un effet néfaste sur leurs structures sociales, créant ou aggravant des tensions ethniques, laissant dans son sillage une instabilité politique et des germes de conflits. C'est ce qui explique leur difficulté à mettre en œuvre l'idéologie des droits de la personne. Comment alors réconcilier l'idée des droits fondamentaux et celle de la diversité culturelle ?

À travers son œuvre, le professeur Pallard a cherché à surmonter la conception des droits de la personne fondée sur les idées politiques véhiculées par les philosophes de la Renaissance et du Siècle des Lumières, les estimant tributaires des schèmes sociaux, politiques et économiques de leur époque. Avec les Lumières, on assiste à la transformation des représentations du social, ce changement de paradigme donnant naissance à une idéologie dominante, le libéralisme, et à un mode de gouvernement, la démocratie, qui incarnent l'État de droit, lui-même constitué d'un certain nombre de principes juridiques : la primauté du droit, l'enchâssement des droits et libertés dans la constitution, l'autonomie de la magistrature, le contrôle de la légalité des actes de l'administration, et le contrôle de la constitutionnalité des lois. Cependant, dans ses écrits, le professeur Pallard refuse de donner à ces principes un fondement universel, nécessaire ou absolu en tant que tel ; ils ne sont que l'expression contingente et relative des relations de pouvoir qui caractérisent la société, au moment de leur mise en place aux 17e et 18e siècles. Il établit un lien entre le projet de connaissance apodictique que mènent les philosophes de cette époque et la thèse de l'universalité des droits fondamentaux, fondée sur une conception particulière de la nature humaine.

Or en tant que chercheur, notre engagement envers les droits de la personne se fonde sur une approche rationnelle du monde. Le professeur Pallard nous met en garde contre un transfert vers la société de notre compréhension intellectuelle des droits de la personne. Son approche passe outre aux reproches adressés aux sociétés qui n'ont pas intégré les droits de la personne dans leur comportement quotidien. Il faut plutôt comprendre les intérêts en jeu véhiculés par les structures de négation des droits de la personne et mettre en place des actions ponctuelles qui conduiront à une remise en question des structures de pouvoir et de domination et à un choix éclairé favorisant des structures propices à la promotion des droits de la personne.

Cette approche « relativiste » des droits de la personne, de l'État de droit et de la démocratie est elle-même fondée sur une conception épistémologique du monde, un refus de la possibilité d'une connaissance apodictique et une entière reconnaissance de la contingence de l'existence humaine. Les droits de la personne ne sont pas une idéologie que l'on doit transmettre et imposer au monde, mais une invitation à une meilleure compréhension réciproque et à un travail coopératif dans la construction de notre avenir partagé. Le fardeau repose sur les sociétés qui en sont bénéficiaires de transmettre cette invitation et de créer les conditions nécessaires pouvant conduire à son acceptation.

Cette ouverture d'esprit a caractérisé toutes les démarches du professeur Pallard avec le monde arabo-musulman. Ainsi, lorsqu'il s'adresse à un public, plutôt que de s'engager dans une critique des inégalités structurelles et systémiques qui ont cours dans ces pays, il a recours à des situations canadiennes, par exemple, en traitant de l'attitude adoptée par le droit canadien envers le port du niqab par une femme témoignant lors d'un procès, ou encore envers l'adoption de la charia dans le règlement des différends au sein d'une famille. Lorsque des étudiants s'arrête sur une critique de l'approche canadienne aux symboles liés à l'islam, il est ainsi mieux en mesure d'adopter lui-même une approche objective aux structures de sa propre société. En créant un espace de dialogue, le professeur Pallard cherche à dépasser les conceptions familières, généralement dogmatiques, afin de se situer au sein d'une véritable critique et reconnaitre la part de vérité chez l'autre tout comme la part de préjugé chez soi. De même, il a mis en place un cours portant sur le droit musulman afin de communiquer la réalité de ce monde en allant au-delà des conceptions superficielles et dangereuses, afin de fournir aux étudiantes et étudiants, les futurs dirigeants de nos sociétés, des éléments pour construire une relation d'égal à égal avec les pays qui se situent hors du giron occidental, et pour comprendre les structures qui donnent lieu à des inégalités.

Son refus de la possibilité d'une connaissance certaine et rassurante des droits de la personne, de l'État de droit et de la démocratie et son parti-pris pour le relativisme ne doivent pas conduire, nous dit le professeur Pallard, à leur abandon. Leur contingence doit plutôt nous conduire à reconnaitre leur fragilité et à approfondir notre engagement envers leur réalisation, car leur avenir n'est aucunement assuré. Il réduit ainsi les concepts clés du libéralisme à un phénomène culturel. Cela nous appelle à transformer profondément notre engagement envers leur mise en œuvre. Au lieu de s'adonner à des actes de démonstration ou de véhiculer des discours portant sur leur bienfondé et sollicitant notre adhésion, il prône une action de terrain à long terme — quelques siècles — mettant l'accent sur l'intégration dans la vie quotidienne des valeurs sous-jacentes aux droits de la personne : la collaboration, le respect de l'autre, l'inclusion, le respect de la diversité, la responsabilité, l'acceptation. Tout comportement conforme à ces valeurs fait la promotion des droits de la personne. Selon le professeur Pallard, il faut approfondir la connaissance des droits de la personne, le respect de la diversité et l'aptitude à résoudre les conflits de façon pacifique dans tous les secteurs de la société.

Or c'est avant tout chez les enfants que cet apprentissage doit se faire. En étant conscientisé dès le jeune âge aux droits de la personne, il est plus probable que ceux-ci orientent leur parcours par la suite. La mise en œuvre de telles valeurs transforme aussi le milieu scolaire, les relations entre les enseignants et les élèves. Elles deviennent moins hiérarchiques et moins directives, plus axées sur l'ouverture, l'exploration, l'écoute attentive. Une telle approche transforme aussi les relations entre les élèves eux-mêmes, car leurs comportements se fondent alors plus sur l'inclusion, la responsabilité, la collaboration, le respect, l'écoute et l'esprit d'équipe. Enfin, la promotion de ces valeurs au sein des relations entre les élèves, les enseignants et enseignantes transforment leurs rapports interpersonnels.

Selon le professeur Pallard, il faut viser le long terme, ce terrain où les changements les plus durables se produisent. Il aime recourir à l'exemple de la Tunisie qui au cours du premier demi-siècle depuis son indépendance a mis l'accent sur l'accès universel à l'éducation pour les garçons et les filles, bâtissant dès lors son développement sur une base solide. Les droits de la personne y trouvent aussi un terrain fertile à leur croissance.

Afin de mieux connaitre le monde arabo-musulman, il s'est mis à étudier le droit musulman, puis, encouragé par ses collègues, il s'est mis à donner des cours d'introduction à ses étudiantes et étudiants canadiens afin de les initier à cette pensée juridique si différente, mais aussi de leur fournir un aperçu de cette grande civilisation mal connue de l'Occident. Ce travail de longue haleine est nécessaire si l'on veut dépasser les schèmes traditionnels véhiculant des préjugés.

Le professeur Pallard a mis à bonne œuvre son approche ouverte à la culture dans un important travail sur le terrain, *Pauvreté, sans-abrisme et migration* (*PSAM*), subventionné par le Conseil de recherche en sciences humaines du Canada et dirigé par la professeure Carol Kauppi. En tant que directeur adjoint de ce projet, il a mis en place un partenariat avec les communautés autochtones du nord-est de l'Ontario. Ce projet a identifié des facteurs importants conduisant à la perte d'un domicile fixe chez les membres de ces communautés. Différents facteurs jouent des rôles divers au sein des trois groupes culturels principaux — autochtone, francophone et anglophone — du nord-est de l'Ontario. Les Peuples autochtones ne constituent que cinq pour cent de la population de cette région, mais dans certains lieux, ils constituent la moitié des sans-abris. Cette surreprésentation peut être attribuée au colonialisme et à ses conséquences. Les Autochtones ont été dépossédés de leurs terres ancestrales et refoulées sur des terrains offrant peu de possibilités pour leur développement économique et ne pouvant aucunement subvenir à leurs besoins, en plus de ne pas se prêter à la poursuite de leur mode de vie traditionnel. De plus, ils souffrent d'un manque de logements et ne possèdent pas les fonds nécessaires pour en construire suffisamment afin de répondre à leurs besoins. Le gouvernement canadien a longtemps mené une campagne d'assimilation des enfants, en les enlevant à leurs parents pour les placer dans des pensionnats où ils devinrent victimes de sévices corporels et sexuels. Les études de l'équipe de recherche démontrent que ce racisme a conduit à une perte d'identité chez les Autochtones et à une tendance à se retrouver dans la rue lorsqu'ils quittent leurs villages d'origine isolés, situés au Nord. Elles concluent qu'il faut non seulement leur fournir des logements, mais également procéder à une réconciliation qui passe par la reconnaissance de la politique d'extinction culturelle menée par la majorité contre les Autochtones.

Le caractère innovateur et hautement original de cette initiative de recherche a été reconnu à de nombreuses reprises. C'est ainsi que *Le vouloir-vivre : George Stephen et la rue*, un documentaire réalisé par *PSAM* a obtenu le prix du Meilleur court métrage documentaire au Festival du film autochtone de Winnipeg en 2012. Par ailleurs, le travail de *PSAM* avcc lcs communautés autochtones et les personnes sans abri dans le nord de l'Ontario a été reconnu par un prix Impact–Partenariat du Conseil de recherche en sciences humainesdu Canada en 2017.

Les contributions du professeur Pallard et son excellence ont été reconnues en de nombreuses autres occasions. En 1992, il recevait une bourse postdoctorale de l'Agence Universitaire de la Francophonie. La qualité des projets de *Personne culture et droits* lui a permis de bénéficier de subventions de l'Agence. En 2007, son université lui décernait le prix d'Excellence en recherche et, en 2008, il fondait le Centre international de recherche interdisciplinaire en droit. En 2010, le Campus Saint-Jean de l'Université de l'Alberta, où il a entrepris ses premières études universitaires, le consacrait lauréat du Prix d'honneur Saint-Jean en reconnaissance du succès qu'il a connu dans sa profession. De même, en 2022, il recevait l'Ordre du mérite de l'Association des juristes d'expression française de l'Ontario pour sa contribution au développement de la common law en français.

Il a été professeur invité à de nombreuses universités, entre autres à l'Université de sciences et technologie du Sud-ouest en Chine (2002), à l'Université Grenoble Alpes (1999, 2005 et 2009), à l'Institut franco-chinois, Université Renmin de Chine (2017), à l'Université d'Ottawa (2018), et à la British University in Egypt (2019-2023). Il fut aussi professeur associé à l'Université de Sherbrooke (2014-2023) où il était professeur invité depuis 2003.

Les textes réunis dans ce volume s'insèrent dans la droite ligne de l'interrogation qu'a menée le professeur Pallard sur la relation entre les droits de la personne et la diversité culturelle. Ils rendent possibles des conceptions plus nuancées des rapports entre les ordres de pouvoir au sein de l'État. Chaque texte réfléchit sur le rôle du juge constitutionnel dans l'élaboration de l'État de droit dans un pays ou un système juridique. Nous y percevons des différences de culture qui appellent des approches différentes à la justice constitutionnelle. L'étendue que l'on accorde aux concepts de démocratie et de droits de la personne n'est pas sans effet sur l'État de droit, et la soumission de l'État au droit exige la mise en place d'un moyen de contrôle de son action. Or ce moyen de contrôle est le juge constitutionnel, ce qui pose alors la question du contrôle du juge constitutionnel lui-même. Divers pays, avec leurs traditions propres, apportent des réponses différentes en fonction de leur conception des rapports entre l'exécutif, le judiciaire et le législatif. Or les études qu'ont menées les collègues du professeur Pallard démontrent que ces cultures juridiques ne sont pas hermétiques ; les emprunts culturels sont aussi révélateurs que les impératifs culturels.

Par ces textes, nous rendons hommage aux contributions du professeur Pallard à l'épanouissement du savoir et à une meilleure compréhension entre les peuples de différentes cultures.

APPORT DU JUGE CONSTITUTIONNEL DANS LA CONSTRUCTION DE L'ÉTAT DE DROIT

El Houssain ABOUCHI[1]
Abdelmalek EL OUAZZANI[2]
Michel GIROUX[3]

Le pouvoir du juge de se prononcer sur la constitutionnalité d'une mesure législative soulève une foule de questions. La conception du rôle du juge constitutionnel dépend étroitement de la conception de l'État de droit qui, à son tour, dépend de notre conception de la relation entre l'État et le droit. En l'absence d'une distinction entre l'État et le droit, il devient difficile de justifier le pouvoir d'invalidation reconnu au juge constitutionnel. Cependant, l'importance de l'institution qu'incarne le juge constitutionnel s'accroit et le public la perçoit comme un instrument de légitimation du droit. L'ampleur du rôle qu'un système politique voudra bien lui accorder jouera sur la nature des rapports de pouvoir entre les organes judiciaire, exécutif et législatif ainsi que sur la nature de l'État de droit. De même, la façon de concevoir l'État de droit déteint sur la légitimation de l'intervention du juge constitutionnel dans le processus d'élaboration de la loi et de son application. Chaque conception d'un système politique appelle une approche différente du constitutionnalisme.

Au niveau international, la fonction de juger de la constitutionnalité du texte législatif existait déjà au début du 20e siècle, mais l'institution a connu une véritable prolifération en raison de la décolonisation et de la croissance de régimes prétendument démocratiques à travers le

---

[1] Membre de la Cour constitutionnelle du Maroc, Professeur d'enseignement supérieur et ancien doyen, Faculté des Sciences Juridiques, Économiques et Sociales, et ancien Vice-président, Université Cadi Ayyad, Marrakech, Maroc.
[2] Professeur émérite, Faculté des Sciences Juridiques, Économiques et Sociales, Université Cadi Ayyad, Marrakech, Maroc.
[3] Professeur titulaire en Droit et justice, Université Laurentienne, Sudbury (Ontario), Canada.

monde. Cela a conduit à une décroissance, en apparence du moins, de l'importance de la suprématie parlementaire[1].

A. Aperçu historique

L'origine du contrôle constitutionnel des lois par les juges est souvent attribuée à la Cour suprême des États-Unis, à la suite d'une décision rendue en 1803[2]. Cependant en Angleterre, le Lord Chancelier, Lord Ellesmere siégeant à la Chambre de l'Échiquier, avait, dès le 17e siècle, jeté les bases du pouvoir du juge de déterminer la validité de la loi[3]. Deux ans plus tard, dans *Dr. Bonham's Case*[4], le juge en chef de la Cour des plaids communs, Sir Edward Coke, se reconnaissait explicitement ce pouvoir. La *common law* — c'est-à-dire ce que le juge dira être la *common law* en fonction de la raison et du droit commun — déterminera la validité d'une loi adoptée par le parlement. Au début du 18e siècle, le juge en chef Holt récidivait[5]. Cette déclaration du juge en chef Coke était appelée à avoir une grande portée sur la légitimation de l'approche américaine eu égard au contrôle judiciaire de la constitutionnalité des actes législatifs[6].

La théorie de la suprématie du parlement, que le constitutionnaliste anglais, Albert Venn Dicey, devait mettre au point dans sa forme définitive un siècle plus tard[7], ne faisait pas l'unanimité. Selon Dicey, le pouvoir du parlement ne connait aucune limite. Le modèle parlementaire en vigueur au Royaume-Uni est d'ailleurs fondé sur cette philosophie. Il n'y a aucune limite au pouvoir de l'assemblée démocratique issue d'un scrutin libre et transparent. La volonté de la majorité

---

[1] Cette présentation laisse de côté la montée de l'illibéralisme dans des régimes démocratiques comme la Hongrie qui, sous le parti Fidesz, a sapé l'autonomie judiciaire.

[2] *Marbury v. Madison*, [vol.] 5 US [United States Supreme Court Reports] (1 Cranch) [p.] 137 (1803).

[3] *Calvin's Case* (1608), [vol.] 7 Coke's Reports, p. 1a ; [vol.] 77 English Reports [p.] 377.

[4] *Thomas Bonham v. College of Physicians* (1610), 8 Coke's Reports 107 ; 77 English Reports 638.

[5] *City of London v. Wood* (1702), 12 Leach's Modern Reports 669 ; 88 English Reports 1592 (King's Bench).

[6] Dudley Odell McGovney, « The British Origin of Judicial Review of Legislation », *University of Pennsylvania Law Review*, vol. 93, 1944, p. 1.

[7] Voir *infra*, Henri Pallard, « Suprématie du parlement et *rule of law* au Canada : 1867-1982 » ; et Alex Atanasov, « Évolution de la *rule of law* et du constitutionnalisme au Royaume-Uni ».

ne peut être contrainte que par l'élection d'une autre assemblée, elle-même issue d'un scrutin libre et transparent. Par contre, selon le modèle américain, le pouvoir judiciaire détermine, en fonction de son interprétation du texte constitutionnel, l'étendue du pouvoir de l'assemblée démocratique. Or depuis l'adoption de la Loi de 1998 portant sur les droits de la personne[1], le parlement anglais a donné aux cours le pouvoir d'interpréter les lois conformément à la Convention européenne des droits de l'homme. De plus, la Cour suprême du Royaume-Uni a arrêté que le premier ministre était lié par la Loi de 2011 sur les parlements à durée déterminée[2], et que la prorogation qu'il avait obtenue de la Reine était sans effet[3]. Nous assistons à une évolution du contrôle de la constitutionnalité au sein du système du Royaume-Uni. Cependant, le gouvernement a adopté une loi limitant le pouvoir de contrôle judiciaire[4].

Or dans les modèles anglais et américain, le juge exerçant le rôle d'arbitre constitutionnel est un juge ordinaire dont l'inamovibilité est garantie. Sa fonction constitutionnelle n'est qu'une manifestation de sa fonction judiciaire. La fonction d'interprétation constitutionnelle, aussi importante qu'elle soit, n'est qu'accessoire à sa fonction première de juger les causes civiles, administratives et pénales. Ce modèle de contrôle judiciaire de la constitutionnalité des lois s'est d'ailleurs vu inscrit dans certaines constitutions d'anciennes colonies britanniques à la suite de leur accession à l'indépendance.

À ces modèles, nous devons ajouter le modèle kelsénien dont nous retrouvons la première référence dans la constitution autrichienne de 1920, qui reconnait sa propre suprématie. Selon la conception kelsénienne du droit, le pouvoir judiciaire est subordonné au pouvoir législatif de sorte que le contrôle constitutionnel doit dès lors être confié à un organisme distinct, d'où la création d'une Cour constitutionnelle. La constitution lui accorde alors compétence pour déclarer invalide toute loi qui l'enfreint. Cependant, sa compétence est limitée à des questions portant sur la distribution des pouvoirs entre les divers niveaux de gouvernement. Après la Deuxième Guerre, ce modèle devait faire école dans plusieurs pays : l'Allemagne, l'Italie, et plus tard le

---

[1] *Human Rights Act 1998*, chap. 42 (Royaume-Uni).

[2] *Fixed-term Parliaments Act 2011*, chap. 14, (Royaume-Uni).

[3] *R. (Miller) v. The Prime Minister*, [2019] United Kingdom Supreme Court [p.] 41. Voir, *University of Queensland Law Journal*, vol. 36, 2017, p. 205, numéro spécial portant sur la montée du pouvoir judiciaire.

[4] *Judicial Review and Courts Act 2022*, chap. 35 (Royaume-Uni).

Portugal et l'Espagne. Les nouvelles constitutions, reflétant une conscience plus développée des droits de la personne et des limites du pouvoir législatif, créaient des organes pour protéger les droits et contrôler le pouvoir législatif.

À la suite de la chute de l'empire soviétique, les pays de l'Europe de l'Est ont épousé le modèle kelsénien, se donnant une cour constitutionnelle dont la tâche principale est la protection des droits de la personne et le contrôle de l'action gouvernementale. On voyait dans cette institution une contrainte nécessaire au pouvoir de la majorité dans une démocratie électorale. L'Afrique du Sud a adopté ce modèle dès sa Constitution intérimaire de 1993 qui confie le pouvoir d'approbation de la nouvelle constitution à la Cour constitutionnelle, constitution qu'elle rejeta dans un premier temps. La vague de démocratisation a également eu un effet dans d'autres pays d'Afrique[1] et d'Asie[2] eu égard à la création et aux pouvoirs des cours ayant une compétence constitutionnelle.

La France créait, pour sa part, un modèle différent, le Conseil constitutionnel, un organisme distinct de l'ordre des tribunaux judiciaires et administratifs, doté d'un pouvoir limité de contrôle *a priori* de la constitutionnalité d'un texte législatif. Voulant assurer la liberté d'action de l'exécutif dans les domaines où la Constitution ne reconnait pas de compétence au parlement, le modèle français donnait au Conseil constitutionnel le pouvoir de seulement se prononcer sur la constitutionnalité du texte avant sa promulgation et son entrée en vigueur. Le contrôle constitutionnel n'avait pas comme fonction principale la protection des droits de la personne, mais plutôt le respect de la séparation des pouvoirs entre les trois ordres de gouvernement. Seulement certains officiers de l'État pouvaient saisir le Conseil ; cette voie n'était pas ouverte aux citoyens français. Ce modèle a, par la suite, été sensiblement bousculé par la création de la question prioritaire de constitutionnalité, une possibilité de contrôle *a posteriori* de la loi[3].

---

[1] Charles M. Fombad (dir.), *Constitutional Adjudication in Africa*, Oxford, Oxford University Press, 404 p. ; Charles M. Fombad et Nico Steytler (dir.), *Decentralization and Constitutionalism in Africa*, Oxford, Oxford University Press, 2019, 672 p.

[2] Tom Ginsburg, *Judicial Review in New Democracies: Constitutional Courts in Asian Cases*, New York, Cambridge University Press, 2003, 295 p.

[3] Voir *infra*, Thomas Siret, « La Question prioritaire de constitutionnalité. La France, une démocratie suffisamment mûre pour accepter pleinement l'État de droit ? » ; Martial Mathieu, « Justice constitutionnelle et État de droit en France : un mariage de raison » ; Jean-Marie Breton, « Le Conseil constitutionnel français et l'environnement ».

Ces modèles comprenaient souvent des limites au pouvoir des juges dans l'exercice de leur pouvoir de contrôle constitutionnel, quoiqu'elles aient pu fréquemment être contournées. Ainsi, la constitution indienne octroie à sa Cour suprême un pouvoir limité de contrôle judiciaire. Cependant, elle a su grandement l'élargir[1]. De même, la constitution française de 1958, dans son préambule, rappelle que la *Déclaration des droits de l'homme et du citoyen* de 1789 reste en vigueur. Dans sa décision, *Liberté d'association*, n° 71-44 DC du 16 juillet 1971, le Conseil constitutionnel a reconnu à ces droits une valeur constitutionnelle, vu leur incorporation par le préambule du texte de 1958, élargissant ainsi sensiblement son champ de compétence et se procurant, du coup, la possibilité de justifier son contrôle de la constitutionnalité d'une loi.

Selon cette analyse, la vocation du contrôle judiciaire est la protection des individus contre un exercice excessif du pouvoir du gouvernement. Il ne s'agit pas ici de reconnaitre au contrôle judiciaire une vocation de protection des minorités impuissantes pour des raisons raciales, ethniques, religieuses ou sexuelles, à l'encontre d'un pouvoir tyrannique de la majorité. Il s'agit plutôt de protéger la minorité détenant le pouvoir et contrôlant les avoirs de la société contre l'ingérence gouvernementale, au nom de l'État de droit. Le contrôle judiciaire s'élève alors en bouclier contre l'expérimentation radicale des réformateurs sociaux au nom de la protection des droits privés et d'une certaine conception de l'ordre social privilégiant la classe sociale dominante.

B. État, droit, État de droit et contrôle constitutionnel

Malgré cette croissance des systèmes de contrôle constitutionnel de même que leur diversité, leur assise théorique demeure confuse et donne lieu à des questions importantes sur la nature de leurs rapports avec le gouvernement démocratique, les droits de la personne et l'État de droit. D'abord, force est de constater que la suprématie du juge dans l'interprétation constitutionnelle lui accorde le dernier mot. Pourquoi alors faire ainsi reposer ce pouvoir sur sa personne ? Dans la mesure où la question en est une d'interprétation normative, une telle conclusion peut sembler se justifier. Mais, ce faisant, on passe outre à la volonté du peuple — celui-là même dont la constitution gère les fondements de la

[1] Upendra Baxi, *The Indian Court and Politics*, Lucknow, Eastern Book Company, 1980, 272 p.

vie collective — car des juges non élus peuvent ainsi faire fi de la volonté de la majorité de la population. Ensuite, en vertu de quels critères, quelles valeurs, le juge constitutionnel est-il amené à prendre une décision plutôt qu'une autre ? Un appel à l'État de droit, aux valeurs démocratiques, aux droits de la personne laisse planer la question de l'étendue que l'on doit accorder à ces concepts. Le juge peut toujours rendre sa décision en faisant preuve d'une attitude réservée, caractérisée par la retenue judiciaire, afin de réduire le risque d'ingérence injustifiée au sein du processus démocratique. Mais il s'ouvre alors à une critique de manquer à son obligation de protection des valeurs fondamentales sous-jacentes à l'ordre juridique. Ou il peut, au contraire, choisir de faire preuve d'activisme judiciaire en prenant alors le risque de se voir questionner sur le choix idéologique encadrant son interprétation. La notion d'État de droit dégage diverses conceptions. À une extrémité du spectre, on retrouve l'approche libérale cherchant à limiter l'État dans l'exercice de son pouvoir afin de mieux protéger la liberté individuelle, et à l'autre extrême, une conception purement formelle se limitant à l'organisation rationnelle de la structure de l'État.

Le juge constitutionnel est celui qui doit veiller à ce que l'action politique, administrative et judiciaire demeure conforme aux exigences du droit. Une cour constitutionnelle fixe les frontières du licite et de l'illicite tant pour les gouvernements que pour les citoyens, et définit les structures à l'intérieure desquelles ils interagissent. Elle est ainsi appelée à jouer un rôle considérable dans le fonctionnement politique de l'État, dont l'importance variera cependant en fonction de l'étendue de ses pouvoirs de contrainte. De façon générale, elle se trouve à un point névralgique où s'entrecroisent constitutionnalisme, droits de la personne et élections démocratiques.

Nous pouvons distinguer trois versions idéologiques de l'État de droit. Au sein de la première, ces deux notions se rejoignent et se confondent. La deuxième, pour sa part, distingue l'État du droit, considérant celui-ci comme le produit de celui-là. Ces deux premières versions répondent à une vision positiviste du droit et à une conception formelle de l'État. De ce point de vue, l'État de droit ne renferme aucun contenu idéologique. C'est justement à cet égard que la troisième version idéologique de l'État de droit diffère des deux premières. Elle intègre, pour sa part, une composante matérielle à cette notion, ce qui se traduit par une exigence substantielle : l'État de droit est un titre que méritent seulement les États qui respectent les droits de la personne.

Selon la première conception, tout État est un État de droit en raison même de sa constitution, en État, au moyen de règles de droit. Il n'y a ainsi aucun besoin d'une instance pour contrôler la constitutionnalité de ses actions, puisqu'il n'y a rien à contrôler : toute action de l'État, par sa nature même, est conforme au droit. La théorie de Hans Kelsen établit une équivalence entre l'État et le droit, de sorte que l'ajout des mots « de droit » n'ajoute rien au sens qui se dégage de l'expression « État ». Un État ne peut être qu'un État de droit. Cela découle de sa conception du droit comme n'étant rien de plus qu'une hiérarchie de normes[1]. La validité d'une norme juridique s'apprécie en fonction de sa conformité à une norme supérieure, cette dernière devant elle-même se conformer à celle qui la devance au sein de l'ordre hiérarchique, et ainsi de suite. Au fur et à mesure que nous grimpons les échelons, les normes, de moins en moins nombreuses, gagnent en importance, formant ainsi une pyramide. Au sommet de la pyramide, nous retrouvons la constitution dont la validité ne dépend d'aucune norme supérieure, sauf d'une norme fondamentale hypothétique, la *Grundnorm*. Cette présupposition méthodologique explique le caractère obligatoire de la constitution.

Selon la conception kelsénienne, le droit rend possible l'existence de l'État et l'État s'exprime par le droit. L'État n'est pas une entité métaphysique ou transcendante au droit ; il est le droit. Rien ne les distingue l'un de l'autre. Cette identité parfaite découle de la norme fondamentale qui rend possible l'ordre juridique et l'État. Le concept d'État de droit véhicule alors un pléonasme. Tout État est un État de droit. Cependant, on suppose communément que l'expression renvoie à un genre d'État qui répond à un certain nombre de critères : d'abord, une entité structurée par la sécurité juridique et la démocratie ; ensuite, une administration publique soumise au droit ; de même, un système qui assure l'indépendance judiciaire ; enfin, le respect des droits de la personne. Or selon Kelsen, ce rapprochement de l'État de droit à de telles valeurs libérales ne va pas nécessairement de soi. Il faut garder à l'esprit que ces valeurs demeurent contingentes à une certaine conception de l'État. En tant que concept formel, l'État de droit n'est lié à aucun contenu particulier. Selon cette perspective, la question d'un contrôle quelconque sur le pouvoir de l'État ne se posant pas, aucun juge constitutionnel n'est requis. En l'absence d'une telle institution, la suprématie du pouvoir législatif n'est soumise à aucune limite.

---

[1] Hans Kelsen, *Théorie pure du droit*, 2e éd., trad. Ch. Eisenmann, Paris, LGDJ, 1999, p. 367.

La deuxième version établit une distinction entre l'État et le droit, celui-ci étant conçu comme le produit de celui-là. L'État justifie ses actions en agissant en fonction de ses lois constitutives, lesquelles ne nécessitent aucun contenu normatif quelconque. L'État de droit répond à un critère purement formel de sorte qu'un État totalitaire demeure néanmoins un État de droit, tant qu'il n'enfreint pas ses propres lois. En plaçant le législateur sous le contrôle du juge constitutionnel, il devient un État de droit[1]. La finalité de l'État de droit est de limiter le pouvoir de l'État par le droit où les institutions manipulant le pouvoir de l'État sont encadrées par des règles juridiques. Dans cette deuxième version, si l'État est l'institution qui contrôle le comportement des individus afin de s'assurer que leur comportement est conforme aux normes qu'il crée, il en découle qu'il faut ensuite identifier une institution qui contrôle le comportement de l'État afin d'assurer son respect des règles qui définissent le pouvoir de l'État. Les individus soumis à son pouvoir peuvent se voir octroyer des moyens pour mettre fin à un excès de pouvoir. Ce constat soulève à son tour la question du contrôle constitutionnel.

Dans sa troisième version, l'État de droit comporte une composante matérielle de type libéral ; il doit ainsi répondre à des exigences le rendant conforme aux droits de la personne. L'une de ses fonctions est ainsi d'assurer la sauvegarde des droits et libertés individuels à l'encontre des actions qui leur portent atteinte. Un scepticisme envers le pouvoir de l'État anime cette conception de l'État de droit. Son exercice doit être encadré afin d'empêcher qu'il ne soit détourné et utilisé de façon oppressive. L'État de droit s'érige en bouclier contre la tyrannie juridique, en limitant le pouvoir. D'abord, ce contrôle du pouvoir passe par le respect des droits de la personne. Cela donne une certaine orientation aux rapports entre l'individu et le pouvoir, en proclamant la primauté de l'individu vis-à-vis de l'État. Ensuite, l'État de droit encadre l'exercice du pouvoir démocratique afin que la démocratie ne verse pas dans la tyrannie, appelant ainsi le droit à devenir un élément fondamental de l'esprit démocratique. D'autres considérations juridiques viennent limiter l'élan démocratique et imposent des limites au pouvoir de la majorité. Enfin, l'État de droit structure l'ordre juridique ; il traduit une certaine conception des mécanismes de production du droit et fixe des bornes au rôle qui revient à l'État. Le pouvoir

[1] Voir Marie-Joëlle Redor, *De l'État légal à l'État de droit. L'Évolution des conceptions de la doctrine publiciste française (1870-1914)*, Paris, Economica, 1992.

d'intervention de l'État dans la sphère de la vie privée et de la vie sociale est limité à ce qui est essentiel pour assurer l'ordre public.

L'État de droit est une garantie constitutionnelle du respect par le législateur des droits et libertés des individus[1]. Le contrôle constitutionnel du pouvoir législatif le resitue à la place qui lui revient dans l'ordre étatique tout en le légitimant. Le contrôle constitutionnel des actions administratives et législatives de l'État se fera en fonction de la façon dont on conçoit la relation entre les droits de la personne, la démocratie et la constitution. La question du mécanisme qui assurera la bonne interprétation des valeurs, à l'origine du contrôle constitutionnel, demeure ainsi toujours en suspens.

Il faut prendre garde de ne pas confondre ce contrôle de la constitutionnalité de la loi avec le contrôle de la constitutionnalité de l'action administrative. Dans le système français, le contrôle de l'action administrative se fait par le Conseil d'État au nom de la légalité et non de la constitutionnalité. Le monde de la common law, pour sa part, n'établit aucune distinction entre ces mécanismes de contrôle : tout relève de la compétence de la cour supérieure. Ce contrôle s'exerce en fonction de celle-ci de même qu'à travers les brefs de prérogatives — *mandamus*, *quo warranto*, *certiorari*, *prohibition*, *habeas corpus*, et *procedendo*. Ces brefs accordent à une cour supérieure le pouvoir de contrôler l'activité des autres branches du gouvernement[2]. Elle peut aussi exercer son pouvoir de contrôle en refusant de reconnaître à un organisme administratif une compétence que le juge administratif lui a antérieurement reconnue. Les cours supérieures se sont montrées extrêmement vigilantes sur ce point. Ainsi, elles refusent de reconnaître l'attribution de pouvoirs judiciaires à un organisme qui ne fonctionne pas comme une cour de justice, par exemple, une cour qui n'est pas tenue de respecter les règles de preuve en matière pénale[3].

Tel que nous l'avons vu ci-dessus, le degré et le type de contrôle constitutionnel varient en fonction des circonstances historiques qui ont mené à sa création. Cependant, à leur origine nous retrouvons la hiérarchie normative qui assure la suprématie de la constitution sur les lois et la primauté de ces dernières sur les règlements et les actes administratifs. Or le contrôle constitutionnel peut porter autant sur les normes

---

[1] Maurice Hauriou, *Précis de droit constitutionnel*, 2e éd., Paris, Sirey, 1929.

[2] S.A. Smith, « The Prerogative Writs », *Cambridge Law Journal*, vol. 11, 1951, p. 40-56.

[3] *Liyanage v. The Queen*, [1967] 1 Appeals Cases [p.] 259 (Judicial Committee of the Privy Council).

que sur les actes. Tout comme la constitution est la source de la légitimité de la loi, la loi est la source de la légalité de l'action administrative : elle la rend légalement possible et limite sa portée. Elle est la condition de sa légalité.

La théorie de l'État de droit vient ainsi aussi cerner le comportement de l'administration de l'État. Les actes administratifs doivent se conformer à leur loi habilitante. En l'absence d'un contrôle judiciaire des actes administratifs, nous serions de nouveau en présence d'un pouvoir administratif sans limites qui s'autolégitime par son recours à une loi faisant l'objet d'aucun contrôle. Le contrôle pour excès de pouvoir rend l'administration responsable de ses actes au même titre que le contrôle de la conformité de la loi à la constitution.

De là découle la présence d'une inévitable tension entre l'administration et les cours de justice, celle-là cherchant à manifester sa souveraineté en vue de réaliser efficacement son programme politique, celle-ci devant pour sa part assurer la légalité des actes de l'administration. Or le juge constitutionnel est appelé à assurer la suprématie de la constitution et à contrôler la constitutionnalité des lois et des actes de l'administration. C'est seulement dans une telle mesure qu'est possible un État de droit où le droit ne se réduit pas à l'État. Le juge constitutionnel, instrument de l'État de droit, devient le mécanisme par lequel le pouvoir est limité. Il est aussi celui qui peut accorder un recours contre les excès du pouvoir administratif, permettant ainsi à l'État de droit de se réaliser. Le juge constitutionnel assure donc la primauté de la constitution sur les lois et les actes administratifs.

Pour que l'État soit soumis au droit, il faut une institution ayant le pouvoir de le sanctionner et de poser des limites à son action. Cette institution est le juge constitutionnel. En l'absence d'une telle institution, ou d'un droit transcendant, le droit tel que proclamé par l'État ne connait aucune limite. Ou encore, on se retrouve dans une situation où il n'y a aucune limite pratique au pouvoir de l'État, les normes limitatives demeurant entièrement théoriques faute de sanctions réelles et effectives.

Cela pose ensuite le problème du contrôle du juge constitutionnel. À quelle conception de l'État de droit le juge constitutionnel répond-il ? Est-il lié par la conception du droit telle que le défend l'État ? Le cas échéant, le juge constitutionnel apparait comme une personne servile au service du pouvoir, son rôle se réduisant à celui d'un simple faire valoir de l'administration. Dans le cas contraire, le juge constitutionnel fait appel à une conception du droit qui transcende le droit positif étatique.

Ce droit transcendant repose sur des éléments concrets et objectifs qui donnent au droit positif son caractère juridique. Il appartient alors au juge constitutionnel de les identifier et de les appliquer au droit positif. La liberté du juge constitutionnel serait ainsi circonscrite par ces éléments et il serait soumis à leur contrôle. Cela soulève deux questions. Quelle certitude avons-nous que le juge constitutionnel a bien identifié les éléments de contrôle et qu'ils ne sont pas le produit d'une volonté subjective favorisant une certaine conception du droit ? Ensuite, qu'est-ce qui rend un tel contrôle effectif ? Cette deuxième question renvoie à la création d'un contrôle des pouvoirs législatifs et exécutifs, car le texte constitutionnel en lui-même ne pose aucune sanction efficace, d'où la création du juge constitutionnel. Se présente alors le risque du gouvernement des juges, instance non démocratique.

C. Approches de l'apport du juge constitutionnel

De telles considérations sont à l'origine des textes réunis dans ce volume. Leurs auteurs se penchent sur l'évolution du contrôle constitutionnel dans leur pays afin de cerner le rôle du juge dans la construction de l'État de droit. Divers thèmes traversent ces études. Les deux premiers examinent le contexte social dans lequel évolue l'État de droit. Une deuxième série de textes se penchent sur la situation au Magreb. Une troisième porte sur le rôle du juge constitutionnel dans certains pays européens, la France, l'Espagne et le Portugal. Nous nous tournons ensuite vers des pays de common law et examinons l'évolution du contrôle constitutionnel en Angleterre, aux États-Unis et au Canada. Nous terminons ces travaux en examinant les défis à un véritable contrôle constitutionnel en Chine et en Mongolie.

Nous commençons ces études par une interrogation de la part d'un sociologue, Rachid Bagaoui, sur le rôle du juge constitutionnel dans la consolidation de l'État de droit. Pour cet auteur, il s'agit de se poser la question, somme toute classique, de la nature de la contribution qu'un sociologue peut apporter au champ du droit ; au lieu de se laisser piéger par l'idée de l'incompatibilité entre la sociologie et le droit, il faut opérer des liens et identifier des complémentarités. Tous ces savoirs proposent une nouvelle manière de dépasser le positivisme juridique — système se concevant comme autonome à l'égard de la société. Les sociologues et les juristes partagent donc le même principe : le caractère social du droit. Mais sous quel rapport au juste ? Comment ce rapport s'enracine-t-il dans la pratique du juge dans le contexte actuel ? Quel usage fait-il des facteurs économiques, sociaux, politiques et culturels dans sa pratique ? Comment l'usage des facteurs sociaux bouleverse-t-il sa pratique ? Selon l'auteur, on ne peut répondre à ces questions de manière décontextualisée parce que le juge est le produit d'un contexte sociohistorique. Il illustre ses propos en nous renvoyant au rôle du juge canadien dans le contexte actuel.

Yadh Ben Achour poursuit cette interrogation sociale dans le contexte propre à l'islam. Afin de bien comprendre la nature des États de droit islamiques, dit-il, il faut réaliser que ces États sont, aussi et surtout, des sociétés de droit. Dans de tels systèmes sociaux, la composante juridique s'entremêle étroitement aux autres composantes culturelles, en commençant par la religion. Le pouvoir exécutif demeure l'apanage de l'État, mais ce dernier se retrouve souvent à la remorque du système social, particulièrement eu égard aux pouvoirs normatifs qui, dans ces sociétés, se distinguent en tant que construction mentale spirituelle et identitaire, assurée et soutenue par une série d'institutions et d'acteurs étrangers à l'organe étatique, tels que les tribus, les mosquées, les souks, les jurisconsultes et les enseignants. Ainsi, la logique communautaire prime la logique étatique. Dans cette veine, la charia, qui englobe l'ensemble des normes de l'éthique et du droit, constitue une part de l'identité aussi profonde que la langue ou les mœurs. C'est pourquoi la société islamique de droit ne peut aisément s'harmoniser à l'État de droit de type occidental, notamment son constitutionnalisme et la prééminence qu'il accorde à la protection des libertés fondamentales, souvent enchâssées dans des textes constitutionnels. Pour assurer la compatibilité des deux perspectives, il faut adopter une attitude philosophique, autrement dit une attitude de relative incertitude métaphysique. Cette attitude, évidemment, n'est pas le trait caractéristique de la culture islamique, dans son ensemble. C'est ainsi que dans un certain nombre de sociétés islamiques le contrôle de la constitutionnalité n'est plus véritablement un contrôle de la constitutionnalité des lois de l'État, dans un État de droit, mais un contrôle de constitutionnalité de la société de droit sur l'État de droit. En tout état de cause, le juge constitutionnel doit procéder à des choix difficiles pour faire prévaloir, soit le droit de la majorité sociale croyante, attachée à la loi religieuse et s'identifiant à elle, soit celui de l'État qui cherche précisément à réformer cette société pour la mettre au diapason des différentes formes de modernité. Ce choix est évidemment politique.

Nous en venons ensuite à une série de textes qui se fixent comme objet d'étude la question du contrôle constitutionnel dans trois pays arabes : le Maroc, la Tunisie et l'Égypte. Ces textes présentent des situations fort divergentes. La Cour constitutionnelle marocaine, créée en 2011, vient remplacer le Conseil constitutionnel créé en 1992, qui lui-même a remplacé la Chambre constitutionnelle de la Cour suprême créée en 1962. Quant à la Tunisie, le Conseil constitutionnel de 1987 est dissout à la suite de la révolution de 2011. La constitution de 2014 dote la Tunisie d'une Cour constitutionnelle, mais en l'absence d'une entente politique, elle n'est jamais constituée, faute de nomination de ses juges. En Égypte, la Cour constitutionnelle suprême vient remplacer, en 1979, la Cour suprême, créée dix ans auparavant.

Selon Nadia Bernoussi, la justice constitutionnelle est aujourd'hui considérée comme une institution incontournable du constitutionnalisme moderne et un élément essentiel de la protection des droits fondamentaux. Le juge constitutionnel y apparait notamment comme le gardien des droits libéraux de l'individu, son protecteur à l'encontre de la tyrannie de la majorité. L'auteur examine comment fonctionne la justice constitutionnelle au Maroc, sa portée et ses limites, dans le cadre d'espaces politiques en transition. Cela l'amène à se pencher sur les origines historiques de ses garanties, leur structure, les processus qu'elles instaurent, de même que la jurisprudence qu'elle dégage, tant sur le plan de la régulation de l'activité normative des pouvoirs publics qu'à celui de la protection des droits fondamentaux.

D'une part, la constitution de 2011 contient une véritable charte des droits et libertés qui protègent les droits civils et politiques, les droits économiques, sociaux, culturels et environnementaux, les droits des femmes, et ceux des catégories. Toutefois, la loi organique relative à l'exception d'inconstitutionnalité promise en 2011 n'a pas encore été promulguée. Conséquemment, le justiciable ne peut pour l'instant remettre en cause une loi jugée contraire à la constitution et ainsi, faire prévaloir ses droits. D'autre part, l'article 42 confère au Roi un rôle d'arbitre suprême et une mission essentielle de protection des droits et libertés. En outre, une telle mission lui revient lorsque le juge constitutionnel n'est pas compétent. Reste à voir comment, sur le terrain, on parviendra à entremêler concrètement ces deux composantes structurales.

Le texte de Lamia Néji porte sur la situation en Tunisie immédiatement avant le coup de force de Kais Saied, le 25 juillet 2011. La consécration de l'État de droit et les mécanismes de sa réalisation se faisait difficilement et dans la douleur. Voulant rompre avec un modèle de contrôle politique établi sous la Constitution de 1959, les acteurs politiques ont peiné à installer la Cour constitutionnelle instituée par la constitution postrévolutionnaire, et cela à un moment où l'ordre juridique était submergé de normes inconstitutionnelles héritées de l'ancien système. Prise en otage par des querelles politiques interminables, la Cour constitutionnelle n'a pas vu le jour, ce qui posait un problème sérieux concernant le sort de la constitution, des droits fondamentaux et de l'État de droit.

L'auteure démontre comment, pendant cette phase transitoire qui s'éternisait, un contrôle mixte et diffus de la constitutionnalité des lois est pourtant parvenu à voir le jour. À l'ancien Conseil constitutionnel, on ajouta une Instance provisoire chargée du contrôle de la constitutionnalité des projets de loi (IPCCPL) jusqu'à la mise en place de la nouvelle Cour constitutionnelle ; mais cela n'a pas empêché le Tribunal administratif — dont la compétence se limite à contrôler la légalité des actes administratifs — de contrôler la constitutionnalité des lois dans le but de garantir la suprématie de la constitution et de protéger les droits et libertés.

Selon l'auteure, les organes qui contrôlaient la constitutionnalité des lois semblaient chercher, non sans hésitation, à étendre leur champ de contrôle et à jouer le rôle de pédagogues dans l'interprétation de la constitution afin de consolider un État de droit qui, jusqu'à une période relativement récente, était une simple hypothèse. Cependant, l'accès aux différents organes de contrôle dépendait de la seule volonté des autorités de saisine. Lamia Néji démontre comment l'organe chargé de contrôler la constitutionnalité des lois, censé être serviteur de l'État de droit, semblait moduler son œuvre selon le contexte et les différentes contraintes qui pesaient sur lui.

Dans son texte portant sur l'Égypte, Hassan Abdelhamid nous décrit les conséquences des modifications apportées, en 2019, à la Constitution de 2014, lors d'un référendum constitutionnel. Il porte particulièrement son attention sur deux de ces modifications. La première touche l'article 140 qui concerne la durée du mandat présidentiel ; la deuxième concerne l'article 241, la disposition transitoire permettant au président actuel de prolonger son mandat actuel à six ans au lieu de quatre et de se présenter ensuite pour un autre mandat de six ans. À première vue, il semble que ces amendements sont en contradiction avec l'alinéa 4 de l'article 226, car lors de l'élaboration de la Constitution de 2014, le constituant égyptien a intégré dans les dispositions de l'article 226 une interdiction partielle de modifier certaines dispositions constitutionnelles, dont ces dernières.

De fait, la Haute Cour constitutionnelle pourra contrôler les lois basées sur le référendum de l'article 157 — lois référendaires — mais ne pourra pas contrôler les lois basées sur l'article 226 — lois constitutionnelles. La question du contrôle des lois constitutionnelles a jailli à la suite de la révolution du 25 janvier 2011 et surtout avec la promulgation de la Constitution de 2014 dont l'article 226 bénéficie d'une clause d'immuabilité. Sous l'influence du droit comparé, certains juristes égyptiens soutiennent la possibilité théorique de soumettre les lois constitutionnelles au contrôle de la constitutionnalité des lois.

À la lumière de ces données et dans le cadre de l'ordre constitutionnel égyptien, notre auteur soulève deux questions. D'abord, le contrôle de la constitutionnalité de ces amendements est-il possible ? Ensuite, quelle est la position de la jurisprudence constitutionnelle sur ce sujet ? L'auteur traite d'abord de la « clause d'immuabilité » en droit comparé et, ensuite, de la position de la Haute Cour constitutionnelle sur cette clause d'immuabilité, ou plutôt de la possibilité de contrôle des lois constitutionnelles. Si l'ancienne jurisprudence la refuse, la nouvelle lui ouvre la porte.

Nous passons ensuite aux trois pays européens faisant l'objet d'une étude dans ce volume, la France, l'Espagne et le Portugal. Ils se sont tous dotés d'un tribunal constitutionnel au cours de la deuxième moitié du 20e siècle : la France en 1958, l'Espagne en 1978, et le Portugal en 1982. Le texte sur l'Espagne examine la politisation et la dérive partisane du Tribunal constitutionnel et de ses effets sur la vie politique. Le texte de Paulo Ferreira da Cunha s'attarde sur le fonctionnement de la Cour constitutionnelle portugaise et de sa place dans l'ordre juridique. Les textes sur la France examinent les transformations opérées au sein du contrôle constitutionnel depuis l'adoption de la procédure, dite « question prioritaire de constitutionnalité », en 2010.

Tel que l'explique Damià Del Clot, le rôle du Tribunal constitutionnel espagnol a fait l'objet d'importants débats au cours des dernières années. La nomination des magistrats, les fonctions du Tribunal, voire sa gestion de la Constitution de 1978, ont donné lieu à des tables rondes, des congrès, des articles, des monographies et des manuels, tant en droit constitutionnel qu'en science politique. Le Tribunal constitutionnel s'est trouvé au cœur d'une situation complexe à la suite des évènements politiques touchant la Catalogne — d'abord, la réforme du statut d'autonomie (2006-2010) et, ensuite, le début d'un processus politique dont l'objectif était l'autodétermination (2010-2019).

Le Tribunal constitutionnel, dit Damià Del Clot, ne peut être analysé sans tenir compte de son rôle dans la définition du modèle d'État autonome. Il ne peut pas non plus être tenu à l'écart des luttes politiques entre l'Espagne en tant qu'État parent et la Catalogne en tant que nation aspirant à l'autonomie. Selon notre auteur, la nomination des magistrats, les réformes constantes de la loi organique de la Cour constitutionnelle et la jurisprudence de ces dernières années ne peuvent s'expliquer sans référence à deux phénomènes étroitement liés : la judiciarisation de la politique et la politisation de la justice, avec toujours en toile de fond la crise constitutionnelle provoquée par le conflit catalan.

La Constitution de 1978, après quarante ans de dictature franquiste, a fourni le cadre juridique permettant aux communautés historiques, telles que la Catalogne, la Galice et le Pays basque, de s'intégrer dans un cadre de coexistence comprenant, entre autres, la reconnaissance de leur statut de nation. Après une longue période pendant laquelle les libertés et droits fondamentaux ont été enfreints, ou pire, réprimés, ils sont voués à une interprétation plus large.

Si, pendant les premières années de fonctionnement de la Constitution, tout semblait aller pour le mieux, grâce surtout, au prestige d'un Tribunal constitutionnel qui exerçait avec succès le rôle de garant de la Constitution, il a connu au 21e siècle de nouveaux problèmes ayant pour origine d'anciens conflits, dont le conflit territorial. Le processus de réforme a réveillé des problèmes politiques qui ont profondément touché le rôle du Tribunal constitutionnel.

Selon Paulo Ferreira da Cunha, la justice constitutionnelle concentrée, selon le modèle kelsénien classique, a été instituée au Portugal, après une longue période de contrôle juridictionnel diffus. La première expérience de contrôle de la constitutionnalité, bien que traversant différents régimes politiques, n'a pas connu un grand succès. Très peu de causes ont été perçues comme des attaques visant la Constitution. C'était peut-être à cause d'un manque de culture constitutionnelle, même parmi les agents de justice, les opérateurs juridiques. Une première période, à la suite de la révolution du 25 avril 1974, a été marquée par l'institution d'un contrôle concentré sous le « Conseil de la révolution » comme entité décisoire composée de militaires. Cependant, il y avait une commission de juristes, la Commission constitutionnelle, qui préparait les décisions du Conseil. Selon l'auteur, ce n'est que très rarement que ce dernier n'a pas suivi l'avis des juristes. Par la suite, une révision constitutionnelle a conduit à la création d'une vraie Cour constitutionnelle. Si elle est de temps à autre attaquée comme étant une institution politique en vertu de sa composition ou du mode de nomination de ses juges, elle est toutefois respectée. La Cour a pu jouer un rôle modérateur et s'est érigée en défenseure du droit, même lors de graves crises.

Les trois prochains textes portent sur la nouvelle donne en France. Depuis l'adoption de la question prioritaire de constitutionnalité (QPC), la possibilité du contrôle constitutionnel *a posteriori* d'une disposition législative s'est vue sensiblement élargie.

Selon Thomas Siret, la QPC a permis à la France de devenir une démocratie suffisamment mûre pour accepter l'État de droit ; il analyse comment cette transformation d'une démocratie républicaine à un État de droit s'est produite. Au moment de la création du Conseil constitutionnel en 1958, le pari ne semblait pourtant pas gagné. La conception de l'État de droit à la française a longtemps empêché toute forme de contrôle de constitutionnalité en raison, d'une part, du principe d'inconstitutionnalité matérielle absolue et, d'autre part, de la souveraineté parlementaire. Contrôler l'action du parlement revenait à déposséder les députés de leur mission législative au profit de magistrats. Toutefois en 1958, la France — à l'image des autres pays européens, influencée par la définition kelsénienne de l'État de droit — se dota d'un organe qui allait s'ériger rapidement en législateur négatif.

L'auteur démontre comment, sous l'effet conjugué du coup d'État juridique de juillet 1971 et de la révision constitutionnelle de 1974 permettant à l'opposition de saisir le Conseil constitutionnel, celui-ci fut autorisé à contrôler les lois par voie d'action, *a priori*, *in abstracto*. Puis, à partir des années 1980, sans doute afin de donner au Conseil constitutionnel l'apparence d'une compétence constitutionnelle, la France commença à envisager l'idée même d'un contrôle de constitutionnalité par voie d'exception, *a posteriori*, *in concreto*. Ceci ne fut chose faite qu'à la suite de la révision constitutionnelle du 23 juillet 2008 instaurant la QPC qui permet à n'importe quel justiciable, sous certaines conditions, de poser la question de la conformité de la loi à la Constitution. Depuis cette date, l'initiative du contrôle de constitutionnalité en France ne relève plus seulement du Conseil constitutionnel et des principales autorités de l'État.

La réforme constitutionnelle du 23 juillet 2008, nous dit Martial Mathieu, a ouvert la possibilité de contester par voie d'exception la constitutionnalité d'une loi déjà en vigueur, en posant une QPC. La France a alors fait un pas supplémentaire vers la mise en conformité de son système juridique avec les standards européens, en vertu desquels le juge constitutionnel joue un rôle fondamental dans l'articulation de la démocratie avec les droits de l'homme pour faire respecter l'État de droit. Cependant, le couple formé par l'État de droit et la justice constitutionnelle est le fruit d'un mariage de raison, plus que d'une passion française.

L'histoire, nous explique l'auteur, montre que le contrôle de la constitutionnalité des lois, qui est l'une des fonctions de la justice constitutionnelle, est longtemps resté étranger à la tradition constitutionnelle française. Dès le 18e siècle, les cours de parlement ont tenté de soumettre la législation royale au respect de principes constitutionnels, mais en vain. Des Lumières au Second Empire, les tentatives pour instaurer un contrôle de la conformité des lois à la constitution se heurtaient à une forte résistance, au nom du principe de séparation des pouvoirs. La souveraineté de la loi, « expression de la volonté générale », connaissait son apogée sous la Troisième République, qui est aussi l'âge d'or des libertés publiques — reconnues, non par la constitution, mais par les « grandes lois » libérales votées entre 1881 et 1901. Au lendemain de la Seconde Guerre mondiale, lorsque la constitution de la Quatrième République est rédigée, les constituants sont majoritairement favorables au contrôle de constitutionnalité. Pour autant, ils sont loin de tous considérer que cette tâche doit être confiée à des juges. L'hostilité au « gouvernement des juges » rend ainsi l'adoption de la justice constitutionnelle très laborieuse, fruit de la contrainte plus que d'une véritable conviction.

Notre auteur conclut que, depuis la mutation du Conseil constitutionnel en gardien des libertés, la France s'est ralliée à la norme commune du constitutionnalisme. Cependant, l'importation de la justice constitutionnelle dans les institutions de la Cinquième République a engendré un système bancal, qui ne satisfait qu'imparfaitement aux critères de l'État de droit européen.

Dans le troisième texte portant sur la France, Jean-Marie Breton démontre pourquoi la QPC est une pièce maitresse de la garantie de l'État de droit en France en examinant son effet sur la protection de l'environnement. L'inscription de ce domaine dans la Constitution a réalisé une avancée significative et déterminante, en particulier par la *Charte de l'environnement*, « adossée » en 2005 à la Constitution et intégrée par là au bloc de constitutionnalité. En conséquence, les normes environnementales bénéficient d'une prévalence à valeur constitutionnelle sur les dispositions règlementaires aussi bien que législatives et le Conseil constitutionnel est appelé à jouer un rôle prépondérant dans ce domaine.

Ce contrôle s'exerce aussi bien en matière de prévention et de sanction des pollutions que dans les domaines des atteintes à la biodiversité, de la préservation des espaces et des ressources naturelles, de la conservation des écosystèmes, de la lutte contre le changement climatique, de la valorisation du cadre et des conditions de vie. Selon l'auteur, ce contrôle est en grande partie tributaire de la valeur constitutionnelle reconnue à la *Charte* et il revient au Conseil, par son contrôle, d'assurer *de jure* son effectivité et son effet utile. Or il y a eu une multiplication des QPC dans le contentieux environnemental, grâce à l'élargissement de la saisine du Conseil depuis 2008. Toutefois, dit Jean-Marie Breton, même si le bilan d'un tel recours devant le Conseil demeure « mitigé », cela ne saurait occulter les bénéfices manifestes issus, à cet égard, de cette procédure.

Le monde de la common law, pour sa part, n'a pas mis en place des organes dont la tâche propre ou unique est le contrôle constitutionnel. Les cours se sont plutôt attribué ce travail par un processus décisionnel qui est parvenu, avec le temps, à refréner l'autonomie administrative et législative en matière constitutionnelle. Un premier texte examine les origines, en Angleterre, du contrôle judiciaire des actes administratifs et des textes législatifs. Un deuxième article porte sur la montée en puissance de la Cour suprême des États-Unis en matière constitutionnelle. Viennent ensuite deux textes décrivant la situation au Canada, le premier faisant état de la situation avant l'adoption de la *Charte canadienne des droits et libertés* en 1982, et le deuxième, des transformations opérées par l'entrée en vigueur de ce document enchâssant les droits et libertés dans la Constitution canadienne.

Selon Alex Atanasov, un problème de pouvoir absolu persiste au Royaume-Uni malgré les idées remarquables issues des développements économiques, sociaux et politiques au cours des siècles. Dans un premier temps, il retrace les racines historiques des transformations entourant le contrôle du pouvoir dans le système constitutionnel et l'État de droit au Royaume-Uni. Il démontre comment les résolutions des conflits de pouvoir entre le roi et la noblesse ont progressivement produit un système de *rule of law* et de constitutionnalisme à l'avant-garde pour son époque. Or le pouvoir judiciaire anglais a joué un rôle fondamental dans de nombreux développements, notamment par l'élaboration d'un système de droits, par exemple, en matière de propriété. Néanmoins, la classe politique dominante a résisté en parvenant à limiter l'étendue du pouvoir judiciaire. L'auteur démontre comment cela a occasionné de nombreux problèmes : tout d'abord, sur le plan de la séparation des pouvoirs, en transférant le pouvoir absolu au parlement, au 19e siècle ; ensuite, en freinant l'évolution constitutionnelle du pays.

Le professeur A.V. Dicey a eu une grande influence sur le développement du constitutionnalisme britannique. Bien que progressiste pour son époque, sa pensée a eu un impact négatif sur les développements modernes de l'État de droit et du constitutionnalisme au Royaume-Uni. Selon Alex Atanasov, cela a contribué à une érosion des traditions qui formaient la pierre angulaire d'une constitution britannique évolutive, flexible et non codifiée. Cela devient d'ailleurs de plus en plus évident aujourd'hui.

Le prochain article, signé par Michel Giroux et Henri Pallard, décrit la prise de contrôle des questions touchant la constitutionnalité des lois et des actes administratifs par la Cour suprême des États-Unis, qu'elle a utilisée pour assoir sa conception de l'ordre politique. Les libéraux et les conservateurs voyaient dans la nomination de juges épousant leur idéologie sociale et économique un important enjeu politique. Dans un premier temps, la Cour suprême a assis son autorité en matière constitutionnelle en faisant appel à la *rule of law*, une conception prétendument neutre et objective du droit, mais qui, en réalité, favorisait les intérêts de la bourgeoisie blanche, la classe sociale contrôlant le pouvoir économique. Lorsque les classes défavorisées, les femmes, les Autochotones et les Noirs, ont réclamé la protection de leurs droits, la Cour a refusé de leur venir en aide. Cette attitude a été un des facteurs alimentant la polémique qui a conduit à la guerre de Sécession. Par la suite, les décisions de la Cour ont mis fin à la Reconstruction, le modèle conçu par le gouvernement fédéral pour permettre à la population noire, nouvellement libérée, de participer à la vie politique. La Cour se montra plus soucieuse de protéger le droit de propriété et la liberté contractuelle, éléments essentiels de la doctrine économique capitaliste. Elle a déclaré inconstitutionnelles des mesures ayant pour objet la protection des syndicats contre les mesures de répression des employeurs et a invalidé presque deux-cents mesures sociales et règlementaires. Les avantages que ces classes sociales avaient obtenus par leur action politique étaient invalidés au nom d'une conception de l'ordre juridique privilégiant une certaine conception hiérarchique de la société. Pendant une courte période allant de la fin des années 1930 aux années 1970, la

Cour a adopté une perspective différente et a privilégié la protection des droits des minorités, des Noirs, des femmes et des détenus. Selon nos auteurs, cela a donné lieu à une réplique se disant apolitique et neutre réclamant la nomination de juges acceptant la retenue judiciaire en matière sociale et politique. Or ce repli conservateur est lui aussi motivé par des valeurs idéologiques appuyant l'approche de la Cour suprême au droit. Cela a donné lieu à une lutte sans merci pour le contrôle de la Cour suprême, que les acteurs politiques cherchent chacun à instrumentaliser à leurs fins respectives. Or ce conflit reflète les divisions que connait la société américaine et ne s'estompera que dans la mesure où les inégalités diminuent.

Dans le texte qui suit, Henri Pallard explique en quoi les cours canadiennes, de 1867 à 1982, ont refusé de contrôler les dérives des gouvernements fédéral et provinciaux dans le domaine des droits de la personne. Les juges ont justifié ce refus au motif qu'ils se devaient de respecter la conception de la suprématie du parlement au sens où la préconisait le théoricien du droit, Albert Venn Dicey. De 1867 à 1960, l'intervention judiciaire se faisait indirectement ; la Cour suprême du Canada invalidait des lois violant les droits de la personne en faisant valoir son contrôle constitutionnel sur la répartition des pouvoirs entre le gouvernement fédéral et les gouvernements provinciaux. Cependant si la Cour concluait que la loi violant les droits de la personne était un exercice légitime d'un pouvoir dument attribué à l'ordre gouvernemental en question, elle refusait d'invalider la loi. Même après l'adoption de la *Déclaration canadienne des droits et libertés* en 1960, les juges ont continué à refuser d'invalider des lois violant des droits de la personne en qualifiant la *Déclaration* de loi ordinaire ne pouvant ainsi soumettre les autres lois à sa tutelle. De 1867 à 1982 selon Henri Pallard, les juges se sont réfugiés derrière la doctrine de la suprématie du parlement pour justifier leur retenue devant des violations des droits de la personne. Cela s'accordait avec leur vision d'un État de droit où le parlement en était ultimement le fondement et où les juges étaient soumis à la volonté du législateur en vertu de la théorie de la suprématie du parlement.

Michel Giroux enchaine en se penchant sur la situation canadienne depuis l'adoption de la *Charte canadienne des droits et libertés* en 1982 et son enchâssement dans la constitution de ce pays. Cela soulève la problématique de la légitimité du contrôle judiciaire de la constitutionnalité. Notre auteur examine ce problème à la lumière de cinq dispositions de la *Charte* : les articles 52, 1, 32, 24 et 33. Ces articles permettent à la Cour d'accorder une réparation lorsqu'une loi est jugée inconstitutionnelle ou lorsqu'un droit garanti est enfreint par le pouvoir exécutif, lorsqu'une loi autorise l'imposition de certaines limites aux droits et libertés garantis par la *Charte*, lorsqu'une loi limite le champ d'application de la *Charte* au domaine public en excluant les relations entre des acteurs privés, et lorsqu'une loi autorise le parlement ou la législature d'une province à déroger à certaines dispositions de la *Charte*. Certaines des clauses de la *Charte* freinent alors l'engouement que pourraient avoir certains juges désirant faire preuve d'un excès de militantisme judiciaire. Selon notre auteur, les dispositions de la *Charte* n'ont pas transformé radicalement les rapports entre les politiques et les juges. Ils s'inscrivent toujours plus sous le signe de la complémentarité que de l'adversité. La Cour se représente cette relation comme relevant d'un « dialogue » qui, loin de nuire au processus démocratique, lui permet plutôt de l'enrichir.

Nous passons alors aux deux textes portant sur l'Asie, le premier sur la Mongole, le deuxième sur la Chine. Le texte de Manuel Peláez et Xiaomei Han examine l'évolution constitutionnelle de la Mongolie au cours des trois dernières décennies. Cette étude s'avère intéressante, car ce pays a réussi la transition du communisme vers la démocratie. Conformément à la Constitution de 1992, la Mongolie avait mis en place une cour constitutionnelle, le Tsets, tout en assurant l'existence du contrôle de la constitutionnalité des lois, des traités internationaux, des décrets présidentiels et des décisions gouvernementales. Le Tsets joue ainsi un rôle important dans la protection des droits de la personne et des libertés inscrits dans la Constitution. Son indépendance s'est vue contestée et on a remis en question sa compétence vis-à-vis du parlement et de la Cour suprême. On a soulevé des questions portant sur les qualifications de ses membres et sur ses interprétations de la Constitution. Malgré cela, selon nos auteurs, le Tsets a protégé les droits et libertés des individus ainsi que les principes formant le fondement d'une pratique parlementaire démocratique. Il a joué un rôle important dans la consolidation démocratique en Mongolie.

Le dernier texte de l'ouvrage nous provient de Dale Brawn et revêt la forme d'un compte rendu du livre de Ding Qi intitulé *The Power of the Supreme People's Court of China: Reconceptualizing Judicial Power in Contemporary China*. À travers cet ouvrage, l'auteur décrit le cadre institutionnel du plus haut tribunal du pays et examine comment elle compose avec d'autres acteurs institutionnels, en commençant par le Parti communiste chinois. Cette analyse s'inscrit dans le cadre de l'expansion rapide de l'économie de marché en Chine. Ce qu'il faut essentiellement retenir de cette analyse, c'est la façon dont la Cour populaire suprême chinoise doit constamment ménager la chèvre et le chou. Elle cherche, d'une part, à promouvoir la croissance de la règle de la primauté du droit et le respect de l'indépendance de la magistrature, de l'autre à inscrire son effort dans le maintien des intérêts du pouvoir, le Parti communiste chinois. Ceci amène ses juges a exercé un rôle qui diffère considérablement de celui des juges des plus hauts tribunaux dans les pays occidentaux en exerçant certaines tâches administratives qui s'apparentent plus à des fonctions exécutives que judiciaires. Somme toute, bien que la Cour ne soit plus un simple faire-valoir du parti et qu'elle dispose désormais d'un large contrôle sur ses propres affaires, il n'en demeure pas moins qu'elle doit composer avec les préoccupations politiques du Parti de même que son approche idéologique.

En somme, les travaux présentés dans cet ouvrage se penchent sur divers aspects du rôle du juge constitutionnel dans un État de droit. Les diverses approches identifiées par des pays arabes, des pays occidentaux et des pays asiatiques laissent entrevoir de nombreuses divergences, mais aussi de grandes similarités. Ces textes doivent permettre au lecteur de mieux comprendre l'enjeu de la mise en place du juge constitutionnel, des avantages que cette institution représente pour la réalisation de l'État de droit, mais aussi des risques inhérents à la délégation du contrôle constitutionnel à un non-élu.

SOCIÉTÉ, JUGE ET DROIT

Rachid BAGAOUI[1]

S'interroger en tant que sociologue sur le rôle du juge constitutionnel dans la consolidation de l'État de droit, c'est nécessairement se poser la question, somme toute classique, de savoir ce qu'un sociologue peut apporter au champ du droit[2]. Ce n'est que par la suite qu'il sera possible de discuter, à partir d'un point de vue sociologique, la question du rôle du juge.

A. Les sociologues et le droit

Qu'est-ce que le sociologue peut apporter au champ du droit ? Cette question s'est posée très tôt dans l'histoire du rapport entre sociologie et Droit. On connait la critique que faisait Hans Kelsen à la sociologie du droit. Selon Kelsen, malgré le fait que la sociologie du droit s'interroge sur les déterminants sociaux expliquant l'action des législateurs et des juges et sur les relations des humains au champ juridique, la sociologie n'a rien à dire sur le droit, car le contenu du droit échappe aux sociologues[3].

De leur côté, les sociologues, particulièrement francophones, ont intériorisé cette critique. Ils peinent à faire des faits juridiques un objet de recherche autonome et à donner à la sociologie du droit ses lettres de noblesse. Il suffit de consulter au hasard les manuels de sociologie pour se rendre compte de cette difficulté. Par exemple, dans un ouvrage collectif[4] répertoriant quinze sociologies spécialisées, on peine à trouver des sections sur la sociologie du droit. Cette situation peut

---

[1] Professeur titulaire en sociologie, Université Laurentienne, Sudbury (Ontario), Canada.

[2] Cela renvoie aux « professionnels du droit » : les juristes, les juges, les membres des administrations et les parlementaires qui participent, de près ou de loin, à la composition du droit.

[3] Arnaud Esquerre, « Comment la sociologie peut déplier le droit », *Tracés. Revue de sciences humaines*, vol. 27, 2014, http://traces.revues.org/6041 ; DOI : 10.4000/traces .6041.

[4] Catherine Paradeise, Dominique Lorrain et Didier Demazière (dir.), *Les Sociologies françaises. Héritages et perspectives (1960-2010)*, Rennes, Presses universitaires de Rennes, 2015.

surprendre quand on sait que les premiers sociologues avaient une formation en droit[1] et avaient mis du droit un facteur déterminant des transformations sociales.[2]

Si on réfléchit dans une perspective internaliste du droit, comme le fait Hans Kelsen, on ne peut qu'accepter la critique qu'il adresse à la sociologie, car Kelsen défend une théorie pure du droit. Par contre, si l'on admet l'idée que les textes sont intimement liés au monde social, le sociologue a alors une quelconque chance d'éclairer le droit en faisant le lien entre le texte et la pratique sociale[3].

Ma position n'est pas la défense de la sociologie face aux sciences juridiques. De nombreux ouvrages se revendiquant de la sociologie du droit sont écrits par des juristes[4]. D'ailleurs, c'est à un juriste qu'est généralement attribué l'acte de naissance de la sociologie du droit. Tous ces auteurscherchaient à montrer l'influence des valeurs sociales sur les comportements humains. Ma position se lit comme suit : au lieu de se laisser piéger par l'idée de l'incompatibilité entre la sociologie et le droit, il faut opérer des liens et des complémentarités. Déjà dans la tradition de *socio-legal studies*, le droit et la sociologie y voisinent avec l'anthropologie, l'histoire, l'économie, la linguistique, la psychologie, et la philosophie[5]. Tous ces savoirs proposent une nouvelle manière de dépasser le positivisme juridique — système se concevant comme autonome à l'égard de la société. Les sociologues comme les juristes partagent le même principe : le caractère social du droit.

Mais quel rapport au juste ? Comment ce rapport s'enracine-t-il dans la pratique du juge dans le contexte actuel ? Quel usage fait-il des facteurs économiques, sociaux, politiques et culturels dans sa pratique ? Comment l'usage des facteurs sociaux bouleverse-t-il sa pratique ? On ne peut répondre à cette question de manière décontextualisée parce que

---

[1] Par exemple, Eugen Ehrlich, *Grundlegung der Soziologie des Rechts*, Munich., Duncker, 1913.

[2] Voir le colloque organisé sur la question à Chicoutimi, Québec, en 2018, https://www.actualites.uqam.ca/2018/acfas-2018-ledroit-comme-objet-etude-sociologique.

[3] *Ibid.*, p. 34.

[4] Voir à titre d'exemples : Georges Gurvitch, *Éléments de sociologie juridique*, Paris, Aubier, 1940 ; Henri Lévy Brühl, *Sociologie du droit*, Que-sais ? n° 51, Paris, PUF, 1961 ; Jean Carbonnier, *Sociologie juridique*, Paris, Presses Universitaires de France, 1978 ; Arnaud André-Jean et Farinas Dulce Maria José, *Introduction à l'analyse sociologique des systèmes juridiques*, Bruxelles, Bruylant, 1998.

[5] Baudouin Dupret, *Droit et sciences sociales*. Manuscrit original, 2006, 108 p., https://shs.hal.science/halshs-00197135.

le juge est le produit d'un contexte sociohistorique. Je me limiterai, donc, dans ma présentation, au rôle du juge canadien dans le contexte actuel.

B. La sociologie — les sciences sociales — et le juge en contexte canadien

Dans le cas canadien, le rôle s'est transformé à partir de l'avènement de la *Charte canadienne des droits et libertés*[1]. Rappelons simplement qu'il y a un certain nombre d'agents sociaux, parmi lesquels les juristes, qui ont joué un rôle éminent en construisant progressivement cette chose que nous appelons la *Charte*, c'est-à-dire un ensemble de ressources explicites autorisant leurs détenteurs à dire ce qui est bien pour le monde social dans son ensemble. Les juristes font partie de ce processus.

Jusqu'à la fin des années soixante-dix a prévalu une conception formaliste du droit qui faisait du législateur son unique source, dont les lois étaient réputées universelles et que les juges avaient pour mandat d'interpréter de manière littérale[2]. Cette conception se voulait univoque et rigide au point de toujours donner lieu à une seule solution valable. À titre d'exemple : l'arrêt *Procureur général du Canada c. Lavell*[3]. Dans ce cas, la Cour suprême du Canada a confirmé la validité de l'alinéa 12(1) b) de la *Loi sur les Indiens*[4], qui dépouillait les femmes autochtones de leur statut d'Indienne lorsque celles-ci épousaient un non-Indien alors qu'un Autochtone conservait le sien lorsqu'il se mariait avec une non-Autochtone. Mais au-delà de la question de la rigidité de l'interprétation, le cas ci-dessus montre que le droit qui inspirait le juge reposait sur une conception des inégalités entre les sexes que l'on peut qualifier de naturaliste, c'est-à-dire une conception qui ramène les faits sociaux à une nature humaine. Le cas de *Bliss c. Procureur général du Canada*[5] illustre bien cette conception : la Cour a conclu que le refus d'accorder des prestations d'assurance chômage à des femmes, parce que leur travail était interrompu en raison de la grossesse, ne constituait pas de discrimination fondée sur le sexe. Selon

---

[1] Partie 1 de la *Loi constitutionnelle de 1982*, constituant l'Annexe B de la *Loi de 1982 sur le Canada* (Royaume-Uni), 1982, chap. 11.

[2] Il existe cependant d'autres cas qui avaient ouvert la voie à la nouvelle conception du droit, comme c'est le cas dans l'affaire « personne » de 1929.

[3] [1974] RCS [Recueil des arrêts de la Cour suprême du Canada] [p.] 1349.

[4] Lois révisées du Canada (1985), chap. I-5.

[5] [1979] 1 RCS 183.

la Cour, l'inégalité n'était pas l'apanage de la législation, mais bien de la nature.

Si le juge pensait faire preuve d'une certaine neutralité en se collant à une interprétation formaliste de droit, c'est parce que souvent le droit est frappé par l'amnésie historique des conditions de sa création. En ne s'interrogeant pas sur les conditions historiques, il ne pouvait que légitimer la conception naturaliste des inégalités et du coup contribuer à les perpétuer. Les hommes ont créé le droit et interprètent le droit depuis leur perspective masculine et depuis la position privilégiée du patriarcat. Les règles sont prétendument neutres, mais en réalité reflètent le point de vue privilégié masculin. Le droit (le juge) est alors appelé à interpréter les règles avec l'objet inexprimé de renforcer et de protéger son origine masculine. *A fortiori*, des conceptions masculines viennent interpréter l'État de droit ou la *rule of law*. Les juges sont d'abord des hommes et disent un droit masculin.

Devant la remise en cause, par des luttes sociales, d'une conception naturaliste du monde et l'émergence d'une représentation en matière d'égalité et de justice sociale, devant la critique de l'interprétation dominante du droit par les chercheurs, devant la reconnaissance étatique de la conception égalitaire et l'interprétation moins formaliste du droit et leur stabilisation par la *Charte*, etc., le juge se met à interpréter de plus en plus le droit de manière large et libérale et contextuelle. Du coup, il doit agir en puisant dans deux champs différents : le droit et le social. Ces deux champs tenus longtemps séparés se connectent maintenant dans son esprit et dans sa pratique. Par son ouverture livresque aux acquis des sciences sociales, mais aussi aux experts provenant de ces domaines[1], il se met à parler du social en faisant appel à de nouveaux mots : contexte social, égalité, justice sociale, conflits de valeurs, complétudes institutionnelles, etc.

L'utilisation même des deux articles (cité en haut) est un exemple de cette transformation dans la signification du contexte social dans lequel le juge se situe. Or ce contexte social n'est pas une donnée objective ou en soi ; sa signification doit être lue par la/le juge. Elle/il doit constituer la signification du contexte et pourra emprunter une voie libérale ou une voie conservatrice. La connaissance de ce que dicte la *rule of law* passe aussi par une connaissance de ce que disaient les rédacteurs. Il faut donc reconnaître qui dicte et identifier ce que disaient ces rédacteurs. Or la

[1] L'expert en sciences dures aussi est interpelé de plus en plus en raison des enjeux sanitaires, environnementaux et médicaux.

même classe privilégiée dit ce que disaient les rédacteurs. Nous ne sommes pas devant une *rule of law* mais devant une *rule of man* qui se masque comme la *rule of law*. Pour des juges tels que Antonin Scalia de la Cour suprême des États-Unis, on arrive à la *rule of law* en mettant à jour l'intention originale des rédacteurs des articles constitutionnels au moment où ils ont été adoptés et les juges sont appelés à interpréter la constitution en fonction de cette intention originale. Sinon, on substitue la volonté d'un individu particulier à la *rule of law*. Son contenu sémantique est invariable. Cela présuppose que l'on peut découvrir pleinement le sens des mots utilisés à l'époque et le sens particulier dans lequel les rédacteurs les ont utilisés. Comme conséquence, un texte comme la constitution américaine sera interprété du point de vue des hommes blancs, bourgeois, commerçants. On ignorera la femme, les pauvres, les personnes de couleurs dans son interprétation du texte constitutionnel, car ces personnes désavantagées étaient ignorées par les rédacteurs. Cela ne doit pas faire oublier que les lois sont adoptées non pour leur sens, mais pour les effets qu'ils engendrent, par exemple, maintenir l'avantage de l'homme sur la femme, des bourgeois sur les pauvres, des cultures dominantes sur les dominées.

En réalité, l'important n'est pas dans le recours au contexte. Ce n'est pas en soi l'absence de contexte, car le droit enferme toujours un contexte (dépassé, présent ou en devenir) — même si par la ruse de l'histoire un contexte peut avec le temps, et sous certaines conditions, se détacher de sa condition historique pour s'imposer comme un principe universel (qui à son tour peut être remis en cause). Avant la *Charte*, le juge mobilisait aussi dans son activité le contexte social, mais ce contexte, d'une autre époque, était incorporé dans le droit et dans l'habitus professionnel du juge au point que son jugement lui paraissait détaché de son contexte.

Le Canada a adopté la théorie de l'arbre vivant, une doctrine d'interprétation constitutionnelle différente. Selon cette théorie, la constitution est un ensemble organique. On doit l'interpréter de façon large et libérale de sorte qu'elle soit adaptée à l'évolution de la société. Cette théorie a connu son origine dans *Edwards c. Canada (Procureur général)*[1], aussi connu comme le *Persons case*, l'affaire « personne »[2]. Selon les

[1] 1939 Appeals Cases 124, 1929 United Kingdom Privy Council 86.

[2] Si, dès 1921, les femmes étaient autorisées à se présenter aux élections fédérales, le gouvernement refusait de nommer des femmes au Sénat sous prétexte que l'article 24 de l'*Acte de l'Amérique du Nord britannique* de 1867 (aujourd'hui appelé *Loi constitutionnelle de 1867*) ne reconnaissait pas les femmes à titre de « personnes

juges, une constitution doit être resituée dans son contexte social existant afin d'en déterminer le sens et de lui permettre de s'adapter en fonction des transformations aux mœurs. La Cour suprême du Canada a fait siens ces propos dans le *Renvoi relatif au mariage entre personnes du même sexe*[1]. Elle a interprété l'article 15 de la *Charte* protégeant, entre autres choses, l'égalité des sexes, pour élargir cette protection à l'orientation sexuelle. Selon la Cour, l'interprétation de la *Charte canadienne des droits et libertés* doit s'adapter et répondre aux réalités de la société contemporaine.

Le juge appelé à trancher un litige en vertu de la *Charte* est non seulement intimé à interpréter le contexte dans un sens différent (plus progressiste), mais doit aussi expliciter ce contexte en faisant appel aux déterminants sociaux culturels, économiques, politiques des comportements des agents sociaux. De plus, comme pour le savoir des sciences humaines, l'acte de juger est devenu un acte politique. La figure du juge, gardien de la permanence et de l'ordre — contrairement au sociologue réputé comme chantre du changement social — est à nuancer. Si cela était évident avant les années quatre-vingt, les choses se compliquent depuis l'avènement de la *Charte*. Sans tomber dans la naïveté, on peut soutenir que, depuis l'avènement de la *Charte*, avec l'insistance sur l'égalité, la lutte contre les discriminations, les protections des minorités, le juge participe de plus en plus aux débats qui animent et balisent l'espace politique. Cependant, il n'est pas inutile de rappeler que le contexte sur papier n'est rien s'il n'y a pas un rapport de force pour le faire respecter. Les groupes discriminés peuvent toujours compter sur les tribunaux pour protéger leurs droits, mais n'ont pas de chance réelle de faire appliquer leurs droits sans des alliances créant des rapports de force.

L'importance accordée aux déterminants sociaux oblige à poser la question de la formation des juges et de tous les professionnels de la justice au contexte social du droit[2]. On note depuis une décennie une ouverture du champ de formation juridique à cette question. Un indice : la demande de l'Institut national de la magistrature et l'École du Barreau du Québec pour cette formation. À leur demande, on a rédigé

qualifiées ». La décision de la Cour suprême du Canada, [1928] RCS 276, que les femmes ne répondaient pas aux exigences de personnes qualifiées, fut infirmée par le Comité judiciaire du Conseil privé du Royaume-Uni.

[1] 2004 Cour suprême du Canada 79, [2004] 3 RCS 698.

[2] Voir, par exemple, https://cjc-ccm.ca/fr/ce-que-nous-faisons/une-formation-qui-ne-sarrete-jamais.

un livre[1] ayant pour objectif de former les juristes sur l'importance du rôle du contexte social propre aux dominés du système en vue de favoriser leur intégration à travers l'exercice du droit. La formation touche tous les aspects allant de la première entrevue du client avec l'avocat à la détermination de la peine par le juge. La mobilisation des sciences sociales se traduit aussi par l'intégration des cours de ces disciplines dans les facultés de droit, car la formation commence sur les bancs de ces facultés. C'est là où se forge l'habitus de cognitif des juristes.

On peut se poser la question : puisque le juge devient en quelque sorte un « sociologue » par défaut, le sociologue, lui, peut-il encore revendiquer encore un champ d'études à lui ? Donc, quelle est son utilité ? Mobiliser le contexte, puiser dans les acquis de la sociologie, ne fait pas du juge un sociologue. De même, un sociologue parlant du droit ne fera pas de lui un juge. En fait, le droit ne propose pas un système d'explication sociale. C'est un rôle qui incombe au sociologue. Le sociologue du droit peut nous aider à comprendre la subjectivité à l'œuvre dans la constitution de la conception dominante de la *rule of law*, nous mettre en garde contre les excès inhérents à toute approche, nous permettre de voir les valeurs à l'œuvre dans les diverses conceptions, et nous permettre de comprendre pourquoi des changements de perspective peuvent s'opérer. Ces transformations ne surgissent pas dans un vide, mais du même contexte social dans lequel baigne la *rule of law* et qui légitime son interprétation. L'utilité du sociologue demeure réelle, comme foi les nombreux sociologues qui sont invités à jouer le rôle d'experts. Exemple : le témoignage du sociologue Raymond Breton lors, par exemple, de l'affaire Montfort et la réappropriation de son concept de complétude institutionnelle par la jurisprudence canadienne — ce qui a eu une incidence majeure sur le droit linguistique canadien[2].

[1] Jean-François Gaudreault-Desbiens et Diane Labrèche, *Le Contexte social du droit dans le Québec contemporain. L'Intelligence culturelle dans la pratique des juristes*, Cowansville, Éditions Yvon Blais, 2009, 299 p.

[2] Il existe d'autres exemples : *Gigliotti c. Conseil d'administration du Collège des Grands Lacs* (2005), Ontario Reports, vol. 76 (3e), p. 581 (Cour divisionnaire) ; *Fédération franco-ténoise c. Canada (Procureur général),* 2006 Northwest Territories Supreme Court 20 (CanLII) ; *Commission scolaire francophone du Yukon #23 c. Yukon (Procureure générale)*, 2015 Cour suprême du Canada 25, [2015] 2 RCS 282 ; *Commission scolaire francophone c. Procureur général des Territoires du Nord-Ouest*, 2012 Northwest Territories Supreme Court 44 ; *Association des parents ayant droit de Yellowknife et al. c. Procureur général des Territoires du Nord-Ouest*, 2015

En conclusion, les réserves que nous avons soulevées quant à l'originalisme en tant que théorie portant sur l'interprétation de la constitution américaine s'appliquent aussi à l'approche de l'arbre vivant. La constitution est soumise à la *rule of law* de l'arbre vivant. Les réalités de la vie moderne et leur importance viennent jouer dans le sens que nous devons donner aux stipulations constitutionnelles. Les valeurs que notre arbre vivant doit promouvoir et celles qu'il devra ignorer font l'objet d'une détermination par une volonté humaine, celle d'un/e juge qui fait aussi partie de la gangue de la réalité sociale qu'il/elle est appelé à interpréter. C'est dire que l'approche libérale doit composer avec les mêmes difficultés conceptuelles et les mêmes défis herméneutiques que l'approche conservatrice. Ce qu'est la *rule of law* est déterminée par des valeurs ; le sens des valeurs est déterminé par un contexte social ; le contexte social fait lui-même l'objet d'une détermination par une volonté humaine[1]. La *rule of law* n'est pas une gestion constitutionnelle, mais une gestion dépendante pour son sens et son objectif d'une volonté humaine qui s'est approprié certaines valeurs pour donner un sens plutôt qu'un autre à une norme juridique dans un contexte social, l'invocation de la *rule of law* légitimant ainsi son approche. En fin de compte, la *rule of law* est la *rule of man*, la *rule* de la subjectivité qui se tapie derrière une *rule* d'une prétendue objectivité.

Northwest Territories Court of Appeal 2. Voir, S. Chouinard, *The Constitutional Status of Aboriginal Languages in Canada*, thèse de doctorat, Faculté de Droit, Université Queens, 2016.

[1] Un bel exemple de la volonté humaine dans la détermination de la *rule of law* est l'approche de la Cour suprême du Canada dans la mort assistée. Dans *Rodriguez c. Colombie-Britannique (Procureur général)*, [1993] 3 RCS 519, la Cour avait statué que la disposition du *Code criminel* interdisant l'aide au suicide ne violait pas l'article 7 de la *Charte* garantissant le droit à la vie, à la liberté et à la sécurité de la personne. Dans *Carter c. Canada (Procureur général)*, 2015 Cour suprême du Canada 5, [2015] 1 RCS 331, la Cour revenait sur sa décision et déclarait inconstitutionnelle cette disposition. Un des motifs que la Cour donna pour justifier sa décision dans *Carter* était la transformation sociale survenue au cours des 25 dernières années dans les attitudes envers la mort assistée. Le contexte social dans lequel le juge se place s'est transformé. Voir, Henri Pallard et Michel Giroux, « L'aide médicale à mourir au Canada : de Rodriguez à Carter », *Revue des droits et libertés fondamentaux*, 2019, chron. n° 06, http://www.revuedlf.com/droit-constitutionnel/laide-medicale-a-mourir-au-canada-de-rodriguez-a-carter/.

LES SOCIÉTÉS ISLAMIQUES ET L'IDÉE DE CONSTITUTIONNALITÉ

La société de droit contre l'État de droit

YADH BEN ACHOUR[1]

Dans le monde actuel, notre schéma de compréhension du système juridique passe nécessairement par l'État. Autrement dit, le système juridique fait partie du monopole de l'État qui pose les règles juridiques, principalement par la loi. Pour mettre en exécution cette loi et résoudre les litiges, l'État dispose des mécanismes judiciaires et administratifs. Ce modèle n'est cependant pas universel et le professeur et grand ami Henri Pallard n'a cessé de l'écrire. Certaines sociétés, en effet, édifient leurs règles de conduite relatives à la possession de la propriété de la terre et des biens, aux relations personnelles, à la régulation sexuelle, à l'échange des biens, indépendamment des instances qui exercent la direction politique. Ce fut et c'est encore partiellement le cas des sociétés islamiques qui sont, d'après l'expression de l'historien Hédi Timoumi, « des sociétés de droit », non des États de droit[2]. Développons cette idée.

Par société de droit, il faut comprendre les systèmes sociaux dans lesquels l'existence et l'évolution du droit se trouvent intimement imbriquées dans celles de la société elle-même, par la voie des coutumes, des usages, des mœurs, des cultes ancestraux, et donc de l'harmonie, voire de l'unité entre le monde des croyances, de la morale, de l'éthique, de la religion et celui du droit. À moins d'être attaqué de l'extérieur, ce conglomérat normatif a une capacité de résistance et de durabilité remarquables et une vitesse d'évolution relativement lente. Les sociétés de droit constituent leur propre législateur. Le pouvoir y existe évidemment, il est même souvent omnipotent, mais il n'a pas pour fonction essentielle d'exercer ce que nous appelons de nos jours le

---

[1] Ancien doyen, Faculté des Sciences Juridiques, Politiques et Sociales de Tunis, Université de Carthage, Tunisie.

[2] Hédi Timoumi, *Kayfa sâra al-tûnisîyyuna tûnisîyyîn, Comment les Tunisiens sont-ils devenus tunisiens ?* 3e éd., Éd. Dâr Muhammed-'Ali li-al-Nashr, Tunis, 2019, p. 169.

pouvoir législatif. Historiquement, les sociétés de droit n'ont donc pas eu besoin d'État pour la détermination de leurs normes de conduites collectives ou individuelles. Il y est admis une distinction fondamentale entre la fonction de diriger et celle de légiférer. Remarquons que ces sociétés de droit, n'ont rien à voir avec les sociétés primitives ou sans État, ou encore les sociétés « contre l'État », examinées par Pierre Clastre[1].

Dans les développements qui suivent, nous allons expliquer pourquoi nous considérons les sociétés islamiques comme des sociétés de droit, au sens précédemment indiqué. Nous examinerons par la suite les présupposés fondamentaux de l'État de droit et quel impact les concepts fondamentaux de la société de droit peuvent avoir sur la question de la constitution, tout d'abord, et de la constitutionnalité ensuite.

A. Les sociétés islamiques, sociétés de droit

Les sociétés islamiques sont loin d'être des sociétés homogènes. Dans leur histoire passée, comme dans le présent, elles présentent des traits discordants et parfois même en totale opposition. Il en est ainsi, non seulement sur le plan linguistique, géographique, culturel ; sur le plan des structures sociales, économiques et psychiques ; sur le plan du développement institutionnel, administratif, judiciaire, fiscal ; mais même sur le plan religieux. Il serait donc erroné de les présenter comme des entités relevant d'un modèle unique.

Cependant, il est impossible de nier ce trait commun fondamental qui caractérise quasiment toutes les sociétés islamiques et qui se manifeste par cette construction mentale, à la fois spirituelle et normative, qui couvre de tout son poids toutes les sociétés islamiques, et qui porte en elle certaines valeurs fondamentales, personnelles et collectives partagées par tous. Les vecteurs fondamentaux de cette structure d'idées et d'aspirations sont constitués à la fois par les tribus et leurs dirigeants (*shuyûkh*), donc au niveau ethnique primaire, mais également par les villes avec l'ensemble de leurs acteurs, espaces d'échange et de

[1] Pierres Clastres, *La Société contre l'État*, 3e éd., Éditions de Minuit, Paris, 1974. Maxime de Brogniez, « Droit et liberté dans les sociétés sans État : une relecture de Pierre Clastres à la lumière d'une approche microscopique du droit », *Revue interdisciplinaire d'études juridiques*, vol. 86, 2021/1, p. 5-36, Éditions Presses de l'Université Saint-Louis, Bruxelles. La propriété essentielle de la société primitive, c'est d'exercer un pouvoir absolu sur tout ce qui la compose et d'interdire l'autonomie des sous-ensembles qui la constituent. La tribu manifeste par tradition et par la violence sa volonté d'empêcher l'émergence d'un pouvoir politique individuel, central et séparé.

circulation (souks, médersas, mosquées, casernes, monastères, mausolées), et par les personnalités du monde civil et religieux représentées par les saints (*awliyâ*), les juges (*cadhis*) et leurs auxiliaires (*kuttab, 'udul*), les jurisconsultes (*muftis*), les professeurs et les enseignants (*mashâyikh, mudarrissûn, fuqahâ*). Au sommet de la hiérarchie sociale se situe évidemment le pouvoir politique avec toute son organisation militaire, sécuritaire, administrative, fiscale et judiciaire. Tous ces organismes et ces acteurs peuvent évidemment entrer en conflits ouverts ou larvés et même provoquer au sein de la société toutes sortes de troubles plus ou moins intenses, allant jusqu'au schisme ou à la guerre civile. Cependant, ils demeurent et se maintiennent à l'intérieur de la même sphère de dogmes, d'éthique et de droit. Cette sphère est partagée par la grande majorité du peuple des croyants.

L'absence d'église et le fait que le peuple, en concordance avec la classe des *shuyukh* civils et religieux, soit le gardien principal de sa propre croyance religieuse, donnent à cette dernière une dimension politique exceptionnelle. Il est vrai que ce trait a existé historiquement dans toutes les sociétés, notamment dans les sociétés européennes avant la grande fracture laïque et le moment spinozien au 17e siècle, puis les révolutions du 18e siècle. En islam, cependant, grâce à cette alliance entre le pouvoir civil, le pouvoir religieux et la masse du peuple des croyants, il prend un caractère particulier, populiste avant l'heure. Même si la société « participe à sa manière à une dynamique générale planétaire de l'émergence de l'individu, en tant que rapport politique »[1], « même si le groupe ethnique, la famille élargie ou restreinte ne sont plus dans la logique étatique, que des cadres de référence de type plutôt administratif, en voie de disparition (ou de transformation) »[2], le frère en religion, le sujet soumis au pouvoir à l'autorité villageoise ou de sa tribu, représentée par ses chefs (*shuyûkh*), concurrencent sur la longue période le statut du citoyen. La logique communautaire prime la logique étatique et même si, à partir du 17e siècle, nous assistons à un « affermissement de la logique étatique »[3], la logique communautaire continuera à produire ses effets sur le long terme. En d'autres termes, la société de droit ne disparaitra pas entièrement de la scène. Elle conservera sa force comme toile de fond de l'État moderne.

---

[1] Abdelhamid Hénia, *Le Frère, le sujet et le citoyen. Dynamique du statut politique de l'individu en Tunisie*, Les Éditions l'Or du Temps, Tunis, 2015, p. 181.
[2] *Ibid.*, p. 42.
[3] *Ibid.*, p. 37 et p. 42.

Le résultat, c'est que la charia, qui englobe l'ensemble des normes de l'éthique et du droit constitue une part importante de l'identité, aussi importante que la langue ou les mœurs. Elle n'est pas comprise par ses adeptes comme une simple question de régulation, mais comme un ensemble de traits constitutifs de l'identité. Il s'agit même, on pourrait le dire, d'une « suridentité », puisque non seulement elle dispose d'une dimension politique, mais également d'une dimension spirituelle qui engage l'entièreté de l'être, dans sa plus grande profondeur.

Pour ne pas verser dans l'abstraction et le récit déconnecté du réel, il faut reconnaître que cette sphère normative a été contournée, déjouée et même contredite de plusieurs façons au niveau de la pratique juridique et celle des mœurs[1]. Par les diverses techniques de l'interprétation (*ijtihad*), des ruses juridiques (*hiyal*), de la force des contraintes sociales (*dharûrat*), des tolérances (*taysîr, rukhass*), la charia, en particulier dans sa partie juridique, a constamment évolué, pour s'adapter au réel. Ni le droit pénal, ni le droit de la famille, encore moins le droit public, tel que conçu par les textes sacrés, Coran et Sunna, ainsi que par la doctrine juridique des différentes écoles, n'ont été à l'abri du défi des réalités politiques et sociales et des contraintes de l'histoire. Ces écarts et déviances n'ont cependant jamais été compris et interprétés comme des distanciations par rapport au Texte. Ils ont toujours été sentis, sur le plan des compréhensions collectives et sur le plan psychologique, comme relevant intégralement de l'ordre charaïque. Parler de laïcité du droit en terre d'islam, constitue par conséquent une facilité de langage, dans la mesure où cette laïcité existe, sans être, s'impose, sans être reconnue, ni déclarée, se trouve soumise à un recadrage perpétuel destiné à la maintenir au sein de la construction d'ensemble. C'est pour cette raison fondamentale que la société islamique de droit ne peut aisément s'harmoniser avec l'État de droit et ses exigences en matière de contrôle de la constitutionnalité de la loi, comme nous allons le présenter dans ce qui suit.

---

[1] Nejmeddine Hentati, « Rôle de la coutume dans la formation du droit malikite », *Der Islam, Journal of the History and Culture of the Middle East*, vol. 93(1), 2016, p. 65-84. « L'évolution du système pénal dans le droit tunisien médiéval, moderne et contemporain », conférence, Académie tunisienne (Baït Al Hikma), 21 février 2024, https://www.youtube.com/watch?v=N0KTR92DbSY&t=639s.

B. Société de droit, État de droit

L'État de droit, c'est l'articulation horizontale et verticale des deux concepts fondamentaux d'État et de droit. En effet, d'un côté, l'État pose le droit et d'un autre côté, il lui est soumis.

Mais ce qu'il faut noter c'est que l'État de droit présuppose l'État, en tout premier lieu. L'État est une forme spécifique de pouvoir politique qui ne s'identifie pas à la personne qui exerce le pouvoir, que cette personne soit royale ou républicaine ou qu'elle prenne une autre forme. Il est vrai que l'existence charnelle du chef ne disparait pas complètement dans la structure étatique. Les grandes personnalités historiques, même dans les États modernes et démocratiques, dominent largement l'État, ainsi que tous les autres pouvoirs de l'État. Cependant, dans l'État, au sens moderne du terme, celui-ci, par l'affirmation de sa personnalité morale et sa constitution, transcende, en toute circonstance, la personne du dirigeant, quelles que soient sa force et sa légitimité. Dans le concret, l'État se manifeste par des organismes civils administratifs, nationaux, régionaux et locaux eux-mêmes autonomes par rapport aux fonctionnaires qui les dirigent. Ces organismes disposent eux-mêmes de compétences juridiques, mais ces compétences se trouvent strictement définies et limitées par les textes juridiques adoptés par l'État lui-même. Dans cette théorie de l'État, ce dernier constitue la source de son propre droit. Autrement dit, il est lui-même son propre législateur et l'auteur de sa propre constitution, de ses lois et de toute règlementation inférieure.

L'État de droit, dans un deuxième temps, suppose la soumission de l'État au droit. Cette idée, en apparence toute simple, a des implications philosophiques et juridiques importantes et d'une forte complexité. De quel droit s'agit-il ? Droit naturel ? Droit divin ? Coutumes ? Loi positive ? Par quelles techniques juridiques se concrétise la relation entre l'État et le droit ? Quels sont les organismes chargés d'assurer cet objectif, de contrôler sa réalisation et, enfin, de censurer et sanctionner les violations de ses principes et règles ?

Retenons que l'idée générale qui préside à ce schéma, c'est que l'État adopte souverainement la loi, mais doit s'y conformer, et que, d'autre part, il adopte également sa constitution et doit également s'y conformer, c'est-à-dire la respecter dans sa fonction de législateur et d'exécutant (exécutif). L'idée de la constitutionnalité est une composante logique de l'État de droit. Elle est née simultanément, comme le prouvent la jurisprudence anglaise du 17e siècle[1] puis l'arrêt américain *Marbury contre Madison* de 1803[2]. Le schéma kelsénien d'une cour chargée spécialement de la constitutionnalité des lois, comme dans la constitution autrichienne de 1920, n'en est qu'une expression particulière[3].

La société de droit, telle que nous l'avons définie dans la première partie, ne peut, ni logiquement ni structurellement, se plier à ce schéma. La conception de l'État législateur souverain heurte sa propre conception d'un État juridiquement et statutairement neutre. Cette opposition est d'autant plus accentuée que la source du droit émane non seulement de la société elle-même, mais également d'un Souverain absolu et total situé en dehors du monde, d'un Souverain au sens le plus complet du terme. Les idées de la loi et de la constitution se trouvent par conséquent extrêmement relativisées dans ce modèle de la société de droit.

C. La société de droit face à la constitutionnalité

La constitutionnalité a plusieurs sens. Au sens primaire, elle signifie l'existence d'une constitution de l'État. Ensuite, elle implique la soumission de toutes les normes inférieures à cette constitution, placée en haut de la hiérarchie des normes juridiques, comme l'a enseigné Kelsen. Elle signifie, par ailleurs, l'existence d'un contrôle de constitutionnalité, par un organe généralement juridictionnel qui s'assure que toutes les règles de droit découlant des textes inférieurs se conforment à la constitution, sous peine d'annulation ou d'autres sanctions. Si nous admettons, dans une perspective libérale, que la constitution est un texte qui a pour objectif non seulement de règlementer le fonctionnement de l'État, mais également de protéger les droits individuels, cela implique que la constitutionnalité, par elle-même, constitue une protection des droits humains.

Or on ne peut véritablement croire à la loi de l'État, ni à la constitution de l'État, en ayant en arrière-fond une loi divine qui s'impose impérativement et absolument à tous, y compris évidemment à l'État. L'État, sa loi et sa constitution resteront des concepts faibles, par

---

[1] Voir *infra*, Alex Atanasov, « Évolution de la *rule of law* et du constitutionnalisme au Royaume-Uni ».

[2] [Vol.] 5 US [United States Supreme Court Reports] (1 Cranch) [p.] 137 (1803). Voir *infra*, Michel Giroux et Henri Pallard, « Primauté de la politique et suprématie judiciaire aux États-Unis : de Marbury v. Madison à Shelby County v. Holder ».

[3] Voir *supra*, Michel Giroux, Abdelmalek El Ouazzani et El Houssain Abouchi, « Apport du juge constitutionnel dans la construction de l'État de droit ».

rapport à l'ordre divin, avec son arsenal de figurations, de principes et de règles. Comme la véritable vie n'est pas la vie terrestre, la véritable constitution et la véritable loi ne sont pas de ce monde. Ainsi, l'implication essentielle d'une idée de constitution, en tant que norme suprême dans l'ordre juridique et qui se concrétise par la technique de constitutionnalité, ne peut recevoir la consécration qui lui est accordée dans l'État de droit. L'État ne peut être considéré comme le souverain absolu, la constitution et la loi de l'État ne peuvent contrevenir à la loi de Dieu, les droits de l'homme doivent passer après les droits de Dieu.

Cela étant, nous pouvons mieux comprendre les difficultés qu'éprouvent les sociétés islamiques dans leur confrontation, avec les idées modernes d'État, d'État de droit, de loi, de constitution et de droits humains. Ce que nous disons ne signifie pas qu'il est impossible pour les sociétés islamiques de vivre l'expérience de l'État de droit avec toutes ses implications. Le croire relève de l'essentialisme. Cela signifie simplement que, confronté à des idées venant le déranger de l'extérieur, comme c'est le cas dans le monde actuel, le système juridique islamique aura des difficultés d'adaptation considérables et vivra au cours de cette période transitoire de passage — qui peut être séculaire — entre la société de droit et l'État de droit, un ensemble de déphasages, de distorsions et de contradictions. Examinons cette question.

Les constitutions déclarent d'un côté le caractère démocratique de l'État, la protection et la garantie des droits humains, la souveraineté du peuple, la loi comme expression de la volonté générale, mais posent, d'un autre côté, la prévalence de la charia, la garantie des droits de Dieu, l'exclusion de certaines minorités religieuses, la soumission de la loi aux prescriptions religieuses.

Dans les travaux des assemblées constituantes, en particulier les assemblées qui ont été dominées par les partis islamistes, comme en Égypte ou en Tunisie, après les révolutions de 2011, les tentatives ou actions d'islamisation de la constitution sont notoires. Nous constatons alors que la constitution perd son caractère de loi suprême de l'État pour devenir l'expression de la soumission de l'État à un droit qui lui est supérieur. Les clauses des constitutions dans le monde musulman qui disposent que « l'islam est la religion de l'État », ou encore que la « charia islamique est la source principale » ou « l'une des sources principales de la loi » en sont une illustration. Lors de la première réunion de l'Assemblée nationale constituante tunisienne en novembre 2011, un député affirma : « Nous allons introduire dans la constitution des dispositions pour que l'islam soit la référence à partir de laquelle notre honorable assemblée tirera les lois, les institutions judiciaires et éducatives, sociales et politiques, si Dieu le veut. » Par la constitution, on aboutirait ainsi à une islamisation totale de l'État et de la société. L'article 6 de la Constitution tunisienne de 2014 est significatif à cet égard, puisqu'il place la religion au centre des préoccupations fondamentales de l'État : « L'État protège la religion, garantit la liberté de croyance, de conscience et de l'exercice des cultes. Il assure la neutralité des mosquées et des lieux de culte de l'exploitation partisane. »

L'État s'engage à diffuser les valeurs de modération et de tolérance, protéger le sacré et empêcher d'y porter atteinte. Il s'engage également à prohiber et empêcher les accusations d'apostasie (*takfîr*), ainsi que l'incitation à la haine et à la violence et à les juguler. La constitution tunisienne de 2022 affirme dans son article 5 : « La Tunisie constitue une partie de la nation islamique. Seul l'État est habilité à réaliser, dans un régime démocratique, les objectifs de l'Islam authentique en vue de préserver la vie, l'honneur, les biens, la religion et la liberté ». Ainsi, comme l'écrit le professeur Rafaâ Ben Achour, « L'article 1er de la Constitution de 1959 repris *in extenso* par la Constitution de 2014 a été troqué en faveur d'une conception traditionaliste religieuse qui renie l'État-nation et qui fait de l'État le serviteur de la religion et de ses finalités »[1]. C'est au nom de cette supra-constitutionnalité qu'a été abandonné le projet d'établir l'égalité successorale entre l'homme et la femme.

Sur le terrain des droits humains, la conception islamique majoritaire et la philosophie moderne ne sont pas d'une évidente compatibilité. Pour assurer la compatibilité des deux perspectives, il faut adopter une attitude philosophique, autrement dit une attitude de relative incertitude métaphysique. Cette attitude, évidemment, n'est pas le trait caractéristique de la culture islamique, dans son ensemble. La philosophie des droits humains, même croyante, « procède à une sorte d'éclipse de Dieu, au moins dans le monde du droit et de l'État »[2]. La théologie ainsi que la théorie du droit en islam accordent la primauté aux droits certains et absolus de Dieu (*huqûq allah*), tels qu'interprétés par les gestionnaires du sacré.

Certains systèmes, comme ceux de l'Arabie Saoudite, de l'Afghanistan ou de l'Iran, constituent une mise en application quasiment

---

[1] Rafaâ Ben Achour, « Tunisie : le retour au pouvoir autocratique », *Revue française de droit constitutionnel*, décembre 2022, nº 132, Paris, PUF, p. 1014.

[2] Yadh Ben Achour, *La Question islamique devant le Comité des droits de l'Homme des Nations Unies*, Paris, Éditions Pedone, 2022, p. 7.

intégrale du droit religieux, des sortes « d'États de religion »[1]. Après la révolution islamique de 1979 en Iran, la loi pénale abroge les textes d'inspiration occidentale et les remplace par des dispositions inspirées du droit musulman avec sa classification en *hodoud*[2], *ghessass*[3], *diat*[4], *tazirat*[5].

D'autres systèmes portent le label de « République islamique »[6]. Les « républiques islamiques », comme le Pakistan ou la Mauritanie, consacrent le principe de la primauté du droit islamique, en particulier dans les domaines du droit pénal, du droit de la famille, du droit des successions et parfois du droit de la propriété foncière et des contrats. En vérité, la qualification de « République islamique » par la constitution est tout à fait formelle. La substance de l'État se situe sur le terrain religieux. Prenons l'exemple de la Mauritanie. « La Mauritanie est une République Islamique indivisible, démocratique et sociale ». Cet article 1er de la constitution de 1991 définit le régime de l'État. Sur le rapport de l'État et de la religion l'article 5 enchaine : « L'islam est la religion du peuple et de l'État ». Cet exemple illustre le rapport particulier que nous avons analysé précédemment entre la société de droit et l'État de droit. Une section du Code pénal est intitulée « Attentats aux mœurs de l'islam. Hérésie, apostasie, athéisme, refus de prier, adultère ». Toutes ces infractions sont considérées comme des crimes et punissables de la peine de mort.

D. Conclusion

Ces exemples montrent clairement l'impact que peuvent avoir ces dispositions constitutionnelles sur le contrôle de la constitutionnalité par le juge ou même par un autre organisme. À première vue, par l'effet de ces dispositions, le contrôle de la constitutionnalité, que ce soit par le juge ordinaire, que ce soit par une cour constitutionnelle, n'est plus véritablement un contrôle de la constitutionnalité des lois de l'État, dans un État de droit, mais un contrôle de constitutionnalité de la société de droit *sur* l'État de droit. Une enquête approfondie sur la jurisprudence

[1] *Ibid.*, p. 12.
[2] Peines fixées par le Texte.
[3] Loi du talion.
[4] Prix du sang : indemnités compensatoires pour atteinte involontaire au corps ou à la vie.
[5] Peines laissées à la discrétion du juge.
[6] Yadh Ben Achour, *ibid.*, p. 14.

constitutionnelle dans les pays musulmans pourrait confirmer cette thèse.

Sans entrer dans le détail de cette question, nous nous contenterons de signaler que les difficultés qui attendent le juge constitutionnel se situent sur différents plans. Tout d'abord, quelle est exactement la portée des dispositions constitutionnelles qui comportent une référence à l'islam, en tant que religion d'État, source principale de la législation ou source exclusive de cette dernière. À ce niveau, plusieurs interprétations sont possibles et le juge constitutionnel doit procéder à des choix difficiles pour faire prévaloir, soit le droit de la majorité sociale croyante, attachée à la loi religieuse et s'identifiant à elle, soit celui de l'État qui cherche précisément à réformer cette société pour la mettre au diapason des différentes formes de modernité. Ce choix est évidemment politique. Ensuite, quelle est la signification juridique de la religion et sa portée ? Autrement dit, quelles sont les dispositions religieuses contraignantes pour le juge, comment les déterminer ou les fixer ? Le juge doit recourir, pour répondre à cette question, à des choix subjectifs et polémiques, parce que tout simplement politiques. Pour ne donner qu'un seul exemple, la Cour constitutionnelle égyptienne a procédé à une distinction entre les règles absolues de la charia islamique et celles qui sont relatives et dérogeables par la loi[1]. Ce choix purement volontariste et subjectif n'est évidemment pas à l'abri de la contestation et est susceptible de provoquer des tensions sociales. À cause de cela, la jurisprudence constitutionnelle peut osciller entre les interprétations à tendance théocratique et les interprétations à visée séculière. Ensuite, une fois que ces choix sont établis, nous revenons forcément au problème éternel de l'interprétation du texte religieux lui-même. Et là encore, nous ouvrons la voie à l'incertitude et aux contradictions.

Il reste à nous interroger sur l'effet réel de l'islamisation constitutionnelle ou de la constitutionnalisation de l'islam. Certains auteurs, comme Seyyed Vali Reza Nasr, ont montré que l'islamisation constitutionnelle profite bien plus à l'État qu'à l'islam[2]. Comme l'a montré Ran Hirschl, à partir de l'exemple malaisien, le résultat peut-être assez surprenant : « La constitutionnalisation de la religion permet non seulement de formater et de domestiquer la religion, mais encore

---

[1] Nathalie Bernard-Maugiron, « La Haute Cour constitutionnelle égyptienne et la *shari'a* islamique », *Awraq: revista de análisis y pensamiento sobre el mundo árabe e islámico contemporáneo*, 1998, no 19, p. 103-141.

[2] Seyyed Vali Reza Nasr, *Islamic Leviathan. Islam and the Making of State Power*, Oxford, Oxford University Press, 2001.

d'en neutraliser le potentiel de radicalité de manière qu'elle en préserve les avantages pour l'État. Que cela se déroule de manière amicale ou hostile ou encore d'une autre manière, la constitutionnalisation de la religion et des instances qui la représentent officiellement se fait au bénéfice du projet de domestication étatique de la religion ; elle permet de lui opposer un contrepouvoir tout en l'instrumentalisant au profit de la cohésion nationale »[1]. Le plus rusé des deux n'est probablement pas celui qu'on pense. L'État serait-il donc le renard et l'Islam le corbeau ?

[1] Ran Hirschl, « Les Cours constitutionnelles, agents de la domestication étatique du religieux. Les Enseignements d'Israël et de la Malaisie », *Revue française de science politique*, 2014, vol. 64, p. 756. Voir également, Ran Hirschl, *Constitutional Theocracy*, Cambridge, Harvard University Press, 2010.

LE JUGE CONSTITUTIONNEL ET L'ÉTAT DE DROIT AU MAROC

Nadia BERNOUSSI[1]

On dit à l'encontre des nombreux États ayant adopté la justice constitutionnelle[2] « qu'ils sont entrés dans le club des États constitutionnellement développés »[3]. En effet, la justice constitutionnelle est communément considérée comme un élément déterminant de l'État de droit, une institution incontournable du constitutionnalisme moderne, indissociable de la transition démocratique et du développement du droit. L'État de droit auquel est désormais associée la justice constitutionnelle prend place dans les nouveaux manuels de droit constitutionnel et devient le credo des sociétés politiques avancées. Conceptualisé autour du 19e siècle dans les ouvrages savants des juristes allemands[4], il est ensuite descendu dans la rue et a convaincu la société civile, séduite par son fondement libéral centré sur l'individu, basé sur les contrepouvoirs et la protection des droits fondamentaux. La chute du mur de Berlin a précipité l'avènement de ce néoconstitutionnalisme éclos sur les décombres des régimes autoritaires, prenant en compte la fragilité du légicentrisme et se dressant contre les majorités abusives. L'élection ne constitue plus un mythe absolu et doit désormais rendre compte. L'État de droit se trouve ainsi construit sur la primauté du droit, la suprématie constitutionnelle, et le juge constitutionnel en deviendra désormais, le

[1] Professeure, Université Mohamed V, Rabat, Maroc ; ancien membre de la Commission Consultative de la Révision de la Constitution ; membre de la Commission de Venise ; membre du Comité consultatif des droits de l'homme, Nations Unies.

[2] Le cinquième congrès de la Conférence mondiale sur la justice constitutionnelle (WCCJ), « Justice constitutionnelle et paix », Bali, 4-7 octobre 2022, a accueilli 94 délégations. Cent-vingt États ont transmis une notification écrite d'adhésion à la Conférence mondiale sur la justice constitutionnelle de la Commission de Venise du Conseil de l'Europe qui fait office de Secrétariat de la Conférence (situation en février 2023).

[3] Francis Delpérée et Anne Rasson-Roland, « La Cour d'arbitrage belge », *Annuaire international de justice constitutionnelle*, n° 4, 1988, p. 67-77, numéro thématique : *Les juges constitutionnels*.

[4] Avec comme chefs de file le philosophe, Immanuel Kant, et les juristes, Robert von Mohl, Friedrich Julius Stahl et Georg Jellinek.

gardien. Ce nouveau droit constitutionnel, légitimé non plus seulement par l'élection et la séparation des pouvoirs, mais par le culte du contrôle et de la conformité, enchantera tout constituant moderne, à l'Est et au Sud, au moment de la réécriture constitutionnelle, notamment chez les États soucieux de tourner la page des *années de plomb*. Émergera alors un standard de règles et principes constitutionnels, fond commun dans lequel puiseront les nouveaux constituants. À cet égard, est-il important de mentionner le rôle joué par la Commission de Venise[1] dans cette tâche de veille constitutionnelle pour un nouvel ordre constitutionnel ?

A. Propos liminaires

Comment fonctionne la justice constitutionnelle dans des espaces politiques en transition ? Comment s'organise la justice constitutionnelle au Maroc ? A-t-elle les mêmes fonctions de régulation et de protection des droits fondamentaux comme en Espagne avec le recours d'*amparo* ou en France, là où la saisine individuelle même indirecte a produit un véritable sursaut jurisprudentiel ?[2] Faut-il espérer au Maroc, face à une saisine si réservée de la part des élus, un vote imminent de la loi organique relative à l'exception d'inconstitutionnalité afin que le justiciable puisse remettre en cause une loi jugée contraire à la constitution et ainsi, faire prévaloir ses droits ? Sur un autre registre, comment pourrait s'opérer, concrètement, la protection des individus et collectivités par le Roi, étant entendu que la mission cardinale des juridictions constitutionnelles consiste dans la garantie des droits fondamentaux ?[3] Le justiciable gagnerait-il à voir ses droits fondamentaux protégés par une pluralité d'acteurs ? Dans cette concurrence des

---

[1] Son nom complet est Commission européenne pour la démocratie par le droit, Conseil de l'Europe.

[2] Depuis cette date, le Conseil constitutionnel rend environ 75 décisions QPC par an — la 1 000e a été examinée en juin 2022 — ce qui représente environ 80 % des décisions rendues par le Conseil. Voir, www.conseil-constitutionnel.fr. Voir aussi *infra*, Thomas Siret, « La Question prioritaire de constitutionnalité. La France, une démocratie suffisamment mûre pour accepter pleinement l'État de droit ? » ; Martial Mathieu, « Justice constitutionnelle et État de droit en France : un mariage de raison » ; Jean-Marie Breton, « Le Conseil constitutionnel français et l'environnement ».

[3] *Constitution du Royaume*, 2011, art. 42 : « Le Roi, Chef de l'État, son représentant suprême, symbole de l'unité de la nation, garant de la pérennité et de la continuité de l'État et arbitre suprême entre ses institutions, veille au respect de la constitution, au bon fonctionnement des institutions constitutionnelles, à la protection du choix démocratique et des droits et libertés des citoyennes et des citoyens, et des collectivités, et au respect des engagements internationaux du royaume. »

protections et garanties, force est de souligner que l'article 42 confère au Roi un rôle d'arbitre suprême et une mission essentielle de protection des droits et libertés. En outre, une telle mission lui revient lorsque le juge constitutionnel n'est pas compétent. Par ailleurs, le statut de ces organes leur permet-il d'être indépendants ? Comment s'oriente la jurisprudence ? Les normes de référence sont-elles caractérisées par l'unité ou la diversité ? L'Islam est-il invoqué devant les juges ? Les conventions internationales sont-elles invoquées dans les requêtes et les juges en font-ils cas ? Pourquoi les organes de contrôle sont-ils si peu sollicités ? Quelle perception développent les politiques et les justiciables par rapport à la justice constitutionnelle sachant que les dernières enquêtes[1] attestent que si les partis politiques et le parlement sont mal lotis, la justice dans son ensemble continue à bénéficier d'une confiance acceptable ?

Enfin, lorsqu'une constitution réserve une place privilégiée aux droits de l'homme, on peut dire qu'elle rejoint le cortège des constitutions modernes, contemporaines respectueuses des principes de l'État de droit. Tel est le cas de la nouvelle constitution qui marque un passage significatif en matière de droits de l'homme tant au niveau quantitatif qu'au niveau qualitatif. Les constitutions précédentes n'offraient pas un catalogue de droits aussi ambitieux. Réservée dans les premières constitutions à une dizaine de droits fondamentaux, la Constitution de 1992 innove par la mention de « l'attachement du Maroc aux droits de l'homme tels qu'ils sont universellement reconnus »[2], celle de 2011 propose une véritable charte de droits et libertés où sont consacrés les droits civils et politiques, les droits économiques, sociaux, culturels et environnementaux, les droits des femmes, et ceux des catégories. Ils

---

[1] « Contrairement à une perception largement répandue, le système judiciaire marocain n'est nullement voué aux gémonies par l'opinion publique marocaine. De fait, 64 % des Marocains expriment leur confiance dans la justice. On peut, il est vrai, considérer que le taux de méfiance demeure trop grand. L'étude comparée de plusieurs pays de régimes judiciaire et politique différents montre que le Maroc ne souffre pas d'une comparaison négative à l'encontre de son système judiciaire. Sur les 47 pays qui constituent la base de cette comparaison internationale, mon analyse des données montre que le Maroc est situé au 16e rang. La confiance moyenne des Marocains dans le système judiciaire de leur pays, égale à 1,8119, est nettement supérieure à celle de la confiance moyenne des 47 pays, 1,5877. » Cherkaoui Mohamed, *L'Ordre sociopolitique et la confiance dans les institutions au Maroc*. Programme d'études « Lien social au Maroc : quel rôle pour l'État et l'ensemble des acteurs sociaux ? », Institut royal des études stratégiques, 2010, p. 37.

[2] *Constitution du Royaume, 1992*, Préambule, § 3.

constituent un tiers de la Constitution qu'ils inondent, que ce soit au niveau du préambule, du titre relatif aux droits et libertés fondamentaux, et des autres titres.[1] Face à un tel référentiel, la justice constitutionnelle devrait pouvoir être stimulée et sa performance, augmentée en fonction de l'activisme des requérants.

B. Historique

La justice constitutionnelle a intégré le champ institutionnel marocain de manière graduelle[2]. Déjà, le projet de Constitution marocaine de 1908 prévoyait un contrôle politique des lois exercé par le Conseil des notables et la Constitution de 1962 avait, par souci d'« économie institutionnelle », institué une Chambre constitutionnelle au sein même de la Cour suprême, cette dernière contrôlant la constitutionnalité des lois organiques et des règlements intérieurs des chambres, veillant à la répartition des compétences normatives entre les domaines de la loi et du règlement, et gérant le contentieux électoral. Il ne lui manquait que le contrôle de la loi ordinaire pour rentrer dans le cercle des États disposant d'une véritable justice constitutionnelle. Un tel pas sera franchi lors de la révision constitutionnelle de 1992[3] qui créera un Conseil constitutionnel, juridiction indépendante, située à l'extérieur du pouvoir judiciaire, gardant les compétences précédentes, mais y greffant le contrôle de constitutionnalité de la loi ordinaire, attribution cardinale de toute justice constitutionnelle[4]. Pour autant, le juge des lois sera paradoxalement peu sollicité. Il convient de rechercher les raisons d'une saisine faible de la justice constitutionnelle dues autant à des facteurs juridiques dont le quorum exigeant des alliances difficiles à nouer qu'à des raisons politiques orientées vers le consensualisme. La timidité vis-à-vis du Gouvernement et les lois votées à l'*Ijmaa*[5] annulent-elles la saisine ? Il est vrai que la saisine, sous un aspect juridique apparemment

[1] Voir notamment les titres relatifs aux dispositions générales, à la justice, aux régions et autres collectivités territoriales, à la gouvernance et à la révision de la constitution.

[2] Voir à ce sujet Nadia Bernoussi, *Le Contrôle de constitutionnalité au Maghreb. Essai d'interprétation de l'action des organes de contrôle en Algérie, au Maroc et en Tunisie,* thèse de doctorat d'État, Université Mohammed V, Rabat, 1998.

[3] *Constitution du Royaume, 1992*, art. 76 et suivants.

[4] Louis Favoreu, *Les Cours constitutionnelles,* Que sais-je ?, nº 2293, Paris, PUF, 1986, p. 24.

[5] Le consensus ou l'accord de la communauté musulmane sur un point de droit musulman.

« neutre », reste un acte d'hostilité majeure ; or, parfois, l'opportunité politique l'emporte sur l'orthodoxie constitutionnelle.

Au moment de l'écriture de la Constitution de 2011, il est important de confier que cet espace n'a curieusement donné lieu à aucune polémique, aucune dissension, aucun antagonisme particulier au sein de la Commission consultative pour la révision de la constitution. Il allait comme de soi que la justice constitutionnelle devait être retouchée pour la rendre performante et l'ériger en instrument efficient de la protection des droits fondamentaux. Du fait de son faible fonctionnement, de ses moyens limités et compte tenu de son passé jurisprudentiel effacé, sa réforme s'imposait naturellement.

En 2011, outre des modifications intéressantes, mais au demeurant mineures, le principal apport — mais dont le justiciable ne profite pas encore faute de promulgation de la loi concernée — reste la saisine individuelle, et ceci n'est pas sans rapport avec le changement d'appellation de la juridiction constitutionnelle. En effet, le Conseil est érigé en Cour du fait de son nouveau rôle de juge non plus seulement de confrontation abstraite d'une loi à la constitution, de jugement d'une loi, mais de l'application concrète de la loi. De cette mutation appelée à créer du « droit vivant »[1], il faudra s'attendre à au moins deux conséquences. D'une part, la « démocratisation » du droit constitutionnel qui ne traitera plus seulement du droit de l'État, mais de choses aussi « ordinaires » qu'une loi sur les loyers ou sur l'impôt général sur le revenu et, d'autre part, un dialogue ou, au pire, une guerre des juges si la Cour de cassation décide de ne pas renvoyer la question à la Cour constitutionnelle, l'estimant non fondée. Cette loi organique relative à l'exception d'inconstitutionnalité promise en 2011 a été censurée à deux reprises, enregistrant treize ans de retard, ce qui est préjudiciable pour la réalisation de l'État de droit.

C. Structure et *process*

La Constitution a entouré la Cour constitutionnelle d'un nouveau statut, en permettant l'élection de la moitié de ses membres, en accroissant la représentation judiciaire, en renforçant sa légitimité par l'exigence des qualifications juridiques et des conditions éthiques, techniques largement répandues en droit comparé.

---

[1] Zagrebelsky Gustavo, « La Doctrine du 'droit vivant' », *Annuaire international de justice constitutionnelle*, Année 1988, n° 2-1986, p. 55-77.

1. La structure

La Cour constitutionnelle est composée de douze membres, six nommés par le Roi et six élus par le parlement. Le chef de l'État a toujours gardé une moitié ou plus de réserve, en nommant trois sur six en 1962, cinq sur neuf en 1992, et six sur douze depuis 1996. Les six autres membres sont élus par le parlement à la majorité des deux tiers[1]. Si le président des juridictions constitutionnelles a toujours été nommé par le chef de l'État, en 2011, il le demeure, mais peut l'être parmi les membres élus.

Les membres sont désignés pour une durée de neuf ans et renouvelables par tiers. Jusqu'en 1996, ils étaient renouvelables, date à laquelle ils deviennent renouvelables une fois, avant de ne plus l'être définitivement depuis 2011.

Des qualifications juridiques ainsi qu'une expérience de quinze ans sont requises. De plus, des conditions éthiques, dont l'impartialité et la probité sont exigées. Il est important de noter que les conditions juridiques et éthiques intéressent de manière égale l'ensemble des juges de la Cour constitutionnelle, quelle que soit l'origine de leur désignation[2]. Par ailleurs, si les professions libérales sont expressément écartées, le *alem*[3] fait son entrée dans la structure kelsénienne sans doute au cas où se profilerait un éventuel contrôle d'islamité des lois ; pour autant, des voix autorisées confient que les juridictions constitutionnelles précédentes comprenaient de fait, un membre appartenant toujours au corps des oulémas[4]. La technique italienne de la représentation des magistrats a convaincu le système marocain. Il convient de souligner que même si les textes précédents ne le prévoyaient pas non plus, chaque juridiction constitutionnelle comptait au moins un magistrat et la pratique a fait que cela revenait régulièrement à une femme[5]. La représentation des universitaires,[6] supprimée par ailleurs en Tunisie, est

[1] *Constitution du Royaume, 2011*, art. 130, 1.

[2] En droit comparé, il est d'usage d'exercer un contrôle plus strict sur les nominations provenant de l'exécutif, celles du législatif étant moins « surveillées ».

[3] Conseiller en matière de religion de par son savoir en théologie et en droit musulman.

[4] Docteur de la loi musulmane, juriste et théologien.

[5] Saidia Belmir, Leila Mrini, Latefa El Khal.

[6] « Le professeur de droit incarne l'image de l'universitaire dans une institution où l'hétérogénéité des profils place en vis-à-vis la figure du savant et celle du politique ou du praticien, symbolisant chacun, dans l'exercice du contrôle de constitutionnalité, une légitimité qui lui est propre. » Castera Pierre, *Les Professeurs de droit membres du Conseil Constitutionnel*, p. 1, HALthèses, 2015, https://theses.hal.science/tel-01280310.

consacrée au Maroc. En tout cas, si les chambres constitutionnelles marocaines étaient, au départ, largement dominées par la présence de magistrats[1], les conseils qui lui ont succédé ont toujours comporté en leur sein, de nombreux universitaires[2] ; quant à la Cour constitutionnelle actuelle (2017-2023), dont le tiers vient d'être renouvelé, elle est composée de cinq universitaires[3], quatre magistrats[4] et trois avocats[5].

S'agissant des compétences, leur extension s'est produite graduellement. Ainsi, en 1962, la Chambre constitutionnelle gérait le contrôle des lois organiques, des règlements intérieurs, des domaines de la loi et du règlement, du contentieux électoral et du statut des élus. En 1992, le Conseil constitutionnel ajoutera à ces compétences précédentes, le contrôle de la loi ordinaire, attribution cardinale du contrôle de constitutionnalité. En 2011, la Cour constitutionnelle étendra son contrôle aux conventions internationales, aux élus dits « migrants »[6] ainsi qu'à la révision constitutionnelle en forme simplifiée.

En ce qui concerne le contrôle de constitutionnalité des traités, on est en droit de s'interroger s'il s'agit d'une véritable avancée ou si ce n'est que d'un entérinement d'un état de fait existant. Ce qui est nouveau, par contre, si l'on s'en tient au texte de la constitution qui exige désormais qu'un nombre significatif de traités[7] passe obligatoirement par le parlement, c'est l'examen des traités qui ne passeraient pas par le parlement. Une telle innovation permet de veiller à la constitutionnalité de l'ensemble de l'ordonnancement conventionnel.

Il faut également signaler une nouvelle attribution dans le registre consultatif, la consultation préalable de la Cour constitutionnelle dans

---

[1] Nadia Bernoussi, *La Jurisprudence de la Chambre constitutionnelle de la Cour suprême,* thèse de 3e cycle, Université de Montpellier, 1985, tableau p. 237 et 238.

[2] Mohamed Achergui, Mhammed Dasser, Mohammed Aterguine, Moulay Rchid Abderrazzaq, Mohammed Amine Benabdallah.

[3] Universitaires : Mohammed Amine Benabdallah (président), El Houssain Abouchi, Najib Ba Mohammed, Barjaoui Khalid et Amina El Messaoudi.

[4] Magistrats : Abdelahad Dekkak, Mohammed Kasri, Latefa El Khal, Mohammed Lididi.

[5] Mohamed Ansari, Mohamed Alami, Mohammed Benabdessadek.

[6] *Constitution du Royaume, 2011*, art. 61. « Tout membre de l'une des deux Chambres qui renonce à l'appartenance politique au nom de laquelle il s'est porté candidat aux élections ou au groupe ou groupement parlementaire auquel il appartient, est déchu de son mandat. La Cour Constitutionnelle, saisie par le président de la Chambre concernée, déclare la vacance du siège et ce, conformément aux dispositions du règlement intérieur de la Chambre concernée, qui fixe également les délais et la procédure de saisine de la Cour Constitutionnelle. »

[7] *Constitution du Royaume, 2011*, art. 55, 2.

le recours à la réforme constitutionnelle simplifiée, contrôle axé sur la procédure. La juridiction est à cet égard interpellée dans un contrôle de procédure lequel pourrait augurer au moment de révisions ultérieures d'un contrôle sur le fond. Dans ce sens, les références à la supra-constitutionnalité invitent la Cour constitutionnelle à opposer un refus à toute révision qui porterait sur les dispositions surélevées, intangibles. Le Maroc s'éloigne de la position française[1] et rejoint ainsi, par cette mention et cette prohibition, les États qui osent le contrôle de constitutionnalité des lois fondamentales. Il faut tout de même raison gardée, dans la mesure où c'est le Roi qui a l'initiative de la révision constitutionnelle en forme simplifiée.

2. Process

En matière de quorums, de majorité et de procédures, les avancées sont intéressantes sauf que le quorum pour saisir la Cour constitutionnelle reste encore décourageant concernant la saisine parlementaire, que le contrôle de constitutionnalité des règlements n'est pas envisagé, et que le pouvoir général d'interprétation de la constitution pour les situations non prévues par la constitution ne lui est pas confié. Enfin, le recours individuel prévu demeure indirect par la voie d'exception et exigera l'intervention de filtres comme souhaité par le projet de loi organique et refusée par la Cour constitutionnelle aujourd'hui[2].

Certes, l'objectif de Kelsen consistait à protéger les droits de la minorité contre une majorité éventuellement oppressive et en même temps d'éviter les saisines infondées ou dilatoires. Il est apparu nécessaire et fondamentalement démocratique de baisser le quorum pour dynamiser les saisines qui, jusqu'à présent, nécessitaient pour leur déclenchement la coalition de plusieurs partis politiques. La plupart des

---

[1] En France, depuis la décision Maastricht II du Conseil constitutionnel, n° 92-312 DC du 2 septembre 1992, la question a été tranchée dans le sens où l'idée de toute supra-constitutionnalité est devenue inacceptable, à cet égard : « l'existence de normes supraconstitutionnelles serait contraire au principe de la souveraineté du pouvoir constituant, ce dernier étant illimité ». Voir à ce propos, Philippe Ardant et Bertrand Mathieu : *Institutions politiques et droit constitutionnel*, p. 84 ; Débat Louis Favoreu, Georges Vedel, « Souveraineté et supra-constitutionnalité », *Pouvoirs* n° 67, 1993, p. 71.

[2] Voir la décision de la Cour constitutionnelle qui a décidé de gérer le contrôle de recevabilité et le contrôle de constitutionnalité en mettant hors-jeu le juge ordinaire : Cour constitutionnelle, Décision n° 70/18 du 6 mars 2018, Loi organique n° 86.15 fixant les conditions et les modalités de soulèvement d'exception d'inconstitutionnalité d'une loi.

partis politiques écoutés par la Commission Consultative de la Révision de la Constitution ont proposé un quorum d'un dixième des chambres[1]. En fait, on reste pour la Chambre des représentants, à quelques élus près sur le *statu quo* par rapport à 1996, un cinquième et sur un tiers dans la Chambre des conseillers, cette dernière situation devrait générer une vitalité de recours du côté de la chambre haute, un peu à l'image du Sénat français.

Quels sont les auteurs de la saisine ? En 1962, la saisine était institutionnelle, abstraite, s'exerçait *a priori*, par voie d'action (le Roi, le premier ministre, les présidents des chambres). Elle était ouverte concernant le contentieux électoral. En 1992, elle reste institutionnelle, abstraite, s'exerce *a priori*, par voie d'action, et s'ouvre au quart des parlementaires (opposition). En 2011, elle reste institutionnelle, abstraite, s'exerce *a priori*, s'ouvre au cinquième de la Chambre des représentants et au tiers des membres de la Chambre des conseillers, mais ajoute le contrôle individuel, concret, *a posteriori*, par voie d'exception, ouvert aux parties à un procès. Elle est écrite, motivée ou non, contradictoire. En 2011, le contradictoire devient oral.

Quant à l'exception d'inconstitutionnalité, celle-ci reste la grande conquête du pouvoir constituant au niveau de la partie consacrée à la Cour constitutionnelle. Recommandée par l'IER[2], réclamée par la doctrine, défendue par une dizaine de partis politiques[3] et par une frange importante de la société civile, elle fait partie des standards démocratiques universellement reconnus et protège, non plus la minorité ou l'opposition, mais l'individu contre une éventuelle complicité majorité/opposition.

L'article 133 de la Constitution dispose que : « La Cour Constitutionnelle est compétente pour connaitre d'une exception d'inconstitutionnalité soulevée au cours d'un procès, lorsqu'il est soutenu par l'une des parties que la loi[,] dont dépend l'issue du litige, porte atteinte

[1] Parti de l'Istiqlal, Parti de l'action, Union socialiste des forces populaires, Annahda, Parti de l'action démocratique socialiste, Union nationale marocaine du travail/Parti de l'environnement et du développement.

[2] Instance Équité et Réconciliation dont « les recommandations judicieuses » ont été rappelées par le Roi comme référentiel, lors du discours royal du 9 mars 2011 annonçant la révision de la constitution de 1996 et créant la Commission Consultative de la Révision de la Constitution.

[3] Parti de la réforme et du développement, Parti du progrès et du socialisme, Rassemblement national des indépendants, Parti de la justice et du développement, Ahd dimocrati, Achoua et Istiqlal.

aux droits et libertés garantis par la Constitution. Une loi organique fixe les conditions et modalités d'application du présent article. »[1]

Il convient de noter que le pouvoir constituant n'a pas opté pour la saisine individuelle directe devant la Cour constitutionnelle, à l'image du recours allemand ou espagnol d'*amparo*. Il a ainsi préféré pour des raisons de gradualisme — sans doute aussi pour des raisons de pure logistique — faire annuler par voie d'exception, une loi contraire aux droits fondamentaux consacrés par la constitution, et cela indirectement, « lors d'un procès ».

N'importe quel individu, ce peut être un national ou un étranger, une personne physique ou morale, et dans ce sens, la loi organique relative à l'exception d'inconstitutionnalité, « QPC » marocaine, a précisé les modalités de la saisine, les délais prévus, les conditions pour faire « monter » l'affaire à la Cour constitutionnelle ainsi que les effets de l'annulation.

Il importe de citer les décisions de la Cour constitutionnelle[2] relatives aux filtres et à l'absence de délibération de la nouvelle mouture de la loi organique relative à l'exception d'inconstitutionnalité devant le Conseil des ministres[3]. Rappelons également que cette loi organique, prévue par la Constitution de 2011, enregistre aujourd'hui treize ans de retard pour son adoption, ce qui reste dommageable pour la protection des droits fondamentaux sachant que les avocats sont déjà prêts pour enclencher leurs plaidoiries. Enfin, pour fonder son refus de céder le contrôle de préconstitutionnalité aux juges ordinaires comme proposé dans la législation organique, la Cour a décidé de centraliser l'examen de la recevabilité et celui de la constitutionnalité de la loi et, par une lecture littérale de la Constitution, a développé l'argumentaire suivant : la Constitution en vigueur est muette sur la question des filtres contrairement aux constitutions française et algérienne qui, elles, précisent l'intervention des juges ordinaires. Céder cette compétence

---

[1] *Constitution du Royaume, 2011*, art. 133.

[2] Cour constitutionnelle, Décision n° 70/18 du 6 mars 2018, n° 86.15 fixant les conditions et les modalités de l'exception d'inconstitutionnalité d'une loi ; Cour constitutionnelle, Décision n° 207/23 du 21 février 2023, Loi organique relative à l'exception d'inconstitutionnalité.

[3] « Par sa Décision n° 207/23 du 21 février, la Cour constitutionnelle a statué que les mesures entreprises pour adopter la loi organique n° 86.15 fixant les modalités et conditions d'intenter des recours pour inconstitutionnalité d'une loi n'étaient pas conformes à la Constitution. Verdict qui renvoie, à nouveau, ce projet de loi, attendu depuis 2011, à la case départ. » « Recours pour inconstitutionnalité : la Cour constitutionnelle rejette de nouveau la loi n° 86.15 », *Journal Le Matin*, 23 février 2023.

aux juges ordinaires, alors que la Constitution la leur confie, reviendrait pour eux à un dessaisissement de leurs obligations. Cette prise de position aura sans doute un impact considérable sur les ressources humaines de la Cour déjà surchargées par la gestion du contentieux électoral.

D. Une jurisprudence entre régulation et protection

Quelques chiffres relatifs à la production jurisprudentielle des différentes juridictions constitutionnelles

Chambre constitutionnelle de la Cour suprême : 821 décisions
Conseil constitutionnel : 1043 décisions
Cour constitutionnelle : 235 décisions

1. Régulation de l'activité normative des pouvoirs publics

Cette première fonction intervient pour obtenir de la part du juge une action de conformité, de préservation, de modération et d'équilibre des pouvoirs établie par la Constitution. La question se pose de savoir si le juge constitutionnel participe à cette action. En fait, implicitement, il est attendu de lui qu'il accompagne la transition démocratique en rendant des décisions magistrales. Tant s'en faut. Conscient de l'origine gouvernementale des lois, sensible aux spécificités du droit constitutionnel local et du substrat segmentaire de la société marocaine, le juge des lois préfèrera se préoccuper davantage de stricte conformité, voire de pédagogie constitutionnelle, influencé en cela par les orientations premières de la juridiction française[1].

Ainsi, alors que le législateur/Gouvernement a cherché à moraliser la vie publique (code de recouvrement des créances)[2] ou la vie parlementaire (interdiction de migration entre les groupes parlementaires[3],

---

[1] Lorsque celui-ci répondait aux sobriquets de « chien de garde » du Gouvernement, de « bras séculier » du président (Luchaire François, *Le Conseil constitutionnel*, Economica, 1980) ou de « maison de retraités ». Voir échange M. Teitgen et M. Debré, Comité consultatif constitutionnel, séance du 5 août 1958, *in* Bernard Poulain, « Remarques sur le modèle français de contrôle de constitutionnalité des lois », *Pouvoirs*, n° 30, *l'école*, septembre 1984, p. 121.

[2] Conseil constitutionnel, Décision n° 382/2000 du 15 mars 2000, relative à la loi formant code de recouvrement des créances publiques, *La Revue du Conseil constitutionnel*, n° 2/2000, p. 66-69.

[3] Conseil constitutionnel, Décisions 52/1995 et *213/1998*, dans « Le Conseil constitutionnel du Royaume du Maroc », *Nouveaux cahiers du Conseil constitutionnel*, n° 30 (dossier Maroc), janvier 2011, p. 213.

interdiction des candidatures sans appartenance politique[1]), le Conseil constitutionnel a refusé de participer à une telle entreprise en censurant, avec prudence, au motif qu'il ne faut pas contrôler l'État alors qu'il est encore en chantier[2]. Dans le même sens, tout comme sa devancière la Chambre constitutionnelle, le Conseil constitutionnel a utilisé la technique de la « conformité sous réserves » et le recours à l'annulation partielle. Ne se considérant pas comme un juge ordinaire, il a décliné bien des griefs et a, par contre, soulevé d'office ceux qui pourront concourir à censurer la loi, sans répondre à ceux qui sont invoqués dans la lettre de saisine. Ainsi, il a pu faire l'économie des moyens et a rendu une justice à bas prix (parabole[3]) en sautant sur un vice de procédure soulevé d'office plutôt que de statuer sur la liberté de communication et le droit à l'information, comme l'y ont invité les requérants. Il n'a pas davantage évoqué le préambule constitutionnel ou les droits de l'homme qui y sont consacrés, même lorsque les requérants le réclamaient ou que les décisions s'y rapportaient naturellement (immunités parlementaires[4] et présomption d'innocence).

Parfois, le juge des lois a pu s'affranchir de sa réserve. Il a pu ainsi statuer *ultra petita*, soulever d'office des moyens, et chercher à pénétrer l'esprit de la Constitution en y dégageant des principes qui ne sont pas évoqués expressément dans le dispositif (présomption d'innocence). Il a censuré une loi électorale à la veille d'élections très attendues, en protégeant la liberté des candidatures « sans appartenance politique » tout en invitant le législateur à fixer les conditions de déroulement de celles-ci. Il est même allé loin, dans sa récente décision sur les incompatibilités, où il est passé d'un juge électoral, soucieux de l'issue du scrutin, à un juge moralisateur[5]. Auparavant, excipant de l'intérêt général, il a fait sa propre lecture du principe de non-rétroactivité de la

---

[1] Conseil constitutionnel, Décision nº 475 du 25 juin 2002, Loi organique relative à la Chambre des représentants, 2002.

[2] Gérard Conac, « Le Conseil constitutionnel en Afrique, censeur ou pédagogue ? », dans *Les Cours suprêmes en Afrique*, tome II, *La Jurisprudence : droit constitutionnel, droit social, droit international, droit financier,* Gérard Conac (dir.), Paris, Economica, 1988, p. 641-670.

[3] Conseil constitutionnel, Décision nº 37 du16 août 1994, Loi de ratification du décret-loi relatif à la taxation des antennes paraboliques, 1994.

[4] Conseil constitutionnel, Décision nº 586-04 du 12 août 2004, Immunité parlementaire, 2004.

[5] M.A. Benabdallah, « Le Conseil constitutionnel, moralisateur ? », *REMALD*, 2007, nº 75, p. 133.

loi[1]. Il a évoqué l'incompétence négative pour dicter au législateur ce qu'il doit faire dans des cas précis.

S'agissant du contentieux en annulation, le juge constitutionnel est demeuré davantage préoccupé par l'issue du scrutin que par la moralisation des élections. À cet égard, il n'a annulé l'élection que si le vice est déterminant, l'écart des voix faible ou les preuves avérées[2]. En fait, il a cherché à être pédagogue et à apprendre la règle du jeu à ceux qui ne la connaissent pas bien[3]. C'est dans ce sens qu'il a repoussé la requête d'un parti politique qui conteste l'élection dans une circonscription électorale, les partis n'étant pas habilités à saisir le Conseil constitutionnel[4]. De même, il a donné une « leçon » de droit constitutionnel aux élus sur les différences entre inéligibilité et incompatibilité, sur la définition du domaine de la loi, sur la notion de vacance du pouvoir ainsi que sur les domaines respectifs de la loi ordinaire et de la loi organique[5]. Concernant le désistement des députés et contrairement à la pratique en cours en France, et au nom du principe de la sécurité juridique, le juge constitutionnel a argüé que la loi n'appartient plus au requérant, qu'il faut lever le doute sur sa constitutionnalité, enfin, qu'ils ne peuvent se retirer que si cela est prévu dans la loi organique[6].

2. Protection des droits fondamentaux

Le juge constitutionnel a ainsi expressément ou implicitement protégé des droits fondamentaux notamment en matière électorale. Ainsi, il a pu défendre la liberté des électeurs, la liberté des élus de changer de formation politique, les droits des parlementaires et leur liberté de créer ou de rejoindre les groupes de leur choix, la sincérité du vote, l'égalité devant le vote, l'égalité des élus dans les groupes

---

[1] Conseil constitutionnel, Décision n° 467 du 31 décembre 2000, Loi de finances 2002, 2001.

[2] Fassi Fihri Youssef, « Le Conseil constitutionnel et le contrôle des consultations populaires », *Revue de droit et d'économie*, Fès, n° 12, 1996 (en arabe).

[3] Gérard Conac, « Le Conseil constitutionnel en Afrique, censeur ou pédagogue ? », *op. cit.*

[4] Conseil constitutionnel, Décision n° 21/94 du 7 juin 1994, *Journal officiel de la République française*, n° 132, 9 juin 1994 ; *Bulletin Officiel*, n°°4260, 22 juin 1994.

[5] Cas du Code de recouvrement des créances, ce qui doit relever de la loi et ce qui doit en être extrait, cas des cavaliers budgétaires, *cf.* Conseil constitutionnel, Décision n° 728 du 29 décembre 2008.

[6] Cour constitutionnelle, Décision n° 66/17, Loi de finances 2018.

parlementaires en matière de prise de parole et du contrôle du Gouvernement, la prévalence des droits des élus au détriment de ceux de la majorité et l'égalité dans l'exercice du mandat. Il a également fait prévaloir l'indépendance de la justice, l'égalité devant les emplois et fonctions, la présomption d'innocence, l'interdiction des cavaliers budgétaires, la non-rétroactivité de la loi, le droit à l'information et la liberté de communication, l'égalité devant l'emploi, devant les candidatures, et lorsque l'occasion s'est présentée, il ne s'est pas détourné du contrôle de proportionnalité[1]. Ses décisions en matière financière ont, par contre, été moins convaincantes[2].

Que penser de la posture des juges ? Il s'agit en effet d'une élite prudente par le fait qu'elle rend ses décisions le plus souvent dans des climats de tension, de crise[3] ou de consensus peu propices à l'épanouissement d'une véritable jurisprudence. Le consensus législatif local décourage toute velléité de saisine et explique la rareté des décisions rendues dans le domaine du contrôle de constitutionnalité des lois[4]. Dans les États émergents en matière de contrepouvoirs juridictionnels, la justice constitutionnelle a souvent une place délicate, entre réserve et faiblesse « pour ne pas énerver inutilement des espaces en construction démocratique » ou, à l'extrême, entre instrumentalisation et consolidation ou légitimation de processus encore autoritaires. Sur « les épaules » des juges vont donc peser une lourde responsabilité et un défi qui ne pourront être relevés que si un travail de fond est effectué sur

---

[1] La Cour utilise également la technique de contrôle de proportionnalité. Dans la Décision nº 23/17 (le 6 juillet 2017), la Cour a considéré « qu'il incombe au législateur de réviser ses choix concernant l'organisation d'exercice des droits, dans le respect des dispositions constitutionnelles pertinentes, de la non-régression sur les garanties établies, et dans le respect du principe de proportionnalité entre la gravité des actes et les sanctions qui les concernent. » *La Cour constitutionnelle*, Association des Cours constitutionnelles francophones, p. 365.

[2] El Kesri Abdeltif, « La Jurisprudence budgétaire et financière du Conseil constitutionnel entre logique juridique et considérations politiques », *REMALD*, nº 56, 2004, p. 39.

[3] Pour Saddok Belaid, « Les périodes de crise sont marquées par une inquiétante politisation de la justice qui se traduit par la subordination de la fonction jurisprudentielle à l'idéologie qui vient de triompher, la soumission des tribunaux aux gouvernants qui viennent de s'installer au pouvoir et la privation du mécanisme juridictionnel de la sérénité et de l'impartialité qui constituent pourtant son essence et le fonctionnement de sa crédibilité. » « La justice politique en Tunisie », *Revue tunisienne de droit*, 1983, p. 362.

[4] Nadia Bernoussi, « Brèves réflexions sur le contrôle de constitutionnalité des lois au Maroc », Colloque de l'Association marocaine de droit constitutionnel. Rabat, 2000.

leur formation, leur statut, leur indépendance et leur propension à l'herméneutique. À regarder du côté des dernières décisions du Conseil constitutionnel[1], on est en droit de s'interroger sur le degré de distance, voire de tentatives de transformation des clauses initiales du contrat constitutionnel ; il faut avouer à leur décharge qu'ils ont été largement aidés dans ce sens par le niveau inégal de la production législative.

À ce propos, il convient de mentionner que le Conseil constitutionnel a manqué une occasion de rentrer dans l'histoire de la jurisprudence marocaine[2]. En effet, il est intéressant de noter que la juridiction constitutionnelle précédente et celle qui a pris le relais ont totalisé pas moins de six décisions[3] censurant des lois et des règlements intérieurs qui prévoyaient des mesures de discrimination positive en faveur des femmes[4]. Le juge constitutionnel est ainsi resté enfermé dans une adhésion sans faille à la conception française de l'égalité, universaliste, indifférenciée et neutre. Concédons toutefois que la Cour constitutionnelle dans sa décision sur l'*IRCAM*[5] a, en fin de compte, accepté le principe de parité[6]. La décision relative à l'Apald[7] n'est pas non plus concluante[8]. Ainsi, obnubilé par le terme « notamment », le juge constitutionnel a occulté toute référence aux autres dispositions telles que « à cet effet »,

[1] Voir à ce propos M.A. Benabdallah, « Le Conseil constitutionnel, moralisateur ? », *REMALD*, 2007, n° 75, p. 133.

[2] Nadia Bernoussi, « Représentativité des femmes à la Cour constitutionnelle : le Conseil constitutionnel a dit non ». *REMALD*, n° 138-139. 2018, p. 17.

[3] Cour constitutionnelle, Décision n° 817/2011 concernant la loi organique n° 27.11 relative à la Chambre des représentants ; Cour constitutionnelle, Décision n° 818/2011 concernant la loi organique n° 29.11 relative aux partis politiques ; Cour constitutionnelle, Décision n° 820/2011 concernant la loi organique n° 28.11 relative à la Chambre des conseillers ; Cour constitutionnelle, Décision n° 821/2011 concernant la loi organique n° 59.11 relative à l'élection des membres des conseils des collectivités territoriales ; Cour constitutionnelle, Décision n° 924/2013 concernant le règlement intérieur de la Chambre des représentants ; Cour constitutionnelle, Décision n° 943/2014 concernant la loi organique n° 066.13 relative à la Cour constitutionnelle.

[4] Royaume du Maroc, Conseil constitutionnel, *Décisions du Conseil constitutionnel relatives à la parité et à la représentativité des femmes (extraits)*, 2014.

[5] Dahir n° 1-01-299 du 29 *rajab al khaïr* 1422 (17 octobre 2001) portant création de l'Institut Royal de la Culture Amazighe, *Bulletin officiel*, n° 4948, 1er novembre 2001, p. 1074-1076.

[6] Cour constitutionnelle, Décision n° 103/20 du 21 mars 2020, Conseil des langues.

[7] Autorité pour la parité et la lutte contre toutes formes de discrimination, *Constitution du Royaume,* 2011, art. 19, alinéa 3.

[8] Cour constitutionnelle, Décision n° 40/17 du 20 septembre 2017, Loi pour l'autorité sur la parité et la lutte contre toutes formes de discrimination.

« sans préjudice des autres compétences du CNDH »[1], « en vertu de l'article 19 ». Il a ainsi validé une loi défendant toutes les discriminations et, par la même occasion, lui a ôté le rôle quasi juridictionnel initial que lui assignaient les ONG, le CNDH ou le CESE[2]. Pour sa défense, il dira qu'il est resté limité aux griefs mentionnés dans la saisine, car il s'agit d'un contrôle exercé sur une loi ordinaire et non sur une loi organique, mais une telle attitude n'est mentionnée nulle part ; pourquoi doit-on suivre une pratique française sans en évaluer la pertinence ? Le juge marocain a bien soulevé d'office en 1994 un grief absent de la lettre de saisine[3] ! Ailleurs, dans un tout autre domaine, Conseil et Cour ont refusé le désistement en matière électoral pour la raison que la requête renferme des vices au niveau des lois, alors qu'à ce niveau, ils auraient été plus inspirés de suivre le juge français qui lui accepte le désistement dans la mesure où cela aurait pu contribuer à soulager le travail des juges. « Comparaison n'est pas raison », un tel adage est bien à propos. Frisant l'absurde lorsqu'il refuse qu'en dehors de la Cour, personne ne puisse évoquer l'inconstitutionnalité d'une loi[4], il est allé trop vite en besogne en déclarant les ministres parlementaires en situation d'incompatibilité alors que le Gouvernement n'était pas encore investi[5].

E. Conclusion

Peut-on soutenir que le juge constitutionnel fonctionne conformément à l'« ordre juridique établi » en suivant une libéralisation encadrée, dans une sorte de démocratie tutélaire ? A-t-il le souci d'acquérir une autorité morale en s'affirmant et en évitant de heurter de front des pouvoirs publics qui pourraient voir d'un mauvais œil cet éventuel « rabat-joie » institutionnel ? Certes, le Conseil constitutionnel ne déchaine pas les mêmes critiques que celles suscitées par la création de

---

[1] Conseil national des droits de l'homme, *Constitution du Royaume,* 2011, art. 161.

[2] Conseil économique, social et environnemental, *Constitution du Royaume*, 2011, titre XI.

[3] Conseil constitutionnel, Décision n° 37-94 du 16 août 1994, Taxation des antennes paraboliques.

[4] M.A. Benabadallah, « Sur une Inconstitutionnalité douteuse », *REMALD*, n° 149, novembre-décembre 2019, p. 217.

[5] M.A. Benabdallah, « Sur la Déclaration de vacance des sièges de parlementaires nommés membres du gouvernement », *REMALD*, n° 134-135, mai-août 2017, p. 205.

*

la seconde chambre au parlement en 1996. On perçoit son utilité, on subodore qu'il forme un couple avec l'État de droit, mais on déplore à tort ou à raison sa réserve en espérant, dans son for intérieur, une décision fondatrice, magistrale qui lui donnerait d'emblée une épaisseur de légitimation. Il reste perçu comme un régulateur, un technicien qui règle au cas par cas et qui navigue à vue, comme le fait d'ailleurs le juge de la famille ; il serait vain, en effet, de chercher à déceler une quelconque stratégie ou politique jurisprudentielle. Lorsque les textes sont clairs, on les applique, le problème se posant lorsque les textes le sont moins ou lorsque deux textes sont en concurrence. Quelle attitude prendre ? Le juge des lois recherche les valeurs qui sous-tendent le texte et pour ce faire, il va interpréter en utilisant les outils tels que les textes, les précédents, le droit comparé, l'histoire ou la tradition. Il peut, et c'est le cas de plus en plus, avoir recours à des outils « modernes » tels que les objectifs, les conséquences et recourir au contrôle minimum, au principe de proportionnalité. L'ingénierie constitutionnelle, c'est aussi cela. Les outils dépendent du système juridique en vigueur, régime de *civil law* ou de *commn law*, mais également de la place plus ou moins importante du juge, et de l'idée que ce dernier se fait de sa mission. Par exemple, lorsqu'il s'agit d'une attribution royale, le Conseil constitutionnel préfère chercher un autre point que celui évoqué dans la saisine, quitte à soulever d'office un autre moyen. On en veut pour preuve la décision relative à l'incompatibilité des fonctionnaires ou élus pour manquement de paiement des créances publiques : le juge constitutionnel a évité de répondre à la question de savoir si le législateur pouvait déchoir un fonctionnaire nommé par le Roi[1]. On peut rapprocher cette attitude de la célérité avec laquelle il a statué sur la loi de finances pour 2002 alors que l'urgence n'avait pas été réclamée pour ne pas devoir recourir à un conseil de ministres et devoir ouvrir par décret les crédits nécessaires à la marche des services publics[2]. On peut évoquer *a contrario* que le Conseil constitutionnel n'a pas eu le même égard pour le parlement lorsqu'il a censuré la loi organique relative à la Chambre des représentants malgré l'urgence de l'échéancier électoral[3].

---

[1] Conseil constitutionnel, Décision n° 382/2000 du 15 mars 2000, Incompatibilité et Code de recouvrement des créances publiques, *Revue du Conseil constitutionnel*, n° 2/2000, p. 66-69.

[2] Conseil constitutionnel, Décision n° 467 du 31 décembre2001, Loi de finances.

[3] Conseil constitutionnel, Décision n° 2002/477 du 1er août 2002, relative à la Loi organique relative à la Chambre des représentants 2002.

LA TUNISIE, LE JUGE CONSTITUTIONNEL ET L'ÉTAT DE DROIT

Lamia NEJI[1]

« Toute interrogation sur la justice constitutionnelle est une interrogation sur l'État de droit »[2]. Cette expression d'Abdelfattah Amor, le père fondateur du droit constitutionnel en Tunisie, résume la relation existentielle entre l'État de droit et la justice constitutionnelle. Tous les juges sont concernés par le devoir de garantir la suprématie de la constitution, la primauté du droit et la protection des droits et libertés. En assurant la prévalence des normes constitutionnelles sur toutes les autres normes juridiques, juge judiciaire, juge administratif, juge financier et juge constitutionnel, qui s'est vu reconnaitre par la Constitution du 27 janvier 2014 la compétence de contrôler les lois promulguées, sont censés veiller à ce que l'État respecte son propre droit en vue de la préservation des droits et libertés que la Constitution a entendus protéger.

Composante essentielle de l'État de droit, le juge constitutionnel est également la condition de sa réalisation dans la mesure où il contribue à la juridicisation de l'ordre politique et de la société tout entière dans le but de garantir les droits fondamentaux et d'assurer la suprématie de la Constitution[3]. Toutefois, présents dans l'histoire constitutionnelle récente de la Tunisie, l'État de droit et les mécanismes destinés à sa réalisation connaissent le même itinéraire. Leur consécration par le pouvoir politique et leur consolidation semblent se réaliser difficilement et dans la douleur. Face à une instabilité politique endémique, les avancées réalisées ces dernières décennies ne semblent pas empêcher les régressions.

---

[1] Maitre de conférences, Faculté de Droit de Sfax, Université de Sfax, Tunisie.
[2] Abdelfattah Amor, « La Justice constitutionnelle dans les États du tiers monde, les expériences récentes », Association tunisienne de droit constitutionnel, *Justice constitutionnelle*, 13-16 octobre 1993, Tunis, CERP, 1995, p. 61.
[3] Jacques Chevallier, *L'État de droit*, 5e éd., coll. Clefs-politiques, Paris, Montchrestien, 2010, p. 127.

A. Arrière-plan

Inscrit dans la Constitution tunisienne sous un régime oppressif, l'État de droit était un « simple énoncé »[1], destiné à séduire les bailleurs de fond en vue de les attirer au pays et de donner aux Tunisiens l'apparence du changement[2]. Mouvant par nature, et jamais achevé[3], l'idéal de l'État de droit a pourtant conquis les consciences et guidé les constituants dans la rédaction de la Constitution postrévolutionnaire. D'une simple façade instrumentalisée par un pouvoir politique qui a perdu sa légitimité aux yeux du peuple sous la première République, l'État de droit ou plutôt les principes de l'État de droit sont devenus la première revendication du peuple tunisien révolté et se sont inscrits, comme première étape vers leur réalisation, dans le texte de la Constitution du 27 janvier 2014. N'a-t-on pas affirmé que les révolutions politiques peuvent conduire à l'accélération de la réalisation de l'État de droit[4]?

Selon Carré de Malberg, « par État de droit il faut entendre un État qui, dans ses rapports avec ses sujets et pour la garantie de leur statut individuel, se soumet lui-même à un régime de droit, et cela en tant qu'il enchaine son action sur eux par des règles, dont les unes déterminent les droits réservés aux citoyens, dont les autres fixent par avance les voies et moyens qui pourront être employés en vue de réaliser les buts étatiques »[5]. En Tunisie, la limitation de l'État par le droit a commencé depuis le 19e siècle. Amorcé par le décret du 23 janvier 1846 portant

---

[1] Abdelfattah Amor, « Rapport de synthèse. Actes du colloque de commémoration du cinquantenaire de la promulgation de la Constitution tunisienne du 1er juin 1959 », *Constitution et État de droit*, Association tunisienne de droit constitutionnel et Faculté de Droit de Sfax, 2010, p. 286.

[2] L'expression « État de droit » a été introduite dans la Constitution du 1er juin 1959 à travers la révision constitutionnelle du 1er juin 2002. L'article 5 de la Constitution du 1er juin 1959 dispose que « La République tunisienne a pour fondements les principes de l'État de droit et du pluralisme et œuvre pour la dignité de l'Homme et le développement de sa personnalité ».

[3] « L'État de droit qui relève de plus en plus du patrimoine scientifique commun n'est totalement fait nulle part. Il se fait presque partout avec une vitesse et une intensité qui demeurent fonction de l'état de la société elle-même ». Abdelfattah Amor, « Rapport de synthèse », *op. cit.*, p. 283-284. Voir aussi, Jean-Marie Pontier, « L'Irrémédiable imperfection de l'État de droit », *Revue de la recherche juridique, Droit prospectif*, n° 2, 2008, p. 733-770.

[4] Abdelfattah Amor, « Rapport de synthèse », *op. cit.*, p. 286.

[5] Raymond Carré de Malberg, *Contribution à la théorie générale de l'État*, t. I, Paris, Sirey, 1920, p. 488-489.

abolition de l'esclavage[1] et le Pacte fondamental de 1857 qui constitue une véritable déclaration des droits humains[2], le mouvement de reconnaissance des droits a continué avec l'adoption de la première Constitution du monde arabo-musulman. Signée le 26 avril 1861, la première Constitution tunisienne constituait un véritable tournant dans l'histoire du droit positif tunisien. Promulguée le même jour avec le code civil et pénal, elle marque une rupture avec le pouvoir normatif diffus et un changement vers la systématisation du droit[3]. Cette même Constitution, scellée par le Bey, prévoit des mécanismes qui tendaient à l'époque à assurer le respect des libertés et la prévalence des normes constitutionnelles[4]. La deuxième constitution fut adoptée par une Assemblée nationale constituante élue le 25 mars 1956 à la suite de l'accès de la Tunisie à son indépendance. La Constitution du 1er juin 1959 a provoqué un éclatement des structures politiques traditionnelles. Citoyen, république, parlement, souveraineté, démocratie, autant de concepts nouveaux, autrefois ignorés, voire exclus du champ constitutionnel et politique tunisien, ont figuré dans la Constitution de la Tunisie indépendante. Toutefois, dénaturée par des révisions conjoncturelles et personnalisées visant principalement à légitimer un pouvoir personnel et répressif qui s'est emparé des institutions depuis les années 1990, la Constitution du 1er juin 1959 a cessé de jouer sa fonction de limitation du pouvoir. Perdant toute crédibilité aux yeux des Tunisiens, elle a été

---

[1] Le décret du 23 janvier 1846 portant abolition de l'esclavage marque la première étincelle vers la transformation du droit tunisien d'un droit coutumier, archaïque à un droit écrit. Ce processus s'est poursuivi avec l'octroi par le bey du Pacte fondamental de 1857 et de la Constitution du 26 avril 1861.

[2] Le Pacte fondamental ou *Ahd el-aman* prévoyait, avec la promulgation d'une prochaine constitution, un certain nombre de principes tels que la sécurité de la vie et de la propriété de tous les habitants de la Régence, l'égalité devant la loi et les droits de l'étranger qui étaient, en réalité, la raison d'être première du Pacte.

[3] En privant, comme toute constitution, les gouvernants de la propriété de l'activité politique pour ne leur accorder que son exercice, la Constitution du 26 avril 1861 transformait, du moins théoriquement, le pouvoir personnel en un pouvoir incarné par une institution et encadré par des règles juridiques qui s'imposent au bey lui-même. L'article 11 de la Constitution du 26 avril 1861 disposait que « Le chef de l'État est responsable de tous ses actes devant le Conseil suprême, s'il contrevient aux lois. »

[4] L'article 60 de la Constitution de 1861 dispose : « Le Conseil suprême est le gardien du Pacte fondamental et des lois et le défenseur des droits des habitants. Il s'oppose à la promulgaton des lois qui seraient contraires ou qui porteraient atteinte aux principes de la loi, à l'égalité des habitants devant la loi ».

suspendue à la suite de la Révolution de 2011[1]. Bouleversant le système politique en place pour réclamer simplement le retour « aux principes de la République et de la dignité bafouée »[2], la Révolution conduira à l'adoption d'une nouvelle Constitution le 27 janvier 2014. La Constitution en vigueur, depuis déjà 7 ans, fait une place de choix aux droits et libertés et reconnait l'existence de contrepouvoirs aussi variés pour rationaliser le pouvoir et le droit.

Avec les mêmes pas timides et trébuchants, le contrôle de constitutionnalité a fait son chemin en Tunisie. Après l'échec d'une première tentative d'institution d'un conseil constitutionnel à l'occasion de la présentation d'un projet de révision de la Constitution en 1971[3], un conseil constitutionnel a été créé en 1987, par un simple décret du président de la République et avec des compétences limitées, à la suite d'une tentative de la part des juges judiciaires de contrôler la constitutionnalité par voie d'exception[4]. Ledit conseil était à l'origine un simple organe consultatif saisi exclusivement par le président de la

---

[1] Le décret-loi n° 2011-14, 23 mars 2011 portant organisation provisoire des pouvoirs publics a dissout le parlement, le Conseil économique et social et le Conseil constitutionnel. Dans ses visas, le décret-loi stipule « que la situation actuelle de l'État [...] ne permet plus le fonctionnement régulier des pouvoirs publics, et que la pleine application des dispositions de la Constitution est devenue impossible ». *Journal officiel de la République tunisienne*, n° 20, 25 mars 2011, p. 363. Par la suite, la Loi constituante n° 2011-6, 16 décembre 2011 portant organisation provisoire des pouvoirs publics a parachevé le processus de suspension de la Constitution. Elle prévoit dans son article premier : « Les pouvoirs publics de la République tunisienne sont organisés provisoirement conformément à la présente loi, et ce, jusqu'à l'adoption et l'entrée en vigueur d'une nouvelle constitution et la mise en place des institutions qui en seront issues ». *Journal officiel de la République tunisienne*, n° 97, 20 et 23 décembre 2011, p. 2923.

[2] Yadh Ben Achour, *Tunisie : une révolution en pays d'islam*, Tunis, Cérès, 2016, p. 20.

[3] Article 68 du projet de révision déposé devant l'Assemblée nationale le 9 février 1971. Le premier ministre de l'époque avait justifié la renonciation à la création d'un conseil constitutionnel par la taille du pays : « La Tunisie est un petit pays, et il n'est pas raisonnable de multiplier ses institutions d'une manière inconsidérée ». *Journal officiel des débats de l'Assemblée nationale*, n° 8, 1976, p. 78 (en arabe).

[4] Décret n° 87-1414 du 16 décembre 1987 portant création du Conseil constitutionnel de la République, *Journal officiel de la République tunisienne*, n° 88, 18 décembre 1987, p. 1546. Selon Néji Baccouche, « Le Conseil constitutionnel tunisien est entré dans la vie institutionnelle et juridique par la petite porte puisque son acte de naissance fût un décret datant du 16 décembre 1987 ». « Les dernières révisions de la Constitution tunisienne du 1er juin 1959 », *Revue des études juridiques*, Faculté de Droit de Sfax, n° 6, 1998-1999, p. 17.

République, le seul garant du respect de la Constitution[1]. Il se contentait de donner un avis consultatif[2] et confidentiel[3] qui n'obligeait pas le président de la République. Composé de membres reconnus pour leur compétence et leur indépendance, le Conseil constitutionnel a subi de bonne heure les pressions du pouvoir politique. Désignés en 1988 comme membres du Conseil constitutionnel tunisien, les professeurs Yadh Ben Achour et Abdelfattah Amor ont démissionné en 1992 pour exprimer leur refus de la « validation de la loi sur les associations » par le Conseil, alors qu'elle était franchement inconstitutionnelle et contrevenait aux « principes constitutionnels fondateurs et ne respectait pas les exigences de la conscience juridique et les normes qui régissent le métier du juriste »[4].

Mais le Conseil a subi des réformes successives, qui l'ont hissé dans un premier temps au rang législatif, pour l'introduire finalement en 1995 dans la Constitution[5]. Durant sa courte vie, l'ancien Conseil constitutionnel tentait de s'affranchir du carcan des textes pour imposer « sa jurisprudence » en matière constitutionnelle. Publiés au *Journal officiel de la République tunisienne* depuis 2004[6], les derniers avis du

---

[1] L'article 41 de la Constitution du 1er juin 1959 dispose : « Le Président de la République est le garant de l'indépendance nationale, de l'intégrité du territoire et du respect de la Constitution et des lois ainsi que de l'exécution des traités. Il veille au fonctionnement régulier des pouvoirs constitutionnels et assure la continuité de l'État. »

[2] L'article 2 du décret du 16 décembre 1987 dispose : « Le Conseil constitutionnel est chargé d'examiner les projets de loi que lui soumet le président de la République, garant du respect de la Constitution, dans le but de donner son avis sur leur conformité à la Constitution. »

[3] L'article 6 du décret du 16 décembre 1987 dispose : « Les avis du Conseil constitutionnel sont confidentiels et sont communiqués exclusivement au président de la République. »

[4] Lettre de démission du professeur Yadh Ben Achour adressée au président de la République le 24 juin 1992 (inédite).

[5] La révision constitutionnelle du 6 novembre 1995 a introduit un chapitre nouveau consacré au Conseil constitutionnel (art. 72 à 75). Pourtant, le pouvoir politique n'épargnait aucune occasion pour rappeler que le Conseil constitutionnel était conçu pour aider le président de la République, le seul « garant du respect de la Constitution selon les termes de l'article 41 de la Constitution ». Réponses du premier ministre aux députés lors de la séance du 1er novembre 1995, *Journal officiel des débats de la chambre des députés*, n° 5, p. 15.

[6] Article 28 de la Loi organique n° 2004-52 du 12 juillet 2004 relative au Conseil constitutionnel, *Journal officiel de la République tunisienne*, n° 56, 13 juillet 2004, p. 1812.

Conseil constitutionnel étaient bien construits et solidement motivés[1]. Mais la marée révolutionnaire a emporté aussi bien la Constitution de 1959 que ses institutions y compris le Conseil constitutionnel[2].

B. La Constitution du 27 janvier 2014

Aujourd'hui, la nouvelle Constitution du 27 janvier 2014 dote la Tunisie d'une Cour constitutionnelle. Régie par les articles 118 à 124 de la Constitution du 27 janvier 2014 et la loi organique n°50 pour l'année 2015 du 3 décembre 2015[3], la Cour constitutionnelle est une instance juridictionnelle indépendante qui a pour fonction de garantir la suprématie de la Constitution, la protection du régime républicain et des droits et libertés. Rompant avec le modèle du contrôle politique, la Cour constitutionnelle se compose de douze juges qui devaient être choisis parmi les compétences, dont neuf sont spécialisés en droit exerçant depuis au moins vingt ans. Nommés principalement par des politiques[4], les membres de la cour bénéficient des garanties nécessaires pour empêcher toute immixtion du pouvoir dans leur fonction. Toutefois, cette institution peine à être installée à un moment où l'ordre juridique est submergé de normes franchement inconstitutionnelles aussi bien héritées de l'ancien système que nouvelles. Plus de cinq ans sont passés depuis l'adoption de sa loi organique et la Cour constitutionnelle n'est toujours pas installée[5]. Au blocage du choix des quatre membres de la Cour par l'assemblée législative s'ajoute le refus du président de la République qui semble avoir une doctrine qui en vient à ne plus en admettre l'établissement, compte tenu de ce qu'il présente comme la

---

[1] Abdelfattah Amor, « Rapport de synthèse », *op. cit.*, p. 295.

[2] Le Conseil constitutionnel a été dissout en vertu de l'article 2 du décret-loi n° 2011-14 du 23 mars 2011 portant organisation provisoire des pouvoirs publics.

[3] *Journal officiel de la République tunisienne*, n° 98, 8 décembre 2015, p. 2926.

[4] Conformément à l'article 118 de la Constitution du 27 janvier 2014, « Le Président de la République, l'Assemblée des représentants du peuple et le conseil supérieur de la magistrature désignent chacun quatre membres, dont les trois-quarts sont des spécialistes en droit. »

[5] L'article 148 de la Constitution du 27 janvier 2014 portant dispositions transitoires exige que la mise en place de la Cour constitutionnelle intervienne dans un délai d'une année à compter de la date des élections législatives c'est-à-dire au plus tard au mois d'octobre 2015. Voir sur la question, Néji Baccouche, « La Mise en place de la Cour constitutionnelle », *Revue des études juridiques*, Faculté de Droit de Sfax, n° 22, 2015, p. 17-26 (en arabe).

forclusion des délais pour le faire[1]. Prise en otage par des querelles politiques interminables, la Cour constitutionnelle ne semble pas prête à voir le jour, du moins au cours de l'actuel mandat, ce qui semble poser un problème sérieux concernant le sort de la Constitution, des droits fondamentaux et de l'État de droit[2].

Phase transitoire qui semble s'éterniser, la période marquée par l'absence d'une cour constitutionnelle conformément aux dispositions de la Constitution, aussi dangereuse qu'elle soit, avait vu pourtant la naissance d'un contrôle de constitutionnalité des lois mixte et diffus. D'ailleurs, la création d'une Instance provisoire de contrôle de constitutionnalité des projets de loi (IPCCPL)[3], chargée exclusivement de contrôler la constitutionnalité des projets de loi jusqu'à la mise en place

---

[1] Le président Kais Saied avait refusé la promulgation de la loi portant amendement de la loi organique n° 50 du 3 décembre 2015 relative à la Cour constitutionnelle sous prétexte qu'elle ne respecte pas « les dispositions de la Constitution concernant les délais constitutionnels pour l'élection des membres de la Cour ». Lettre adressée par le président de la République à l'Assemblée des représentants du peuple en date du 3 avril 2021 lui demandant une seconde lecture sur la loi portant amendement de la loi organique n° 50 du 3 décembre 2015 relative à la Cour constitutionnelle (en arabe).

[2] Selon l'article 11 de la loi organique n° 2015-50 du 3 décembre 2015 relative à la Cour constitutionnelle, « L'Assemblée des représentants du peuple désigne quatre membres conformément à ce qui suit : Chaque bloc parlementaire au sein de l'Assemblée des représentants du peuple, ou chaque groupe de députés non appartenant aux blocs parlementaires composé d'un nombre de députés égal ou supérieur au minimum nécessaire pour former un bloc parlementaire, ont le droit de présenter quatre noms à la séance plénière à la condition que trois d'entre eux soient spécialistes en droit. L'Assemblée des représentants du peuple élit les quatre membres au scrutin secret à la majorité des deux tiers de ses membres. Si après la tenue de trois séances consécutives le nombre suffisant de candidats n'obtiennent pas la majorité requise, il est procédé de nouveau à l'ouverture des candidatures pour présenter un nombre de nouveaux candidats en fonction du nombre manquant, tout en tenant compte de la spécialité en droit. En cas d'égalité de voix obtenues, le plus âgé des candidats est déclaré vainqueur. »

[3] L'article 148 paragraphe 7 de la Constitution du 27 janvier 2014 portant sur les dispositions transitoires dispose : « Au cours des trois mois qui suivent la promulgation de la Constitution, l'Assemblée nationale constituante crée par loi organique une instance provisoire chargée du contrôle de constitutionnalité des projets de loi, composée comme suit : — le Premier président de la Cour de cassation, Président ; le Premier président du Tribunal administratif, membre ; le premier Président de la Cour des comptes, membre — trois membres ayant une compétence dans le domaine juridique, désignés respectivement et à titre égal par le Président de l'Assemblée nationale constituante, le Président de la République et le Chef du Gouvernement. Les tribunaux sont réputés incompétents pour contrôler la constitutionnalité des lois. Les fonctions de l'instance prennent fin dès la mise en place de la Cour constitutionnelle. »

de la Cour constitutionnelle[1], n'a pas empêché le tribunal administratif dont la compétence se limite à contrôler la légalité des actes administratifs[2], de contrôler la constitutionnalité des lois dans le but de garantir la suprématie de la Constitution et la protection des droits et libertés[3]. En dépit de l'interdiction prévue par l'article 148 alinéa 7 de la Constitution portant dispositions transitoires selon lequel « les tribunaux ordinaires sont réputés incompétents pour contrôler la constitutionnalité des lois »[4], le Tribunal administratif a jugé qu'il est de son devoir lorsqu'il examine la légalité des actes administratifs d'étendre son contrôle aux lois.

Dans un arrêt du 31 mai 2016, il a estimé que l'interdiction faite aux tribunaux ordinaires de contrôler la constitutionnalité des lois n'opère que dans le cas où le juge constitutionnel aurait déjà contrôlé les dispositions contestées étant donné qu'il est le juge compétent à titre

---

[1] L'article 148 de la Constitution du 27 janvier 2014 ajoute : « Les tribunaux ordinaires sont réputés incompétents pour contrôler la constitutionnalité des lois. » La même interdiction est rappelée par l'article 3 de la loi organique du 18 avril 2014 relative à l'instance provisoire de contrôle de constitutionnalité des projets de loi : « L'instance procède au contrôle de constitutionnalité des projets de loi sur demande du président de la République, du chef du gouvernement ou de trente députés au moins [...] Les tribunaux sont réputés incompétents pour contrôler la constitutionnalité des lois. »

[2] L'article 5 de la loi n° 72-40 du 1er juin 1972 relative au Tribunal administratif dispose : « Le recours pour excès de pouvoir vise à assurer conformément aux lois et règlements en vigueur et aux principes généraux du droit le respect de la légalité par les autorités exécutives. »

[3] Tribunal administratif, Décision n° 134854 du 7 novembre 2013 (assemblée plénière), *Sonia Ben Amor c. Président de l'Assemblée Nationale Constituante* ; Tribunal administratif, Jugement n° 6 du 10 octobre 2014, *Adel El Elmi c. Instance supérieure indépendante pour les élections* ; Tribunal administratif, Décision n° 314524 du 31 mai 2016, *New Tec Stir Company c. Caisse nationale de sécurité sociale* ; Tribunal administratif, Décision n° 731225 du 15 juillet 2017, *Chef du contentieux de l'État auprès du ministère de la santé c. Fathi Jerbi* ; Tribunal administratif, Jugement n° 059000002 en matière du contentieux électoral du 14 mars 2018, *Liste de l'Union civile c. Instance régionale pour les élections à Sousse* ; Jugement n° 20181015 du 16 mars 2018, *Mondher Mlawah c. Instance régionale pour les élections, Tunis II*. Voir, Issam Ben Hassen, « Du Contrôle par le TA de la constitutionnalité des lois par voie d'exception », *Revue de sciences juridiques et politiques*, Algérie, n° 2, juin 2019, p. 2-34.

[4] La même interdiction est rappelée par l'article 3 de la loi organique du 18 avril 2014 relative à l'IPCCPL : « L'instance procède au contrôle de constitutionnalité des projets de loi sur demande du président de la République, du chef du gouvernement ou de trente députés au moins. Les tribunaux sont réputés incompétents pour contrôler la constitutionnalité des lois. »

initial pour contrôler la constitutionnalité des lois. En outre, le Tribunal administratif a considéré qu'« en vertu du principe de la légitimité, exigence de l'État de droit, aucun acte juridique ne peut se soustraire au contrôle juridictionnel. Le juge est soumis à l'obligation de veiller au respect des droits et libertés et à l'obligation de garantir la suprématie de la constitution conformément aux articles 49 et 102 de la Constitution »[1]. Il est vrai que les dispositions transitoires énoncent l'interdiction pour les tribunaux de contrôler la constitutionnalité des lois, mais l'article 102 de la Constitution en donne la possibilité en disposant que le pouvoir judiciaire « garantit la suprématie de la Constitution, la primauté du droit et la protection des droits et des libertés ». À travers cette interprétation donnée à l'interdiction constitutionnelle prévue par les dispositions transitoires, le Tribunal administratif semble établir une hiérarchie entre les dispositions de la Constitution. Bien qu'elles figurent dans le texte constitutionnel et qu'elles sont adoptées par un pouvoir constituant, les dispositions transitoires[2], dispositions temporaires et secondaires[3], n'ont pas la même valeur juridique que les autres dispositions de la Constitution[4]. Dès lors, l'interdiction explicite prévue par l'article 148 de la Constitution ne saurait empêcher le Tribunal administratif, en l'absence de la Cour constitutionnelle qui a la compétence exclusive de contrôler la constitutionnalité des lois *a priori* et *a posteriori*, de contrôler la constitutionnalité des lois en vigueur et de veiller au respect de la Constitution et de protéger les droits fondamentaux conformément à l'article 102 de la Constitution.

Dans un autre arrêt qui date du 15 mai 2017, le Tribunal administratif est allé jusqu'à soulever d'office l'inconstitutionnalité de l'article 85 de

---

[1] Tribunal administratif, Décision n° 314524 du 31 mai 2016, *New Tec Stir Company c. Caisse nationale de sécurité sociale.*

[2] Les dispositions constitutionnelles transitoires ont été définies comme étant des « règles énoncées dans une nouvelle constitution qui déterminent de manière temporaire, pour une période intermédiaire, les modalités de passage du régime de l'ancienne constitution à celui de la nouvelle constitution en établissant, pour cette période, un régime original, distinct et temporaire. » Laurent Pech, « Les Dispositions transitoires en droit constitutionnel », *Revue de la recherche juridique, Cahiers de méthodologie juridique*, n° 14, 1999, p. 1408.

[3] Gweltaz Eveillard, *Les Dispositions transitoires en droit public français*, Paris, Dalloz, 2007, p. 117.

[4] Mootez Gargouri et Lamia Néji, « Les Élections et le dilemme des dispositions constitutionnelles transitoires », *Le Maghreb*, du 23 mai 2014 (en arabe). Voir sur la théorie de super-constitutionnalité, Georges Vedel, « Conférence inaugurale », *Constitution et droit interne*, Quinzième session de l'Académie internationale de droit constitutionnel, 1999, p. 1-21.

la loi relative au Tribunal administratif au motif qu'il est contraire à l'article 108 de la Constitution qui consacre le double degré de juridiction[1]. En fait, le Tribunal administratif s'est autoproclamé juge constitutionnel depuis 2013. Dans un arrêt en date du 7 novembre 2013[2], le Tribunal administratif a affirmé qu'il est du devoir du juge administratif, en l'absence d'une Cour constitutionnelle, de contrôler la conformité de la loi à la Constitution, aux principes fondamentaux à valeur constitutionnelle et aux conventions en vigueur[3].

Les pressions politiques de tous genres exercés sur les organes chargés de contrôler la constitutionnalité des lois en Tunisie ont certes conditionné l'accessibilité au juge (C). Pourtant, le juge constitutionnel ou plutôt les organes qui contrôlent la constitutionnalité des lois semblent chercher, non sans hésitation, à étendre leur champ de contrôle et à jouer le rôle de pédagogues dans l'interprétation de la Constitution dans le but de consolider un État de droit qui, jusqu'à une période relativement récente, était une simple hypothèse (D).

C. Une accessibilité conditionnée

L'efficacité du contrôle dépend des conditions d'accès au juge constitutionnel[4]. Autant l'accès au juge est ouvert, autant l'exercice de sa fonction de gardien de la Constitution est effectif[5]. En Tunisie, on est

---

[1] L'article 85 de la loi organique n° 72-40 du 1er juin 1972 relative au Tribunal administratif dispose : « L'appel interjeté contre les ordonnances de référé rendues par les présidents de chambres de première instance, est présenté par l'intermédiaire d'un avocat auprès de la cour de cassation ou d'appel dans un délai ne dépassant pas dix jours à compter de la date de la notification. *Les ordonnances rendues par les présidents des chambres d'appel ne sont pas susceptibles d'appel* ». C'est nous qui soulignons.

[2] Tribunal administratif, *Fatma Ben Gouider c. Président de l'Assemblée Nationale constituante.*

[3] « Considérant que même si le rôle du juge administratif consiste à vérifier la bonne application de la loi, il est de son devoir en l'absence de Cour constitutionnelle qui contrôle la conformité de la loi avec la Constitution, de vérifier si le texte législatif respecte les sources du droit qui lui sont supérieures et qui consistent dans la Constitution et les principes à valeur constitutionnelle ainsi que les conventions en vigueur pour l'écarter si nécessaire chaque fois que la question a été soulevée devant lui. » Tribunal administratif, Assemblée plénière, Décision n° 134854 du 7 novembre 2013, *Ben Amor c. Président de l'Assemblée Nationale constituante* (non publié).

[4] Voir, Pascal Jan, « L'Accès au juge constitutionnel français : modalité et procédures », *Revue de droit public*, n° 2, 2002, p. 448.

[5] « Les leçons de l'histoire enseignent qu'un organe, politique ou juridictionnel, chargé de garantir le respect des dispositions de valeur constitutionnelle n'exerce

passé d'un organe fermé accessible uniquement au président de la République, à des institutions ouvertes, mais dont l'accès dépend uniquement de la volonté des autorités de saisine[1].

1. Vers la multiplicité des autorités de saisine

Georges Vedel définit la saisine en matière constitutionnelle comme étant « [...] tout acte par lequel des autorités politiques, des gouvernements ou agents publics ou des particuliers demandent au Conseil constitutionnel de mettre en œuvre l'une des compétences de décisions ou d'avis que la Constitution lui attribue »[2].

La création d'un conseil constitutionnel en 1987 par un simple décret présidentiel, uniquement pour contrecarrer une tentative faite par les tribunaux judiciaires de contrôler la constitutionnalité des lois[3], s'est traduite à travers la composition et les modes de saisine du conseil comme prévu par ledit décret. Le pouvoir politique, hostile à toute idée de contrôle, a cherché à créer une institution « fermée » accessible uniquement au président de la République. D'ailleurs, seul le président de la République avait la possibilité de saisir le Conseil constitutionnel pour tout projet de loi et pour toute question touchant le fonctionnement des institutions[4]. Le parlement n'avait même pas la possibilité de saisir

---

effectivement ses missions que dans la mesure où son accès est ouvert et son contrôle facilement mis en œuvre ». Pascal Jan, *La Saisine du Conseil constitutionnel*, Paris, LGDJ, 1999, p. 6.

[1] Hans Kelsen affirmait : « La question du mode d'introduction de la procédure devant le tribunal constitutionnel a une importance primordiale ; c'est de sa solution que dépend principalement la mesure dans laquelle le tribunal constitutionnel pourra remplir sa mission de garant de la constitution ». Hans Kelsen, « La Garantie juridictionnelle de la constitution (la justice constitutionnelle) », *Revue de droit public*, 1928, p. 245.

[2] Georges Vedel, correspondance écrite en date du 27 septembre 1994, citée par Pascal Jan, *op. cit.*, p. 24.

[3] Suivant le modèle américain, le juge judiciaire a accepté de contrôler la constitutionnalité de l'article 4 de la loi du 7 novembre 1959 relative aux associations, article franchement inconstitutionnel, jugement en date du 24 décembre 1987 du Tribunal de première instance de Kairouan et arrêt en date du 11 avril 1988 de la Cour d'appel de Sousse. Cette tentative a été avortée par la Cour de cassation, arrêt n°2797 du 1er juin 1988 et arrêt du 23 juin 1988. Voir, Rafâa Ben Achour, « Vicissitudes du contrôle de constitutionnalité des lois en Tunisie », *Annuaire international de justice constitutionnelle,* vol. IV, 1988, p. 541.

[4] Voir, Bassem Karray et Lamia Néji, « Le Conseil constitutionnel à la lumière de la révision du 1er juin 2002 », *Revue des études juridiques,* Faculté de Droit de Sfax, n° 14, 2007, p. 69 ; Mootez Gargouri, « La Saisine du Conseil constitutionnel

le Conseil constitutionnel des projets de loi. Il est vrai qu'à partir de la révision de la Constitution du 1er juin 2002, les présidents des deux chambres législatives pouvaient saisir le Conseil constitutionnel, mais seulement en ce qui concerne les règlements intérieurs des deux chambres.

Progressivement, et parallèlement au rehaussement du Conseil constitutionnel au rang législatif, il a été prévu un domaine de saisine obligatoire, en vertu de la loi n°90-39 du 18 avril 1990 relative au Conseil constitutionnel[1], qui s'étend aux projets de lois organiques, ainsi qu'aux projets de lois relatifs aux modalités générales d'application de la Constitution, à la nationalité, à l'état des personnes, aux obligations, à la détermination des crimes et délits et aux peines qui leur sont applicables, à la procédure devant les différents ordres de juridiction, à l'amnistie, ainsi qu'aux principes fondamentaux du régime de la propriété et des droits réels, de l'enseignement, de la santé publique, du travail et de la sécurité sociale. Progressivement et en vertu de la loi constitutionnelle du 6 novembre 1995, l'intégration du Conseil constitutionnel dans la Constitution du 1er juin 1995 s'est accompagnée par l'enrichissement du domaine de la saisine obligatoire. Conformément à l'article 72 de la Constitution, la saisine obligatoire s'étend également aux projets de lois référendaires et aux traités conclus dans le cadre de l'unité du Magreb[2]. Elle concerne aussi bien les projets du président que les propositions de loi qui émanent des députés et les amendements de fond apportés aux projets de loi par les députés[3]. Toutefois, l'article 72 de la Constitution de 1959 ne renvoyait pas à l'intégralité de l'article 34 relatif au domaine de la loi. Certaines matières aussi importantes que la

---

tunisien », *Revue des études juridiques*, Faculté de Droit de Sfax, n° 17, 2010, p. 101-127, p. 114.

[1] *Journal officiel de la République tunisienne*, n° 27, 20 avril 1990, p. 527.

[2] L'article 72, alinéa 2 de la Constitution du 1er juin 1959 dispose : « […] le Président de la République soumet obligatoirement au Conseil constitutionnel des traités visés à l'article 2 de la Constitution. »

[3] L'article 73 de la Constitution du 1er juin 1959 dispose : « Le président de la République soumet au Conseil constitutionnel, durant le délai de promulgation et de publication […] les modifications concernant le fond, apportées aux projets de loi adoptés par la chambre des députés ». De même, l'article 74 alinéa 1er dispose : « Le président de la République soumet au Conseil constitutionnel, après adoption, les projets de loi proposés par les députés dans les délais de promulgation et de publication […] dans le cas où la saisine est obligatoire en vertu de l'article 72. » Voir, Mootez Gargouri, « La Saisine du Conseil constitutionnel tunisien », *Revue des études juridiques*, Faculté de Droit de Sfax, 2010, p. 101-127, p. 109.

matière fiscale et financière ne faisaient pas partie du domaine de la saisine obligatoire du Conseil constitutionnel. Le président de la République avait une simple faculté de soumettre les lois de finances et les lois fiscales au contrôle du conseil. Une faille que l'ancien Conseil constitutionnel a essayé de combler dans ses derniers avis.

En effet, après avoir affirmé dans son avis nº 2004-43 que les lois de finances ne font pas partie des domaines de la saisine obligatoire prévue par l'article 72 de la Constitution et que le président de la République a « la faculté » de saisir le conseil de quelques dispositions d'une loi de finances[1], le Conseil constitutionnel a fini par accepter sa compétence de contrôler certaines dispositions de la loi de finances en la justifiant par le fait que lesdites dispositions ont trait aux obligations[2]. Dans un autre avis n°2-2007, et tout en reconnaissant sa compétence pour examiner le projet de loi portant promulgation du code des douanes, l'ancien Conseil constitutionnel avait admis que ledit projet s'insère dans le cadre de la saisine obligatoire du conseil eu égard à son contenu qui comprend notamment des dispositions ayant trait à la procédure devant les différents ordres de juridictions, à la détermination des crimes et délits et aux peines qui leur sont applicables ainsi qu'aux principes fondamentaux du régime de la propriété. Le raisonnement du

---

[1] Conseil constitutionnel, Avis nº 2004-43 concernant certaines dispositions du projet de loi de finances pour l'année 2005, *Journal officiel de la République tunisienne*, nº 105, 31 décembre 2004, p. 3766. Voir Néji Baccouche et Mootez Gargouri, « Observations sur l'avis du Conseil constitutionnel concernant certaines dispositions du projet de loi de finances pour l'année 2005 », *Revue tunisienne de fiscalité*, Faculté de Droit de Sfax, nº 3, 2005, p. 121-139.

[2] « Considérant que les articles soumis font partie du projet de loi de finances pour l'année 2007 ; Considérant que si la saisine se limite à certains articles du projet de loi de finances, cela ne fait pas pour autant obstacle à ce que le conseil les examine dans ce cadre et dans la mesure où ces articles ou ensemble d'articles pris isolément constituent en eux-mêmes des dispositions autonomes vis-à-vis des autres dispositions contenues dans le projet de la loi de finances ; Considérant qu'aux termes de l'article 72 de la Constitution, le Conseil constitutionnel examine les projets de loi qui sont soumis par le Président de la République quant à leur conformité ou leur compatibilité avec la Constitution et la saisine du conseil est obligatoire pour les projets de loi relatifs à la procédure devant les différents ordres de juridictions et aux obligations ; Considérant que les articles 49, 50, 51, 52, 53, 54, 55, 56, 58, 73, 74, 75 et 76 soumis comprennent, notamment, des dispositions relatives à la procédure devant les différents ordres de juridictions et d'autres ayant trait aux obligations ; qu'ils s'insèrent, par conséquent, dans le cadre de la saisine obligatoire ». Conseil constitutionnel, Avis nº 51-2006 concernant certaines dispositions du projet de la loi de finances pour l'année 2007, *Journal officiel de la République tunisienne*, nº 103, 26 décembre 2006, p. 4497.

Conseil constitutionnel lui avait permis d'étendre son droit de regard sur tout le projet.

Avec la Constitution du 27 janvier 2014, on a opté pour la multiplication des autorités de saisine. L'article 120 de la nouvelle Constitution ouvre la saisine des projets de loi au président de la République, au chef du gouvernement et à trente membres de l'Assemblée des représentants du peuple[1]. Ce choix s'inscrit dans la volonté du pouvoir constituant de rompre avec un passé qui stigmatise l'opposition et ignore les contre-pouvoirs. L'article 60 de la Constitution dispose : « l'opposition est une composante principale de l'Assemblée des représentants du peuple. Elle jouit des droits lui permettant de mener à bien ses fonctions dans le cadre de l'action parlementaire et lui garantissant la représentativité adéquate et effective dans tous les organes de l'Assemblée ainsi que dans ses activités internes et externes ». Toutefois, l'ouverture de la saisine ne s'est pas accompagnée de la consécration d'un domaine de saisine obligatoire. En l'absence d'un tel domaine, la possibilité de saisir la cour de la conformité d'un projet de loi à la Constitution dépendra de la seule volonté des autorités de saisine[2]. Ce même choix a été adopté pour IPCCPL. L'article 3 de la loi organique n°2014-14 relative à l'Instance dispose : « l'Instance procède au contrôle de constitutionnalité des projets de loi sur demande du président de la République, du chef du gouvernement ou de trente députés au moins ».

Tout comme pour la Cour constitutionnelle, l'Instance ne peut pas s'autosaisir d'un projet de loi. Certes, le fait que les autorités de saisine soient multiples est une donnée plutôt positive qui rend le contrôle plus accessible. Toutefois, le fait que seules les autorités politiques, qui peuvent être animées par d'autres objectifs que la prééminence du droit, soient admises à cette accessibilité jette de sérieux doutes sur l'effectivité du contrôle. Pendant la période transitoire, la réticence des autorités de saisine à saisir l'IPCCPL était l'une des causes majeures de l'infil-

[1] L'article 120 de la Constitution du 27 janvier 2014 dispose dans son premier alinéa : « La Cour constitutionnelle est seule compétente pour contrôler la constitutionnalité : des projets de loi, sur demande du président de la République, du chef du gouvernement ou de trente membres de l'Assemblée des représentants du peuple. »

[2] « La décision de saisir, décision éminemment politique, reste une alchimie particulièrement complexe. De manière générale, un texte faisant l'objet d'un consensus entre forces politiques reste à l'abri d'un recours constitutionnel. » Pierre Mayeur, « La Saisine du Conseil constitutionnel par les droites parlementaires au cours de la onzième législature (1997-2002) », *Annuaire international de justice constitutionnelle*, n° 18 2002, p. 45-64, à la p. 48.

tration dans l'ordre juridique de lois contenant des dispositions inconstitutionnelles. Il en est ainsi de la loi relative à la Cour constitutionnelle elle-même, la loi relative à la réconciliation dans le domaine administratif, le code des collectivités locales et la loi organique du budget[1].

2. Vers l'extension du champ du contrôle

Sous la Constitution du 1er juin 1959 et avant la mise en place de la Cour constitutionnelle, le contrôle intervient exclusivement avant l'entrée en vigueur de la norme soumise au juge constitutionnel. En dehors des cas où le Tribunal administratif s'est reconnu, exceptionnellement, compétent pour contrôler la constitutionnalité des lois, le juge constitutionnel n'intervient qu'*a priori*. Une situation qui risque de rendre le respect de l'État de droit tributaire de « la complicité des autorités de saisine »[2].

La Constitution du 27 janvier 2014 a procédé à un élargissement de la compétence du juge constitutionnel par la mise en place d'un contrôle *a posteriori* de la constitutionnalité des lois. La Constitution prévoit deux types de contrôle au profit de la Cour constitutionnelle : un contrôle *a priori* et abstrait et un contrôle *a posteriori* et concret[3]. Pour le contrôle *a priori*, il concerne conformément à l'article 120 de la Constitution outre les projets de loi qui sont soumis à la Cour constitutionnelle par le président de la République, le président du gouvernement ou par au moins trente députés, les conventions internationales qui lui sont soumises par le président de la République avant la promulgation de la loi d'adoption desdites conventions, le règlement intérieur de l'Assemblée des représentants du peuple (ARP) qui lui est soumis par le président de l'ARP, mais également les projets de lois constitutionnelles qui lui sont soumis par le président de l'ARP, soit pour établir qu'ils ne

---

[1] Mootez Gargouri, « Les Lois inconstitutionnelles du fait de l'inertie des pouvoirs habilités à saisir l'instance provisoire de contrôle de constitutionnalité », *L'Absence de la Cour constitutionnelle : les impacts juridiques et politiques*, Journée d'étude, 28 février 2021, Association tunisienne de droit constitutionnel avec le soutien de la Fondation Hans Seidel au Maghreb, inédit.

[2] « En d'autres termes, une loi ou un traité qui n'aurait pas été déféré(e) à temps peut violer la constitution sans qu'aucun juge puisse la censurer, ce qui fait fâcheusement dépendre le respect de l'État de droit d'une éventuelle complicité des différentes autorités de saisine ». Jean-Pierre Dubois, « Le Conseil constitutionnel : couronnement de l'état de droit ? », *Le Pouvoir judiciare, Après-Demain*, n° 41, 2017/1, p. 11, https://www.cairn.info/revue-apres-demain-2017-1-page-8.htm.

[3] Slim Laghmani, *Écrits politiques et constitutionnels depuis la Révolution*, Tunis, Nirvana, 2020, p. 147.

portent pas atteinte aux matières dont la révision est interdite par la Constitution[1], soit pour contrôler le respect des procédures de révision de la Constitution[2]. L'extension du champ du contrôle aux lois constitutionnelles traduit, finalement[3], la prise de conscience de la nécessité de protéger les principes et valeurs constitutionnels intangibles.

Le contrôle de constitutionnalité *a posteriori* se présente sous la forme d'une exception d'inconstitutionnalité soulevée par les justiciables devant le juge de droit commun et renvoyée devant la Cour constitutionnelle. L'article 120 de la Constitution dispose que la Cour constitutionnelle est seule compétente pour contrôler la constitutionnalité des lois qui lui sont soumises par les tribunaux à la suite d'une exception d'inconstitutionnalité soulevée par l'une des parties au litige. Permettant d'abroger les dispositions législatives inconstitutionnelles qui ont pu s'infiltrer dans l'ordre juridique, le contrôle *a posteriori* est un nouveau pas franchi sur la voie de la consolidation de l'État de droit[4]. Désormais, le contentieux constitutionnel est ouvert aux justiciables et n'est plus confiné au cercle restreint des autorités politiques. Le contrôle de la cour va cependant devoir faire face à certains défis. D'abord, la Constitution tunisienne et la loi relative à la Cour constitutionnelle n'ont pas prévu de système de filtrage des exceptions d'inconstitutionnalité[5]. En vertu de l'article 120 de la Constitution,

---

[1] Article 144 de la Constitution du 27 janvier 2014.

[2] Article 120 de la Constitution du 27 janvier 2014.

[3] Proposition que nous avons faite depuis 2002. Voir, Lamia Néji, « Les dispositions constitutionnelles dérogatoires en Tunisie », mémoire de DEA en droit public et commerce international, Faculté de Droit de Sfax, 2001-2002. Voir également, « Dispositions constitutionnelles dérogatoires et État de droit en Tunisie », *Constitution et État de droit*, Association tunisienne de droit constitutionnel et Faculté de Droit de Sfax, 2010, p. 157-176, p. 175-176.

[4] « Pour que l'État de droit soit réalisé, il est [...] indispensable que les citoyens soient armés d'une action en justice qui leur permette d'attaquer les actes législatifs qui lèseraient leur droit individuel », affirmait Raymond Carré de Malberg, *Contribution à la théorie générale de l'État*, Paris, Recueil Sirey, 1920, p. 492.

[5] En France, la juridiction saisie de la question prioritaire de constitutionnalité (QPC) ne la transmet à la Cour de cassation ou au Conseil d'État que si trois conditions de recevabilité sont réunies : « 1. La disposition contestée est applicable au litige ou à la procédure ou constitue le fondement des poursuites. 2. Elle n'a pas déjà été déclarée conforme à la Constitution dans les motifs et le dispositif d'une décision du Conseil constitutionnel, sauf changement de circonstances. 3. La question n'est pas dépourvue de caractère sérieux ». Une fois soumise à la Cour de cassation ou au Conseil d'État, ces derniers vérifient si la question remplit les conditions susmentionnées. Voir *infra*, Thomas Siret, « La Question prioritaire de constitutionnalité. La France, une démocratie suffisamment mûre pour accepter pleinement l'État de droit ? » ; Martial

l'exception est présentée par les tribunaux sur demande du justiciable. Ces derniers sont autorisés à soulever lors d'un procès l'inconstitutionnalité d'une loi promulguée. L'absence de système de filtrage peut conduire à submerger la cour[1]. En France, les exceptions d'inconstitutionnalité subissent un double filtrage[2]. Le droit français n'autorise la question prioritaire de constitutionnalité que « lorsque, à l'occasion d'une instance en cours devant une juridiction, il est soutenu qu'une disposition législative porte atteinte aux droits et libertés que la constitution garantit »[3].

Ensuite, l'article 123 de la Constitution du 27 janvier 2014, qui prévoit qu'« en cas de saisine de la Cour constitutionnelle à la suite d'une exception d'inconstitutionnalité d'une loi, celle-ci se limite à examiner les moyens invoqués »[4], ne permet pas à la Cour de purger l'ordre juridique de toutes les dispositions contraires à la Constitution. En outre, la loi du 3 décembre 2015 n'a pas qualifié la violation d'une disposition constitutionnelle comme un moyen d'ordre public qui peut être soulevé d'office par le juge constitutionnel. Une telle omission est incompréhensible surtout à un moment où le Tribunal administratif se base sur les articles 49 et 102 de la Constitution pour affirmer sa compétence pour contrôler la constitutionnalité d'un article qui n'a jamais fait l'objet de contrôle de constitutionnalité[5].

Pour éluder la règle de procédure relative à l'irrecevabilité d'un moyen invoqué pour la première fois devant le juge de cassation, le Tribunal administratif considère l'invocation de l'inconstitutionnalité

Mathieu, « Justice constitutionnelle et État de droit en France : un mariage de raison » ; Jean-Marie Breton, « Le Conseil constitutionnel français et l'environnement ».

[1] Néji Baccouche, « La Mise en place de la Cour constitutionnelle », *op. cit.*, p. 24.

[2] Les modalités de mise en œuvre de la QPC telles que définies par la loi organique nº 2009-1523 du 10 décembre 2009 et par le décret nº 2010-148 du 16 février 2010 organisent un système de filtre devant les juges de première instance et d'appel puis devant le Conseil d'État et la Cour de cassation. Voir l'article 61-1 de la Constitution du 4 octobre 1958.

[3] Constitution du 4 octobre 1958, article 16-1 (France).

[4] De même, l'article 60 de la loi organique du 3 décembre 2015 dispose : « La Cour constitutionnelle examine les renvois qui ont été acceptés dans la limite des recours soulevés. Si la cour déclare l'inconstitutionnalité d'une loi ou des dispositions d'une loi, son application est suspendue dans les limites de ce qui a été jugé, envers tous sans que son prononcé ne puisse avoir d'effet rétroactif sur les droits acquis ou sur les affaires ayant fait l'objet d'un jugement définitif. »

[5] Tribunal administratif, Première chambre de cassation, décision du 15 mai 2017 (non publié).

de la loi par voie d'exception comme une exigence de l'ordre public[1]. De son côté, l'IPCCPL a eu recours à la notion d'ordre public constitutionnel pour imposer le respect de certaines procédures par le législateur[2]. Elle a consacré la notion de l'ordre public procédural, qui permet au juge d'étendre sa compétence pour couvrir des moyens non invoqués par les requérants[3]. Il s'agit d'une avancée qui permettrait à la future Cour constitutionnelle de contourner l'interdiction énoncée à l'article 52 de la loi organique nº 2015-50 du 3 décembre 2015, selon lequel « la Cour n'est saisie que dans les limites des moyens invoqués », et d'étendre son contrôle[4].

Cependant, la démarche suivie par l'IPCCPL est assez étrange. Dans une décision relative au projet de loi sur les banques et les établissements financiers, elle s'est référée à la règle de « l'économie des

[1] Décision nº 314524 du 31 mai 2016, *Société New Tec Stir c. Caisse nationale de sécurité sociale* : « Soulever l'inconstitutionnalité de la loi par voie d'exception est d'ordre public, étant donné que la Constitution occupe le sommet de la hiérarchie des normes juridiques, et constitue un pilier fondamental de la République et une composante essentielle de l'État de droit » (inédit). Voir, Issam Ben Hassen, « Du Contrôle par le TA de la constitutionnalité des lois par voie d'exception », *Revue de sciences juridiques et politiques*, Algérie, nº 2, juin 2019, p. 2-34.

[2] « Considérant que le renvoi du projet devant la plénière dans les délais prescrits est une formalité substantielle étroitement liée aux règles de l'ordre public constitutionnel, en raison de sa relation avec les bases du travail législatif [...] et que le non-respect de cette procédure fondamentale constitue une violation des exigences constitutionnelles traduites par l'article 138 du règlement intérieur de l'Assemblée des représentants du peuple, et que cela rend ce recours digne de considération et recevable de ce point de vue, se limitant à cet aspect, à l'exclusion de tout autre ». Décision de l'IPCCPL nº 2/2016 du 24 mai 2016 relative au projet de loi sur les banques et établissements financiers, *Journal officiel de la République tunisienne*, nº 44, 31 mai 2016, p. 2012.

[3] « Une autre dimension de l'ordre public ne doit pas être négligée et intéresse le couple inégal que forme la notion d'ordre public avec la constitution : celle de l'ordre public procédural. Avec la dimension procédurale de l'ordre public constitutionnel, il s'agit de découvrir certains griefs procéduraux qui consisteraient en des cas d'ouverture systématiques de la jurisprudence du Conseil constitutionnel. Cette théorie d'un ordre public constitutionnel procédural coïncide avec la sanction juridictionnelle d'une hiérarchie au sein des normes constitutionnelles qui permettrait l'établissement d'une grille d'analyse des griefs primant sur les autres normes constitutionnelles au point que le juge constitutionnel les soulève d'office systématiquement ». Anne-Charlène Bezzina, « L'Ordre public constitutionnel », *La Recherche en droit constitutionnel comparé*, *op. cit.*, p. 37.

[4] L'article 121 de la Constitution du 27 janvier 2014 dispose que la décision de la Cour déclare que les dispositions « faisant l'objet du recours » sont constitutionnelles ou inconstitutionnelles.

moyens », incompatible avec son rôle de juge constitutionnel. D'ailleurs, l'Instance s'est appuyée sur cette règle empruntée au droit administratif et par laquelle le juge administratif peut se limiter à un seul grief pour annuler la décision administrative, et n'a pas examiné un moyen de recours invoqué par les requérants, à savoir l'atteinte du projet de loi au caractère civil de l'État[1]. L'Instance s'est appuyée sur l'économie des moyens afin d'éviter de vérifier le respect par le projet, du caractère civil de l'État, valeur suprême inscrite dans le préambule de la Constitution et dans plusieurs articles protégés contre toute révision constitutionnelle éventuelle[2]. Or un juge constitutionnel est censé statuer, dans le cadre de son contrôle, sur toutes les violations de la Constitution même celles qui n'ont pas été soulevées par les requérants. Une telle hésitation d'un organe provisoire rend de plus en plus urgente l'installation de la Cour constitutionnelle.

D. Un contrôle mitigé

L'histoire a montré que l'indépendance du juge et du juge constitutionnel en particulier ne se construit pas uniquement par le droit. Le droit participe à la préparation du cadre qui permet l'épanouissement du juge et lui donne les outils pour exercer son contrôle en se basant sur sa conscience. Censé être serviteur de l'État de droit, l'organe chargé de contrôler la constitutionnalité des lois semble moduler son œuvre selon le contexte et les différentes contraintes qui pèsent sur lui. Étant

---

[1] « La notion d'ordre public constitutionnel est incompatible avec l'application de cette théorie (la théorie de l'économie des moyens). Par conséquent, la position de l'Instance semble étrange à cet égard, d'autant plus que le juge a soulevé la question de l'ordre public et l'a même liée au fondement de l'action législative ». Voir, Afef Hammami Marrakchi, « Commentaire de la décision de l'Instance de contrôle constitutionnalité des projets de loi n° 02/2016, du 24 mai 2016 », *Annuaire de la jurisprudence tunisienne*, p. 9-31 à la p. 30.

[2] Les requérants ont estimé que l'article 54 du projet de loi relative aux banques et établissements financiers porte atteinte au préambule de la Constitution et à son article 2, dans la mesure où il établit un comité religieux dont le rôle est de donner des avis sur le degré de conformité des transactions aux critères de la banque islamique, des avis contraignants pour la banque qui adopte ces critères inspirés de la charia islamique comme une source formelle pour les transactions et les changes financiers. Les requérants ont considéré que cela constitue une violation du caractère civil de l'État et constitue un coup porté à l'unité du système juridique national. Ils ont en outre critiqué la composition du comité en question en le considérant comme une « structure purement religieuse ». Décision de l'IPCCPL n° 2/2016 du 24 mai 2016 relative au projet de loi sur les banques et établissements financiers, *Journal officiel de la République tunisienne*, n° 44, du 31 mai 2016, p. 2012.

donné le retard dans la mise en place de la Cour constitutionnelle, on se contentera de l'expérience menée par l'ancien Conseil constitutionnel, aussi timide qu'elle soit au regard de la nature du conseil, pour protéger la Constitution et les principes de l'État de droit, et celle menée par l'IPCCPL. Cette dernière, bien qu'elle œuvre dans un contexte ouvert, semble adopter une démarche assez ambigüe.

1. L'apport timide du Conseil constitutionnel

Privé de garanties statutaires nécessaires pour se protéger contre les immixtions du pouvoir exécutif, le Conseil constitutionnel avait pourtant « fait parler la Constitution »[1]. Malgré le fait qu'il ne pouvait rendre de décisions ayant l'autorité de la chose jugée, sa fonction se limitant à donner de simples avis, le Conseil constitutionnel a cependant procédé à l'élargissement des normes de référence[2].

En l'absence d'une disposition constitutionnelle expresse reconnaissant au préambule de la Constitution du 1er juin 1959 une valeur constitutionnelle[3], l'ancien Conseil constitutionnel s'y était expressément référé pour déclarer incompatibles avec la Constitution des dispositions législatives contraires au principe de séparation des pouvoirs[4]. Il lui a reconnu une portée normative[5]. De même, en intégrant les conventions internationales et les lois organiques dans les normes de référence, le Conseil constitutionnel a veillé à la cohérence de l'ordre juridique couronné par la Constitution. Tout en rappelant leur valeur infraconstitutionnelle[6], le Conseil constitutionnel a imposé le respect

---

[1] Bertrand Mathieu, « Les Décisions créatrices du Conseil constitutionnel », *Cahiers du Conseil constitutionnel*, hors-série 2009, www.conseil-constitutionnel.fr.

[2] Mouna Tabei, « Les Normes de référence du contrôle de la constitutionnalité dans les avis du Conseil constitutionnel tunisien », Mémoire pour l'obtention du Master en droit public et financier, Faculté de Sciences Juridiques, Politiques et Sociales de Tunis, 2007.

[3] L'article 145 de la Constitution du 27 janvier 2014, par contre, prévoit dans son article 145 : « Le préambule de la présente Constitution en est une partie intégrante ».

[4] Voir, Avis n° 56-2005 concernant un projet de loi portant organisation de l'activité de plongée, *Journal officiel de la République tunisienne*, n° 79, 4 octobre 2005, p. 2600-2603 ; Avis n° 21-2006 concernant le projet de loi modifiant la loi n° 2004-33 du 19 avril 2004 portant organisation des transports terrestres, *Journal officiel de la République tunisienne*, n° 61, 1er août 2006, p. 2009.

[5] Mouna Tabei, « Les Normes de référence du contrôle de la constitutionnalité dans les avis du Conseil constitutionnel tunisien », *op. cit.*, p. 26.

[6] « Considérant que la primauté des traités par rapport aux lois ainsi reconnue, ne les élève pas pour autant au rang de la Constitution, que cette primauté ne peut alors avoir pour conséquence ni d'affecter les principes fondamentaux consacrés par la

des conventions internationales ratifiées par le président de la République et approuvées par le législateur[1]. S'agissant des lois organiques, le Conseil constitutionnel a considéré dans son avis n°71-2005 concernant certaines dispositions du projet de loi de finances pour l'année 2006 que « s'il est loisible au législateur d'opérer, dans une loi ordinaire, un renvoi à des dispositions contenues dans une loi organique, de procéder à un rappel de ces dispositions, cela doit demeurer dans les limites de ce que prévoient les dispositions contenues dans la loi organique sans ajout ni suppression ou modification »[2].

Dans d'autres avis, l'ancien Conseil constitutionnel tunisien, s'est fait pédagogue en interprétant la Constitution[3]. À l'instar de ses homologues italien, allemand et français, il a recouru à la technique des réserves d'interprétation, afin de « corriger » l'inintelligibilité de certaines dispositions de lois qui semblent être à l'origine d'interprétations divergentes. Dans un avis n° 2-2007 sur un projet de loi portant promulgation du code des douanes et pour reconnaitre la constitutionnalité d'une disposition qui prévoit que « le détenteur de marchandises de fraude est réputé responsable de la fraude », l'ancien Conseil

Constitution, ni de limiter les prérogatives conférées aux institutions constitutionnelles ». Avis n° 31-2007 du Conseil constitutionnel sur un projet de loi portant approbation du Protocole à la Charte africaine des droits de l'Homme et des Peuples, *Journal officiel de la République tunisienne*, n° 58, 20 juillet 2007, p. 2456.

[1] Le Conseil constitutionnel, après avoir rappelé les dispositions de l'article 32 de la Constitution selon lesquelles les traités ratifiés et approuvés ont une autorité supérieure à celle des lois, a déclaré que « le fait de prévoir des peines d'emprisonnement concernant les auteurs des infractions pouvant pratiquer l'activité de plongée dans les zones économiques exclusives en vue de pêcher est contraire à l'article 73 de la convention des Nations Unies sur le droit de la mer, qu'il s'en suit que l'article 17, tel qu'aussi formulé n'est par conséquent conforme à l'article 32 de la Constitution ». Avis n° 56-2005 concernant un projet de loi portant sur l'organisation de l'activité de plongée, *Journal officiel de la République tunisienne*, n° 74, 4 octobre 2005, p. 2600. Voir également, Avis n° 02-2006 concernant un projet de loi complétant les dispositions du code du statut personnel, *Journal officiel de la République tunisienne*, n° 20, 10 mars 2006, p. 535. Voir, Issam Ben Hassen, « État de droit et contrôle de constitutionnalité des lois », *Constitution et État de droit*, Faculté de Droit de Sfax et Association tunisienne de droit constitutionnel, 2010, p. 199-229, à la p. 208.

[2] Avis n° 71-2005 du Conseil constitutionnel concernant certaines dispositions du projet de loi de finances pour l'année 2006, *Journal officiel de la République tunisienne*, n° 101, du 20 décembre 2005, p. 3703.

[3] Voir, Antonin Gelblat, « La Pédagogie du Conseil constitutionnel dans le discours doctrinal », dans *Pédagogie et droits de l'homme*, Véronique Champeil-Desplats (dir.), Nanterre, Presses universitaires de Paris Nanterre, 2014, p. 181-194.

constitutionnel précise que « si la présomption de l'imputation matérielle se fonde sur une donnée réelle, apparente et connue, consistant dans la détention des marchandises objet de fraude, elle ne doit pas, néanmoins, aboutir à priver la personne concernée de son droit à se défendre, en combattant la présomption de l'imputation matérielle [...] les dispositions du premier paragraphe de l'article 370 du projet dudit code, sont dans la limite de cette interprétation, compatibles avec l'article 12 de la Constitution »[1]. Sans toucher au contenu de la disposition législative, le Conseil constitutionnel orientait l'interprétation de ces dispositions dans un sens conforme à la Constitution[2]. Les autorités infralégislatives doivent respecter les réserves d'interprétation et ne peuvent lire la loi que dans le sens retenu par le Conseil constitutionnel. Oeuvrant dans un contexte qui ignore les contrepouvoirs, l'ancien Conseil constitutionnel cherchait pourtant à prouver son indépendance à travers ses différents avis. Mais les pressions qu'il subissait ont marqué le sens et le contenu de certains de ses avis[3].

2. *L'apport controversé de l'IPCCPL*

Depuis son inclusion dans les dispositions transitoires de la Constitution du 27 janvier 2014, l'IPCCPL a suscité la controverse. Certains estiment que cette inclusion visait à bloquer la voie du contrôle de la constitutionnalité des lois devant les tribunaux, en particulier le Tribunal administratif qui a reconnu sa compétence pour contrôler la constitutionnalité des lois à l'occasion des décisions du 7 novembre 2013. En effet, le projet de Constitution en date du 1er juin 2013 confiait la compétence de contrôler la constitutionnalité des projets de loi à la session plénière du Tribunal administratif[4], mais cette compétence lui a

[1] *Journal officiel de la République tunisienne*, n° 47, 10 juin 2008, p. 1805.

[2] Voir dans ce sens, Georges Vedel, « Réflexions sur les singularités de la procédure devant le Conseil constitutionnel », *Nouveaux juges, Nouveaux pouvoirs ? Mélanges en l'honneur de Roger Perrot*, Paris, Dalloz, 1996, p. 537 ; Alexandre Viala, *Les Réserves d'interprétation dans la jurisprudence du Conseil constitutionnel*, Paris, LGDJ, 1998, p. 2.

[3] Voir à titre d'exemple, Avis du Conseil constitutionnel n° A 2-2005, concernant l'élection des membres de la chambre des conseillers, *Journal officiel de la République tunisienne*, n° 49, du 21 juin 2005, p. 1392.

[4] L'article 146 du projet de Constitution du 1er juin 2013 prévoit : « Les dispositions de la Constitution entrent en vigueur le premier jour du mois suivant celui de sa promulgation. Le Tribunal administratif exerce les prérogatives de la Cour constitutionnelle sauf celles de se prononcer sur l'exception d'inconstitutionnalité d'une loi et sur la suspension du président de la République. Les dispositions relatives aux prérogatives de contrôle de la constitutionnalité par voie d'exception n'entrent en vigueur

été retirée immédiatement après la publication par le Tribunal des décisions du 7 novembre 2013. La controverse s'est poursuivie avec la publication des cinq premières décisions de l'IPCCPL relatives à la loi électorale qui ont suscité la critique, en particulier quant au raisonnement juridique poursuivi et quant à l'interprétation faite des dispositions de la Constitution[1]. La controverse continue d'amplifier devant l'abondance des décisions de l'IPCCPL, au rythme de l'adoption de lois d'importance capitale d'un côté et le retard déraisonnable dans l'installation de la Cour constitutionnelle de l'autre. À travers la lecture des décisions de l'Instance, on peut comprendre que le contrôle qu'elle exerce, à double vitesse, oscille entre la rigueur et le relâchement.

La rigueur du contrôle exercé par l'IPCCPL se manifeste lors du contrôle des procédures législatives. L'affirmation de sa compétence en ce qui concerne le contrôle des procédures d'adoption des projets de loi traduit l'intérêt accordé par l'Instance au processus législatif en tant que garant du caractère délibératif de la loi et sa conviction de l'importance de la procédure en général, comme gage de la protection des droits fondamentaux. En effet, pour imposer le respect des procédures législatives au législateur, l'Instance a eu recours à la notion d'« ordre public constitutionnel ». L'ordre public constitutionnel suppose l'existence d'une hiérarchie des normes constitutionnelles et la reconnaissance à certaines valeurs et certains principes constitutionnels, compte tenu de leur nature impérative et de leur association à la protection des droits fondamentaux, d'un rang plus élevé que les autres normes constitutionnelles[2]. Georges Vedel a eu recours, pour exprimer ce statut particulier de certaines normes constitutionnelles, à la théorie de la supraconstitutionnalité. Cette théorie vise à protéger certaines valeurs et

---

que trois ans après l'exercice de la Cour constitutionnelle de ses autres fonctions. Les tribunaux ordinaires sont réputés incompétents pour contrôler la constitutionnalité des lois. »

[1] Gazi Gherairi, Salsabil Klibi, Chawki Gaddes, Lamia Néji et Fadhel Moussa, « Lecture des premières décisions de l'Instance provisoire de contrôle de constitutionnalité des projets de loi », Association tunisienne de droit constitutionnel, Tunis, le 27 mai 2014, https://www.youtube.com/watch?v=U-9tgSBziMc.

[2] « Pour fonder la notion d'ordre public en droit constitutionnel, il conviendrait ainsi qu'existent certaines valeurs protégées par la constitution, qui se révèlent d'une importance supérieure », Anne-Charlène Bezzina, « L'Ordre public constitutionnel », *La Recherche en droit constitutionnel comparé*, Paris, L'Harmattan, 2014, p. 29.

certains principes constitutionnels intangibles des atteintes éventuelles apportées par le pouvoir constituant dérivé[1].

Mais, l'Instance provisoire s'est contentée, dans sa décision relative au projet de loi relative aux banques et aux établissements financiers de relier la notion d'ordre public constitutionnel au respect par le législateur de certaines procédures[2]. L'Instance a adopté la même démarche dans sa décision sur le projet de loi organique relative au Conseil supérieur de la magistrature, en considérant que la consultation de l'Instance de l'ordre judiciaire au sujet du projet de loi organique sur le Conseil supérieur de la magistrature était une formalité substantielle et essentielle, étroitement liée à l'ordre public constitutionnel, en raison de sa relation avec l'essence du travail juridictionnel[3].

L'IPCCPL s'est penchée, également, lors du contrôle des procédures législatives, sur l'encadrement du rôle des commissions parlementaires. Dans un premier temps, et à l'occasion d'un recours contre le projet de loi organique relative au conseil supérieur de la magistrature invoquant

---

[1] Georges Vedel, « Conférence inaugurale », *Constitution et droit interne,* Quinzième séance, Tunis, Association internationale de droit constitutionnel, 1999, p. 1-21, p. 7.

[2] Décision de l'IPCCPL n° 2/2016 du 24 mai 2016 relative au projet de loi sur les banques et établissements financiers, *Journal officiel de la République tunisienne*, n° 44, du 31 mai 2016, p. 2012.

[3] « Considérant que le huitième paragraphe de l'article 148 de la Constitution exige que l'Instance provisoire de supervision du pouvoir judiciaire continue l'exercice de ses fonctions, jusqu'à l'achèvement de la composition du conseil de la magistrature judiciaire. Et considérant que le deuxième article de la loi organique n° 13 du 2 mai 2013 dispose que l'Instance provisoire de la supervision du pouvoir judiciaire rend un avis consultatif sur les projets de loi relatifs au fonctionnement judiciaire. Et attendu qu'aussi bien la doctrine que la jurisprudence sont d'accord pour dire que la procédure est nulle et non avenue si la loi en institue l'invalidité, si elle enfreint les règles de l'ordre public ou bien les dispositions des formalités substantielles. Et considérant que l'avis de l'instance provisoire de supervision du pouvoir judiciaire sur le projet de loi organique relative au Conseil supérieur de la magistrature, même s'il n'est qu'un avis consultatif, est une formalité substantielle étroitement liée aux règles de l'ordre public constitutionnel, car il touche à l'essence du travail juridictionnel. Et attendu que la partie concernée par le renvoi du projet de loi sur l'Instance provisoire de supervision de l'ordre judiciaire est exclusivement la commission compétente de l'Assemblée du peuple, car elle se saisit du projet lorsque les grandes lignes en sont déjà clairement esquissées, ce qui permet à ladite Instance d'en prendre connaissance et de formuler ses observations à son égard. Et considérant que le fait de négliger de vérifier le respect de cette formalité substantielle constitue une violation de la Constitution et fait de ce moyen de recours un moyen susceptible d'être considéré et éminemment recevable ». Décision no 02/2015 du 8 juin 2015, *Journal officiel de la République tunisienne*, n° 47, 12 juin 2015, p. 1490.

un dépassement de ses compétences par la commission de législation générale de l'ARP[1], l'Instance provisoire avait considéré que la commission de législation générale, en introduisant des modifications substantielles au projet gouvernemental « a dénaturé le projet » puisque son rôle se limite à l'ajout au projet gouvernemental des modifications nécessitées par les exigences de la rédaction ou de la compatibilité du projet avec la Constitution seulement[2]. Par la suite, et lors de l'examen du projet de loi organique portant révision de certaines dispositions du code des hydrocarbures, l'IPCCPL est allée dans le sens de l'élargissement des prérogatives des commissions parlementaires et l'acceptation des modifications introduites lorsqu'elles sont validées par leur auteur. Elle a estimé dans sa décision n° 2017-3 qu'il ne convenait pas de censurer automatiquement toute modification apportée par une commission parlementaire chargée de l'examen d'un projet de loi ou texte à soumettre au vote de l'assemblée plénière[3]. Mais la rigueur lors du contrôle de la constitutionnalité des procédures législatives a laissé place à un certain relâchement lors du contrôle de certains projets de loi d'importance capitale.

À plusieurs reprises, l'Instance se résigne face à des lois franchement inconstitutionnelles. Dans l'une de ses décisions, elle est allée jusqu'à tolérer un système normatif parallèle. Il s'agit des « normes bancaires islamiques »[4] qui ne sont pas nécessairement compatibles avec les

[1] En violation de l'article 52 de la Constitution et du règlement intérieur de l'ARP.

[2] Décision de l'IPCCPL n° 2015-02 du 8 juin 2015 relative aux projets de loi organique relative au conseil supérieur de la magistrature, *Journal officiel de la République tunisienne*, n° 47, 12 juin 2015.

[3] « Considérant qu'il est loisible à la commission de l'industrie, de l'énergie et des richesses naturelles d'introduire des modifications aux projets de loi déposés par le gouvernement, sous réserve de respecter les conditions de l'article 63 de la Constitution et du règlement intérieur et de n'y apporter des modifications substantielles qu'en cas d'absence d'opposition du gouvernement à ce sujet. » Décision de l'IPCCPL n° 03/2017, 23 mai 2017, relative au projet de loi n° 2017-11 modifiant certaines dispositions du code des hydrocarbures, *Journal officiel de la République tunisienne*, n° 42, 26 mai 2017, p. 1729. Selon l'IPCCPL, « Ladite commission a débattu du projet de loi et présenté son rapport à l'assemblée plénière en l'accompagnant d'un tableau des modifications proposées, à côté de la version initiale du projet, ce qui indique qu'il y a eu respect du règlement intérieur et du projet du gouvernement, lequel n'a en outre pas exprimé d'objection et qu'il demeure loisible à l'assemblée plénière d'accepter les modifications proposées ou de les refuser. »

[4] Ces normes émises par des institutions de soutien aux établissements financiers islamiques, comme l'Organisme de comptabilité et d'audit pour les établissements financiers islamiques au Bahreïn et le Conseil des services islamiques de Malaisie,

options du système juridique tunisien[1]. En ouvrant la porte aux *fatwas* surtout dans le domaine financier, l'Instance a pavé le chemin à l'action qui va vider les lois de leur substance. En cherchant des justifications à l'introduction des opérations bancaires islamiques, en considérant qu'elles permettent « une vie digne aux citoyens », parce qu'elles ne se basent pas sur « l'intérêt », elle a perdu de vue que ses normes de référence doivent être tirées de la Constitution[2]. L'État tunisien est fondé sur la citoyenneté, la volonté du peuple et la primauté du droit, des valeurs fondamentales de la société démocratique, qui constituent le véritable contenu de l'ordre public constitutionnel évoqué à maintes reprises par l'Instance. Cette dernière a perdu de vue que les procédures n'ont aucune valeur si les droits fondamentaux ne sont pas respectés et que le droit ne sert à rien s'il ne garantit pas l'égalité et la sécurité juridiques[3].

Le relâchement se traduit également à travers le recours fréquent, par l'Instance, au renvoi des projets de loi au président de la République sans prise de décision. Qualifiée par certains de « déni de justice »[4], et par d'autres de « silence fécond »[5], « la déportation » d'un projet de loi, aussi important, en l'état au président de la République pour le promulguer ne traduit-elle pas un laisser-aller de la part du juge ? Il en est ainsi de l'article 6 du projet de loi relative à la loi électorale qui a exclu

---

sont des normes instables et sujettes à de fréquentes révisions dans le but de les rapprocher des *fatwas* émises par les Conseils religieux de contrôle des établissements financiers islamiques. Mahmoud El-Gamal, *Finance islamique, Aspects légaux, économiques et pratiques*, Bruxelles, De Boeck, 2010, p. 31.

[1] Texte intégral des critères de la charia, Organisation pour la comptabilité et l'audit des établissements financiers islamiques, Manama (Bahreïn), novembre 2017, http://aaoifi.com/24188-2/.

[2] Décision de l'IPCCPL n° 5/2016, 2 juillet 2016 relative au projet de loi relative aux banques et aux établissements financiers, *Journal officiel de la République tunisienne*, n° 58, 15 juillet 2016, p. 2194.

[3] Voir, Lamia Néji, « Commentaire de considérants des décisions de l'IPCCPL relatives au projet de loi sur les banques et les établissements financiers », *La Jurisprudence de l'Instance provisoire de contrôle de constitutionnalité des projets de loi,* Association tunisienne de droit constitutionnel, Journées Abdelfattah 25 et 26 janvier 2018.

[4] Amin Mahfoudh, "Le Déni de justice constitutionnelle en Tunisie", *La jurisprudence de l'IPCCPL, Journées Abdelfattah Amor de droit constitutionnel*, 25 et 26 janvier 2018, Association tunisienne de droit constitutionnel, https://www .businessnews.com.tn/les-denis-de-justice-constitutionnelle-en-tunisie,526,77696,3.

[5] Leila Chikhaoui, « Le Renvoi des recours au président de la République : déni de justice ou silence fécond », *Recueil d'études en l'honneur du professeur Rafâa Ben Achour*, T I, Simpact, 2016, p. 263-282.

du vote aux élections législatives et présidentielles les forces de l'ordre et les membres de l'armée. Il en est de même du projet de loi relative au Conseil supérieur de la magistrature et le projet de loi relative à la réconciliation dans le domaine administratif qui a mis à mal tout le processus de justice transitionnelle mis en place depuis 2013[1]. Il est vrai que la composition paire de l'IPCCPL et l'absence de voix prépondérante du président de l'Instance est à l'origine de ce blocage[2]. L'article 23 de la loi organique n° 2014-14 du 18 avril 2014 relative à l'IPCCPL, prévoit qu'en cas d'expiration du délai d'examen sans prise de décision quant à la constitutionnalité ou à l'inconstitutionnalité des dispositions objet du recours, le projet de loi doit impérativement et immédiatement être renvoyé au président de la République[3]. Toutefois, le renvoi du projet de loi au président de la République avant même l'expiration du délai d'examen semble être une forme de désistement de la part de l'instance qui lui a fait perdre sa raison d'être à savoir sa fonction de *juris dicto*[4].

E. Conclusion

Le maintien du provisoire ébranle la légalité constitutionnelle. Il est de nature à bloquer le processus d'installation de l'État de droit, un idéal qui suppose d'abord et avant tout l'existence d'un juge indépendant capable de veiller sur la primauté et la stabilité de la norme constitutionnelle. Il met également en doute la crédibilité et la légitimité des institutions provisoires à l'instar de l'Instance provisoire de contrôle de la constitutionnalité des projets de loi dont le rôle a subi les conséquences « des précarités et montages juridiques » qui ont caractérisé la période transitoire, pour reprendre les termes de Leila Chikhaoui, membre de l'IPCCPL[5]. Le retard dans la mise en place de la Cour

---

[1] Voir Fadhel Moussa, « L'Instance a choisi de 'botter en touche' », *Mélanges en l'honneur du doyen Mohamed Salah Ben Aissa*, Tunis, Centre de Publication universitaire, 2020, p. 117-131.

[2] Articles 4 et 21 de la Loi organique n° 2014-14 du 18 avril 2014 relative à l'instance provisoire de contrôle des projets de loi, *Journal officiel de la République tunisienne*, n° 32, 22 avril 2014, p. 939.

[3] L'article 121 de la Constitution du 27 janvier 2014 dispose : « Si le délai mentionné au premier paragraphe expire sans que la cour rende sa décision, elle est tenue de transmettre sans délai le projet au président de la République ».

[4] Fadhel Moussa, « L'Instance a choisi de 'botter en touche' », *op. cit.*, p. 118.

[5] Leila Chikhaoui, « Le Rôle de l'instance provisoire de contrôle de constitutionnalité des projets de loi en période de transition », *Revue juridique des étudiants de la*

constitutionnelle rend sa tâche de plus en plus difficile, ce qui ne sert pas l'État de droit. Ce dernier risque de rester un simple slogan, bien que toutes les conditions soient favorables pour le rendre effectif !

Post scriptum

La mise à mort de la Cour constitutionnelle, qui est censée renforcer et rénover la démocratie, bien avant sa mise en place, était le prélude d'un coup d'État contre la Constitution du 27 janvier 2014. S'imposant comme « l'interprète authentique » de la Constitution en l'absence de juge constitutionnel, le président Kais Saied, fort de sa légitimité électorale et profitant d'une crise politique et économique grave[1], annonçait le 25 juillet 2021 sa décision de mettre en œuvre l'article 80 relatif à l'état d'exception[2], de démettre le gouvernement[3] et de geler l'activité de l'ARP[4]. En fait, enfreignant les conditions posées par

---

Sorbonne, 2019, vol. 2, n°1, p. 39-75, p. 61, https://sorbonnestudentlawreview.org /journal/article/view/38.

[1] Élu en 2019 avec une majorité de 72 % des voix au deuxième tour.

[2] L'article 80 de la Constitution du 27 janvier 2014 dispose : « En cas de péril imminent menaçant l'intégrité nationale, la sécurité ou l'indépendance du pays et entravant le fonctionnement régulier des pouvoirs publics, le président de la République peut prendre les mesures qu'impose l'état d'exception, après consultation du chef du Gouvernement, du président de l'Assemblée des représentants du peuple et après en avoir informé le président de la Cour constitutionnelle. Il annonce ces mesures dans un message au peuple.

Ces mesures doivent avoir pour objectif de garantir, dans les plus brefs délais, le retour au fonctionnement régulier des pouvoirs publics. Durant cette période, l'Assemblée des représentants du peuple est considérée en état de session permanente. Dans cette situation, le président de la République ne peut dissoudre l'Assemblée des représentants du peuple et il ne peut être présenté de motion de censure contre le Gouvernement.

Trente jours après l'entrée en vigueur de ces mesures, et à tout moment par la suite, la Cour constitutionnelle peut être saisie, à la demande du président de l'Assemblée des représentants du peuple ou de trente de ses membres, pour statuer sur le maintien de l'état d'exception. La cour prononce sa décision en audience publique dans un délai n'excédant pas quinze jours.

Ces mesures prennent fin dès la cessation de leurs motifs. Le président de la République adresse à ce sujet un message au peuple ».

[3] Décret présidentiel n° 2021-69 du 26 juillet 2021 portant cessation des fonctions du chef du gouvernement et de membres du gouvernement, *Journal official de la République tunisienne*, n° 64, 26 juillet 2021, p. 1984.

[4] Décret présidentiel n° 2021-80 du 29 juillet 2021 relatif à la suspension des compétences de l'Assemblée des représentants du peuple. Son article premier dispose : « Sont suspendues toutes les compétences de l'Assemblée des représentants du peuple, pour une durée d'un mois à compter du 25 juillet 2021. Le délai prévu peut

l'article 80, le président de la République est sorti du cadre constitutionnel[1]. Plus tard et en vertu du décret n°2021-117 portant mesures exceptionnelles[2], le président de la République est allé jusqu'à suspendre l'application de la Constitution du 27 janvier 2014. Le décret organise provisoirement les pouvoirs publics. Faisant semblant de maintenir le préambule et les deux premiers chapitres de la Constitution du 27 janvier 2014, le décret s'attaque à la Constitution. En disposant dans son article 20 que « le préambule de la Constitution, ses premier et deuxième chapitres et toutes les dispositions constitutionnelles qui ne sont pas contraires aux dispositions du présent décret présidentiel, continuent à être appliquées », le décret n°2021-117 méconnait la nature de la Constitution comme unité normative et fonctionnelle et lui ôte sa qualité de source de la validité juridique. Désormais, la validité des dispositions constitutionnelles dépend du décret qui devient, lui, la source de la validité juridique. À partir de cette date, le président de la République s'est lancé dans une stratégie de « purge » par décrets-lois, terme utilisé par le président lui-même pour qualifier sa guerre enclenchée contre la corruption. Ces mêmes décrets-lois sont immunisés contre tout contrôle[3]. Sous couvert de l'état d'exception, un état constitutionnel par définition, le président de la République ne semble pas se limiter à des mesures visant le retour au fonctionnement régulier des pouvoirs publics comme exigé par l'article 80. Au contraire, il mène une guerre contre les institutions constitutionnelles. Après avoir supprimé l'IPCCPL[4], le président de la République a dissout le 12 février 2022, le Conseil supérieur de la magistrature, organe indépendant composé principalement de juges élus par leurs

être prorogé par décret présidentiel, conformément aux dispositions de l'article 80 de la Constitution. »

[1] En autorisant le président de la République en cas de péril imminent menaçant l'intégrité nationale, la sécurité ou l'indépendance du pays et entravant le fonctionnement régulier des pouvoirs publics de prendre des mesures qu'impose l'état d'exception et qui doivent avoir pour objectif de garantir dans les plus brefs délais, le retour au fonctionnement régulier des pouvoirs publics, l'article 80 interdit la dissolution de l'ARP qui est considérée en état de session permanente et la présentation de motion de censure contre le gouvernement.

[2] Décret présidentiel n° 2021-117 du 22 septembre 2021 relatif aux mesures exceptionnelles, *Journal officiel de la République tunisienne*, n° 86, 22 septembre 2021, p. 2196.

[3] L'article 7 du décret-loi n° 2021-117 prévoit que les décrets-lois ne sont pas susceptibles de recours en annulation.

[4] L'article 21 du décret présidentiel n° 2021-117 dispose : « l'instance provisoire de contrôle de la constitutionnalité des projets de loi est supprimée ».

pairs[1]. Le 30 mars, en se basant sur l'article 72 de la Constitution qui a connu une résurrection miraculeuse, il a dissous l'Assemblée des représentants du peuple[2]. Empiétant sur les compétences de l'Instance supérieure indépendante pour les élections, la seule chargée de l'administration des élections et des référendums, de leur organisation et de leur supervision au cours de leurs différentes phases, le président de la République s'est octroyé le pouvoir de fixer le calendrier des élections législatives. Des élections qui ont été organisées à la suite d'un référendum sur des projets de révision de la Constitution élaborés par le président de la République lui-même[3].

En l'absence d'un juge constitutionnel, garant de la suprématie de la constitution, ce n'est plus uniquement l'État de droit qui est mis à mal par l'accaparation du président de la République du pouvoir normatif, par la transgression de la Constitution qui n'est plus constitution du moment où l'application de ses dispositions est devenue tributaire de leur respect du décret présidentiel, et la fragilisation massive des droits et libertés fondamentaux par des décrets-lois immunisés contre le contrôle. La démocratie, elle aussi, semble être bafouée dans sa dimension politique et sociale. En s'attaquant aux autres pouvoirs et aux contrepouvoirs, en manipulant la constitution et en la discréditant tout comme les autres institutions de la République aux yeux des citoyens, Kais Saied semble s'imposer comme dictateur. Tout laisse à penser que la Tunisie est en train de vivre le même scénario qu'a connu la France sous le règne de Louis Napoléon Bonaparte. Élu à une majorité de 75 % des voix en tant que président de la République, Napoléon III dissout

---

[1] Décret-loi n° 2022-11 du 12 février 2022 relatif à la création du Conseil supérieur provisoire de la magistrature, *Journal officiel de la République tunisienne*, n°16, 13 février 2022, p. 438.

[2] Décret présidentiel n° 2022-309 du 30 mars 2022 portant dissolution de l'Assemblée des représentants du peuple, *Journal officiel de la République tunisienne*, n°34, 30 mars 2022, p. 877.

[3] « Le président de la République élabore les projets de révisions relatives aux réformes politiques avec l'assistance d'une commission dont l'organisation est fixée par décret présidentiel. Ces projets de révisions doivent voir pour objet l'établissement d'un véritable régime démocratique dans lequel le peuple est effectivement le titulaire de la souveraineté et la source des pouvoirs qui les exerce à travers des représentants élus par voie de référendum. Ce régime repose sur la séparation des pouvoirs et l'équilibre réel entre eux, il consacre l'État de droit et garantit les droits et les libertés publiques et individuelles et la réalisation des objectifs de la révolution du 17 décembre 2010 relatifs au travail, à la liberté et à la dignité nationale. Ces projets de révision sont soumis par le président de la République au référendum pour approbation ».

l'Assemblée qui s'est opposée à la révision de la Constitution de 1848 pour sa réélection au terme d'un coup d'État et organise un plébiscite pour établir un régime autoritaire centralisé.

LE CONTRÔLE DE CONSTITUTIONNALITÉ EN ÉGYPTE

Les amendements constitutionnels

Hassan ABDELHAMID[1]

A. Introduction et problématique

La justice constitutionnelle dans son sens matériel a existé en Égypte avant la création de la Cour constitutionnelle. En fait, le contrôle de constitutionnalité s'exerçait par l'ensemble de l'appareil juridictionnel[2]. La création d'une cour compétente uniquement en matière de contrôle de constitutionnalité des lois par le décret-loi n° 81/1969 du 3 août 1969[3] a donné lieu à l'établissement de la Haute Cour. Celle-ci commence effectivement à exercer son contrôle à la suite de la promulgation de la loi n° 66/1970 du 25 août 1970, Loi sur les procédures et les modalités de recours devant la Haute Cour[4].

Après la promulgation de la Constitution de 1971, la « Haute Cour » est devenue la « Haute Cour constitutionnelle ». Selon l'article 174 de la constitution permanente de 1971, « La Cour suprême constitutionnelle est un corps judiciaire indépendant et autonome en République arabe d'Égypte. Elle a son siège au Caire »[5]. La Cour est, pour la

[1] Professeur, Université de Sharjah, Émirats arabes unis.

[2] Voir surtout l'arrêt du Conseil d'État égyptien du 10 février 1948, *Recueil du Conseil d'État*, p. 66. Le Conseil d'État n'a pas hésité à écarter l'application de la disposition législative n° 148/1944, en raison de sa contrariété avec les dispositions de la Constitution de 1923. D'autre part, la Cour de cassation n'a pas hésité à adopter la position du Conseil d'État en confirmant la compétence des juridictions civiles pour contrôler la constitutionnalité des lois. La Cour de cassation soutient les mêmes arguments avancés par le Conseil d'État (Cour de cassation, 1er juillet 1957). Voir, Yahia Elgamal, *Justice constitutionnelle en Égypte*, Le Caire, Dar Al-Nahda al-Arabia, 2005, p. 89.

[3] Voir, Mohamed Abozied, *La Constitution égyptienne de 1971*, Alexandrie, Dar Alnashr Algamaay, 2005, p. 244.

[4] Voir, Yahia Elgamal, *op. cit.*, p. 129.

[5] Cet article est devenu l'article 191 de la Constitution actuelle de 2014, modifié en 2019, en lui donnant plus de détails : « La Haute Cour constitutionnelle est une instance judiciaire indépendante, autonome, siège au Caire. Elle peut en cas de nécessité, siéger ailleurs dans le pays, après l'approbation de son Assemblée générale.

première fois, consacrée par un texte constitutionnel. Cependant, la Haute Cour a continué à exercer le contrôle de constitutionnalité des lois jusqu'en 1979, lors de la promulgation de la loi n° 48/1979 sur les procédures et les modalités de recours devant la Haute Cour constitutionnelle[1].

La Haute Cour constitutionnelle égyptienne s'impose très vite dans les milieux juridiques égyptiens comme gardienne des droits et libertés constitutionnels garantis[2]. Ainsi, la Cour constitutionnelle égyptienne est conçue comme la pierre angulaire de l'État de droit et le défenseur courageux des droits et libertés fondamentaux[3].

Depuis la Révolution du 25 janvier 2011, les évènements en Égypte se déroulent très vite. Trois constitutions ainsi que plusieurs actes de transition sont venus régir successivement la période de 2011 à 2014. Pendant cette période, de nouvelles idées constitutionnelles concernant la possibilité de limiter le pouvoir constituant font l'objet de discution. L'idée la plus importante est la « clause d'éternité » ou, en d'autres

---

Elle dispose d'un budget indépendant, examiné en détail par la Chambre des députés et inséré après son approbation comme somme globale dans le Budget de l'État. L'Assemblée générale de la Cour gère ses propres affaires et elle est consultée dans les projets de lois qui la concernent ».

[1] La Haute Cour constitutionnelle (HCC) déclare dans l'une de ses premières décisions que : « le contrôle exercé par cette Cour a pour vocation de veiller au bon fonctionnement des pouvoirs publics tels qu'ils sont organisés par la Constitution et à protéger les droits fondamentaux garantis par ce même texte contre les abus du pouvoir. La Cour constitutionnelle réalise ces objectifs à travers la Constitution ». HCC, 21/1, du 22 janvier 1982, *Recueil Haute Cour constitutionnelle*, vol. 1, p. 56.

[2] À titre d'exemple, voir Yahia Elgamal, op. cit., p. 144. Voir aussi, Nathalie Bernard-Maugiron, « La Haute Cour constitutionnelle égyptienne, gardienne des libertés publiques », Égypte/Monde arabe, Deuxième série, 1999, no 2, p. 7-16, http://journals .openedition.org/ema/777 ; Nathalie Bernard-Maugiron et Baudouin Dupret, « Le Prince et son juge », Égypte/Monde arabe, Deuxième série, 1999, no 2, p. 17-53, http://journals.openedition.org/ema/774.

[3] Jusqu'en 2005 (date de l'établissement d'un contrôle *a priori* en Égypte), la HCC effectue son contrôle de constitutionnalité selon un mécanisme *a posteriori*. L'Égypte finit par la Loi constitutionnelle du 25 mai 2005 par instaurer un mécanisme de contrôle *a priori* qui se présente comme inspiré de celui de la France. Ce contrôle apparait indispensable par rapport aux réformes institutionnelles issues de la Loi constitutionnelle du 25 mai 2005. Il s'agit d'un contrôle à champ d'application limité qui vise principalement les lois d'élections présidentielles. Pour l'initiateur de la réforme constitutionnelle de 2005, la sécurité juridique justifie l'instauration d'un contrôle *a priori*. Le mécanisme de 2005 sera soumis à des réformes lors de l'élaboration de la Constitution de 2012. La sécurité juridique se présente comme le fondement sur lequel s'appuient les réformes du mécanisme de 2012. Voir Nathalie Bernard-Maugiron, *op. cit.*

termes, la « clause de l'immuabilité ». Cette idée a fini par être consacrée par le pouvoir constituant à l'alinéa 4 de l'article 226 de la Constitution de 2014[1].

En Égypte, la population est amenée à se prononcer sur une révision de la constitution[2]. Un référendum constitutionnel a eu lieu en avril 2019. Le référendum est approuvé par une large majorité de votants, 88,83 % d'entre eux se prononçant en faveur des amendements, pour un taux de participation de 44,33 %[3].

---

[1] L'article 226 dispose ainsi : « *226/1* – Le Président de la République, ou cinq membres de la Chambre des députés ont le droit de demander l'amendement d'un ou plusieurs articles de la Constitution ; la demande doit comporter les articles à amender et les raisons de l'amendement. La demande est examinée dans les trente jours suivant sa réception et son adoption partielle ou intégrale doit obtenir la majorité des votes. *226/2* – Si la demande est rejetée elle ne peut être représentée avec les mêmes articles à amender que lors de la suivante session parlementaire. *226/3* – En cas d'approbation, les amendements sont discutés dans les soixante jours suivants. Si les amendements sont approuvés par les deux tiers des membres de la Chambre des députés, ils sont soumis au référendum populaire dans les trente jours à compter de la date de leur approbation. Les amendements prennent effet dès l'annonce du résultat et à la majorité des votes valides. *226/4* – Dans tous les cas, les textes relatifs à la réélection du Président de la République et les principes de liberté et d'égalité ne peuvent être amendés, à moins que l'amendement ne comporte plus de garanties. »

[2] Ces amendements ont modifié quatorze articles et ajouté neuf nouvelles dispositions. Parmi les amendements les plus importants sont ceux qui concernent la durée du mandat présidentiel (art. 140) ; l'article transitoire qui permet au président actuel de prolonger son mandat actuel jusqu'en 2024 — au lieu de 2022 — au-delà des quatre années prévues, et de se présenter à un autre mandat de six ans (art. 241) ; la nomination d'un vice-président qui peut être appelé à remplacer le président, mais ne pourra pas se présenter à la présidentielle à l'issue d'une période intérimaire ; le rétablissement d'une chambre haute de 180 membres (art. 248-253) dont un tiers des membres sont désignés par le président de la République (art. 250) ; d'autres dispositions réduisent le nombre de députés à l'Assemblée et imposent un quota de 25 % de femmes (art. 102) ; des quotas d'agriculteurs et d'ouvriers seraient fixés dans les conseils municipaux ; des quotas de chrétiens et de personnes handicapées, à définir, sont également prévus. La Constitution révisée attribue au président de la République des pouvoirs qui peuvent restreindre l'autonomie du pouvoir judiciaire : il présidera le Conseil suprême de la magistrature et pourra nommer les présidents des principales juridictions ainsi que le procureur général et le président de la Haute Cour constitutionnelle (art. 185). Leur charge sera par ailleurs limitée à quatre ans. D'autres amendements enfin concernent l'armée : son rôle de défenseur de la Constitution et de la démocratie ainsi que de protecteur des fondations de l'État civil, des droits et libertés individuelles (art. 200).

[3] Selon l'annonce officielle de l'Autorité nationale des élections en Égypte, le 23 avril 2019.

Les amendements qui nous intéressent concernent la durée du mandat présidentiel (l'article 140) et la disposition transitoire qui permet au président actuel de prolonger son mandat actuel (de quatre à six ans) et de se présenter pour un autre mandat de six ans (article 241).

À première vue, il semble que ces amendements sont en contradiction avec l'alinéa 4 de l'article 226. « Les textes relatifs à la réélection du président de la République et les principes de liberté et d'égalité ne peuvent être amendés, à moins que l'amendement ne comporte plus de garanties. »[1] En fait, lors de l'élaboration de la Constitution de 2014, le constituant égyptien a intégré dans les dispositions de l'article 226, qui énonce les modalités et les procédures qualifiées pour adopter une révision constitutionnelle, une interdiction partielle de modifier certaines dispositions constitutionnelles.

À la lumière de ces données et dans le cadre de l'ordre constitutionnel égyptien, une question juridique se pose ainsi : le contrôle de la constitutionnalité de ces amendements est-il possible ? Quelle est la position de la jurisprudence constitutionnelle sur ce sujet ?

Nous allons traiter d'abord la « clause de l'immuabilité » dans le droit comparé (B) et ensuite nous traiterons de la position de la Haute Cour constitutionnelle sur la « clause de l'immuabilité », ou plutôt sur la possibilité de contrôler les lois constitutionnelles (C).

B. La « clause de l'immuabilité » en droit comparé

Normalement, les textes constitutionnels sont ceux qui règlementent la question de la révision constitutionnelle. Ils organisent l'organe chargé de la révision constitutionnelle, déterminent la procédure suivant laquelle cet organe peut adopter une loi constitutionnelle. D'autre part, certaines constitutions imposent des limites à la révision constitutionnelle. Elles interdisent, par exemple, leurs révisions pendant une certaine période ou sur tel ou tel sujet. C'est pourquoi la doctrine constitutionnelle constate qu'il y a principalement deux types de limites à la révision constitutionnelle inscrites dans les textes constitutionnels : les limites matérielles (limites de fond) et les limites temporelles

[1] Pour les auteurs de la proposition, l'amendement sert bien les intérêts suprêmes de l'État et du peuple et vise à apporter davantage de garanties aux citoyens, puisqu'il permet de donner au président suffisamment de temps pour mener à bien ses réformes et assurer la stabilité politique et économique du pays. Voir Nathalie Bernard-Maugiron, « Les Amendements constitutionnels de 2019 en Égypte : vers une consécration de la dérive autoritaire du régime », *Revue française de droit constitutionnel*, 2020, vol. 121, p. 3-19, à la p. 6.

(limites de temps). À côté de ces limites, il existe des conditions de forme pour la révision constitutionnelle.

Nous nous intéressons ici aux limites matérielles[1]. Notons que quelques constitutions interdisent la révision de certaines de leurs dispositions. La doctrine appelle ces interdictions les limites matérielles, les limites de fond ou les limites relatives à l'objet de la révision. Cela signifie qu'il existe des dispositions intangibles ou des clauses irréformables dans certaines constitutions. Ces dispositions intangibles ou irréformables sont les dispositions constitutionnelles qui ne peuvent pas être révisées par la procédure de révision constitutionnelle[2]. Ainsi, si la constitution prévoit une telle intangibilité, la révision de la constitution ne peut pas porter sur toutes les matières.

Selon le *Rapport sur l'amendement constitutionnel* de la Commission de Venise, le mécanisme le plus rigide et conservateur pour brider la constitution est de la déclarer, en partie ou en totalité, immuable (on parle parfois d'« intangibilité absolue »). De nos jours, aucune constitution ne se déclare complètement immuable. Il existe cependant des constitutions qui déclarent que certaines parties — c'est-à-dire certaines dispositions ou certains principes — sont immuables ou inaltérables. Un grand nombre de constitutions n'ont pas de règles sur l'immuabilité, et beaucoup de celles qui en ont leur accordent une très petite place ou font référence à des principes si vagues et si généraux qu'il est impossible d'imposer une limite quelconque. Par ailleurs, l'immuabilité n'est juridictionnelle que dans quelques systèmes constitutionnels qui ont de telles règles. Dans les autres systèmes, ces règles servent plus à formuler des déclarations politiques qu'à imposer des contraintes juridiques sur le législateur constitutionnel[3].

La Constitution turque est un exemple de constitution qui déclare que certaines dispositions sont immuables ou inaltérables. L'article 4

---

[1] Sur les limites temporelles et les conditions de forme, voir Kemal Gözler, *Le Pouvoir de révision constitutionnelle*, thèse, Université Montesquieu-Bordeaux IV, 1995, p. 120, https://www.anayasa.gen.tr/pcr.pdf.

[2] Peter O'Connell, « Les Procédures de révision constitutionnelle » (Le rapport adopté par l'Association des Secrétaires généraux des Parlements), *in Informations constitutionnelles et parlementaires*, 1978, 3e série, n° 114, p. 41, cité par Kemal Gözler, *op. cit.*, p. 118.

[3] Commission europééene pour la démocratie par le droit (Commission de Venise), Conseil de l'Europe, *Rapport sur l'amendement constitutionnel*, adopté lors de sa 81e session plénière (Venise, 11-12 décembre 2009; publié à Strasbourg, le 19 janvier 2010), Étude n° 469/2008, http://www.eods.eu/library/VC.Constitutional%20provisions%20on%20amendments%20of%20the%20constitution%20FR.pdf.

de cette constitution énonce que « la disposition de l'article premier de la Constitution spécifiant que la forme de l'État est une République, ainsi que les dispositions de l'article 2 relatives aux caractéristiques de la République et celles de l'article 3 ne peuvent pas être modifiées, ni leur modification ne peut être proposée »[1]. Nous pourrons trouver d'autres exemples analogues dans d'autres constitutions[2].

Cependant, l'expérience historique montre bien que si les circonstances changent suffisamment, ou si la pression politique est trop forte, les règles « immuables » seront aussi changées, et cela pour éviter le conflit social.

D'autre part, si la constitution contient une disposition sur l'immuabilité, est-ce que cette disposition elle-même pourra être révisable ? La réponse à cette question dépendra de la constitution elle-même. Quelques articles de ce type s'incluent eux-mêmes explicitement dans la liste des dispositions qui ne peuvent pas changer, mais la plupart ne le font pas, et il s'agira dès lors d'une question d'interprétation (et de conflit potentiel). Selon l'avis de la Commission de Venise, la question de l'immuabilité devrait être, de préférence, règlementée par le législateur constitutionnel[3].

L'existence des dispositions sur l'immuabilité, dans une constitution, ne signifie pas qu'elles sont juridiquement exécutoires. Quelques

---

[1] Sur l'aspect historique et l'application de ces dispositions, voir, par exemple, E. Ozbudun, « Judicial Review of Constitutional Amendments in Turkey », *in European Public Law*, Vol. 15, 2009, p. 533-538, http://repository.bilkent.edu.tr /bitstream/handle/11693/49478/Judicial_review_of_constitutional_amendmenrs_in_ Turkey.pdf. Voir aussi, Kemal Gözler, *op. cit.*

[2] Voir, par exemple, la Constitution grecque qui stipule : « Les dispositions de la Constitution peuvent faire l'objet d'une révision, à l'exception de celles qui déterminent la base et la forme du régime politique en tant que République parlementaire, et de celles des articles 2, paragraphe 1 ; 4, paragraphes 1, 4 et 7 ; 5, paragraphes 1 et 3 ; 13, paragraphes 1 et 26 » (art.110, alinéa 1). Voir également la Constitution roumaine, qui énonce à l'article 148, alinéa 1 que : « Les dispositions de la présente Constitution portant sur le caractère national, indépendant, unitaire et indivisible de l'État roumain, la forme républicaine de gouvernement, l'intégrité du territoire, l'indépendance de la justice, le pluralisme politique et la langue officielle ne peuvent faire l'objet d'une révision » ; et à l'article 148, alinéa 2 que : « De même, aucune révision ne peut être réalisée qui aurait pour résultat la suppression des droits fondamentaux et des libertés fondamentales des citoyens, ou de leurs garanties. » Selon l'article 158 de la Constitution de l'Azerbaïdjan : « Il ne peut pas être proposé d'ajouts à la Constitution de la République d'Azerbaïdjan en ce qui concerne les dispositions visées dans le chapitre I de la présente Constitution ». Voir, Commission de Venise, *op. cit.*, p. 45.

[3] Commission de Venise, *op. cit.*, p. 47.

fois, les dispositions existent bien, mais elles ne peuvent pas être objet d'un examen juridictionnel au fond par les tribunaux. En fait, les dispositions sur l'immuabilité ne relèvent pas souvent du « droit contraignant ». Le respect de telles dispositions dépend, en réalité, de la pratique et d'autres questions politiques pour lesquelles aucun recours à des procédures formelles n'est possible pour régler les litiges.

En général, la plupart des constitutions n'ont pas de dispositions sur l'immuabilité. Pour les constitutions qui contiennent des dispositions sur l'immuabilité, ces principes ne sont souvent pas justiciables. Cependant, il existe quelques pays dans lesquels ils le sont[1].

Par une décision rendue le 6 novembre 1962, le Conseil constitutionnel français a énoncé, que : « Considérant que la compétence du Conseil constitutionnel est strictement délimitée par la Constitution [...] le Conseil ne saurait donc être appelé à se prononcer sur d'autres cas que ceux qui sont limitativement prévus par ces textes. » Par cette décision, le Conseil constitutionnel a déclaré lui-même que les dispositions constitutionnelles lui donnant compétence pour examiner des actes législatifs ne comprenaient pas les amendements constitutionnels, et qu'il n'avait donc pas compétence en la matière. Le système français est un système qui a rejeté fermement l'examen juridictionnel, qui n'est pas considéré comme relevant de la compétence du Conseil constitutionnel, ou de tout autre tribunal[2]. Le même point a été soulevé dans plusieurs arrêts rendus ultérieurement[3]. Mais le Conseil a aussi expliqué que le législateur constitutionnel étant souverain, les amendements

---

[1] Les pays qui ont des dispositions immuables pouvant faire l'objet d'un examen juridictionnel sont notamment l'Autriche, la Bulgarie, l'Allemagne et le Portugal. Sur l'explication, voir notamment : Kemal Gözler, *op. cit.*, p. 447. En fait, même dans les constitutions contenant des dispositions ou des principes immuables, il n'est pas souvent explicitement indiqué s'ils font l'objet d'un examen juridictionnel et, si oui, en quels termes. Il reviendra alors au système constitutionnel national d'interpréter et de faire le tri. Certains pays n'ont pas encore été confrontés à cette question et la situation juridique n'est pas claire. Dans d'autres, l'examen juridictionnel a été rejeté au motif que les tribunaux ne peuvent pas se placer au-dessus du législateur constitutionnel. Dans d'autres encore, l'examen juridictionnel des amendements constitutionnels est possible en théorie, mais n'a jamais été appliqué dans la pratique. Et même dans les pays qui conduisent de temps en temps un examen juridictionnel des amendements constitutionnels, ceux-ci sont rarement, voire jamais, rejetés pour avoir violé des principes ou des dispositions immuables. Voir, Commission de Venise, *op. cit.*, p. 49.

[2] Voir la décision n° 1962-20DC du Conseil constitutionnel français adoptée le 6 novembre 1962.

[3] Voir la décision n° 2003-469DC du Conseil constitutionnel français adoptée le 26 mars 2003.

constitutionnels ne pouvaient donc pas être examinés par d'autres organes, eux-mêmes créés par la Constitution[1].

Par contre, l'Allemagne applique un examen juridictionnel au fond de l'amendement constitutionnel. En vertu de l'article 79, alinéa 3, de la constitution allemande, les amendements sont irrecevables s'ils concernent la division fédérale, les pouvoirs législatifs des États « ou les principes énoncés dans les articles 1 à 20 ». C'est la Cour constitutionnelle fédérale qui a compétence pour examiner les amendements. L'examen a souvent été rigoureux. La Cour constitutionnelle fédérale n'a jamais rejeté d'amendements constitutionnels pour violation de l'article 79, alinéa 3, même si en deux occasions, des avis minoritaires dissidents de grande ampleur se sont exprimés pour le demander[2].

En vérité, il faut distinguer l'examen juridictionnel des amendements constitutionnels et l'examen juridictionnel de la législation ordinaire. Il s'agit de deux choses très différentes, en principe et en pratique. En principe, le législateur constitutionnel doit être le maitre de la constitution et ne peut pas faire l'objet d'un examen par d'autres organes de l'État créés par la même constitution. En plus, les procédures d'amendement constitutionnel sont beaucoup plus strictes que celles qui prévalent pour la législation ordinaire[3]. Les décisions constitutionnelles adoptées selon de telles procédures jouiront en général d'un degré très élevé de légitimité démocratique, et un tribunal devrait beaucoup hésiter avant d'envisager de les annuler. C'est ainsi qu'il apparait que même dans les systèmes où l'examen juridictionnel est établi, les tribunaux laissent généralement une certaine marge d'appréciation au législateur constitutionnel.

Sur cette base, la Commission de Venise estime que l'examen juridictionnel au fond d'un amendement constitutionnel est un instrument problématique qui ne devrait être appliqué que dans les pays où il est défini par une doctrine claire et établie, et que même dans ces

[1] Voir la décision n° 92–312 du Conseil constitutionnel français adoptée le 2 septembre 1992, § 34 : « Considérant que, dans les limites précédemment indiquées, le pouvoir constituant est souverain ; qu'il lui est loisible d'abroger, de modifier ou de compléter des dispositions de valeur constitutionnelle dans la forme qu'il estime appropriée ».

[2] Voir, Commission de Venise, *op. cit.*, p. 50.

[3] Ils impliquent une majorité démocratique qualifiée, des délais et parfois de nouvelles élections ou un référendum populaire.

conditions, il devrait être exercé avec prudence et laisser une marge d'appréciation au législateur constitutionnel[1].

Tout ce qui a été écrit précédemment s'applique à l'examen juridictionnel au fond des amendements constitutionnels sur la base de l'« immuabilité ». Il en va tout autrement du contrôle purement formel qui consiste à vérifier et à s'assurer que les amendements ont été adoptés conformément aux procédures constitutionnelles prescrites. La Commission de Venise réaffirme ici qu'elle appuie vigoureusement tous les systèmes qui permettent une supervision efficace et démocratique de la manière dont les procédures d'amendement ont été respectées et suivies. S'il y a tout lieu de croire que les amendements ont été adoptés en violation des exigences constitutionnelles, la question devra être portée devant un tribunal[2].

C. Contrôle des amendements constitutionnels selon la jurisprudence de la Haute Cour constitutionnelle

Le système constitutionnel égyptien retient une définition matérielle de la loi en vertu de laquelle toute disposition éditée par voie générale est une loi[3]. Ainsi, la Haute Cour constitutionnelle a la compétence de contrôler la constitutionnalité des lois et des règlements. Cependant, la Haute Cour constitutionnelle égyptienne limite les conclusions déduites du critère matériel en ayant recours au critère organique. Ainsi, on ne peut pas littéralement parler d'un critère purement matériel, mais plutôt hybride. En effet, la jurisprudence constante de cette Cour exclut du champ d'application du contrôle de constitutionnalité deux catégories de dispositions à caractère général et abstrait. Il s'agit des lois constitutionnelles et des actes de gouvernement.

D'une part, en ce qui concerne les actes de gouvernement, le Conseil d'État égyptien a développé une théorie de l'acte de gouvernement, en vertu de laquelle les actes pris par le gouvernement et ayant un mobile et une nature politique ne peuvent pas faire l'objet de discussion par la voie contentieuse[4]. La théorie des actes de gouvernement a été

[1] Voir, Commission de Venise, *op. cit.*, p. 51.
[2] *Ibid.*
[3] Voir l'article 192 de la Constitution égyptienne de 2014, amendée en 2019, selon laquelle : « La Haute Cour constitutionnelle est seule habilitée à exercer un contrôle judiciaire sur la constitutionnalité des lois, des règlements et l'interprétation des textes législatifs. [...] La loi détermine les autres compétences de la Haute Cour constitutionnelle et organise les procédures de saisine. »
[4] Conseil d'État, Arrêt n° 15/4, 7 décembre 1952, *Recueil du Conseil État*, p. 232.

consacrée par des dispositions explicites qui excluent cette catégorie d'actes de la compétence des juridictions des ordres judiciaire et administratif[1]. Même en l'absence d'une disposition qui exclut explicitement cette catégorie d'acte du champ d'application du contrôle effectué par le juge constitutionnel, cette théorie a progressivement trouvé son application dans la jurisprudence de la Cour constitutionnelle égyptienne dès sa création[2].

D'autre part, la jurisprudence de la Haute Cour constitutionnelle a confirmé l'incompétence du juge de constitutionnalité des lois pour contrôler les lois constitutionnelles[3]. Cette jurisprudence a contribué, en grande partie, à consolider la doctrine traditionnelle qui nie toute possibilité d'établir un quelconque mécanisme de contrôle sur les lois constitutionnelles.

Dans le même temps, la jurisprudence de la Haute Cour constitutionnelle a accepté l'établissement d'un contrôle de constitutionnalité sur les lois référendaires. En fait, la Haute Cour constitutionnelle fait la distinction entre le référendum issu de l'article 157[4] de la constitution égyptienne de 2014, amendée en 2019, et celui mentionné à l'article 226[5].

---

[1] Voir, par exemple, l'article 7 de la loi sur le Conseil d'État n° 112/1946.

[2] Voir HCC, n° 6/22, 5 février 1977, *Recueil Haute Cour constitutionnelle*, vol. 2, p. 32.

[3] Le juge égyptien de constitutionnalité des lois a apparemment recouru à une telle position afin de ne pas diverger de la jurisprudence de la Haute Cour sur l'utilisation du critère matériel.

[4] Article 157 : « Le Président de la République a le droit d'appeler les électeurs à un *référendum* sur des questions relatives aux intérêts suprêmes du pays, dans la limite des dispositions prévues par la Constitution […] ».

[5] Article 226 « Le Président de la République, ou cinq membres de la Chambre des députés ont le droit de demander l'amendement d'un ou plusieurs articles de la Constitution ; la demande doit comporter les articles à amender et les raisons de l'amendement. La demande est examinée dans les trente jours suivant sa réception et son adoption partielle ou intégrale doit obtenir la majorité des votes. Si la demande est rejetée elle ne peut être représentée avec les mêmes articles à amender que lors de la suivante session parlementaire. En cas d'approbation, les amendements sont discutés dans les soixante jours suivants. Si les amendements sont approuvés par les deux tiers des membres de la Chambre des députés, ils sont soumis au *référendum* populaire dans les trente jours à compter de la date de leur approbation. Les amendements prennent effet dès l'annonce du résultat et à la majorité des votes valides. Dans tous les cas, les textes relatifs à la réélection du Président de la République et les principes de liberté et d'égalité ne peuvent être amendés, à moins que l'amendement ne comporte plus de garanties ».

L'article 226 de la Constitution égyptienne énonce les procédures spéciales pour adopter une révision constitutionnelle[1]. Ce n'est qu'à ce titre que le corps électoral peut intervenir en tant que pouvoir constituant dérivé. La valeur constitutionnelle est donc uniquement acquise au prix de procédures spéciales décrites à l'article 226 dans leur ensemble. L'article 157 de la Constitution autorise le président de la République à consulter le peuple dans les matières importantes relatives aux intérêts supérieurs du pays. Cet article entre alors dans le cadre de l'opportunité politique. Par conséquent, le référendum ne peut, ni selon sa nature ni en raison de son objectif, constitutionnaliser la contrariété de certaines dispositions par rapport à la Constitution. De plus, l'approbation populaire sur les principes qui ont fait l'objet d'un référendum ne peut pas conférer à ces principes la valeur constitutionnelle. Celle-ci est acquise selon des procédures spéciales décrites à l'article 226 de la Constitution. « Ainsi, l'approbation populaire par référendum ne peut pas régulariser les griefs d'inconstitutionnalité portés par la loi n° 33/1978. Les actes en question demeurent donc, selon leur nature, des actes législatifs infraconstitutionnels »[2].

Cette analyse nous démontre donc que toute modification constitutionnelle appartient au pouvoir constituant dérivé. Ce dernier n'intervient que selon les formalités et les procédures décrites dans la Constitution en vigueur[3]. L'utilisation de la voie référendaire à l'encontre de dispositions constitutionnelles déterminant les modalités et procédures à suivre afin de modifier la Constitution, constitue une atteinte à la Constitution. Ainsi, la Haute Cour constitutionnelle pourra contrôler les lois basées sur le référendum de l'article 157 (lois référendaires) et ne pourra pas contrôler les lois basées sur l'article 226 (lois constitutionnelles).

Cependant, la question de contrôler les lois constitutionnelles a été posée à la suite de la révolution de 25 janvier 2011 et surtout avec la promulgation de la constitution de 2014, dans laquelle l'article 226

[1] Selon l'article 226, trois phases rythment le processus constitutionnel. Il y a, tout d'abord, l'initiative. Celle-ci appartient au président de la République et au tiers du parlement. Ensuite, le projet de la révision doit être adopté par une majorité parlementaire qualifiée. Enfin, le peuple doit approuver le projet de révision par un référendum.

[2] HCC, n° 56/6, du 21 juin 1986, *Recueil Haute Cour constitutionnelle*, vol. 3, p. 358.

[3] Pour savoir plus sur la distinction entre le pouvoir constituant original et le pouvoir constituant dérivé, voir M. Abozeid, *La Constitution égyptienne de 1971*, Alexandrie, Presses universitaires d'Alexandrie, 2005, p. 580.

contient une clause de l'immuabilité. Sous l'influence du droit comparé, certains juristes égyptiens[1] soutiennent la possibilité théorique de soumettre les lois constitutionnelles au contrôle de constitutionnalité des lois exercé par la Haute Cour constitutionnelle. L'expérience de la Turquie[2] et celle de l'Afrique du Sud ont été soutenues par certains juristes égyptiens[3]. Nous traiterons l'évolution de la jurisprudence de la Haute Cour Constitutionnelle dans cette question de contrôler les lois constitutionnelles : l'ancienne jurisprudence qui refuse et la nouvelle qui ouvre la porte à cette possibilité.

1. *L'ancienne jurisprudence : refus de contrôler les lois constitutionnelles*

La Haute Cour constitutionnelle a eu l'occasion de développer une jurisprudence sur l'impossibilité d'exercer un contrôle de constitutionnalité sur les dispositions de la Constitution à l'occasion de l'affaire constitutionnelle n° 23/15 du 5 février 1994. Dans cette affaire, le requérant contestait la constitutionnalité des articles 76[4] et 77[5] de la Constitution de 1971[6]. L'article 77 est issu de la révision constitutionnelle de 1980[7], à la suite de laquelle cette affaire constitutionnelle a été déclenchée.

Selon le requérant, ces deux articles précités consacrent un régime dictatorial qui permet l'élection d'un candidat bénéficiant d'un mandat sans fin. Cette situation va contre les dispositions du chapitre trois de la Constitution[8], et notamment de l'article 40 de la Constitution[9] et

---

[1] À titre d'exemple, voir A. Elchimy, *Vers un Contrôle sur les lois constitutionnelles : étude sur les aspects pratiques et théoriques*, Le Caire, Dar Al-Nahda Al-Arabia, 2006, p. 6.

[2] Voir, Kemal Gözler, *op. cit.*, p. 652.

[3] A. Elchimy, *op. cit.*, p. 70.

[4] L'article 76 déterminait les conditions d'éligibilité d'un candidat à l'élection présidentielle ainsi que le mode d'organisation de cette élection. Il ressort de cet article que la candidature doit être proposée par un tiers du parlement, être approuvée, par la suite, par les deux tiers et faire l'objet d'un vote par voie référendaire, c'est-à-dire être soumise à l'approbation du peuple à l'occasion d'un référendum.

[5] L'article 77 concernait l'organisation du mandat présidentiel conférant au président le droit de présenter sa candidature sans limitation temporelle.

[6] L'article 77 et beaucoup d'autres ont fait l'objet de modifications par l'intermédiaire de la révision constitutionnelle de 2005.

[7] M. Abozeid, *Le Système constitutionnel égyptien et le contrôle de constitutionnalité des lois*, Alexandrie, Monchat-Almarif, 1985.

[8] Concernant les droits, libertés et devoirs publics.

[9] Consacrant le principe d'égalité entre les citoyens.

l'article 62 de la Constitution[1]. Le requérant a soutenu la thèse de la possibilité de contradiction entre les dispositions de la Constitution afin d'approuver la compétence de la Haute Cour constitutionnelle[2].

La Haute Cour constitutionnelle égyptienne a d'abord réfuté la logique établissant un contrôle sur les normes constitutionnelles[3]. La Cour constitutionnelle égyptienne s'est appuyée sur deux arguments pour décliner sa compétence. Le premier est l'impossibilité de fonder un contrôle quelconque sur les lois constitutionnelles. Celles-ci expriment d'une manière directe la volonté du peuple. À ce titre, les lois constitutionnelles sont l'expression directe de la souveraineté du peuple. Cette dernière, selon l'expression utilisée par la Haute Cour constitutionnelle, « n'est pas susceptible d'un quelconque contrôle ». Cet argument se distingue par son caractère politique. Le second est l'idée de la subordination. Celle-ci se présente comme un corolaire de la logique de contrôle. Selon le raisonnement de la Haute Cour constitutionnelle, tout contrôle suppose un lien hiérarchique entre les normes soumises au contrôle et les normes de référence. Ce lien hiérarchique est absent à propos du contrôle des lois constitutionnelles, car les normes de la Constitution occupent le sommet de la hiérarchie des normes juridiques. Le juge égyptien de constitutionnalité des lois applique donc le raisonnement kelsénien afin de justifier son

[1] Consacrant les droits civiques des citoyens.

[2] Selon lui, « si l'objet du procès constitutionnel est la contradiction entre deux dispositions parmi lesquelles une disposition constitutionnelle, l'objet du procès peut, de même, être une contradiction entre deux dispositions constitutionnelles puisque la Constitution constitue la loi initiale. En cette qualité, ses dispositions doivent être cohérentes. S'il y a une contradiction, la Cour constitutionnelle sera, le cas échéant, compétente pour purger cette contradiction. Ceci est réalisable soit à travers son pouvoir d'interprétation si cela est possible, soit à travers l'abrogation de la disposition qui est inconciliable avec l'esprit de la Constitution et ses valeurs ». Voir HCC, n°15/23, 5 février1994, *Recueil Haute Cour constitutionnelle*, p. 225.

[3] Selon la Cour : « le contrôle de constitutionnalité suppose l'existence d'une constitution rigide. Ses normes doivent avoir une suprématie normative sur l'ensemble des normes juridiques inférieures qui font l'objet de ce type de contrôle. À ce titre, les normes de la Constitution constituent des contraintes sur le législateur. En outre, en vertu du préambule de la Constitution de 1971, le texte constitutionnel est l'expression de la souveraineté du peuple. Par conséquent, les dispositions de la Constitution expriment d'une manière directe la volonté du peuple égyptien. Cette volonté n'est pas susceptible d'un quelconque contrôle. Le Parlement doit, d'une part, se soumettre à cette volonté lors de l'exercice de sa fonction législative. D'autre part, les juridictions ne peuvent pas soumettre cette volonté à leur contrôle ». Voir le même arrêt, *ibid.*

incompétence. Un contrôle de supraconstitutionnalité est inconcevable selon le raisonnement précité[1].

Les deux arguments précités ont donc conduit la Haute Cour constitutionnelle à exclure les lois constitutionnelles du champ d'application du contrôle de constitutionnalité[2]. À la lumière de cette jurisprudence, la majorité des constitutionnalistes égyptiens[3] pensent que les dispositions qui interdisent la modification de certaines dispositions constitutionnelles (clause d'immuabilité) sont dépourvues de toute valeur juridique. Les publicistes égyptiens nient la possibilité de consacrer un caractère intangible à certaines dispositions constitutionnelles. Cette doctrine a donc, d'une manière indirecte, conduit la Cour constittionnelle égyptienne à reconnaître un pouvoir absolu au constituant en fondant sa jurisprudence sur un argument politique, la souveraineté du constituant « n'est susceptible d'aucun contrôle »[4].

2. La nouvelle jurisprudence : vers la possibilité d'un contrôle des lois constitutionnelles

À la lumière du droit comparé, le débat égyptien sur le contrôle du pouvoir constituant institué était très vivant dans la période de la transition politique depuis 2011. Ce débat a eu une réponse dans la Constitution de 2014, qui a favorisé le courant doctrinal selon lequel le pouvoir constituant pourra être contrôlé. Ce pouvoir n'est pas complètement libre, il est limité. Par ailleurs, cette position est apparue dans la jurisprudence de la Haute Cour constitutionnelle depuis la révision constitutionnelle de 2005.

C'est ainsi que la Haute Cour constitutionnelle n'a pas utilisé l'argument politique, selon lequel la souveraineté du constituant n'est susceptible d'aucun contrôle. Elle a utilisé seulement l'argument lié à sa compétence en déclarant que : « le contrôle de la Haute Cour constitutionnelle s'exerce selon les dispositions constitutionnelles et législatives qui déterminent la compétence de cette Cour et les modalités de recours devant elle. La Haute Cour constitutionnelle ne tient de l'article 175 de la Constitution, ni de l'article 25 de la loi n° 48/1979, la compétence

[1] M. Abozeid, *op. cit.*, p. 369.
[2] HCC, n°15/23 du 5 février1994.
[3] M. Abozeid, *op. cit.*, p. 366 ; R. Abdelwahab, *Droit constitutionnel*, Alexandrie, Monchat-Almarif, 1990, p. 133.
[4] HCC, n°15/23 du 5 février1994, précité. Voir aussi, A.F.M. Mohamed, *Le Contrôle de constitutionnalité des lois en France et en Égypte*, thèse, Université de Bordeaux, 2015, p. 37, https://tel.archives-ouvertes.fr/tel-01577801/document.

pour se prononcer sur une révision constitutionnelle »[1]. Selon cet arrêt, la Haute Cour constitutionnelle accepte, en principe, la possibilité de contrôler les lois constitutionnelles si la loi lui donne cette compétence. Le seul argument utilisé est donc celui de son incompétence.

À la suite des évènements de 2011 et l'abandon de la constitution de 1971, la doctrine constitutionnelle égyptienne, dans sa majorité, montrait la nécessité de mettre en place un mécanisme clair afin de permettre au juge constitutionnel de contrôler les lois constitutionnelles. En fait, selon ce courant, c'est une garantie pour la transition vers un État démocratique[2].

Après une longue période de transition et de controverses politiques et juridiques, la tentative d'établir un contrôle de constitutionnalité des lois constitutionnelles a ainsi été vouée à l'échec[3]. Cependant, lors de l'élaboration de la Constitution de 2014, le constituant égyptien a intégré dans les dispositions de l'article 226, qui énonce les modalités et les procédures qualifiées pour adopter une révision constitutionnelle, une garantie constitutionnelle pour les droits et libertés, une sorte de « clause d'immuabilité », dans le sens que certaines dispositions sont immuables ou inaltérables. En vertu de cette dernière, il est interdit aux autorités concernées de réviser les dispositions qui concernent le principe de la liberté individuelle et celui d'égalité sauf dans la mesure où la demande de modification a pour objet d'assurer plus de garanties à l'exercice de ces droits.

---

[1] HCC, décision n° 188/27 du 15 juin 2006.

[2] Voir, à titre d'exemple, A. Elchimy, *op. cit.*, p. 20.

[3] Voir la charte supraconstitutionnelle qui a été proposée par le gouvernement de transition en 2011. L'objet de cette charte était de consacrer le caractère civil de l'État égyptien ainsi que les droits fondamentaux. Voir aussi l'article 60-1 de l'acte transitoire de 17 juin 2012, promulgué par le Conseil supérieur des forces armées, qui a modifié l'acte de transition du 30 mars 2011 qui se présente comme l'acte qui a régi la période de transition en Égypte à la suite de la révolution de 25 janvier 2011. L'acte de 17 juin 2012 a été supprimé par l'acte rendu le 12 août 2012 laissant au Comité chargé de la rédaction de la Constitution de 2012 toute liberté dans l'élaboration de la future constitution. Cela a permis aux partis islamiques d'élaborer une constitution marquée par une connotation islamique. Plusieurs critiques ont été adressées à cette constitution. La violation du caractère civil de l'État égyptien, la limitation de l'autorité juridictionnelle et la consécration de la dictature ont été pointées au sein des dispositions de cette Constitution. Ainsi, la Constitution de 2012 était une des principales raisons des manifestations du 30 juin 2013 qui ont mis fin au régime des Frères musulmans. Sur ces controverses, voir : N. Bernard-Maugiron, « La Constitution égyptienne de 2014 est-elle révolutionnaire ? », *La Revue des droits de l'homme*, n° 6, 2014, http://journals.openedition.org/revdh/978.

Cette nouvelle disposition issue de la nouvelle Constitution de 2014 se distingue par un caractère novateur. Pour la première fois dans l'histoire constitutionnelle égyptienne, l'interdiction partielle de modifier certaines dispositions constitutionnelles est établie. Cette prohibition apporte une sorte de protection renforcée au dispositif constitutionnel des droits et libertés. C'est ainsi que le constituant égyptien de 2014 a limité le pouvoir constituant institué, par rapport à toute révision qui vise à dégrader le statut actuel de certains droits et libertés.

Malgré cette évolution très significative dans l'histoire constitutionnelle de l'Égypte, la Haute Cour constitutionnelle reste sans compétence dans ce domaine, car sa loi ne lui donne pas cette compétence de contrôler les lois constitutionnelles.

D. Conclusion

Il semble que les amendements de la constitution de 2019 sont en contradiction avec l'alinéa 4 de l'article 226, selon lequel « Les textes relatifs à la réélection du Président de la République et les principes de liberté et d'égalité ne peuvent être amendés, à moins que l'amendement ne comporte plus de garanties. » En fait, le constituant égyptien a intégré dans les dispositions de l'article 226 de la constitution de 2014, qui énonce les modalités et les procédures qualifiées pour adopter une révision constitutionnelle, une interdiction partielle de modifier certaines dispositions constitutionnelles. Ainsi le constituant égyptien a adopté la doctrine de la « clause de l'immuabilité ».

Nous avons posé dans notre introduction une question principale : le contrôle de la constitutionnalité de ces amendements est-il possible ?

Pour répondre à ces questions, disons que la soumission des lois constitutionnelles au contrôle de la constitutionnalité est très importante pour le développement du système constitutionnel égyptien. Mais la mise en œuvre de cette disposition pose plusieurs questions. Ces questions peuvent porter sur l'organe juridique ayant la compétence de veiller au respect de cette nouvelle disposition, et sur le choix entre un contrôle *a priori* et *a posteriori*. Dans le premier cas, s'agit-il d'un contrôle juridictionnel où les déclarations de la Cour constitutionnelle jouissent de l'autorité juridique, ou s'agit-il d'un contrôle politique exercé par un avis ? La question du moyen de la mise en œuvre de ce nouveau mécanisme se pose aussi. S'agit-il d'une nouvelle loi sur la Haute Cour constitutionnelle ou une mutation jurisprudentielle de la part de la Haute Cour constitutionnelle serait-elle possible ?

En attendant la mise en œuvre de ce nouveau mécanisme, les lois constitutionnelles demeurent, selon l'état actuel de la jurisprudence du juge de constitutionnalité des lois, exclues du champ d'application du contrôle juridictionnel, malgré la possibilité d'exercer un contrôle de constitutionnalité sur les lois référendaires portant sur une matière constitutionnelle.

LA QUESTION PRIORITAIRE DE CONSTITUTIONNALITÉ

La France, une démocratie suffisamment mûre pour accepter pleinement l'État de droit ?

Thomas SIRET[1]

Le 7 mars 2011, dans le journal *Le Monde*, le président du Conseil constitutionnel, Jean-Louis Debré, saluait le « succès » de la « question prioritaire de constitutionnalité » (QPC), instaurée par la révision constitutionnelle du 23 juillet 2008, par ces mots : « La QPC révèle que la France est devenue une démocratie suffisamment mûre pour accepter pleinement l'État de droit. La Constitution, jusqu'à présent, était quelque chose d'inatteignable. C'était l'affaire des politiques, pas des citoyens. La QPC permet à chacun de se prévaloir de la Constitution. » Qu'en est-il vraiment ? Qu'est-ce que l'État de droit ? Une « machinerie conceptuelle »[2] ? De quel État de droit parle-t-on ? Le caractère atteignable de la Constitution aux citoyens est-il un critère indispensable dans l'acception de l'État de droit au « sens plein » du terme ? Longtemps jugé impossible en France au motif qu'il ne pouvait y avoir « d'inconstitutionnalité matérielle absolue », comment le contrôle de constitutionnalité par voie d'exception a-t-il réussi à s'imposer et qu'a-t-il modifié sur le fonctionnement de la démocratie ?

A. Une « inconstitutionnalité matérielle absolue »[3]

1. La conception de l'État de droit à la française

En 1923, dans son *Traité de droit constitutionnel*, le juriste français Léon Duguit écrivait que l'État de droit signifiait que l'État était « subordonné à une règle de droit supérieure à lui-même qu'il ne crée pas et qu'il ne peut pas violer »[4]. Duguit considérait qu'il y avait « une

[1] Chargé d'enseignement, Université Catholique de l'Ouest, Angers, France.

[2] J. Chevallier, *L'État de droit*, Paris, Montchrestien, 2003, p. 13.

[3] Ch. Eisenmann, *La Justice constitutionnelle et la Haute Cour constitutionnelle d'Autriche*, Paris, Economica, 1986, p. 17.

[4] L. Duguit, *Traité de droit constitutionnel. La Théorie générale de l'État*, t. III, Paris, Fontemoing et Cie, 1923, p. 547.

règle de droit supérieure à la puissance publique »[1] qui venait la limiter et lui imposer des devoirs. Il rattachait cette notion d'État de droit au système des déclarations de droits[2] dont « une assemblée réunie dans des conditions exceptionnelles formule certains principes de droit supérieur qui s'imposent à l'État, non seulement au pouvoir législatif ordinaire, mais même au pouvoir législatif constituant, et toute loi, quelle qu'elle soit, quel que soit l'organe dont elle émane, doit être faite conformément à ces principes. Si elle viole l'un d'eux, elle est contraire au droit et logiquement aucune obéissance ne lui est due. »[3] Il justifiait son propos en précisant que « le législateur ne peut faire aucune loi qui porte atteinte à la propriété des individus. La propriété est rangée par la Déclaration des droits, au nombre de ces droits naturels dont l'homme se trouve investi au moment même de sa naissance par cela même qu'il est homme. »[4]

Duguit préconisait déjà, « sous la IIIe République, la primauté de la *Déclaration des droits de l'homme* de 1789 sur la loi positive et se déclarait en faveur du pouvoir des tribunaux pour apprécier la constitutionnalité des lois »[5]. Tribunaux qui, d'après lui, « doivent avoir compétence pour refuser d'appliquer une loi qui, sans contenir une violation d'une règle constitutionnelle écrite, est certainement en contradiction avec un principe du droit supérieur non écrit et que la conscience collective aperçoit fortement comme s'imposant à l'État »[6].

Son contemporain, le juriste Maurice Hauriou, considérait, lui, que le régime d'État constituait « par lui-même un état de droit »[7]. Sa définition, en harmonie avec l'étymologie du mot droit, venant du latin *stare* et signifiant permanence ou stabilité, ce principe selon lequel la société possède une transcendance juridique[8] impliquait donc la

---

[1] *Ibid.*, p. 548.
[2] C.-M. Herrera, « Quelques remarques à propos de la notion d'État de droit », *in L'Homme et la société*, n° 113, 1994, *Figures actuelles du capitalisme*, Paris, L'Harmattan, p. 95.
[3] L. Duguit, *op. cit.*, p. 554.
[4] *Ibid.*, p. 608-609.
[5] C.-M. Herrera, *op. cit.*, p. 95.
[6] L. Duguit, *op. cit.*, p. 556.
[7] M. Hauriou, *Précis de droit administratif et de droit public général*, Paris, Larose, 1900, p. 26
[8] B. Barret-Kriegel, *L'État et les esclaves*, Paris, Payot, 1989, p. 30.

réalisation de « l'État de droit dans l'institution de l'État »[1]. L'État de droit s'établissait ainsi « par autolimitation objective du pouvoir »[2].

Pour le juriste Raymond Carré de Malberg, l'État de droit était « un État qui dans ses rapports avec ses sujets et pour la garantie de leur statut individuel, se soumet lui-même à un régime de droit, et cela en tant qu'il enchaîne son action sur eux par des règles, dont les unes déterminent les droits réservés aux citoyens, dont les autres fixent par avance les voies et moyens qui pourront être employés en vue de réaliser les buts étatiques »[3]. L'État de droit tendait ainsi « à limiter la puissance de l'État, en la subordonnant à l'ordre juridique »[4]. Cette « limitation de l'État par le droit »[5], enracinait l'État de droit dans la Révolution française, car « c'est en France et par l'Assemblée nationale de 1789 qu'ont été dégagées les idées maitresses et, en partie, les institutions sur lesquelles repose le système de l'État de droit »[6]. Carré de Malberg, en désaccord avec Duguit qui argüait qu'une loi « violant un des principes formulés dans la Déclaration des droits de 1789 »[7] serait inconstitutionnelle, estimait que le système français de la IIIe République[8] « ne lie pas le législateur à un principe de respect de droit individuel qui doit s'imposer à lui d'une façon absolue »[9].

2. *Des justifications historiques à l'absence de contrôle de constitutionnalité*

Si l'éventualité d'un contrôle de constitutionnalité fut envisagée, en France, dès l'époque révolutionnaire, comme l'atteste le projet de jury constitutionnaire du député Emmanuel-Joseph Sieyès des 2 et 18 thermidor an III (20 juillet et 5 août 1795), l'idée fut assez vite controversée. En effet, dès 1789, la « conscience politique française », du fait de l'assimilation contestable, néanmoins réelle, entre « le Parlement et la volonté générale », consistant « à voir dans les députés, non des représentants de la nation, mais la nation elle-même », ne pouvait que

---

[1] M. Hauriou, *Précis de droit administratif*, Paris, Sirey, 1914, p. 36.
[2] M. Hauriou, *Principes de droit public à l'usage des étudiants en licence*, Paris, Sirey, 1916, p. 31.
[3] R. Carré de Malberg, *Contribution à la théorie générale de l'État*, t. I, Paris, Sirey, 1920, p. 488-489.
[4] *Ibid.*
[5] L. Duguit, *op. cit.*, p. 547.
[6] R. Carré de Malberg, *op. cit.*, p. 489.
[7] L. Duguit, *op. cit.*, p. 564.
[8] C.-M. Herrera, *op. cit.*, p. 96.
[9] R. Carré de Malberg, *op. cit.*, p. 492.

s'opposer à l'idée même d'un contrôle des actes des députés[1]. Au 19e siècle, « à défaut d'unanimité », la doctrine française demeura ambigüe[2] sur la question du contrôle de constitutionnalité. Ainsi, Carré de Malberg « pouvait affirmer que le contrôle de constitutionnalité des lois, dans le cadre de la Constitution de 1875, était impossible »[3].

Quoique le terme d'inconstitutionnalité ne fût pas méconnu, dès 1928, le juriste Charles Eisenmann en avait écarté l'hypothèse, parlant même « d'inconstitutionnalité matérielle absolue »[4]. Reconnaitre le contraire aurait été une manière de « soumettre le législateur, mais aussi le droit, à des normes suprajuridiques »[5]. La justice constitutionnelle se limitait donc à la vérification de la légalité formelle constitutionnelle, n'examinant ainsi que la constitutionnalité externe de l'acte[6]. D'ailleurs, en 1928, le juriste Marcel Waline considérait que ce contrôle externe était effectif lorsque le président de la République vérifiait « la régularité du vote d'une loi avant de la promulguer »[7].

Bien que le contrôle de constitutionnalité des lois ne vît pas le jour sous la IIIe République, l'idée était pourtant présente chez certains parlementaires. En 1903 et 1907, le député Charles Benoist, une dizaine d'années après le député Alfred Naquet, avait proposé la création d'une « cour suprême pour connaitre des atteintes portées aux droits et libertés des citoyens »[8]. En 1924, le député Georges Bonnet, puis le député Fernand Engerand, en 1925, avaient chacun déposé une proposition de loi visant à établir « une cour suprême pour connaitre des atteintes aux droits et aux libertés des citoyens reconnus par la Déclaration des Droits de l'Homme et du Citoyen »[9].

Si la doctrine française ne fut pas hermétique au débat sur le principe du contrôle de constitutionnalité, le passage de la théorie à la pratique s'avéra compliqué. D'une part, « l'absence d'une déclaration des droits aux trois lois constitutionnelles de 1875 rendait presque inutile tout

---

[1] K. Fiorentino, « L'Émergence du contrôle de constitutionnalité en France et en Italie : Regards croisés de la doctrine », *in Annuaire international de justice constitutionnelle*, Paris, Economica, 2010, nº 25, p. 35.
[2] *Ibid.*
[3] *Ibid.*
[4] C. Eisenmann, *op. cit.*, p. 17.
[5] *Ibid.*, p. 18. *Cf.* K. Fiorentino, *op. cit.*, p. 35.
[6] *Ibid.*
[7] Marcel Waline, *Éléments d'une théorie de la juridiction constitutionnelle en droit positif français*, Paris, M. Giard, 1928, p. 446.
[8] *Journal officiel*, 28 janvier 1903 et 7 mai 1907.
[9] *Journal officiel*, 17 mars 1925.

contrôle de constitutionnalité »[1], d'autre part, il y avait « une crainte présente dans la doctrine, celle de voir apparaitre une sorte de gouvernement des juges »[2]. Créer un contrôle de constitutionnalité revenait, aux yeux de ses contempteurs, « à confier à des magistrats l'appréciation du droit »[3] d'après leurs convictions politiques et morales. En 1990, Michel Troper expliquait que cette « longue tradition française d'hostilité au contrôle de constitutionnalité » était due à « l'assimilation du contrôle au pouvoir normatif »[4]. Or de quelle manière un magistrat, n'ayant pas été élu, pouvait-il, de par son contrôle des lois, devenir « colégislateur », « avec les députés et les sénateurs »[5] ? Ce contrôle de constitutionnalité, considéré illégitime par les élus de l'époque, était vécu comme une remise en cause de la « souveraineté parlementaire ».

S'il fut longtemps jugé impossible, à la suite d'un changement de paradigme, le contrôle de constitutionnalité émergea en France après la Seconde Guerre mondiale.

B. Un renouvèlement de la conception de l'État de droit à la française *via* la matrice kelsénienne

1. Le coup d'État juridique de 1971 et la transformation du Conseil constitutionnel en chambre législative spécialisée

Au début du 20e siècle, ce concept d'État de droit fut redéfini par le juriste autrichien Hans Kelsen, comme un « État dans lequel les normes juridiques sont hiérarchisées de telle sorte que sa puissance s'en trouve limitée ». Ainsi, « chaque norme tirait sa validité de sa conformité aux critères formels posés par la norme supérieure »[6]. Chez Kelsen, l'État de droit repose bien moins sur une limitation du pouvoir de l'État que sur une « théorie de la construction de l'ordre juridique par degrés »[7]. Pour Kelsen, la notion d'État de droit fondée sur une autolimitation n'était qu'une « duplication épistémologique »[8], qu'un « pléonasme »,

---

[1] K. Fiorentino, *op. cit.*, p. 43.
[2] *Ibid.*, p. 39.
[3] *Ibid.*, p. 39-40.
[4] Michel Troper, *Pour une Théorie juridique de l'État*, Paris, Presses Universitaires de France, 1994, p. 40.
[5] *Ibid.*
[6] P.-M. Dupuy, « L'Unité de l'ordre juridique international », *in Collected courses of The Hague Academy of International Law*, vol. 297, La Haye, Hachette, 2002, p. 67.
[7] C.-M. Herrera, *op. cit.*, p. 97.
[8] *Ibid.*, p. 98.

qu'une tautologie, visant à remplir « une fonction idéologique »[1]. Prétendre que l'État se soumettait au droit, après l'avoir créé, revenait à légitimer un certain type d'État par le droit[2]. Ceci est du reste très prégnant dans les États démocratiques, « pour qui toute légitimité de type religieux est devenue inutilisable »[3]. C'est d'ailleurs ce qui amenait Kelsen à dire : « Tout État, même le plus policier, doit être un ordre juridique [...], tout droit est droit étatique, car tout État est un État de droit. » L'État de droit de type kelsénien a donc favorisé l'émergence d'un contrôle de constitutionnalité dont les Cours constitutionnelles « allaient devenir les organes essentiels à sa bonne exécution ».

En 1958, la France, dotée d'une nouvelle Constitution, créa le Conseil constitutionnel dont l'activité était limitée « au contrôle des équilibres entre les pouvoirs publics établis par la nouvelle Constitution »[4]. Longtemps refusé du fait de l'article 6 de la *Déclaration des Droits de l'Homme et du Citoyen* qui affirme que la loi est l'expression de la volonté générale — créer un organe de contrôle de la conformité des lois aurait pu être considéré comme une offense faite à la souveraineté du peuple français —, le Conseil s'érigea d'abord en soutien à l'exécutif. Sa principale vocation était surtout de s'assurer que les lois votées l'eussent été « conformément aux règles de compétence et de procédure fixées par la Constitution ».

S'il fut, à l'origine, créé en opposition à « la constitution d'un gouvernement des juges », et comme une « arme contre la déviation du régime parlementaire », d'une expression de Michel Debré, son rôle a profondément changé lorsque, par « les effets combinés » du coup d'État juridique de juillet 1971 — par lequel il « se reconnut compétent pour apprécier la constitutionnalité d'un texte au regard du Préambule de la Constitution »[5] — et de la révision constitutionnelle de 1974 accordant le droit de saisine à 60 députés ou 60 sénateurs, vit le jour, en France, un véritable contrôle de constitutionnalité. En effet, grâce à sa décision de 1971, le Conseil constitutionnel, qui avait « fait passer les

[1] *Ibid.*
[2] *Ibid.*
[3] C.-M. Herrera, *La Philosophie du droit de Hans Kelsen : une introduction*, Québec, Les Presses Universitaires de Laval, 2004, p. 58.
[4] Y. Mény, « Révolution constitutionnelle et démocratie : chances et risques d'une nouvelle définition de la démocratie », *in Les Cahiers du Conseil constitutionnel*, Paris, Dalloz, 2009, n° hors-série.
[5] R. Badinter, « Une longue marche 'Du Conseil à la Cour constitutionnelle' », *Les Cahiers du Conseil constitutionnel*, Paris, Dalloz, 2008, n° 25.

droits fondamentaux de la rhétorique révolutionnaire à l'effectivité en tant que normes de référence suprême »[1], put ainsi devenir « l'interprète autorisé et le gardien vigilant des libertés et droits fondamentaux des citoyens »[2]. Le Conseil devint alors, selon la formule de Charles Eisenmann, un « canon braqué contre le Parlement » : « La voie vers un contrôle juridictionnel des lois fondées sur le respect par le législateur des libertés et droits fondamentaux était ouverte. »[3]

Quant à la révision constitutionnelle de 1974 (autorisant le droit de saisine à l'opposition), elle eut pour conséquence d'engendrer « des litiges d'ordre constitutionnel »[4]. La saisine du Conseil par l'opposition avait surtout eu pour but de ralentir ou de mettre en échec « le programme législatif du gouvernement et de sa majorité »[5]. *Stricto sensu*, contemporain de la démocratisation de la Grèce, du Portugal et de l'Espagne, le contrôle de constitutionnalité par voie d'action, *a priori*, *in abstracto*, des lois en France n'a donc que 50 ans[6]. Si la Révolution française avait renversé le roi, elle lui avait substitué la « tyrannie de la majorité ». Dans « la tradition républicaine, les lois du Parlement étaient considérées comme incarnant la volonté générale »[7], volonté générale qui supposait la supériorité de la loi[8]. La « doctrine de la séparation des pouvoirs avait eu pour effet de soumettre les tribunaux à l'autorité législative en prohibant le contrôle juridictionnel des lois parlementaires »[9].

Cela explique sans doute pourquoi, ce contrôle ne fut autorisé, dans un premier temps, qu'*a priori*, c'est-à-dire avant la promulgation de la loi. En effet, une fois la loi promulguée, « elle ne pouvait en aucun cas être contestée devant un juge »[10]. Agissant *in abstracto*, le Conseil faisait en quelque sorte office de « chambre législative spécialisée à des décisions portant sur la constitutionnalité »[11]. Le Conseil faisait

---

[1] Y. Mény, *op. cit.*, n° hors-série.
[2] R. Badinter, *op. cit.*, n° 25.
[3] *Ibid.*
[4] A. Stone Sweet, « Le Conseil constitutionnel et la transformation de la République », *in Les Cahiers du Conseil constitutionnel*, Paris, Dalloz, 2008, n° 25.
[5] *Ibid.*
[6] Y. Mény, *op. cit.*, n° hors-série.
[7] A. Stone Sweet, *op. cit.*, n° 25.
[8] *Ibid.*
[9] *Ibid.*
[10] *Ibid.*
[11] *Ibid.*

fonction, « en termes kelséniens, de législateur négatif »[1], empêchant ainsi la promulgation d'une loi jugée inconstitutionnelle.

Cependant, le « pouvoir législatif » du Conseil n'était pas seulement négatif, mais aussi positif. Lorsque le Conseil annulait une réforme législative importante, il n'était pas rare qu'il donnât des indications sur la façon de réécrire ou de modifier le texte initial[2]. C'est en raison de ce processus de « révision correctrice » que le Conseil put à bon droit être qualifié de législateur positif. Rôle de législateur positif qui fut d'autant plus mis en exergue par l'influence générée par la jurisprudence du Conseil ainsi que par la menace de saisine brandie par l'opposition parlementaire. En effet, lorsque les ministres et les parlementaires rédigeaient des lois, ils ne devaient pas oublier de « se conformer à la jurisprudence du Conseil »[3], voire « anticiper l'orientation du Conseil »[4]. Implicitement, ce type de raisonnement les amenait à reconnaître le pouvoir pédagogique du Conseil dans le processus législatif[5].

Mais, s'il est possible de voir dans le Conseil constitutionnel une chambre législative, à l'inverse, à certains moments, les parlementaires eux-mêmes ont pu se considérer comme des juges constitutionnels[6] : « À l'occasion des débats sur une motion d'irrecevabilité dirigée contre le projet de loi de nationalisation des socialistes, en 1981, le vice-président du Sénat déclara que les parlementaires étaient des juges de première instance, statuant sous le contrôle du Conseil de la même manière que les juges du fond sont contrôlés par la Cour de cassation. L'un des partisans du Conseil, dans la *Revue politique et parlementaire* de l'année 1986, décrivit celui-ci comme une 'chambre d'appel' du Parlement ou encore comme un 'second Parlement' qui organise le travail du 'premier Parlement'. Plus tard dans la même année, Jacques Toubon, non sans mécontentement, qualifia le Conseil de 'Parlement des juges'. […] Plus une Cour constitutionnelle exerce des pouvoirs de contrôle *in abstracto* avec une efficacité minimale, plus le législateur se trouve enclin à se comporter en juge constitutionnel. »[7]

---

[1] *Ibid.*
[2] *Ibid.*
[3] *Ibid.*
[4] *Ibid.*
[5] *Ibid.*
[6] *Ibid.*
[7] *Ibid.*

2. La QPC et le contrôle par voie d'exception

À partir des années 1980, sous l'effet conjugué de la « doctrine Badinter » et de « l'école aixoise » du doyen Favoreu[1], il y eut la volonté de transformer le Conseil constitutionnel, simple organe régulateur constitutionnel, en une juridiction constitutionnelle, à l'exemple de ses homologues européennes[2]. Si par la décision du 25 janvier 1985, le Conseil adopta une nouvelle jurisprudence, suivant laquelle « la régularité au regard de la Constitution d'une loi promulguée pouvait désormais être utilement contestée à l'occasion de l'examen des dispositions législatives qui la modifient, la complètent ou affectent son domaine »[3] — « ce qui donnait à la doctrine l'occasion de parler d'exception d'inconstitutionnalité »[4] —, jusqu'en juillet 2008, « aucun acte du pouvoir constituant n'est venu officialiser cette pratique et reconnaître » le droit à un contrôle *a posteriori*[5]. Malgré la présidence du Conseil constitutionnel de Robert Badinter, de 1986 à 1995, qui n'avait cessé d'aller « toujours plus loin dans la volonté de juridictionnalisation du Conseil »[6], le Conseil « se borna à se prononcer sur des lois avant leur promulgation » par un contrôle abstrait et préventif[7].

Cependant, Badinter posa des jalons qui allaient permettre la transformation du Conseil constitutionnel en une « dénomination conforme à sa nature », à savoir une Cour constitutionnelle. Dans un premier temps, il invita les membres du Conseil à « se considérer comme des juges rendant des décisions juridictionnelles », puis il fit intégrer le Conseil à la Conférence des Cours constitutionnelles européennes afin de faire émerger « un *corpus* européen de principes constitutionnels »[8]. Si déjà, Badinter, au début des années 1990, estimait qu'il était « indispensable de compléter le contrôle *a priori* de la constitutionnalité des lois » par l'institution d'une « exception d'inconstitutionnalité ouverte aux justiciables »[9], il fallut attendre la révision constitutionnelle du 23 juillet 2008 pour qu'elle fût consacrée.

[1] K. Fiorentino, *op. cit.*, p. 59.
[2] *Ibid.*
[3] Décision n° 85-187 DC du 25 janvier 1985.
[4] K. Fiorentino, *op. cit.*, p. 50.
[5] *Ibid.*, p. 51.
[6] R. Badinter, *op. cit.*, n° 25.
[7] K. Fiorentino, *op. cit.*, p. 51.
[8] R. Badinter, *op. cit.*, n° 25.
[9] *Ibid.*

La même année, cette consécration amena le professeur Alec Stone Sweet à déclarer : « La souveraineté de la loi est morte. Le législateur français l'a tuée — dans un acte d'euthanasie »[1]. Il ajoutait : « Le 21 juillet 2008, la souveraineté législative est morte de sa belle mort, lorsque les députés et les sénateurs ont conféré au Conseil constitutionnel le pouvoir, exercé en collaboration avec la Cour de cassation et le Conseil d'État, de contrôler la conformité à la Constitution des lois déjà publiées. Le Conseil est désormais un membre à part entière de la famille des Cours constitutionnelles européennes. »[2] La révision constitutionnelle de 2008 a ainsi apporté « une nouvelle pierre au processus de 'transformation' de la Ve République qu'avait initié le Conseil dans sa décision de 1971 relative à la liberté d'association. Les partis politiques ont ainsi ratifié le 'coup d'État juridique', résultant du succès de l'incorporation par le Conseil de la Déclaration des droits de l'homme dans la Constitution. »[3] En effet, jusqu'en 2008, le contrôle de constitutionnalité était « davantage au service d'une logique d'affrontement entre la majorité et son opposition plutôt qu'à celui des dispositions constitutionnelles »[4].

Or avec la QPC, le contrôle *a posteriori* qualifié de concret devenait possible, à l'occasion de son « application dans un litige par voie d'exception »[5]. Si la QPC permet effectivement à tout justiciable de soulever, devant un juge judiciaire ou administratif chargé de son litige[6], la question de la conformité à la Constitution de la loi, elle constitue un progrès limité. Elle constitue effectivement un progrès dans le sens où l'initiative du contrôle n'est plus le pré carré du Conseil constitutionnel, « pour ce qui est des lois organiques et des modifications apportées par les assemblées parlementaires à leurs règlements »[7], et des « membres du Parlement et des principales autorités de l'État (le président de la République, le premier ministre, le président

---

[1] A. Stone Sweet, *op. cit.*, n° 25.
[2] *Ibid.*
[3] *Ibid.*
[4] K. Fiorentino, *op. cit.*, p. 48.
[5] N. Braconney, *La Justice et les institutions juridictionnelles*, Paris, La Documentation française, 2019, 180 p.
[6] E. Arkwright *et al.*, *Les Institutions de la France*, Paris, La Documentation française, 2013, 288 p.
[7] Y. Guéna, *Le Rôle du Conseil constitutionnel français*, Paris, Rapport du Conseil constitutionnel, 1998, p. 7.

de l'Assemblée nationale et le président du Sénat) »[1], pour ce qui relève des lois ordinaires. Progrès aussi, dans la mesure où elle peut permettre au citoyen de se substituer au manquement de l'opposition parlementaire qui, parfois, renonce à la saisine du Conseil au nom du consensus politique[2]. Par le passé, certains exemples, comme la loi Gayssot sur « la pénalisation du discours révisionniste », ont montré que « la classe politique, dans son ensemble, redoutant précisément l'effet politique, soit d'une censure, soit d'une confirmation par le juge constitutionnel d'un texte sensible, préférât ne pas saisir le juge »[3].

Cependant, ce progrès parait limité notamment en raison du mode de nomination des membres qui composent le Conseil constitutionnel. Lorsque le chef de l'État et les deux chambres « sont issus de la même majorité, les nominations donnent au Conseil le visage de cette majorité »[4]. La nomination des membres du Conseil constitutionnel peut amener à poser question et faire de cet organe un éventuel « otage du politique »[5]. En effet, « les membres du Conseil sont tous nommés par des autorités politiques individuelles de façon totalement discrétionnaire »[6]. « Chacune des trois autorités de nomination (président de la République, président du Sénat et président de l'Assemblée nationale) est ainsi habilitée à nommer un membre tous les trois ans, pour un mandat de neuf ans non renouvelable »[7]. Dans ces conditions, « la fréquence triennale du renouvèlement des nominations peut être interprétée comme la manifestation d'une affiliation partisane »[8].

De plus, l'éclosion ainsi que l'évolution du Conseil constitutionnel et du contrôle de constitutionnalité ont « introduit un nouveau type de démocratie basé sur le double pilier de la souveraineté du peuple et de l'État de droit »[9]. Désormais, ce nouveau type de démocratie « n'est plus seulement fondé sur la politique et le pouvoir du peuple souverain »[10], il s'enracine « dans le droit grâce à un corpus de normes à valeur constitutionnelle garanties par un juge qui échappe, pour reprendre les

---

[1] *Ibid.*
[2] *Ibid.*
[3] *Ibid.*
[4] A. Grosser, « La QPC, un grand progrès limité », *in La Croix*, 13 juillet 2011.
[5] Y. Guéna, *op. cit.*, p. 8.
[6] *Ibid.*, p. 9.
[7] *Ibid.*
[8] *Ibid.*
[9] Y. Mény, *op. cit.*, n° hors-série.
[10] *Ibid.*

mots de Madison, à la tyrannie de la majorité »[1]. Mais, le danger qui guette aujourd'hui est celui qui consisterait à basculer dans ce qui fut « la phobie des révolutionnaires français, c'est-à-dire le gouvernement des juges ou, pour le dire à la manière de Madison, dans la tyrannie des juges »[2].

L'équilibre semble tout de même préservé par « l'interdiction du contrôle de constitutionnalité *a posteriori* des lois référendaires ». Cela s'explique aisément par le fait que, « selon les termes mêmes de la Constitution », « La souveraineté nationale appartient au peuple » (article 3 de la Constitution du 4 octobre 1958). Il apparait donc comme normal que ces lois référendaires qui constituent l'expression directe de la souveraineté nationale bénéficient d'une immunité constitutionnelle[3]. « Contrôler l'expression directe de cette souveraineté *via* les lois référendaires reviendrait à violer objectivement les termes mêmes de la Constitution »[4]. À l'inverse, cette immunité constitutionnelle peut aussi, paradoxalement, être considérée comme une entrave à tout justiciable.

Malgré cette mesure visant à préserver la souveraineté du peuple, au cours des trente-cinq dernières années, il y eut « une sorte de sur-développement » du « pilier constitutionnaliste au détriment du pilier populaire »[5]. Phénomène qui a été amplifié par la construction européenne et la mondialisation[6] : « En privilégiant le marché au détriment de l'État — et donc de la politique — on a mécaniquement réduit l'espace démocratique en particulier (mais pas seulement) dans le champ de l'économie. Tout s'est passé comme si l'économie devait être laissée à ses propres lois trop précieuses pour être mises entre les mains de la politique. Les Cours constitutionnelles ont elles-mêmes participé à ce concert ambiant soit pour des raisons idéologiques, soit pour des raisons d'ordre juridique telles que la mise en œuvre des Traités européens. »[7] Si « l'Union européenne a établi un État de droit » parmi les plus complexes qui soient, son manque de légitimité dû à son

---

[1] *Ibid.*

[2] *Ibid.*

[3] A. Le Divellec, A. Levade et C.M. Pimentel, « Le contrôle de constitutionnalité des lois constitutionnelles », *in Les Cahiers du Conseil constitutionnel*, Paris, Dalloz, n° 27, janvier 2010.

[4] https://www.wikiwand.com/fr/Hans_Kelsen.

[5] Y. Mény, *op. cit.*, n° hors-série.

[6] *Ibid.*

[7] *Ibid.*

« déficit démocratique » constitue un terreau propice au populisme qui sévit à l'heure actuelle en Europe[1]. La parole des politiciens a été tellement démonétisée que les citoyens ont parfois le sentiment que les questions qui les préoccupent échappent désormais aux élus, devenus impuissants.

Pour autant, cela ne signifie pas que les « institutions non exclusivement politiques doivent être jetées »[2]. Les Cours constitutionnelles sont nécessaires, mais il est « souhaitable qu'un meilleur équilibre s'établisse entre les deux piliers de la démocratie »[3]. Il serait bon de développer des « formes de participation impliquant davantage toutes les catégories de la population »[4]. Nous avons par le passé connu « l'ère du tout politique », ne tombons pas dans l'ère du tout juridique[5]. C'est pourquoi il faut « se méfier de la tyrannie des groupes ou des partis politiques, multiplier les *checks and balances*, équilibrer les droits de l'individu et l'influence du nombre, réconcilier les droits et l'expression de la volonté populaire »[6].

Ainsi, grâce à la QPC, la France est devenue une démocratie suffisamment mûre pour accepter pleinement l'État de droit de type kelsénien basé sur « un contrôle concentré, fondé sur une juridiction spécialisée »[7] et dont le contrôle par voie d'exception a pour but de « rapprocher les citoyens de la Constitution », « en permettant aux parties d'un procès d'invoquer le contrôle »[8]. En revanche, si l'on s'en tient à la définition de l'État de droit à la française, le caractère atteignable ou non des citoyens à la Constitution n'est pas un critère indispensable. En effet, les fondateurs de la Ve République, faisant du Conseil constitutionnel, « une institution *sui generis*, sans exemple dans les autres démocraties »[9], ne le conçurent que comme « un organe permettant aux autorités supérieures de l'État et notamment de l'exécutif de veiller à ce que le Parlement n'étende pas ses prérogatives

---

[1] *Ibid.*
[2] *Ibid.*
[3] *Ibid.*
[4] *Ibid.*
[5] *Ibid.*
[6] *Ibid.*
[7] « Contrôle de constitutionnalité », https://www.lemondepolitique.fr/cours/droit/droit-constitutionnel/constitution/la-ve-republique/controle-de-constitutionnalite.
[8] C.-M. Herrera, *La Philosophie du droit de Hans Kelsen : une introduction*, *op. cit.*, p. 54.
[9] R. Badinter, *op. cit.*, n° 25.

en méconnaissant les règles étroites du parlementarisme rationalisé »[1] dans lesquelles ils avaient voulu l'insérer. La transformation du Conseil constitutionnel en « Cour constitutionnelle », c'est-à-dire en « un organe du pouvoir législatif », fut ainsi « la victoire de l'État de droit sur l'État souverain et la progressive reconnaissance du constitutionnalisme, c'est-à-dire l'ensemble des règles et des principes destinés à limiter l'action des organes politiques d'un État et à leur imposer des bornes juridiques »[2]. Constitutionnalisme qui fut avant tout « une démarche politico-intellectuelle », un « phénomène historique visant à limiter l'État au profit des libertés individuelles », caractérisant les États-nations de l'Europe[3].

---

[1] *Ibid.*

[2] K. Fiorentino, *op. cit.*, p. 29.

[3] *Ibid.*, p. 30. *Cf.* J.-V. Suanzes-Carpegna, « L'Histoire constitutionnelle : quelques réflexions de méthode », *Revue française de droit constitutionnel*, n° 68, Paris, 2006, p. 675.

JUSTICE CONSTITUTIONNELLE ET ÉTAT DE DROIT EN FRANCE : UN MARIAGE DE RAISON

Martial MATHIEU[1]

Depuis le tournant des années 1990, le Conseil de l'Europe a œuvré pour développer un modèle uniforme de « démocratie par le droit »[2], au sein duquel la justice constitutionnelle occupe une place éminente. En effet, le juge constitutionnel fait partie des remparts de l'État de droit dont la mission est de veiller au respect de la démocratie et des droits de l'homme. Cependant, si les États d'Europe centrale et orientale nouvellement admis au sein de l'Europe « réunifiée » ont pu être convertis sans résistance au dogme constitutionnaliste, ce dernier était loin d'être uniformément partagé par les membres fondateurs de l'organisation. Comme le Royaume-Uni, la France figurait au nombre des gardiens du temple de la « démocratie véritable » progressivement transformés en dissidents attardés par l'évolution de l'idéal démocratique européen.

Placée dans une situation de plus en plus marginale, la France a donc dû réformer ses institutions pour se doter d'un mécanisme de justice constitutionnelle conforme aux nouveaux standards européens. Cette quête du juge constitutionnel a pris la forme d'une mutation radicale du Conseil constitutionnel, inaugurée par la décision *Liberté d'association*, nº 71-44 DC du 16 juilllet 1971, et rythmée par les réformes de la constitution de 1974 et de 2008[3]. Au terme de ce processus, la métamorphose du contrôle de constitutionnalité est telle que la France peut se flatter d'avoir corrigé sa trajectoire historique et d'avoir rejoint les démocraties les plus avancées au regard des critères européens de l'État

[1] Professeur d'histoire du droit, Centre d'Études sur la Sécurité Internationale et les Coopérations Européennes (CESICE), Université Grenoble Alpes, France.

[2] Commission européeene pour la démocratie par le droit (Commission de Venise), créée en 1990, est l'organe chargé de définir les critères de conformité d'un système politico-juridique aux valeurs du Conseil de l'Europe.

[3] Sur ces évolutions récentes, voir *supra*, Thomas Siert, « La Question prioritaire de constitutionnalité : la France, une démocratie suffisamment mûre pour accepter pleinement l'État de droit ? ».

de droit[1]. Aujourd'hui, le président du Conseil constitutionnel ne fait plus figure d'intrus au sein de la Conférence européenne des cours constitutionnelles, comme à l'époque où Robert Badinter rejoignait ce club, à la fin des années 1980[2].

Dotée d'un Conseil constitutionnel qui se considère comme une juridiction, et forte de l'exception d'inconstitutionnalité introduite sous la forme de la question prioritaire de constitutionnalité (QPC), la France peut désormais confesser sans complexe le credo européen fondé sur la trinité Démocratie, Droits de l'homme, État de droit. Cependant, le couple ainsi formé par l'État de droit et la justice constitutionnelle est le fruit d'un mariage de raison, plus que d'une passion française. En effet, le contrôle de la constitutionnalité des lois, qui est l'une des fonctions essentielles de la justice constitutionnelle[3], est longtemps resté étranger à la tradition constitutionnelle française (A). Depuis la mutation du Conseil constitutionnel, la France s'est ralliée à la norme commune du constitutionnalisme, mais l'importation de la justice constitutionnelle dans les institutions de la Cinquième République a engendré un système bancal, qui ne satisfait qu'imparfaitement aux critères de l'État de droit européen (B).

A. Une institution étrangère à la tradition constitutionnelle française

Dès le 18e siècle, les cours de parlement tentent de soumettre la législation royale au respect de principes constitutionnels. Cependant,

---

[1] En 1974, le président Valéry Giscard d'Estaing affirme que la reconnaissance du droit de saisir le Conseil constitutionnel aux parlementaires (60 députés ou 60 sénateurs) a contribué à « parfaire l'État de droit ». En 2011, Jean-Louis Debré déclare que l'introduction de la question prioritaire de constitutionnalité (QPC) a « permis une vague de progrès de l'État de droit sans précédent dans notre pays depuis des dizaines d'années ».

[2] Partisan convaincu et artisan inlassable de la transformation du Conseil constitutionnel en « Cour constitutionnelle », Robert Badinter, président du Conseil constitutionnel de 1986 à 1995, fait adhérer l'institution française à la Conférence européenne des cours constitutionnelles dès 1987. *Cf.* son témoignage à l'occasion du 50e anniversaire du Conseil constitutionnel : « Une longue marche — 'Du Conseil à la Cour constitutionnelle' », *Cahiers du Conseil constitutionnel*, n° 25, novembre 2008, https://www.conseil-constitutionnel.fr/nouveaux-cahiers-du-conseil-constitutionnel/cahiers-du-conseil-constitutionnel-n-25-novembre-2008.

3 Le contrôle de constitutionnalité des lois n'est cependant pas la fonction exclusive de la justice constitutionnelle. Sur l'histoire et les théories de la justice constitutionnelle, *cf.* Constance Grewe, Olivier Jouanjan, Éric Maulin et Patrick Wachsmann (dir.), *La Notion de « justice constitutionnelle »*, Paris, Dalloz, 2005.

des Lumières au Second Empire, les velléités constitutionnalistes se heurtent à la souveraineté de la loi (1), qui connait son apogée sous la Troisième République (2)[1].

1. Les échecs du contrôle de constitutionnalité, des Lumières au Second Empire

Avant la Révolution, les règnes de Louis XV (1715-1774) et de Louis XVI (1774-1789) voient l'émergence d'une première forme de contrôle de constitutionnalité des lois. En effet, les cours de parlement (juridictions supérieures) utilisent le droit de remontrances pour refuser d'enregistrer les textes législatifs lorsqu'elles considèrent que ces lois sont contraires à la « Constitution de l'État »[2]. Les textes jugés « inconstitutionnels » sont ainsi privés d'application dans le ressort des cours qui refusent d'en ordonner la publication. Les normes constitutionnelles qui servent de référence à ce contrôle sont les lois fondamentales du royaume, dont les parlements se chargent de dresser la liste[3]. Les prétentions des hauts magistrats du siècle des Lumières préfigurent ainsi la soumission du législateur à l'obligation de respecter une norme juridique fondamentale sanctionnée par un contrôle juridictionnel. Cette théorie audacieuse est vigoureusement dénoncée par le roi, qui rappelle qu'il est l'unique détenteur de la « puissance souveraine » et qu'à ce titre, il exerce le pouvoir législatif « sans dépendance et sans partage » (séance de la flagellation, 3 mars 1766). Héros de la résistance au « despotisme » du roi et de ses ministres, les parlements voient leur étoile pâlir dès les premiers mois de la prérévolution. En effet, l'opposition du parlement de Paris à la réforme des États généraux réclamée par le parti patriote suscite chez les révolutionnaires une forte hostilité envers les hauts magistrats.

Bien qu'interdisant expressément au législateur de porter atteinte aux droits garantis par la constitution, les rédacteurs de la constitution

[1] Voir la synthèse présentée par Jean-Louis Mestre, « Historique du contrôle de constitutionnalité », *Droit constitutionnel*, coll. Précis, Dalloz, 23e éd., 2021, p. 323-350, accompagnée d'une précieuse bibliographie aux p. 420-425.

[2] Le refus d'enregistrer une loi royale peut être fondé sur l'invocation de la constitution du royaume, mais aussi sur celle des constitutions provinciales (*cf.*, par exemple, Jean-Christophe Foix, *Le Constitutionnalisme en Bretagne au 18e siècle. Ambitions et désillusions d'une expérience politique et juridique*, thèse droit, Université de Rennes 1, 2018).

[3] Sur l'émergence de la notion de constitution en tant que norme supérieure, *cf.* Arnaud Vergne, *La Notion de constitution d'après les cours et assemblées à la fin de l'Ancien Régime (1750-1789)*, Paris, De Boccard, 2006.

de 1791 ne prévoient aucun mécanisme permettant de vérifier que ce principe est effectivement respecté. Alors que le contrôle de la constitutionnalité des actes administratifs ou des décisions de justice se développe, la loi adoptée par la représentation nationale échappe à tout contrôle. Ce légicentrisme repose à la fois sur la définition de la loi inspirée de Rousseau (« expression de la volonté générale », la loi est par excellence la manifestation du pouvoir souverain) et sur la méfiance à l'égard des juges. En effet, les constituants redoutent que ces derniers entreprennent, comme les anciens parlements, de s'ériger en censeurs de la volonté générale. Pour l'éviter, ils interdisent aux juridictions nouvellement créées d'empêcher, de suspendre ou de retarder l'application des lois. La séparation des pouvoirs est ainsi conçue à l'aune de la définition de la loi souveraine : ni le pouvoir exécutif (après le fiasco du véto suspensif reconnu au roi), ni le pouvoir judiciaire ne peut rappeler au législateur l'obligation de respecter la constitution.

Sous la Convention (1792-1795), les constitutions girondine et montagnarde prévoient de donner aux citoyens un pouvoir de contrôle sur l'organe législatif (*a posteriori* pour la constitution girondine, *a priori* pour la constitution montagnarde). La constitution de l'an III, adoptée par la Convention thermidorienne, écarte un tel mécanisme. Ses rédacteurs écartent aussi la proposition de Sieyès qui vise à confier le contrôle de constitutionnalité des lois à un organe politique, un « jury constitutionnaire » composé d'anciens députés, chargé d'annuler les lois contraires à la constitution. Ils placent leurs espoirs dans l'instauration d'un corps législatif bicaméral (le Conseil des Anciens devant exercer un contrôle sur les textes votés par le Conseil des Cinq-Cents).

Le coup d'État de brumaire an VIII offre à Sieyès l'occasion d'imposer le contrôle de constitutionnalité des lois dans la constitution de la République. Cette tâche est confiée à une assemblée politique, le Sénat conservateur, qui est chargé d'annuler les actes du Corps législatif qui seraient contraires à la Constitution (il peut aussi annuler les actes de l'Exécutif). Cependant, le mécanisme imaginé par Sieyès reste lettre morte, car le Sénat — qui ne peut agir qu'à la demande du Tribunat[1] — n'est jamais saisi. Au lieu d'établir la supériorité de la constitution, le Consulat conduit à son affaiblissement (ses dispositions étant violées par des décrets impériaux).

Sous la Restauration, la charte constitutionnelle ne prévoit aucun mécanisme permettant de vérifier que la loi est bien conforme à ses

[1] Il s'agit bien du Tribunat (assemblée des tribuns), et non du Tribunal.

dispositions. La même absence de contrôle de constitutionnalité des lois se retrouve dans la Charte constitutionnelle de 1830 et dans la Constitution de 1848. Sous la Monarchie de Juillet, la Cour de cassation considère que la séparation des pouvoirs interdit aux juges de se prononcer sur l'exception d'inconstitutionnalité invoquée par un justiciable. Elle consent seulement à vérifier que la loi a été adoptée « dans les formes constitutionnelles prescrites par la Charte ». La question du contrôle juridictionnel de la constitutionnalité des lois donne lieu à de vifs débats au sein du camp libéral : alors que Tocqueville s'y montre hostile, Laboulaye plaide en faveur de l'instauration d'un contrôle exercé par les juges, en prenant pour modèle le système qui s'est développé aux États-Unis. La Cour de cassation semble se rallier à cette position sous la Seconde République, la Chambre criminelle jugeant recevable le moyen tiré de l'inconstitutionnalité de la loi appliquée (mais concluant à l'absence de violation de la constitution dans les espèces jugées)[1].

La constitution de 1852 renoue avec le contrôle de constitutionnalité confié à un organe politique. Faisant du Sénat « le gardien du pacte fondamental et des libertés publiques », elle lui reconnait le pouvoir de bloquer la promulgation des lois inconstitutionnelles et celui d'annuler les actes inconstitutionnels déférés par le Gouvernement ou par les citoyens. Ce rétablissement du système imaginé par Sieyès en l'an VIII (mais resté sans effet) permet de neutraliser les velléités des partisans d'un contrôle juridictionnel. En effet, le rôle dévolu au Sénat par la constitution prive de légitimité un contrôle exercé par les juges. En pratique, le Sénat du Second Empire ne semble pas avoir été beaucoup plus actif que son prédécesseur[2]. Il perd d'ailleurs son rôle de gardien de la constitution dans le cadre des révisions constitutionnelles de 1869 et 1870, qui tendent à le transformer en seconde chambre législative. L'avènement de la Troisième République confirme l'échec du contrôle de constitutionnalité des lois.

---

[1] Cour de cassation, chambre criminelle, 15 mars 1851, Gauthier ; Cour de cassation, chambre criminelle, 17 novembre 1851, Gent. *Cf.* Jean-Louis Mestre, « Le Contrôle de la constitutionnalité de la loi par la Cour de cassation sous la Seconde République », *Renouveau du droit constitutionnel. Mélanges en l'honneur de Louis Favoreu*, Dalloz, 2007, p. 291-310.

[2] *Cf.* Antoinette Ashworth, « Le Contrôle de la constitutionnalité des lois par le Sénat du Second Empire », *Revue du droit public et de la science politique en France et à l'étranger*, tome 110, janvier-février 1994, p. 45-102. Selon Benoît Habert, le rôle joué par le Sénat du Second Empire a été sous-estimé, *in La Garantie des libertés*, 1852-1870, thèse, Université Paris-Saclay, 2017.

2. *Le triomphe de la souveraineté de la loi sous la Troisième République*

Les lois constitutionnelles de 1875 ne prévoient aucun contrôle de constitutionnalité des lois (contre le vœu de Laboulaye ou de Louis Blanc). Comme en 1795, les constituants s'en remettent au bicamérisme pour modérer le pouvoir législatif. Si l'absence du contrôle de constitutionnalité n'est pas une nouveauté, l'absence de catalogue des droits en est une : pour la première fois depuis 1791, la constitution française n'est pas précédée d'une déclaration de droits et ne contient pas de dispositions consacrées aux droits des citoyens. Dans le silence de la constitution, c'est donc au parlement qu'il revient de définir la liste et le régime des libertés publiques (tel est l'objet des « grandes lois » consacrant la liberté de réunion, la liberté de la presse, la liberté syndicale, la liberté d'association, la liberté d'opinion). Le législateur, secondé par le juge judiciaire ou administratif, libère ainsi les citoyens du pouvoir arbitraire de l'administration. Cependant, dans ce système dominé par la souveraineté de la loi parlementaire, une question revient : qui protège les citoyens contre l'arbitraire du législateur ?

Face à la toute-puissance de la majorité parlementaire, les oppositions politiques réclament l'instauration d'un contrôle de constitutionnalité des lois. Des parlementaires, comme une partie de la doctrine publiciste, préconisent de reconnaitre valeur constitutionnelle à la Déclaration des droits de l'homme et du citoyen de 1789 et de confier le contrôle de la constitutionnalité des lois soit à un organe spécialisé (« Cour suprême »), soit aux juridictions ordinaires. Cependant, ces idées sont rejetées à la fois par les parlementaires et par les juges. La Cour de cassation et le Conseil d'État font une application rigoureuse du principe de séparation des pouvoirs, qui conduit à sacraliser l'acte législatif : tandis que le juge judiciaire refuse d'examiner les moyens tirés d'une irrégularité dans la procédure d'adoption de la loi (Cour de cassation, chambre criminelle, 22 octobre 1903), le juge administratif a recours à la théorie de la loi-écran pour écarter l'exception d'inconstitutionnalité d'un acte administratif reposant sur le caractère inconstitutionnel de la loi sur laquelle cet acte est fondé (Conseil d'État, 6 novembre 1936, *Arrighi*).

Le principe qui prévaut est donc celui de la souveraineté du parlement : aucun organe politique ou juridictionnel ne détient une légitimité suffisante pour contrôler l'expression de la volonté générale par les représentants de la nation. Le respect de la constitution relève de la conscience des parlementaires, « seul tribunal de la constitutionnalité des lois » (selon Carré de Malberg). La sanction de la violation de la constitution par le législateur ne peut donc être que de nature politique (lorsque les parlementaires se présentent devant les électeurs), une loi pouvant abroger ou modifier une loi précédente. Confier à des juges le pouvoir d'apprécier si le législateur a respecté le cadre que lui assigne la constitution apparait à beaucoup comme une voie hasardeuse. À cet égard, le développement du droit comparé ne plaide pas en faveur de la justice constitutionnelle.

En effet, les débats sur le contrôle de la constitutionnalité des lois interviennent alors que les États-Unis connaissent une période d'activisme judiciaire intense : durant l'ère Lochner, la Cour suprême fédérale développe une jurisprudence très inventive pour découvrir dans la constitution des principes permettant de déclarer inconstitutionnelles les lois protectrices des salariés[1]. Ce parti-pris idéologique de la Cour suprême est dénoncé par Édouard Lambert, qui critique le « gouvernement des juges »[2]. Le système états-unien, régulièrement invoqué comme exemple à suivre par les partisans du contrôle de constitutionnalité, permet ainsi aux juges de remplacer la « constitution populaire » par une « constitution judiciaire » conforme à leurs valeurs et à leurs intérêts.

Après un siècle d'expériences constitutionnelles, la République parlementaire fait ainsi du juge judiciaire ou administratif le gardien des libertés, mais en lui déniant le pouvoir d'écarter une loi au motif qu'elle serait inconstitutionnelle. Le contrôle de constitutionnalité ne s'exerce que sur les actes administratifs ou sur les décisions de justice. Les lois adoptées par la représentation nationale bénéficient d'une présomption absolue de conformité à la constitution. Les limites d'un tel système sont à nouveau dénoncées après la Première Guerre mondiale, faisant apparaitre l'instauration d'un contrôle de constitutionnalité des lois comme une réforme nécessaire dans les années 1930. La réforme reste

---

[1] Voir *infra*, Michel Giroux et Henri Pallard, « Primauté de la politique et suprématie judiciaire aux États-Unis : de Marbury v. Madison à Shelby County v. Holder ».

[2] L'expression, traduite de l'anglais, est utilisée par Édouard Lambert (*Le Gouvernement des juges et la lutte contre la législation sociale aux États-Unis*, Paris, Giard, 1921) pour qualifier la résistance de la Cour suprême des États-Unis à la législation sociale pendant l'ère Lochner. Les juristes français s'intéressent peu au système de justice constitutionnelle instauré par la constitution autrichienne de 1920 (sous l'influence de Hans Kelsen), auquel Charles Eisenmann consacre pourtant sa thèse en 1928. *Cf.* Éric Maulin, « Aperçu d'une histoire française de la modélisation des formes de justice constitutionnelle », *in La Notion de « justice constitutionnelle »*, *op. cit.* (note 6), p. 150.

toutefois à l'état de projet, pendant les dernières années de la Troisième République, comme sous le régime de Vichy. Le chantier constitutionnel ouvert à la Libération offre une occasion propice à l'adoption du contrôle de constitutionnalité des lois, mais les risques engendrés par une telle innovation paraissent plus élevés que les avantages espérés. Au lieu de consacrer l'avènement de la justice constitutionnelle en France, la constitution de la Quatrième République exprime les réticences de la classe politique française à l'égard de cette institution incompatible avec la souveraineté parlementaire. La conversion de la France doit plus à la pression extérieure[1] qu'à une conviction partagée. Ce mariage de raison crée un couple mal assorti : fruit de la perversion des institutions gaulliennes, la justice constitutionnelle n'est pas encore complètement acclimatée.

B. Une institution imparfaitement adoptée

Au lendemain de la Seconde Guerre mondiale, les partisans du contrôle de constitutionnalité sont loin de tous considérer qu'il faut confier cette tâche à une juridiction. L'hostilité au « gouvernement des juges » rend ainsi l'adoption de la justice constitutionnelle très laborieuse (1). La réforme constitutionnelle de 2008 représente une étape décisive dans ce processus de conversion, mais la mutation du système français demeure inachevée (2).

1. L'adoption laborieuse de la justice constitutionnelle

La période qui s'ouvre après la Seconde Guerre mondiale offre un contexte favorable au développement de la justice constitutionnelle. Au plan international, l'inscription de la protection des droits de l'homme parmi les missions de l'ONU semble annoncer la transposition à l'échelle mondiale des principes et des mécanismes du constitutionnalisme (adoption d'un catalogue de droits et instauration de mécanismes de garantie). Sur le plan régional, la peur de la subversion des démocraties occidentales par le communisme stimule le zèle des partisans d'une Europe unie. La préservation de la « véritable démocratie », qui est l'héritage commun des nations européennes, passe par l'instauration d'un cadre normatif et institutionnel : une charte des droits de

---

[1] À partir du moment où la France a reconnu le droit de recours individuel devant la Cour européenne des droits de l'homme (1981), les lois françaises ont été soumises au contrôle d'une juridiction extérieure alors qu'un tel pouvoir de contrôle était refusé aux juridictions nationales.

l'homme et une cour des droits de l'homme. En France, l'élaboration d'une nouvelle constitution permet d'envisager la mise en place d'un contrôle de constitutionnalité des lois. La majorité des projets constitutionnels de la Résistance préconisent son adoption, car « dans la rédaction des lois ordinaires, le législateur doit se soumettre aux lois fondamentales qu'il a édictées et les tribunaux ne peuvent être tenus de violer ces lois essentielles. »[1] Le contrôle de constitutionnalité des lois fait donc partie de l'héritage de la Résistance, à la différence de la justice constitutionnelle. La majorité des projets prévoyant un contrôle de constitutionnalité considèrent qu'une telle procédure « ne saurait être effectuée par un organisme judiciaire », car « la souveraineté appartient au peuple et non pas aux juges ; c'est donc le peuple lui-même qui doit effectuer son contrôle. »[2] Le recours au référendum est inspiré à la fois par le rejet de la souveraineté parlementaire et par la méfiance à l'égard des institutions judiciaires. L'hostilité au gouvernement des juges fait obstacle à l'instauration d'un contrôle juridictionnel.

La commission de constitution de la première assemblée constituante adopte le principe du recours au référendum, avant de l'abandonner (le fait que la Déclaration des droits fasse partie de la constitution rend le contrôle de constitutionnalité trop dangereux, les principes posés par cette déclaration pouvant donner lieu à des interprétations incontrôlables)[3]. Devant la commission de constitution de la seconde assemblée constituante, le contrôle de constitutionnalité réapparait, sous la forme du recours au référendum. Finalement, la constitution prévoit un Comité constitutionnel au rôle limité : vérifier si une loi votée par l'Assemblée nationale « suppose une révision de la Constitution »[4]. L'assemblée constituante a pris la précaution de restreindre le champ de cette vérification aux titres I à X de la Constitution, excluant ainsi le contenu du préambule[5]. En effet, dans le projet de la

[1] « Projet de Félix Gouin », Jean-Éric Callon (dir.), *Les Projets constitutionnels de la Résistance*, Paris, La Documentation française, 1998, p. 178.

[2] André Philip, « Thèses pour servir à la discussion sur la future Constitution », *Les Cahiers politiques*, août-septembre 1945, p. 321 ; texte reproduit dans Jean-Éric Callon (dir.), *Les Projets constitutionnels de la Résistance*, *op. cit.*, p. 233.

[3] Les craintes qui conduisent à écarter le contrôle de constitutionnalité portent sur la liberté de l'enseignement et le statut de la propriété.

[4] Constitution du 27 octobre 1946, article 91 : « Le Comité constitutionnel examine si les lois votées par l'Assemblée nationale supposent une révision de la Constitution. »

[5] Constitution du 27 octobre 1946, article 92, alinéa 3 : « [Le Comité constitutionnel] n'est compétent que pour statuer sur la possibilité de révision des dispositions des

seconde constituante, le catalogue des droits est réduit à un « préambule-croupion » qui renvoie à la Déclaration de 1789, complétée par la référence aux « principes fondamentaux reconnus par les lois de la République » et par l'énumération des « principes particulièrement nécessaires à notre temps »[1].

Ce n'est qu'avec le retour du général de Gaulle et l'instauration de la Cinquième République que le contrôle de constitutionnalité des lois s'impose véritablement, mais avec une finalité précise : faire respecter la répartition des domaines respectifs de la loi et du règlement. Le Conseil constitutionnel n'est pas un organe juridictionnel, il n'a pas vocation à contrôler le respect de la constitution en faisant référence au contenu du préambule, il n'est donc pas le « gardien des libertés ». Le contrôle de constitutionnalité ne peut s'exercer qu'avant l'entrée en vigueur de la loi et son initiative est réservée à quatre autorités politiques. Le mécanisme établi par la constitution de 1958 ne vise aucunement à faire de la justice constitutionnelle un rempart de la démocratie et de l'État de droit (à cet égard, la compétence confiée au Conseil constitutionnel en matière de contentieux électoral se rattache plus nettement à cet objectif).

La mutation du Conseil constitutionnel débute après le départ du général de Gaulle, sous la présidence de Georges Pompidou. Par la décision du 16 juillet 1971, le Conseil accepte de vérifier la conformité d'une loi à un principe mentionné dans le préambule de la Constitution (de manière implicite, puisqu'il s'agit d'un des « principes fondamentaux reconnus par les lois de la République »). Cette décision est consécutive à la saisine du Conseil par le président du Sénat, le centriste Alain Poher (qui est également à l'origine de la ratification de la Convention européenne des droits de l'homme par la France, lorsqu'il

titres Ier à X de la présente Constitution. » Voir, Manon Charpy, « Le Comité constitutionnel de la Constitution de la IVe République », *Jus Politicum*, n° 16, http://juspoliticum.com/article/Le-Comite-constitutionnel-de-la-Constitution-de-la-IVe-Republique-1099.html.

[1] Constitution du 27 octobre 1946, préambule : « Au lendemain de la victoire remportée par les peuples libres sur les régimes qui ont tenté d'asservir et de dégrader la personne humaine, le peuple français proclame à nouveau que tout être humain, sans distinction de race, de religion ni de croyance, possède des droits inaliénables et sacrés. Il réaffirme solennellement les droits et libertés de l'homme et du citoyen consacrés par la Déclaration des droits de 1789 et les principes fondamentaux reconnus par les lois de la République. Il proclame, en outre, comme particulièrement nécessaires à notre temps, les principes politiques, économiques et sociaux ci-après : […] ».

exerce la présidence de la République par intérim en 1974)[1]. Véritable révolution juridique et politique, la décision *Liberté d'association* correspond à la « seconde naissance » du Conseil constitutionnel (selon la formule de Pierre Avril). Après l'élargissement de la saisine du Conseil constitutionnel à l'opposition parlementaire (60 députés ou 60 sénateurs), le contrôle de constitutionnalité prend un sens radicalement nouveau.

Cette mutation est soutenue par une partie de la doctrine publiciste, qui y voit l'occasion d'émanciper le droit constitutionnel de la science politique, en lui assignant comme objet l'étude d'une véritable jurisprudence (comme le droit administratif)[2]. La juridictionnalisation du contrôle de constitutionnalité devient d'autant plus urgente que le Conseil constitutionnel risque d'être éclipsé par le développement du contrôle de conventionnalité par le juge judiciaire (depuis 1975), puis par le juge administratif (depuis 1990)[3], et surtout par l'essor de la jurisprudence de la Cour européenne des droits de l'homme[4]. La réforme de 2008, en permettant aux justiciables de soumettre au Conseil constitutionnel une « question prioritaire de constitutionnalité »[5], confirme la mutation du contrôle de constitutionnalité engagée en 1971. La conversion de la France à la justice constitutionnelle est acquise. Pour autant, les séquelles de l'histoire politique font encore obstacle à l'achèvement du processus de mutation.

---

[1] Sur le rôle joué par Alain Poher dans la subversion du système institutionnel conçu par le général de Gaulle, *cf.* Arnaud Teyssier, *De Gaulle, 1969. L'Autre révolution*, Paris, Perrin, 2019, p. 170-171.

[2] Les rôles principaux sont tenus par Georges Vedel et par Louis Favoreu.

[3] Le Conseil constitutionnel ayant refusé de se livrer au contrôle de la conformité de la loi aux dispositions d'un traité (décision du 15 janvier 1975, *IVG*). Sur l'importance relative du contrôle de constitutionnalité des lois dans un contexte de « déclin de la loi », *cf.* Éric Maulin, « Aperçu d'une histoire française de la modélisation des formes de justice constitutionnelle », *in La Notion de « justice constitutionnelle », op. cit.* (note 6), p. 156.

[4] Au cours des années 1970-1980, la Cour de Strasbourg connait une mutation assez comparable à celle du Conseil constitutionnel, en s'attribuant un rôle radicalement différent de celui qui lui avait été confié par les pères fondateurs du Conseil de l'Europe. *Cf.* Ed Bates, *The Evolution of the European Convention on Human Rights. From its Inception to the Creation of a Permanent Court of Human Rights*, Oxford, Oxford University Press, 2010.

[5] Cette réforme aboutit en 2008, après deux tentatives infructueuses, en 1990 et en 1993.

2. *Une mutation inachevée*

La transformation du Conseil constitutionnel en véritable juridiction constitutionnelle soulève encore des objections et alimente régulièrement les débats. Il ne s'agit pas de contester l'existence d'un mécanisme de justice constitutionnelle. Les interrogations et les doutes portent sur la qualité de cette justice et sur sa conformité avec les critères définis par le Conseil de l'Europe. Outre les problèmes découlant de la dissociation du contrôle de constitutionnalité et du contrôle de conventionnalité, la justice constitutionnelle française présente deux faiblesses majeures qui trouvent toutes deux leur source dans le fait que la Constitution de la Cinquième République n'a pas été conçue pour servir de cadre à un contrôle juridictionnel de la conformité des lois à la constitution.

Le premier défaut, et le plus souvent dénoncé, concerne l'institution du Conseil constitutionnel. En effet, les réformes constitutionnelles successives ont transformé substantiellement le rôle dévolu au Conseil au titre du contrôle de constitutionnalité, mais elles n'ont pas substantiellement modifié sa composition, ni le statut de ses membres[1]. Le maintien des anciens présidents de la République comme membres de droit du Conseil constitutionnel rappelle l'origine politique et non juridictionnelle de l'institution créée en 1958. Les modalités de désignation des autres membres du Conseil constitutionnel soulèvent également des critiques, en raison du caractère éminemment politique des nominations (et de la faiblesse du contrôle parlementaire). En résumé, le Conseil constitutionnel n'est pas encore un collège de juristes éminents ayant

---

[1] *Cf.* Elina Lemaire, « Réformons en profondeur le Conseil constitutionnel », Tribune, Libération, 21 février 2019, https://www.liberation.fr/debats/2019/02/21/reformons-en-profondeur-le-conseil-constitutionnel_1710795. Le débat sur l'indépendance des membres du Conseil constitutionnel a été relancé en octobre 2020, à propos de privilèges fiscaux et de rémunérations additionnelles dont bénéficient les membres du Conseil constitutionnel en vertu de décisions règlementaires (ce qui constitue une violation de la constitution, qui prévoit que les règles d'organisation et de fonctionnement du Conseil constitutionnel sont déterminées par une loi organique). Le *think tank* libéral IREF (Institut de recherches économiques et fiscales), qui a déposé une requête devant le Conseil d'État pour faire annuler ces décisions ministérielles, relève que « le Conseil constitutionnel s'est laissé enfermer depuis longtemps et pour des montants non négligeables dans une contradiction flagrante avec une Constitution dont il est normalement le gardien attitré et que cette situation sans précédent soulève un certain nombre de questions graves sur notre prétendu État de droit ». https://fr.irefeurope.org/publications/etudes-et-monographies/article/quand-le-conseil-constitutionnel-ne-respecte-pas-la-constitution/

été choisis pour leur maitrise des questions constitutionnelles. De la même manière, les modalités de fonctionnement du Conseil restent encore éloignées de celles des cours constitutionnelles. À cet égard, le refus du gouvernement de rebaptiser le Conseil « Cour constitutionnelle » à l'occasion de la réforme de 2008 trahit la volonté de ne pas rompre complètement avec la nature originellement politique de l'institution.

La même absence de clarté affecte le corpus normatif qui sert de référence au Conseil constitutionnel pour la mise en œuvre du contrôle de constitutionnalité. Ce second défaut, moins fréquemment souligné que le précédent, concerne le catalogue des droits que le Conseil doit faire respecter. Depuis la Révolution de 1789, la liste des droits garantis aux citoyens a d'abord pris la forme d'une déclaration placée en tête de la constitution, puis d'une série d'articles insérés dans le corps de la constitution. Les lois constitutionnelles de 1875 n'ayant pas fait référence à la garantie des droits, les constituants de la Quatrième République ont souhaité renouer avec la tradition des déclarations de droits. Le rejet du projet de constitution d'avril 1946 (contenant une nouvelle Déclaration des droits de l'homme) conduit à l'adoption d'une solution de compromis : le préambule de la constitution d'octobre 1946 se contente de renvoyer à la Déclaration de 1789 et aux « principes fondamentaux reconnus par les lois de la République », auxquels est adjointe une liste de nouveaux principes (qui résument les « droits économiques et sociaux » du projet d'avril). L'éclectisme de ce préambule-croupion permet de ne pas trancher les conflits opposant les membres de l'assemblée constituante sur la portée de certains droits et libertés. Le préambule étant expressément privé de valeur constitutionnelle, le soin d'arbitrer ces conflits est laissé au législateur.

En renvoyant au préambule de 1946, la constitution de 1958 ne visait aucunement, à l'origine, à donner une valeur constitutionnelle aux textes auxquels ce préambule renvoie lui-même, ni aux principes qu'il énonce, comme « particulièrement nécessaires ». La décision de 1971, en fondant le contrôle de constitutionalité sur le visa du préambule de la constitution, invente ainsi un catalogue de droits que les constituants de 1946 et de 1958 avaient expressément écarté. Ce procédé devrait susciter une certaine méfiance ou, à tout le moins, une certaine prudence. Cependant, la fin justifiant les moyens, l'incohérence du corpus normatif mobilisé par le Conseil constitutionnel suscite moins de critiques que ses défauts d'ordre institutionnel[1]. Pourtant les deux problèmes sont étroitement liés : une institution à la légitimité discutable se trouve, en effet, investie du pouvoir de déterminer la liste et le contenu des droits constitutionnels des Français.

Une cinquantaine d'années après le début du processus d'émancipation du Conseil constitutionnel, la France s'est dotée d'une institution censée correspondre au « modèle européen » de justice constitutionnelle, mais qui présente des particularités qui l'éloignent encore des critères définis par le Conseil de l'Europe. Dans la quête de la justice constitutionnelle, il reste encore une étape à franchir pour que le contrôle de constitutionalité soit exercé par une vraie juridiction, composée de vrais juges, faisant respecter des principes clairement énoncés (si l'on considère que le contentieux constitutionnel doit respecter les normes du procès équitable).

---

[1] Le rapport au président de la République rédigé par la commission de réflexion présidée par Simone Veil en 2008 conclut ainsi qu'il n'est pas souhaitable d'ajouter de nouveaux droits au préambule de la constitution, mais qu'il est préférable de laisser le Conseil constitutionnel dégager les principes constitutionnels à partir de la mosaïque de textes qui forment le « bloc de constitutionnalité ». *Redécouvrir le Préambule de la Constitution*, Rapport du comité présidé par Simone Veil, Paris, La Documentation française, 2008, https://www.vie-publique.fr/rapport/30242-redecouvrir-le-preambule-de-la-constitution-rapport-du-comite-preside.

LE CONSEIL CONSTITUTIONNEL FRANÇAIS ET L'ENVIRONNEMENT

Jean-Marie BRETON[1]

Rouage central des institutions et censeur de la formalisation des politiques publiques, le Conseil constitutionnel joue traditionnellement en France un rôle déterminant dans la sanction du respect des principes et des normes constitutionnels par les différentes législations. « Juge » de la constitutionnalité, il est garant de l'État de droit, tel qu'il résulte de la *summa lex* qu'est la Constitution, en vérifiant la conformité des lois et traités internationaux au « bloc de constitutionnalité ».

C'est notamment le cas dans le domaine de l'environnement, envers lequel il est intervenu de plus en plus fréquemment depuis l'élargissement, il y a quelques années, des conditions et des procédures de sa saisine. Se voyant en quelque sorte impartir une « obligation de vigilance environnementale »[2], il est appelé à le faire soit sur saisine directe, soit par le mécanisme de la « question prioritaire de constitutionnalité » (QPC).

Il lui revient de s'assurer de la constitutionnalité des textes législatifs et internationaux envers la norme constitutionnelle ; mais également — ce qui a significativement valorisé son rôle et enrichi sa jurisprudence — de contribuer, à travers une démarche originale, à la mise en œuvre de la *Charte de l'environnement*, « adossée », depuis 2004, à la Constitution française[3], en étendant son contrôle au respect des dispositions de celle-ci qu'il a ainsi intégrées au bloc de constitutionnalité.

---

[1] Professeur émérite de droit public, Université des Antilles (Guadeloupe) ; doyen honoraire ; membre de l'Académie des Sciences d'Outre-Mer. Texte à jour au 1er janvier 2022.

[2] B. Crottet, « Le Conseil constitutionnel et l'obligation de vigilance environnementale », *Revue française de droit constitutionnel*, n° 90, 2012, p. 239-267.

[3] « À la question de savoir s'il convenait de constitutionnaliser l'environnement, on peut répondre qu'il s'agit d'un acte éminemment politique [...] de consacrer solennellement l'irrésistible ascension des droits environnementaux et de rejoindre la cohorte, devenue longue, des États ayant franchi ce cap ». J. Morand-Deviller, *Cahiers du Conseil constitutionnel*, n° 15, Dossier *Constitution et environnement*, janvier 2004.

Il convient d'envisager successivement la fonction et les méthodes du Conseil constitutionnel (A), le contrôle de constitutionnalité de la législation environnementale (B), et la sanction du respect de la *Charte de l'environnement* (C).

A. Fonction et méthodes du Conseil constitutionnel

Le Conseil constitutionnel est en France l'une des trois juridictions « suprêmes », avec le Conseil d'État et la Cour de cassation. Elles sont chargées d'assurer, dans des domaines distincts mais connexes, la régulation de l'ordre juridique, par le contrôle, à différents niveaux et dans différents domaines, des normes dont la mise en œuvre, le respect et la sanction contribuent à la réalisation et à la pérennisation de l'État de droit.

Ses fonctions et ses missions se sont progressivement développées, au gré de l'évolution même du dispositif constitutionnel dont il lui appartient d'assurer la suprématie au plan national. Sa fonction de contrôle de la conformité des textes « législatifs » (lois ordinaires, lois organiques, ordonnances législatives) à la Constitution, a été elle-même élargie, à l'occasion des révisions constitutionnelles successives, pour passer d'un contrôle *a priori* (direct et par voie d'action) des lois avant leur promulgation, à un contrôle *a posteriori* (par voie d'exception et de question préjudicielle[1]), des dispositions législatives dument promulguées et entrées en vigueur, alléguées non conformes à la Constitution. La saisine du Conseil en a été conjointement considérablement élargie, afin de permettre de soulever cette exception d'inconstitutionnalité devant toute juridiction où elle serait susceptible d'être invoquée. Cette procédure conduit à la saisine du Conseil, via des « filtres » appropriés pour éviter les recours infondés ou dilatoires, aux fins de vérification de leur « constitutionnalité », *i.e.* de leur conformité à la Constitution, à peine de censure par la haute juridiction.

On rappellera rapidement, ci-après, les grands traits du contrôle de constitutionnalité, *in globo* ; avant d'envisager la mise en œuvre et l'utilisation de la QPC, au profit du droit de l'environnement en particulier, dressant ainsi le cadre dans lequel le Conseil constitutionnel

[1] La QPC se distingue des renvois préjudiciels classiques en ce que le juge doit y procéder avant l'examen de tout autre moyen, dès que la demande lui en est faite et satisfait à certaines exigences, même si le litige pouvait être résolu sans qu'il y ait matière à renvoi.

a été et est conduit à assurer, à son niveau et dans ses limites, la vigilance environnementale susmentionnée.

1. Contrôle de constitutionnalité

a) Missions du Conseil constitutionnel

Le contrôle de la constitutionnalité des lois n'existe réellement en France que depuis 1958. Il a été confié au Conseil constitutionnel. Plusieurs révisions constitutionnelles lui ont permis de conforter sa place dans les institutions et d'affirmer son autorité, en matière de contrôle de la constitutionnalité des normes en particulier. Depuis 2008, les justiciables disposent de la possibilité de saisir le Conseil constitutionnel, à l'occasion d'une instance en cours devant une juridiction, s'ils estiment qu'une disposition législative porte atteinte aux droits et libertés garantis par la Constitution.

Le contrôle de constitutionnalité, au-delà de la vérification de la conformité à la Constitution, au sens formel strict, s'étend à ce que l'on appelle le « bloc de constitutionnalité »[1]. Ultérieurement a été mis en place un mécanisme de contrôle de constitutionnalité *a posteriori* des dispositions législatives : la QPC, sous forme de question préjudicielle, devant toute juridiction, relative à telle ou telle disposition législative déjà promulguée. En cas de non-conformité, la disposition concernée est censurée.

Le contrôle opéré par le Conseil constitutionnel peut également avoir pour objet la vérification du respect des domaines respectifs de la loi (art. 34) et du règlement (art. 37), qui ne saurait être indifférent à la garantie et à la sanction, par ricochet, du dispositif normatif de protection de l'environnement, *i.e.* de la « législation » (au sens large) environnementale.

b) Domaine du contrôle de constitutionnalité

Dans le champ mentionné ci-dessus, le contrôle de constitutionalité s'étend, outre les principes contenus dans la Déclaration des droits de l'Homme et du Citoyen, aux « principes fondamentaux reconnus par les lois de la République », et aux « principes particulièrement nécessaires à notre temps » au sens du préambule de 1946, en même temps qu'à

[1] Qui inclut la Déclaration des droits de l'Homme et du Citoyen de 1789, et le préambule de la Constitution de 1946, auxquels il est reconnu valeur constitutionnelle ; ainsi que, depuis 2005, la *Charte de l'environnement*, formellement « adossée » à la Constitution.

divers principes et objectifs de valeur constitutionnelle dont l'élaboration et la consécration procèdent de la jurisprudence du Conseil.

Ce contrôle est systématique et obligatoire pour les lois organiques, avant leur promulgation, ainsi que pour les règlements des assemblées parlementaires. À l'inverse, pour les lois ordinaires, le contrôle reste facultatif et exige la saisine du Conseil soit par le président de la République, ou le président du Sénat, ou le président de l'Assemblée nationale, ou le premier ministre, soit, depuis 1974, par 60 députés ou 60 sénateurs.

Il va de soi que la législation environnementale ne saurait y échapper. Bien plus, depuis la « constitutionnalisation » de la *Charte de l'environnement*, le Conseil est appelé à jouer un rôle fondamental, à la fois renforcé et plus fréquent, envers les principes et les normes qui constituent le *corpus* formel du droit *de* l'environnement, et pour assurer la garantie du droit *à* l'environnement que la Constitution comme la *Charte* reconnaissent aux citoyens. Ceux-ci disposent par là d'un outil privilégié pour en assurer la sanction juridique, gage de leur effectivité.

Globalement, donc, le contrôle de constitutionnalité « protège » la Constitution et, au-delà de celle-ci, l'ensemble des principes et dispositions que le parlement doit respecter dans l'exercice de son pouvoir législatif, dans des conditions progressivement déterminées et consacrées par le Conseil constitutionnel[1]. Ainsi, par l'extension progressive du bloc de constitutionnalité, et par celle des conditions de sa saisine, le Conseil a été érigé et s'est imposé en garant suprême d'un État de droit dont la Constitution constitue la *summa ratio*.

2. La QPC au service du droit de l'environnement

a) Mécanisme de la QPC

Depuis 2008, tout justiciable peut actionner une procédure de contrôle *a posteriori* d'une disposition législative, à l'occasion d'une instance pendante devant une juridiction, de quel qu'ordre que ce soit, dans le but de faire vérifier la conformité de ladite norme à la Constitution. Si la question répond aux conditions légales requises à cet effet, elle est transmise à la juridiction suprême de l'ordre concerné. Il revient à celle-ci d'exercer dans un second temps un « filtre » et, si elle l'estime justifié, de renvoyer la question au Conseil constitutionnel. Ce dernier statue alors, dans un délai de 3 mois, sur la conformité de la

---

[1] Voir *Les Institutions de la France*, Paris, La Documentation française, 2013.

disposition législative contestée aux droits et libertés garantis par la Constitution.

Sa non-conformité, établie par le Conseil, entraine la censure de la loi ou de la disposition déférée, censure à laquelle peuvent s'attacher des conséquences variables. La disposition jugée inconstitutionnelle est abrogée. Le Conseil peut décider de moduler les effets de cette abrogation dans le temps, tout en ayant la possibilité de fixer les conditions et de préciser les limites dans lesquelles les effets produits par la disposition abrogée peuvent être remis en cause. Cette procédure a su trouver sa place dans la pratique du contrôle de constitutionnalité[1], et donc de celui des actes législatifs du parlement, ou de ceux qui revêtent une portée similaire[2]. Elle est pour cette raison de plus en plus fréquemment utilisée.

La question ne se pose pas moins, eu égard à l'objet de la présente étude, de l'utilisation qui en a jusqu'alors été faite et, partant, de la portée qui a pu s'y attacher, dans le domaine particulier du droit de l'environnement. Elle est de savoir si le bilan actuel du recours à la procédure de la QPC et de sa mise en œuvre permet d'y voir un outil, parmi d'autres, apte à assurer la protection et la conservation de l'environnement, *largo sensu*, via la sanction du respect des dispositifs législatifs qui leur confèrent un fondement juridique.

b) Portée et limites du recours à la QPC en matière environnementale

Sous réserve de l'analyse contextuelle et matérielle des cas de censure de dispositions législatives intéressant l'environnement (*infra*, B), que ce soit à titre direct (contrôle par voie d'action) ou indirect (QPC), il est pertinent de voir en quoi le recours à cette dernière procédure a pu s'avérer bénéfique et constituer une démarche procédurale positive pour la mise en œuvre et la valorisation d'un droit de l'environnement soumis aux pressions, aux aléas, sinon même aux atermoiements[3], de la vie moderne face aux exigences qui résultent parallèlement des logiques et des contraintes socioéconomiques.

---

[1] Ch. Maugüe et J.-H. Stahl, *La Question prioritaire de constitutionnalité*, Paris, Dalloz, 2017.

[2] Ordonnances prises par l'exécutif sur le fondement de la délégation de pouvoir prévue par l'article 38 de la Constitution, sous réserve de ratification dans le délai fixé par la loi de délégation.

[3] *Cf.* notamment la problématique du principe de « non régression » en droit de l'environnement, M. Prieur *et al.*, *Droit de l'environnement*, 8e éd., Paris, Dalloz, 2019, p. 212.

Dans une étude intéressante, précisément documentée, restée d'actualité, Ch. Huglo a montré en quoi, selon lui, l'utilisation faite de la QPC en droit de l'environnement révèlerait un bilan contrasté, à la fois conjointement assez faible et qualitativement relatif[1]. Il estime en effet que celle-ci a vocation à être « un instrument essentiel pour la reconnaissance d'un droit particulièrement nécessaire à notre temps », au motif qu'elle aurait pour effet positif « d'inciter le législateur à appliquer le principe de participation du public pour le rendre conforme aux normes constitutionnelles et de dégager un devoir non mentionné dans la Charte, à savoir le devoir de vigilance ». Ceci n'exclut pas qu'il soit opportun d'envisager dans ce cadre et à cet effet des améliorations d'ordre procédural, notamment quant à son utilisation dans l'application des dispositions de la *Charte de l'environnement*.

Sur le premier point, le bilan quantitatif global[2] est concrètement « assez maigre », dès lors que les QPC soulevées dans ce domaine représenteraient moins de 5 % de l'ensemble de celles qui ont entrainé la saisine du Conseil. Ce constat s'expliquerait apparemment « par la jeunesse de l'institution et du droit de l'environnement ». Sur le second, le satisfécit relatif que l'on peut tirer de la sanction, et donc de l'effectivité du droit de l'environnement, via les QPC n'exclut pas qu'il puisse connaitre des progrès, au niveau notamment de la procédure d'intervention afférente à une QPC dans le domaine de l'environnement. En ce sens, outre l'intérêt qui s'attacherait à une motivation plus explicite des décisions du Conseil[3], la pratique de l'accueil de la requête en intervention resterait à réformer à tous les niveaux, ce qui entrainerait la nécessité d'une détermination plus claire et rigoureuse des motifs de la décision de transmission de la requête, inévitablement circonstanciés.

Selon Ch. Huglo, « ce ne sont pas seulement des éléments de fond du droit qui limitent le développement de la QPC en droit de l'environnement, mais aussi la nécessité de repenser certaines règles de

[1] Ch. Huglo, « La QPC : quelle utilisation en droit de l'environnement ? », *Le Conseil constitutionnel et l'environnement*, *Nouveaux cahiers du Conseil constitutionnel*, n° 43, 2014, p. 57.

[2] Tel qu'établi par Ch. Huglo.

[3] Au regard du caractère nouveau et/ou sérieux de la question posée, qui est de nature à en faciliter le rejet.

procédure qui permettront au juge de droit commun saisi d'une QPC comme au Conseil constitutionnel de rendre des grands arrêts »[1].

B. Contrôle de constitutionalité de la législation environnementale

La Constitution révisée en 2005, en son article 34, a étendu la compétence du législateur dans la détermination des principes généraux du droit de l'environnement, en consacrant notamment des droits nouveaux distincts de ceux prévus par la Déclaration des droits de l'homme et du citoyen de 1789 et le Préambule de la Constitution de 1946, sans pour autant que le Conseil constitutionnel ait toujours entendu pallier la carence de l'autorité constituante en matière environnementale[2].

Que ce soit dans le cadre de la QPC, ou à travers la sanction du respect des droits et obligations consacrés par la *Charte de l'environnement* (*supra*), le Conseil a exercé son contrôle envers les droits et libertés institués et garantis par les diverses dispositions à valeur constitutionnelle, s'imposant à cet égard un véritable devoir de « vigilance environnementale »[3] dès la première décision rendue à propos de la *Charte de l'environnement*, en 2011[4].

Les domaines dans lesquels ce contrôle s'est exercé et continue à s'exercer, que ce soit à l'endroit des dispositions de la *Charte*, ou d'autres normes et principes de niveau constitutionnel intéressant l'environnement, sont divers et variés. On se bornera à en présenter un panel succinct mais significatif, sans qu'il s'agisse, eu égard au cadre de la présente étude, d'une analyse exhaustive de la jurisprudence du Conseil en la matière.

---

[1] *Ibid.*, p. 71. Tout en soulignant dans la phrase suivante : « De ce fait, le mélange QPC et droit de l'environnement pourrait donc être beaucoup plus tonique et donc plus attirant ! »

[2] La décision n° 90-277 DC, 25 juillet 1990, rendue à propos de dispositions législatives relatives aux constructions nouvelles situées à proximité de plans d'eau dans les zones de montagne, s'est bornée à censurer les dispositions litigieuses pour des motifs tenant à l'irrégularité de la procédure législative sans se prononcer sur le fond, *c.-à-d.* sur la conformité à la Constitution du contenu des dispositions attaquées.

[3] B. Crottet, « Le Conseil constitutionnel et l'obligation de vigilance », *Revue française de droit constitutionnel*, n° 90, 2012, p. 248.

[4] Décision n° 2011-116 du 8 avril 2011, *QPC*.

1. *Pollutions et atteintes à l'environnement et à la biodiversité*

a) Déchets plastiques

Dans une décision[1], le Conseil constitutionnel a validé les dispositions de la loi « pour l'équilibre des relations commerciales dans le secteur agricole et alimentaire et une alimentation saine, durable et accessible à tous »[2] portant sur l'extension de la liste des ustensiles en plastique interdits[3] à compter du 1er janvier 2020.

Le Conseil s'est fondé en l'espèce, pour rejeter les prétentions des requérants[4], sur des motifs tenant notamment à la considération que les ustensiles visés par la loi étaient exclusivement des produits à usage unique jetables, que le but du législateur était la protection de l' environnement et de la santé publique, et que le législateur avait apporté une restriction à la liberté d'entreprendre en lien avec l'objectif poursuivi, restriction que le Conseil n'a pas considérée, « compte tenu du champ de cette interdiction, manifestement disproportionnée au regard de l'objectif d'intérêt général de protection de l'environnement et de la santé publique ».

On soulignera à cet égard que « l'intégration par le législateur français et européen de l'interdiction des produits à usage unique dans le droit positif traduit une réelle prise de conscience collective de la problématique environnementale que représentent les déchets plastiques »[5].

b) Semences et OGM

Dans le cadre de la censure partielle de la loi *Egalim* susvisée, le Conseil constitutionnel a interdit la vente de semences paysannes, au grand dam des défenseurs de la biodiversité, et à celui de la profession,

---

[1] Décision n° 2018-771 DC, 25 octobre 2018. Près d'un quart du texte, soit 23 articles sur 98 ont été ainsi censurés, alors que le projet de loi avait définitivement été adopté par l'Assemblée nationale le 2 octobre 2018.

[2] Loi n° 018-938, du 30 octobre 2018, pour l'équilibre des relations commerciales dans le secteur agricole et alimentaire et une alimentation saine, durable et accessible à tous, *Journal officiel*, 1er novembre 2018. Dite loi *Egalim*.

[3] Conformément aux dispositions de l'article L. 541-10-5 du Code de l'environnement.

[4] Selon lesquels la disposition attaquée portait « une atteinte injustifiée et disproportionnée à la liberté d'entreprendre des personnes produisant et commercialisant les ustensiles visés par cette interdiction ».

[5] E. Bertaina, « Déchets plastiques : le Conseil constitutionnel valide l'extension de l'interdiction des ustensiles en matière plastique », https://www.gossement-avocats.com/blog/dechets-plastiques-le-conseil-constitutionnel-valide-l-extension-de-l-interdiction-des-ustensiles-en-matiere-plastique/, 29 octobre 2018.

qui voyaient dans la loi la possibilité de favoriser une agriculture plus respectueuse de l'environnement. Plus précisément, le Conseil a validé la majorité des dispositions tendant à l'amélioration de l'équilibre des relations commerciales dans le secteur agricole et alimentaire, tout en censurant[1] divers articles de la loi[2] sur l'alimentation saine, durable et accessible à tous concernant, par exemple, la mention de l'origine des produits.

La censure prononcée par le Conseil a alimenté la polémique relative aux suspicions de lobbying auprès des « Sages de la République » et, partant, d'impartialité de la Haute juridiction, tout en portant atteinte au droit d'amendement des élus parlementaires[3]. Pour certains, toutefois, « cette décision est une nouvelle alerte contre la frénésie législative et les lois bavardes que le combat depuis plusieurs années. Elle consacre la volonté des sénateurs de veiller à la qualité, l'intelligibilité et la normativité de la loi »[4].

La conformité à la Constitution de la loi relative aux OGM s'est située, elle, au cœur d'un problème environnemental se référant conjointement au principe de précaution et au droit de toute personne à l'information et à la participation. Le Conseil a estimé en l'espèce, à travers une motivation très détaillée et argumentée, que le texte soumis à son contrôle ne portait pas atteinte au principe de précaution, ni ne dénaturait le principe d'accès des citoyens à l'information environnementale[5].

Depuis lors, le Conseil a rendu une décision (dont l'importance majeure a été quasi unanimement saluée par les juristes et les écologistes) par laquelle, il a validé comme conforme à la Constitution l'interdiction de la production en France pour d'autres pays et de

---

[1] Au motif qu'il s'agirait de « cavaliers législatifs », mais « sans raison véritablement justifiée, ce qui est inédit » et constituerait « un échec de la démocratie participative ». A. Lumbroso, https://mond.taibaweb.com, 11 novembre 2018.

[2] Ajoutés au projet initial, concernant, par exemple, la mention de l'origine des produits, ou la cession à titre onéreux de semences relevant du domaine public.

[3] Depuis lors a été promulguée une nouvelle loi relative à la transparence de l'information sur les produits agricoles et alimentaires, dont l'article 10 rétablit l'article 78 de la loi *Egalim*, censuré par le Conseil constitutionnel, qui consacre la possibilité de la vente à des consommateurs de semences de variétés du domaine public non inscrites au Catalogue officiel. Loi n° 2020-699 du 10 juin 2020, *Journal officiel*, 11 juin 2020.

[4] Michel Raison, « Loi alimentation », AFP, 25 octobre 2018, https://www.lepoint.fr/societe/loi-alimentation-le-conseil-constitutionnel-valide-les-mesures-cles-pour-les-agriculteurs-mais-censure-des-cavaliers-25-10-2018-2266039_23.php#11.

[5] Décision n° 2008-564 DC, 19 juin 2008.

l'exportation des produits non autorisés par l'Union européenne. À travers des considérants forts et sans équivoque, il a jugé[1] « qu'il découle du préambule de la *Charte de l'environnement* que la protection de l'environnement, patrimoine commun des êtres humains, constitue un objectif de valeur constitutionnelle ». Il a tiré pour la première fois le constat « qu'il appartient au législateur d'assurer la conciliation des objectifs de valeur constitutionnelle de protection de l'environnement et de protection de la santé avec l'exercice de la liberté d'entreprendre »[2].

Pour l'ancienne ministre de l'environnement et députée européenne, D. Batho, cette décision a constitué un « camouflet pour les firmes des pesticides ! […] La décision du Conseil constitutionnel, fondée sur le préambule de la Charte de l'environnement, donne raison au législateur et marque un tournant »[3].

c) Changement climatique

Depuis un certain temps déjà, des voix se sont élevées afin que la protection du climat soit intégrée dans la Constitution[4]. Cette démarche, qui n'est pas nouvelle, est à l'origine de l'initiative émanant du groupe écologiste de l'Assemblée nationale, dans une proposition de loi constitutionnelle en date du 12 décembre 2016, d'inscrire le caractère écologique de la République à l'article 1er de la Constitution, au même titre que l'objectif de lutte contre le dérèglement climatique dans la *Charte de l'environnement*.

Mais on a souligné que le « verdissement » de la Constitution[5] dépend en réalité de l'interprétation que les juges constitutionnels feraient des dispositions inscrites à cet effet dans celle-ci. En 2018, on

---

[1] Décision n° 2019-823 DC, 31 janvier 2020.

[2] Et en en déduisant par-là que « le législateur est fondé à tenir compte des effets que les activités exercées en France peuvent porter à l'environnement à l'étranger ».

[3] https://www.lesechos.fr, 2 février 2020. Pour sa part, l'association *Générations futures* a estimé que le Conseil a su « malgré le lobbying acharné de l'UIPP et son chantage à l'emploi, rappeler que la protection de l'environnement à une valeur constitutionnelle et que l'on peut limiter la liberté d'entreprendre pour la protection de l'environnement, patrimoine commun des êtres humains, y compris à l'étranger ». *Ibid.*

[4] *Cf.* le projet de loi (n° 3875), soumis à l'examen du parlement le 10 février 2021, portant lutte contre le dérèglement climatique et renforcement de la résilience face à ses effets, https://www.assemblee-nationale.fr/dyn/15/textes/ l15b3875_projet-loi.

[5] S. Senet, « Le Climat dans la Constitution : ce qui changera (ou pas) », https://www .journaldelenvironnement.net, 9 mars 2018.

ne dénombrait encore que cinq décisions du Conseil constitutionnel évoquant le climat (dont trois QPC)[1].

M. Prieur a estimé à juste titre, en ce domaine comme, plus généralement, à l'endroit de l'ensemble du droit de l'environnement, que « si demain une loi recule sur le combat climatique, le Conseil constitutionnel pourrait ainsi dire qu'elle est contraire à la non-régression »[2].

2. *Espaces et ressources naturels*

a) Protection du littoral

Par une décision du 15 novembre 2018, les sages du Palais Royal[3] ont validé, au motif de leur conformité à la *Charte de l'environnement*, les trois articles de la loi *Elan*[4] qui modifient les règles applicables en matière de construction dans les zones littorales, rejetant le recours introduit par 60 députés ayant repris à leur compte l'inquiétude de nombreux citoyens face à ces mesures d'assouplissement de la loi littorale.

Quelques années plus tard, le Conseil a exclu l'érosion côtière du *fonds Barnier*[5], en écartant toute possibilité d'indemnisation par ledit fonds d'une personne expropriée en raison d'un phénomène d'érosion côtière (dunaire en l'espèce)[6], conformément à la volonté du législateur de prévenir les dangers menaçant des personnes habitant dans des logements exposés à certains risques naturels majeurs, estimant que celui-ci n'avait pas entendu instituer un dispositif de solidarité pour tous les propriétaires d'un bien exposé à un risque de cette nature.

---

[1] Il a annulé la taxe carbone, et l'obligation faite à la grande distribution, par la loi sur la transition énergétique, de réduire ses émissions de gaz à effet de serre. Il s'est également prononcé sur la planification climatique régionale.

[2] Audition devant l'Assemblée nationale. Également, sur le principe de non-régression en droit de l'environnement, M. Prieur *et al.*, *op. cit.*

[3] Le Conseil constitutionnel occupe l'aile Montpensier du Palais Royal, à Paris, depuis 1983.

[4] Loi n° 2018-1021, du 23 novembre 2018, portant évolution du logement, de l'aménagement et du numérique, *Journal officiel*, 24 novembre.

[5] Le Fonds de prévention des risques naturels majeurs (FPRNM) a été créé par la loi n° 95-101, du 2 février 1995, relative au renforcement de la protection de l'environnement, *Journal officiel*, 3 février 1995. Il était destiné à financer les indemnités d'expropriation de biens exposés à un risque naturel majeur. Son champ a depuis lors été élargi à d'autres indemnisations.

[6] Décision n° 2018-698 du 6 avril 2018, *QPC*.

b) Approvisionnement en eau

Le Conseil constitutionnel a validé l'interdiction généralisée des coupures d'eau pour les résidences principales, y compris lors de non-paiement du service[1], consacrant indirectement et implicitement par là le droit à l'eau inhérent au droit à l'accès aux ressources naturelles et au droit à vivre dans un environnement sain et protégé. Il a jugé que « l'atteinte à la liberté contractuelle et à la liberté d'entreprendre qui résulte de l'interdiction d'interrompre la distribution d'eau n'est pas manifestement disproportionnée au regard de l'objectif poursuivi par le législateur »[2].

L'une des associations qui s'était portée partie civile dans ce litige a estimé que la décision du Conseil est l'aboutissement d'un long combat pour le respect de la loi, alors que le droit à l'eau ne serait visiblement pas la préoccupation des entreprises gérant les réseaux de distribution d'eau.

c) Fracturation hydraulique

À propos de cette question, le Conseil a été saisi d'une QPC relative au régime et aux conditions d'intervention volontaire des collectivités publiques dans la procédure constitutionnelle, quant à la recevabilité des recours y afférents[3]. Le principe est en l'occurrence que le requérant intervenant peut aller jusqu'au bout de la procédure dès lors qu'il s'est associé aux conclusions en défense ou aux conclusions en annulation (ce qui était en l'espèce le cas de la Région).

Au fond, il a considéré qu'étaient conformes à la Constitution les dispositions de la loi n° 2011-835 du 13 juillet 2011[4] visant à interdire l'exploration et l'exploitation des mines d'hydrocarbures liquides ou gazeux par fracturation hydraulique et à abroger les permis exclusifs de recherches comportant des projets ayant recours à cette technique.

Il a été observé à propos de cette décision que, lorsque le Conseil, saisi en matière d'environnement, connait de dossiers techniques (notamment dans les affaires d'OGM, *supra*) assez complexes, celles-

[1] Validant ainsi la loi *Brottes* du 15 avril 2013, dont le décret d'application du 27 février 2014 interdit à tout distributeur de couper l'alimentation en eau dans une résidence principale même en cas d'impayé et cela tout au long de l'année. Loi n° 2013-312 du 15 avril 2013 visant à préparer la transition vers un système énergétique sobre et portant diverses dispositions sur la tarification de l'eau et sur les éoliennes, *Journal officiel*, 16 avril 2013.

[2] Décision n° 2015-470 du 29 mai 2015, *QPC*.

[3] Décision n° 2013-346 du 11 octobre 2013, *QPC*.

[4] *Journal officiel*, 14 juillet 2011.

ci font généralement l'objet d'un examen dans un sens favorable au principe de précaution. Paradoxalement, à l'inverse, dans des affaires essentiellement techniques, la discussion et le débat reposent rarement sur des expertises. Il apparait en effet, à la lecture de la décision du Conseil, que « celui-ci, sans avoir eu recours à l'expertise, s'est essentiellement appuyé sur le bienfondé du principe de prévention, et a écarté comme inopérants les arguments tirés de la violation du principe de précaution »[1].

d) Exploitation d'hydrocarbures

En 2019, le Conseil constitutionnel a rendu une décision[2] validant les dispositions législatives du code minier fixant le barème de la redevance progressive des mines applicable à l'extraction d'hydrocarbures liquides. Les membres du Conseil ont en effet estimé que la loi de finances rectificative pour 2017 avait pour objet de mettre fin à la fiscalité incitative dont bénéficiaient les titulaires de concessions de mines d'hydrocarbures depuis la loi de finances pour 1981. Partant, ils ont considéré que les dispositions contestées ne faisaient pas peser de charges excessives au regard des facultés contributives des redevables et ne présentaient pas de caractère confiscatoire.

Il ne s'agit pas là, à proprement parler, d'une décision s'inscrivant dans la protection directe de l'environnement, via la sanction de droits ou d'obligations y afférents. Mais, en privant les entreprises concernées du secteur du bénéfice d'une fiscalité incitative en faveur de leurs activités d'exploitation d'hydrocarbures, le contrôle exercé sur celles-ci se trouve renforcé, en même temps qu'est reconnue la nécessité de limiter la multiplication et l'extension d'exploitations dont la nocivité pour l'environnement, laissée à la seule logique de la productivité capitaliste, serait avérée si elle ne faisait pas l'objet d'un encadrement et d'un contrôle stricts.

3. *Cadre et les conditions de vie*

a) Respect du principe de participation

À deux reprises, dans des décisions du même jour[3], le Conseil constitutionnel a vigoureusement rappelé, , l'exigence de respect du principe de participation en droit de l'environnement, en l'occurrence de la

[1] Cabinet Huglo-Lepage, avocats associés, https://www.huglo-lepage.com/.

[2] Décision n° 2019-771 du 29 mars 2019, *QPC*.

[3] Décision n° 2012-269 du 27 juillet 2012, *QPC* ; décision n° 2012-270 du 27 juillet 2012, *QPC*.

reconnaissance du droit du public de participer à la préparation et à l'élaboration des décisions concernant l'environnement, droit constitutionnellement proclamé et garanti par la *Charte* adossée à la Constitution. Étaient en cause, d'une part, les mesures de préservation du patrimoine biologique, de l'autre, la délimitation de zones de protection d'aires d'alimentation et de captage d'eau potable. Le Conseil a enjoint au gouvernement, dans les deux cas, de respecter et de mettre en œuvre les procédures de participation requises.

Il a été jugé en ce sens que s'il appartient bien à l'autorité administrative de « délimiter des zones » de protection, ou d'octroyer des dérogations individuelles aux interdictions de porter atteinte au patrimoine biologique, il s'agit là de décisions publiques ayant une incidence sur l'environnement auxquelles le public doit par conséquent participer. Le Conseil s'est inscrit sans surprise, ce faisant, dans le droit fil d'une jurisprudence dument établie depuis plusieurs années, qui avait censuré des dispositions législatives pour un motif identique[1].

b) Droits de l'Homme et contrôle des multinationales

La décision rendue par le Conseil constitutionnel[2], à la suite de sa saisine à propos de la loi sur le devoir de vigilance des multinationales[3], a été à juste titre saluée comme « un pas historique pour la protection des droits humains et de l'environnement, un signal fort pour l'Europe et l'international »[4]. Elle a consacré une nouvelle obligation de vigilance pesant sur les entreprises multinationales, en matière de protection des droits humains et de l'environnement et, par-là, confirmé la possibilité d'engager devant le juge la responsabilité des entreprises concernées en cas de manquement à leurs obligations à cet égard.

De nombreux juristes s'étaient mobilisés pour soutenir la requête des associations demanderesses aux arguments[5] desquels le Conseil n'a

[1] Décision n° 2011-183/184 *QPC*, 14 octobre 2011 ; décision n° 2012-262 *QPC*, 13 juillet 2012.

[2] Décision n° 2017-750 DC, 23 mars 2017.

[3] Loi n° 2017-399, du 27 mars 2017, relative au devoir de vigilance des sociétés mères et des entreprises donneuses d'ordre, *Journal officiel*, 28 mars 2017.

[4] https://www.ldh-france.org/, 24 mars 2017.

[5] Ainsi, selon N. Cuzacq, « l'obligation de vigilance a une logique prophylactique qui rappelle le bon sens populaire selon lequel il est préférable de prévenir plutôt de guérir. Elle concerne les risques d'une atteinte aux droits humains, sanitaires ou environnementaux [...] La loi vigilance protègent les entreprises qui sont déjà exemplaires en contraignant leurs concurrents à ne plus utiliser l'éthique comme un pavillon de complaisance ». « Le devoir de vigilance des multinationales à l'assaut de la mondialisation malheureuse », 27 février 2017, https://www.latribune.fr

manifestement pas été insensible, en soulignant notamment « l'incontestable objectif d'intérêt général poursuivi par le législateur » dans l'adoption de la loi susvisée à l'origine du litige. Le Conseil a considéré que la mise en œuvre de l'obligation de vigilance ainsi rappelée et consacrée « ne portait pas une atteinte excessive à la liberté d'entreprendre ».

c) Protection du climat et contribution carbone

Outre ce qui a déjà été dit plus haut de la position du Conseil constitutionnel quant à la question complexe et impérieuse du changement climatique, il n'est pas inutile de rappeler qu'il a été conduit à prendre position sur celle de la contribution carbone, les impacts des émissions de CO^2 affectant gravement l'évolution du climat sur la planète. La loi de finances pour 2010 contenant en effet des dispositions en ce domaine que la haute juridiction a estimé non conformes aux exigences constitutionnelles d'un droit *à* l'environnement formellement reconnu et protégé. Elle les a censurées, non sans que sa décision, qui a connu un certain retentissement, ait alors suscité des réactions contrastées.

On notera que la décision[1] du Conseil n'a pas été fondée en l'espèce sur le non-respect de la *Charte de l'environnement*, sur un motif « environnemental » en l'occurrence, mais sur une tout autre considération, la protection de l'environnement en bénéficierait-elle, à savoir sur la violation du principe d'égalité, en raison de l'ensemble des dérogations et des exemptions dans l'assiette de la contribution carbone. Il a considéré en l'espèce que la loi crée trop d'exemptions, ce qui est « contraire à l'objectif de lutte contre le réchauffement climatique » et crée une inégalité face à l'impôt[2].

/opinions/tribunes/le-devoir-de-vigilance-des-multinationales-a-l-assaut-de-la-mondi alisation-malheureuse-648557.html. Pour leur part, M. Delmas-Marty et K. Martin-Chenut ont vu « une avancée majeure » pour les droits de l'Homme dans l'adoption de la loi consacrant « un devoir de vigilance pour les entreprises transnationales », 1er mars 2017, https://www.lemonde.fr,

[1] Décision nº 2009-596 DC du 22 décembre 2009.

[2] Selon le Conseil, les « exonérations, réductions, remboursements partiels et taux spécifiques » dépouillent la loi de son ambition de lutte contre le réchauffement climatique et créent « une rupture d'égalité devant les charges publiques [...] Moins de la moitié des émissions de gaz à effet de serre aurait été soumise à la contribution carbone », en raison de ces multiples exemptions, et 93 % des émissions d'origine industrielle, hors carburant, en auraient été exonérées (https://www.lemonde.fr/, 29 décembre 2009).

C. Reconnaissance de la valeur constitutionnelle et sanction du respect de la Charte de l'environnement

Le fait d'avoir expressément « adossé »[1] la *Charte de l'environnement* à la Constitution, en 2005, a manifesté la volonté de lui conférer une portée juridique effective, au-delà d'une simple déclaration non contraignante de principes guidant la mise en œuvre des normes environnementales. Elle a eu logiquement vocation à revêtir la même valeur, constitutionnelle, que le texte avec lequel elle est en symbiose, valeur qu'elle tire de celui-ci, au même titre, *a fortiori*, que les préambules et déclarations de droits auxquels est reconnue cette valeur alors que ceux-ci ne sont que juxtaposés à la Constitution qu'ils se bornent à précéder formellement.

L'un des rôles attendus du Conseil constitutionnel a été non seulement d'établir sans équivoque cette valeur constitutionnelle, mais également de conférer une portée concrète, en donnant effet utile à ses dispositions les plus emblématiques, tout en mettant en œuvre les principes et règles qu'elle formule en y appuyant son contrôle de constitutionnalité des textes législatifs.

1. Consécration de la valeur constitutionnelle de la Charte

Elle procède de plusieurs décisions du Conseil, qui a tiré sur ce plan toutes les conséquences du statut que ses auteurs ont entendu lui conférer.

a) Intégration de la Charte au bloc de constitutionnalité

Le Conseil constitutionnel a donné valeur constitutionnelle à la *Charte de l'environnement*[2], consacrant des droits nouveaux distincts de ceux prévus par la Déclaration des droits de l'Homme et du Citoyen de 1789 et par le Préambule de la Constitution de 1946, mais sans que pour autant toutes les dispositions de la *Charte* revêtent une portée normative identique.

Ainsi, les sept alinéas qui précèdent les dix articles de la *Charte*, qui en constituent en quelque sorte l'exposé des motifs, n'instaurent pas de droits ou libertés garantis pas la Constitution. Le Conseil constitutionnel a donc logiquement estimé « qu'ils ne peuvent être invoqués à l'appui d'une question prioritaire de constitutionnalitésur le fondement

---

[1] Selon la terminologie officielle, peu orthodoxe dans le vocabulaire et la sémantique constitutionnels.

[2] https://www.conseil-constitutionnel.fr/les-revisions-constitutionnelles/revisions-constitutionnelles-de-mars-2005.

de l'article 61-1[1] de la Constitution »[2], sauf, néanmoins, à pouvoir en tant que de besoin s'y référer pour conforter la valeur de principes concourant à la prise de ses décisions[3].

Dans le même esprit, il a renvoyé au législateur le soin de déterminer la mise en œuvre de ces dispositions de la *Charte*, tel l'article 6, imposant l'exigence de promotion d'un développement durable, sans pour autant instituer de droit ou de liberté correspondants[4].

La valeur constitutionnelle de la *Charte* n'est plus contestée aujourd'hui, à partir du moment notamment où elle a été intégrée au « bloc de constitutionnalité » par l'effet de la révision constitutionnelle, dont le Conseil a tiré toutes les conséquences[5].

b) Portée normative de la Charte

La constitutionnalisation de la *Charte de l'environnement*[6] a déterminé la portée qui lui est reconnue dans l'ordre juridique français, venue appuyer et conforter l'extension de la compétence du législateur[7] dans la détermination des principes fondamentaux du droit de l'environnement.

Cette portée est consacrée par la référence explicite du Conseil à telle ou telle des dispositions issues des articles de la *Charte*, en fondant en totalité ou en partie ses décisions sur le non-respect ou la violation de celles-ci dans la mesure où elles déterminent des principes et des normes à valeur constitutionnelle. Il s'est explicitement référé à la *Charte* dès avril 2005[8], peu de temps après qu'elle ait été intégrée au bloc de constitutionnalité.

---

[1] Qui prévoit le contrôle de constitutionnalité des lois *a posteriori*, par voie d'exception (QPC).

[2] Décision nº 2014-394 du 7 mai 2014, *QPC*.

[3] Décision nº 2011-192 du 10 novembre 2011, *QPC*, à propos du secret de la défense nationale.

[4] Décision nº 2012-283 du 23 novembre 2012, *QPC* ; et décision nº 2013-666 DC du 11 avril 2013.

[5] Décision nº 2008-564 du 19 juin 2008 *QPC* ; décision nº 2014-394 du 7 mai 2014, *QPC*.

[6] Le Préambule de la Constitution de 1958 prévoit désormais que « le peuple français proclame solennellement son attachement [...] aux droits et devoirs définis dans la Charte de l'environnement de 2004 ».

[7] Art. 24 de la Constitution révisée en 2005.

[8] Décision nº 2005-514 DC du 28 avril 2005, à propos de la création du registre international français de l'immatriculation des navires.

Ultérieurement (pour ne retenir que quelques illustrations de cette démarche[1]), le Conseil a, par exemple, censuré certaines dispositions sur la base de la *Charte*, conjointement avec l'article 34 de la Constitution qui définit le domaine d'intervention du législateur, tout en rappelant que « l'ensemble des droits et devoirs définis dans la Charte de l'environnement ont valeur constitutionnelle »[2].

2. Mise en œuvre de la Charte par le Conseil constitutionnel

Elle procède en particulier de l'effet utile que le Conseil a reconnu aux dispositions de l'article 7 de la *Charte*, entre autres références aux dispositions de celle-ci, sur lesquelles il n'hésite plus à assoir son contrôle de constitutionnalité des normes à caractère législatif.

a) Effet utile de l'article 7 de la Charte

« Si la valeur constitutionnelle de l'ensemble de la Charte de l'environnement ne fait plus guère débat [...], pas plus que l'invocabilité de bon nombre d'articles de [la] Charte dans le cadre de la QPC, la portée pratique et contentieuse de certaines de ses dispositions ne peut que susciter la réflexion. Il en va ainsi de son article 7 qui prévoit non seulement une obligation d'information, mais également un principe de participation du public »[3].

Le Conseil a tout d'abord considéré que les principes d'information et de participation n'étaient pas fongibles, et que la satisfaction du premier ne suffisait pas à établir le respect du second[4]. Il a ensuite précisé les conditions auxquelles doit répondre l'obligation de participation pour que celle-ci puisse être considérée comme remplie ; notamment quant à l'instauration de procédure de consultation du

---

[1] Pour une présentation plus approfondie du débat y afférent, voir *Revue juridique de l'environnement*, 2005/HS, *La Charte constitutionnelle de l'environnement*, notamment quant à la relation de la *Charte* et du Conseil constitutionnel, les contributions de M.-A. Cohendet, « La Charte et le Conseil constitutionnel : point de vue », p. 107-130 ; et B. Matthieu « La Charte et le Conseil constitutionnel : point de vue », p. 131-136.

[2] Décision n° 2008-564 du 19 juin 2008 (précitée). On rappellera que le Conseil constitutionnel ne dispose pas toutefois de la possibilité d'exercer un contrôle de même nature sur les dispositions rédigées de manière précise, ni sur celles qui renvoient à la loi la définition des modalités de leur mise en œuvre.

[3] G. Dujardin, « Le Conseil constitutionnel à la recherche de l'effet utile de l'article 7 de la Charte de l'environnement », 13 avril 2013, https://www.lepetitjuriste.fr/le-conseil-constitutionnel-a-la-recherche-de-leffet-utile-de-larticle-7-de-la-charte-de-le nvironnement/.

[4] Décision n° 2011-183/184 du 14 octobre 2011, *QPC*.

public *ad hoc*, hors celle de seuls organismes consultatifs[1]. Enfin, il s'est attaché à déterminer le champ d'application *ratione temporis* dudit article, via l'affirmation de l'indifférence de l'antériorité à la *Charte* des dispositions soumises à son contrôle[2]. Cette position est de nature à « renforcer l'attractivité contentieuse de l'article 7, même si son champ d'application *ratione materiae* s'est trouvé parallèlement circonscrit »[3].

Le champ d'application de l'article 7 est parallèlement matériellement circonscrit, car il n'est pas *in se* applicable à toutes les décisions ayant une incidence ou un impact sur l'environnement[4]. Il est en effet indispensable que la décision en cause ait « une incidence directe et significative » sur celui-ci, en considération des « conditions et limites dans lesquelles le principe de participation du public [...] est applicable aux décisions règlementaires de l'État et de ses établissements publics », telles qu'elles sont fixées par l'article L. 120-1 du Code de l'environnement[5].

b) Sanction des dispositions de la Charte

On a rappelé précédemment que le Conseil constitutionnel avait rendu sa première décision QPC portant sur la *Charte de l'environnement* en 2011[6], sur renvoi de la Cour de cassation, à propos de la conformité de l'article L. 112-16 du Code de la construction et de l'habitation au regard des droits et devoirs des articles 1 à 4 de la *Charte*. La disposition contestée — que le Conseil a estimé conforme à la *Charte* — excluait l'application de la théorie des troubles anormaux du voisinage, mécanisme de responsabilité sans faute, en raison de l'antériorité d'occupation de l'installation à l'origine des nuisances[7]. La référence à la *Charte* concernait en l'occurrence les droits et devoirs envisagés en ses articles 1 et 2, dont l'effectivité postulait un devoir

[1] *Ibid.* ; et décisions n° 2012-262 du 13 juillet 2012, *QPC* ; et n° 2012-270 du 27 juillet 2012, *QPC*.
[2] Décision n° 2012-283 du 23 novembre 2012, *QPC*.
[3] G. Dujardin, *loc. cit.*
[4] Sauf à préciser ce que l'on entend par là au sens de l'art. 7 de la Charte, le Conseil en retenant plutôt une interprétation large et pragmatique. T. Renoux, X. Magnon et M. de Villiers (dir.), *Code constitutionnel*, 9e éd., Paris, Litec, 2018, p. 476.
[5] Décision n° 2012-262 du 13 juillet 2012, *QPC*.
[6] Décision n° 2011-116 du 8 avril 2011, *QPC*.
[7] Et qui, de ce fait, était susceptible de porter préjudice au droit de vivre dans un environnement sain et équilibré (*Charte*, art. 1er) en instaurant une limite qui nuirait à son effectivité.

particulier de vigilance environnementale, relation toutefois quelque peu imprécise[1].

Il revient en tout état de cause au Conseil constitutionnel, au-delà de cette décision, et dans celles qui l'ont suivie, fondées sur les dispositions et prescriptions de la *Charte*, de remplir le rôle déterminant qui est le sien dans la mise en œuvre de la *Charte*. Ceci postule non seulement l'interprétation des notions « ouvertes » du texte, mais également leur harmonisation avec les principes inscrits dans les conventions internationales et précisés par les cours de justice internationales[2].

Comme on a eu l'occasion de le montrer ci-dessus, les décisions du Conseil constitutionnel faisant application de la *Charte* sont intervenues dans des domaines très différents. Selon un observateur averti (ancien Vice-président du Conseil d'État et membre du Conseil constitutionnel), le Conseil « n'a eu aucune espèce d'état d'âme pour admettre la nature constitutionnelle mais également la portée juridique des dispositions contenues dans la Charte »[3].

Quelques questions sont toutefois restées en suspens, le Conseil n'ayant pas encore eu à en connaitre, s'agissant notamment de la portée normative des considérants figurant dans le préambule de la *Charte*, au demeurant largement contestée. On s'accorde toutefois sur le fait que, malgré leur valeur constitutionnelle, ils ne sauraient être invoqués à l'appui d'une QPC, qui n'a d'autre objet que de sanctionner la méconnaissance des droits et libertés garantis par la Constitution, ce qui n'est pas le cas des constats et des préconisations que formulent ces considérants[4].

---

[1] « Cette imprécision nuit ainsi à l'intelligibilité du raisonnement suivi par le Conseil, mais également à la possibilité de comprendre la conception de la Charte qu'il retient. Il peut en effet paraitre étonnant de fonder une seule et même obligation sur deux fondements aussi différents, l'un renvoyant à un droit, et, le second à un devoir ». B. Crottet, *loc. cit.*

[2] Sur ce point, J. Morand-Deviller (dir.), *La Constitution et l'environnement, loc. cit.*

[3] R. Denoix de Saint Marc, « La Charte de l'environnement au prisme du contentieux », *Environnement et développement durable*, n° 12, décembre 2012, p. 37.

[4] Ces alinéas traduisent « un consensus des autorités scientifiques et des autres représentants de la société civile autour de trois idées-forces : l'interdépendance de l'homme et de la nature ; la prise de conscience des atteintes portées par certaines activités humaines à l'environnement et de leurs conséquences sur l'avenir de nos sociétés ; la nécessité, enfin, de promouvoir le développement durable ». P. Gélard, Rapport n° 352, Commission des lois constitutionnelles, de législation, du suffrage universel, du règlement et d'administration générale sur le projet de loi constitutionnelle relatif à la Charte de l'environnement, Sénat, 16 juin 2004.

D. Conclusion

En 1990, près de quinze ans avant l'adoption de la *Charte* de l'environnement, le président du Conseil constitutionnel de l'époque s'interrogeait sur l'opportunité pour celui-ci de s'intéresser de plus près à l'environnement et d'en considérer la protection juridique à l'occasion de l'exercice du contrôle de constitutionnalité[1].

L'élargissement de sa saisine (par le biais de la QPC) a précédé l'adoption de la *Charte de l'environnement*, à laquelle il s'est très rapidement trouvé confronté, dès lors qu'il était saisi, sous forme de questions préalables, de l'appréciation de la conformité à la Constitution de dispositions déjà en vigueur. Dans ce cadre, il a considéré que la *Charte* instituait des droits et libertés, mais également des devoirs, garantis ou imposés par la Constitution. Ce n'est pas le cas, à l'inverse, pour ceux qui ne bénéficient pas, en raison de leur nature ou de leur statut, de cette garantie[2]. On a souligné la diversité et l'étendue des domaines dans lesquels le Conseil a été appelé à exercer son contrôle, qui sont d'un apport incontestable à la légitimation, à l'ancrage et au renforcement du droit de l'environnement. Ce contrôle en est devenu au fil des ans un outil essentiel, à la fois par l'extension de ce contrôle à l'ensemble du « bloc de constitutionnalité », et par la vulgarisation de la procédure de la QPC.

On a vu également que le Conseil, en matière d'environnement, est souvent saisi de question complexes liées à des dossiers très techniques, ce qui l'a conduit à infléchir les méthodes de contrôle mises en œuvre à cet effet, notamment dans l'interprétation des dispositions disputées, à travers une politique jurisprudentielle sans doute moins volontariste que celle du Conseil d'État, mais non dépourvue de réalisme et d'empirisme eu égard à sa propre vision de l'objet sociétal des normes environnementales. Il n'a pas pour autant franchi le « Rubicon » d'un contrôle d'équité qui ne relève ni de sa mission ni de ses compétences. C'est le cas, par exemple, lorsqu'il constate et affirme que les politiques publiques de développement durable « concilient la protection et la mise en valeur de l'environnement, le développement économique et le progrès social »[3].

---

[1] « Je me demande si cette décision ne constituerait pas l'occasion d'émettre des considérations sur le droit de l'environnement ». R. Badinter, lors de la délibération ayant conduit à la décision n° 90-277 DC, 25 juillet 1990.

[2] Décision n° 2014-394 du 7 mai 2014, *QPC*.

[3] Décision n° 2012-283 du 23 novembre 2012, *QPC*.

S'agissant, enfin, de l'utilisation de la QPC en faveur du développement du droit de l'environnement, on partagera le constat que Ch. Huglo estime « mitigé » dans la mesure où le Conseil constitutionnel s'en tient souvent « à un contrôle fondé sur l'incompétence négative »[1]. Ce contrôle, selon K. Foucher, « en application du principe de l'économie de moyens, permet au Conseil d'éviter d'avoir à se prononcer au fond, c'est-à-dire sur le niveau de garantie des droits consacrés par la Charte de l'environnement »[2].

Face aux nombreuses questions — mais également aux quelques incertitudes — que pose ou suscite le contrôle de constitutionalité en matière environnementale, à l'aune de l'expérience et de la jurisprudence du Conseil constitutionnel français, on rappellera, avec J. Morand-Deviller, que si « la quête d'un ordre exprimant le juste, tel qu'il se manifeste dans la nature, quête universelle et éternelle, demeure l'inspiration première du droit »[3], il existe en tout état de cause, comme le notait Cicéron il y a plus de deux millénaires, « une loi véritable, qui est le droit-raison qui s'accorde avec la nature, répandue en nous, immuable et impérissable ».

Il ne saurait y avoir de meilleur guide pour l'exercice par le Conseil constitutionnel de sa mission de vigilance environnementale[4].

---

[1] *Loc. cit.* Selon lui, « il conviendrait, pour améliorer l'efficacité de cette procédure pour le droit de l'environnement, que le Conseil effectue un contrôle concret de la norme afin de rendre effectifs les droits constitutionnels des individus ou de groupes d'individus, à l'instar du contrôle qu'opère la Cour européenne des droits de l'Homme ». *Ibid.* Par « incompétence négative », on entend les cas où l'administration décline à tort sa compétence, en se méprenant sur l'interprétation de celle-ci, pour prendre une décision. Voir P. Rrapi, « L'incompétence négative dans la QPC : de la double négation à la double incompréhension », *Nouveaux Cahiers du Conseil constitutionnel*, n° 34, janvier 2012.

[2] Commission de développement durable et de l'aménagement du territoire, Assemblée nationale, Compte rendu n° 66, 29 mai 2013, https://www.assemblee-nationale.fr/14/cr-dvp/12-13/c1213066.asp.

[3] *Loc. cit.*

[4] Sur la prise en compte de l'environnement dans les dispositifs constitutionnels, voir, M. A. Cohendet (dir.), *Droit constitutionnel de l'environnement*, Paris, Éd. Mare & Martin, 2021 ; dans le cadre africain, J.-M. Breton, « L'Environnement dans les constitutions d'Afrique Noire francophone », *in Droit administratif : convergence ou concurrence des disciplines juridiques ?*, Mélanges en l'honneur de Demba Sy, P.U. Toulouse 1 Capitole, 2020, p. 181.

LE TRIBUNAL CONSTITUTIONNEL ESPAGNOL ET L'ÉTAT DE DROIT

Dérive partisane d'un organisme politisé

Damià DEL CLOT[1]

La conception de la justice constitutionnelle espagnole a été profondément conditionnée par le franquisme. Il en va de même pour la Constitution de 1978. Ceci s'explique du fait qu'un grand nombre d'institutions ont des liens étroits avec un régime autoritaire dont la culture antidémocratique subsiste dans les mentalités, les discours et les pratiques. Le système judiciaire en est un exemple. L'exaltation de l'unité de la nation espagnole — patrie commune et indivisible, insiste-t-on au deuxième article — le roi comme symbole de cette unité, l'absence de définition du modèle territorial de l'État ou l'anomalie consistant à attribuer aux forces armées la mission de garantir, entre autres, l'ordre constitutionnel, en sont d'autres.

En tout cas, les constituants de 1978 ont considéré que la création d'un organe chargé de veiller à la suprématie et à l'accomplissement de l'ordre constitutionnel tout comme au fonctionnement de la démocratie pluraliste était nécessaire. Ils ont opté pour un « gardien de la Constitution ». Le Tribunal constitutionnel fédéral allemand et la Cour constitutionnelle italienne — sans oublier l'expérience du Tribunal des garanties constitutionnelles prévu par la Constitution de 1931 — ont été considérés comme points de référence dont il fallait s'inspirer. Le Tribunal constitutionnel s'est vu attribuée le monopole du contrôle de la constitutionnalité des normes ayant rang de loi. Et bien qu'il exerce une fonction juridictionnelle — il prononce des sentences et résout des conflits conformément à la loi — il est placé en marge du pouvoir judiciaire.

Cela s'explique. Nous l'avons déjà mentionné en partie, mais il convient d'insister : la Constitution de 1978 n'a pas rompu avec la légalité franquiste et de nombreuses institutions — le pouvoir judiciaire, comme nous l'avons dit, était l'une d'entre elles — avaient servi

---

[1] Professeur associé, Faculté de Droit, Université de Barcelone, Espagne. Texte traduit par Michel Giroux et Henri Pallard.

avec dévotion et efficacité les principes du régime. Isabel Lifante Vidal écrit que « les juges de la dictature de Franco continueraient à être les juges de la nouvelle étape démocratique et constitutionnelle »[1]. Quarante ans de culture autoritaire soutenue par l'exercice abusif de la violence et protégée par une impunité *de facto* et *de jure* ne semblaient pas être une culture facile à éradiquer. La crainte de laisser l'interprétation de la Constitution entre les mains de juges conservateurs — la grande majorité à l'époque — qui avaient servi les intérêts juridiques du Caudillo, pouvait signifier un danger pour la réforme nécessaire — et attendue par beaucoup — du système politique espagnol[2].

La première question à résoudre visait la séparation du Tribunal constitutionnel du pouvoir judiciaire. Alors que le pouvoir judiciaire se voit consacrer dix articles, les articles 117 à 127 du Titre VI, le Tribunal constitutionnel se voit, pour sa part, traité à travers six dispositions, les articles159 à 165 du Titre IX. Ces préceptes ont été développés par la Loi organique 2/1979 du 3 octobre portant sur le Tribunal constitutionnel. Le désir sous-jacent de placer la justice constitutionnelle en dehors du pouvoir judiciaire répondait à la nécessité de disposer d'un organe entièrement nouveau, dont les membres n'étaient pas conditionnés par l'inertie des pratiques judiciaires ancrées dans le cadre mental, juridique et juridictionnel des étapes précédentes. La responsabilité de garantir le bon fonctionnement d'un système fondé sur la reconnaissance et l'exercice des droits fondamentaux et des libertés civiles nécessitait de rompre avec le passé et tourner la page.

Deuxièmement, l'on devait chercher à assurer au nouvel organe constitutionnel une légitimité d'exercice inébranlable. Un système judiciaire qui défend des concepts qui sont au cœur de l'idéologie franquiste, comme l'unité nationale, est toujours présente dans les esprits. Cette défense a conduit le pouvoir judiciaire à exercer un important activisme politique. Il suffit de regarder la jurisprudence du Tribunal suprême pour voir comment le pouvoir judiciaire a affirmé que l'unité

[1] Isabel Lifante, « El Guardián de la Constitución ». *Fraude o esperanza. 40 años de Constitución*, Madrid, Akal, 2018, p. 228.

[2] Sur la nature conservatrice du pouvoir judiciaire espagnol avant la Constitution de 1978 et pendant sa rédaction, son approbation et sa sanction, voir, Juan José Toharia, *El Juez español. Un análisis sociológico*, Madrid, Tecnos, 1975. Un article publié quinze ans plus tard offre une vision différente du système judiciaire espagnol, essentiellement en raison de l'admission des femmes et de l'entrée dans la magistrature de juges âgés de moins de 35 ans. Juan José Toharia, « El Juez español. Quince años después », *Revista del Centro de estudios constitucionales*, nº 3, 1989, p. 345-364.

nationale était indestructible (STS 189/1969 du 28 février), intangible (STS 42/1967), indissoluble (STS 123/1969) et l'un des principes inspirateurs de l'État[1]. En outre, la haute magistrature espagnole de l'époque n'a pas lésiné sur l'utilisation d'adjectifs larges pour décrire des activités qui, avec la Constitution de 1978, seraient couvertes par un large éventail de droits et de libertés[2].

A. Le Tribunal constitutionnel et les héritages du franquisme

Afin d'éviter une influence plus grande que souhaitée de ce que Paloma Aguilar a appelé « les héritages du franquisme »[3], le constituant devait garantir deux aspects fondamentaux dont dépendait le bon fonctionnement — et les objectifs précités — de l'État et, accessoirement, du Tribunal constitutionnel lui-même dans l'exercice des fonctions qui lui sont confiées : que la nomination de ses membres reste en dehors de la sphère politique et, plus spécifiquement, de la politique des partis. Par ces résolutions, il devait achever les débats qui n'avaient pas eu lieu pendant la transition. L'un de ces débats était le débat territorial. La combinaison du principe de l'unité de l'État avec l'exercice de l'autonomie reconnue aux nationalités et aux régions la rendait particulièrement complexe.

1. Nomination des juges et des magistrats : éviter la politisation

L'article 159 de la Constitution espagnole implique les trois pouvoirs de l'État dans la nomination des douze membres — juges, procureurs, professeurs d'université, fonctionnaires et avocats, tous juristes au prestige reconnu — qui composent le Tribunal constitutionnel. Quatre sont nommés sur proposition du Congrès des Députés et quatre sur proposition du Sénat ; dans les deux chambres, à la majorité des trois cinquièmes de leurs membres. Deux sont proposées par le gouvernement. Et, enfin, deux autres sur proposition du Conseil général

[1] Sur le rôle de la Cour suprême sous le régime de Franco, voir, Francisco J. Bastida, *Jueces y franquismo. El Pensamiento político del Tribunal supremo en la dictadura*, Barcelona, Ariel Derecho, 1986.

[2] Un exemple, également sur la défense de l'unité de l'État, est cette affirmation : « On ne doit pas explorer la mémoire du passé, car cela encourage des actions déplorables, regrettables et douloureuses de certains à détruire le passé. » STS [Sentencia del Tribunal Supremo] 42/1967, et STS 170/1969.

[3] Paloma Aguilar, *Justicia, política y memoria: los legados del franquismo en la transición española*, Madrid, Instituto Juan March, Centro de estudios avanzados en ciencias sociales, 2001.

de la magistrature. Nous faisons référence à la majorité des trois cinquièmes requis dans les *Cortes Generales* parce que l'intention initiale était de parvenir à un consensus sur les noms des candidats dont le profil devait être d'un prestige juridique indiscutable, au-delà des options partisanes.

La politisation des nominations est un aspect qui a été présent dès le début. Bien que la nomination des magistrats par les parlements ait eu des précédents dans les cadres constitutionnels qui ont servi de référence, la nouveauté a été de réserver quatre magistrats au gouvernement et à l'organe directeur des juges, le Conseil général de la magistrature. Óscar Alzaga explique que cette décision n'était pas fondée sur des critères techniques mais sur des calculs politiques[1]. Le parti qui a remporté les premières élections démocratiques tenues le 15 juin 1977 — l'Union du centre démocratique (UCD) — entendait rester au gouvernement suffisamment longtemps pour nommer les deux magistrats dont le choix relève de l'exécutif afin de contrôler étroitement les premières années de l'élaboration de la Constitution.

Il en va de même pour les magistrats dont la nomination relève de l'organe directeur des juges. On pouvait s'attendre à ce que les magistrats progressistes — ou ayant une position idéologique plus à gauche — soient en nette minorité par rapport à une prédominance de magistrats conservateurs, pour la simple raison que la plupart des juges en fonction avaient été juges sous le franquisme. Les tentatives des partis nationalistes pour faire intervenir les communautés autonomes dans l'élection des magistrats, soit par le biais des parlements autonomes, soit à partir de ceux nommés par le Sénat, n'ont rien donné.

Compte tenu de ce qui précède, la théorie constitutionnelle fait allusion à une double source de légitimité pour le Tribunal constitutionnel. D'une part, cette légitimité découlerait de la mission principale confiée au Tribunal consistant à défendre la Constitution, compris comme le respect de la décision souveraine d'un constituant démocratique. D'autre part, la légitimité serait également fondée sur la sélection de ses membres par des organes issus d'une légitimité démocratique directe — le Congrès des députés et le Sénat — ou indirecte — le gouvernement et le Conseil général de la magistrature — qui relieraient la justice constitutionnelle à la volonté de la citoyenneté espagnole.

---

[1] Oscar Alzaga, « Sobre la composición del Tribunal Constitucional », *Teoría y realidad constitucional*, Madrid, UNED (Universidad Nacional de Educación a Distancia), nº 11-12, 2003, p. 149-180, à la p. 161.

Mais les problèmes du Tribunal constitutionnel espagnol commencent lorsqu'il passe de la théorisation de son modèle, de sa nature et de ses fonctions à l'exercice de tâches concrètes telles que le contrôle de la constitutionnalité des lois, c'est-à-dire sa fonction de législateur *négatif*.

Il convient de noter que le Tribunal constitutionnel a rempli les fonctions qui lui ont été confiées par l'Assemblée constituante de manière non controversée, offrant à la société espagnole une justice constitutionnelle prestigieuse. Des juristes reconnus pour leurs grandes qualités intellectuelles faisaient partie du Tribunal qui, indépendamment de leurs conceptions idéologiques, savaient mettre en avant l'intérêt suprême de la Constitution. Cela n'exclut pas que, pendant les premières années de fonctionnement constitutionnel, le Tribunal ait été exempt de toute controverse publique[1]. Mais ses arrêts étaient d'une grande qualité technique et offraient des solutions de compromis pour l'exercice et l'élargissement des droits fondamentaux, des solutions qui étaient absolument nécessaires après une dictature de quarante ans. Dans l'imaginaire collectif espagnol, le Tribunal constitutionnel a été formé par « un groupe de juristes remarquables, attachés à l'idée constitutionnelle et prêts à s'opposer au gouvernement et au Parlement lorsqu'ils mettent en danger le développement des droits fondamentaux »[2].

La victoire inattendue du *Partido Socialista Obrero Español* (PSOE) — dirigé par José Luís Rodríguez Zapatero — aux élections générales de 2004 a marqué un tournant pour le Tribunal constitutionnel. Le *Partido Popular* (PP) ne reconnaitra jamais la légitimité politique de cette victoire électorale et utilisera sa capacité de blocage — les trois cinquièmes pour l'élection des magistrats dans les *Cortes Generales* seront décisifs — pour imposer des magistrats de tendance conservatrice dans le but de paralyser les réformes législatives les plus importantes du gouvernement du PSOE[3]. Le Statut d'autonomie de la Catalogne en sera un exemple, mais pas le seul. Ce qui est pertinent — du

[1] L'un des arrêts les plus controversés du Tribunal constitutionnel a été la sentence sur le contrôle du décret-loi sur l'expropriation de la société RUMASA, STS 111/1983 du 2 décembre 1983.

[2] Joaquín Urías, « La Peligrosa deriva del Tribunal Constitucional », *Éxodo. Revista crítica de pensamiento y difusión socio-cultural, política y religiosa*, n° 110, 2011, p. 20-26.

[3] Ignacio Sánchez-Cuenca, « Los Retrasos y los sesgos de la composición del Tribunal Constitucional ». *Informe sobre la democracia en España 2011*, Madrid, Fundación Alternativas, 2011, p. 283-293.

point de vue du droit constitutionnel démocratique — c'est la manipulation politique d'un organe constitutionnel qui n'a été ni conçu ni élaboré pour exercer des fonctions politiques. Cette manipulation ira du blocage de la nomination de magistrats progressistes à l'imposition de magistrats au profil politique clair et au parti pris conservateur, en passant par la réforme *ad hoc* de la Loi organique sur le Tribunal constitutionnel et par l'abus dans l'exercice des prérogatives juridiques, comme l'utilisation indiscriminée de l'article 161.2 de la Constitution de 1978 pour paralyser l'entrée en vigueur de normes contestées.

2. *Le modèle territorial indéfini de l'État et le rôle du Tribunal constitutionnel*

Mais le problème — le vrai problème — de la justice constitutionnelle espagnole est apparu lorsque le Tribunal constitutionnel a été appelé à se prononcer sur ce que le professeur Pedro Cruz Villalón, ancien magistrat au Tribunal constitutionnel, a appelé la « Constitution territoriale de l'État »[1]. L'absence de définition du modèle territorial de l'État dans le texte constitutionnel, voire la volonté de déconstitutionnaliser le modèle, le laissait entre les mains d'instruments normatifs de rang infraconstitutionnel, en l'occurrence les statuts d'autonomie. La Constitution part d'un État unitaire — ou d'un État non décentralisé — qui admet et prévoit la possibilité de divers modèles de décentralisation, soit alternatifs, soit de nature conjointe.

Ce manque de définition est lié à un autre héritage du régime franquiste, à savoir la défense à tout prix d'un modèle territorial unitaire, selon la logique de la triade du nationalisme espagnol défendue jusqu'à présent : Un, Grand et Libre ! Les équilibres qui définissent le processus de transition espagnol de la dictature à la démocratie impliquaient que les constituants devaient trouver une formule permettant de combiner unité et décentralisation. L'article 2 de la Constitution est le résultat de cet équilibre : « La Constitution a pour fondement l'unité indissoluble de la Nation espagnole, patrie commune et indivisible de tous les

---

[1] Pedro Cruz Villalón, « La Constitución territorial del Estado ». *Autonomies. Revista catalana de dret públic*, n° 13, 1991, p. 61-69. Sur l'idée de déconstitutionnalisation du modèle étatique, il convient de souligner l'ouvrage — désormais un classique de la littérature juridico-constitutionnelle — du professeur Cruz Villalón, « La estructura del Estado o la curiosidad del jurista persa », *Revista de la facultad de derecho de la Universidad Complutense*, n° 4, 1981, p. 53-63 ; développé plus tard dans son livre, *La Curiosidad de jurista persa y otros estudios sobre la Constitución*, Madrid, Centro de estudios políticos y constitucionales, 1999, 555 p.

Espagnols. Elle reconnaît et garantit le droit à l'autonomie des nationalités et des régions qui la composent et la solidarité entre elles. » Et cet équilibre, ainsi que ce qui est mentionné dans certains préceptes de la Constitution, a finalement été appelé l'État des autonomies.

Deux préceptes sont pertinents dans le sens que nous venons d'expliquer. Le premier est l'article 137 de la Constitution lorsqu'il stipule que « L'État, dans son organisation territoriale, se compose de communes, de provinces et des Communautés autonomes qui se constitueront. » Devenir une communauté autonome est donc un droit et non une obligation. Le second se retrouve à l'article 149.3, paragraphe 1, qui établit la répartition des pouvoirs sur les matières — c'est-à-dire le pouvoir politique — comme suit : « Les matières qui ne sont pas expressément attribuées à l'État par la Constitution pourront incomber aux Communautés autonomes, conformément à leurs statuts respectifs. » Cette clause dite résiduelle en faveur de la communauté autonome n'est pas automatique et nécessite la collaboration des statuts d'autonomie. Ainsi, chaque statut détermine le pouvoir politique qu'il souhaite exercer dans le cadre du champ des possibilités conçues en négatif par la Constitution.

Ce qui a été dit jusqu'à présent illustre l'importance, en quelques préceptes, que les statuts d'autonomie ont au moment de concevoir le modèle territorial de l'État espagnol et de configurer les sphères de souveraineté. Cependant, l'une des premières phrases du Tribunal constitutionnel porte sur ce point, lorsqu'il affirme que « l'autonomie n'est pas la souveraineté »[1]. Entre 1979 et 1983, dix-sept Statuts d'autonomie ont été promulgués en Espagne, ce qui a amené le professeur Cruz Villalón a affirmé que la Constitution territoriale de l'État avait un corps et une tête ; la tête étant la Constitution de 1978 et le corps, les dix-sept

[1] Nous nous référons à la sentence STS 4/1981 du 2 février 1981. Cette phrase est importante, car elle a un impact direct sur la Constitution territoriale dans la mesure où elle établit la doctrine jurisprudentielle concernant la relation entre l'État et les Communautés autonomes et que cette relation répond à la nature subordonnée des secondes par rapport aux premières. Mais en même temps, c'est aussi important en termes d'opportunité politique. Elle a été publiée au *Bulletin officiel de l'État* (*BOE*) le 24 février 1981, c'est-à-dire au lendemain de la tentative de coup d'État du 23 février, le jour même où le roi Juan Carlos a prononcé le discours qui a fait avorter le coup d'État et le jour même où le monarque a convoqué au palais de la Zarzuela les dirigeants parlementaires des partis politiques espagnols, à l'exception des partis nationalistes catalans et basques.

Statuts[1]. En conséquence de tout cela, l'Espagne est devenue un État politiquement décentralisé, bien que la Constitution ne le dise pas expressément, par crainte, au moment de sa conception, que les pouvoirs de fait — certains mentionnés dans la Constitution, d'autres élevés au rang de garants de l'ordre constitutionnel — ne fassent dérailler le processus de transition.

Cela dit, il convient de mettre en garde contre les dangers que la conception (ou la non-conception) constitutionnelle pourrait entraîner[2]. La « réserve statutaire » a eu des conséquences importantes pour le système, notamment en matière de pouvoir politique. Selon le professeur Cruz Villalón, cela signifiait « soustraire la modification du système à la volonté exclusive du législateur de l'État »[3]. Dans la pratique, toute modification statutaire — et c'est ce qui s'est passé — nécessitait la volonté conjointe des deux protagonistes politiques : le parlement autonome et les *Cortes Generales*. Mais avec une particularité non moins pertinente : il n'y avait pas seulement un parlement autonome, mais dix-sept législateurs statutaires. Un tel nombre de parlements augmentait la complexité de ce que l'on a fini par appeler le « bloc de constitutionnalité »[4].

Dans cette complexité, le Tribunal constitutionnel a été appelé à jouer un rôle pertinent et décisif. Nous avons fait référence à la sentence du Tribunal constitutionnel 4/1981 comme l'un des arrêts les plus pertinents pour comprendre le modèle territorial espagnol. Mais elles sont aussi une conséquence de cet arrêt et du coup d'État du 23 février 1981 : le 19 mai 1981, une commission d'experts en droit administratif dirigée par Eduardo García de Enterría a rendu, au nom du gouvernement, un rapport dont la conclusion la plus marquante était la proposition de recourir à la Loi organique sur l'harmonisation de la procédure autonome comme outil fondamental pour mettre en œuvre un modèle fermé et alternatif au modèle territorial proposé dans la Constitution. La sentence 76/1983, du 5 août, a annulé comme inconstitutionnel le

[1] Au sens strict, il y avait seize statuts d'autonomie et une « loi organique sur la réintégration et l'amélioration du régime foral de Navarre » qui pouvait être comprise comme un règlement statutaire.

[2] L'absence de règlementation de l'État d'autonomie ou de règlementation fondée sur des principes confie le contrôle de constitutionnalité au Tribunal constitutionnel.

[3] Pedro Cruz Villalón, *op. cit.*, p. 66.

[4] Sur la définition du « bloc de constitutionnalité », voir, Francisco Rubio Llorente, « El bloque de constitucionalidad », *Revista española de derecho constitucional*, Año 9, nº 27, 1989, p. 9-37.

caractère « organique » et « harmonisateur » de la loi, mais a laissé subsister son contenu matériel.

La Loi sur la procédure autonome[1] a fini par établir un nouveau modèle d'autonomie qui a laissé de côté la volonté du constituant. En résumé, la construction de l'État autonome a été le résultat, selon le professeur Manuel Aragón — qui a également été magistrat au Tribunal constitutionnel — d'une histoire comprenant « une longue série de décisions politiques, normatives et jurisprudentielles qui remontent, dans certains cas, à l'époque de la transition, mais qui sont exposées dans la Constitution, les statuts d'autonomie, les pactes d'autonomie et, de manière très décisive, dans les arrêts du Tribunal constitutionnel »[2]. En effet, l'élément décisif pour le développement de la « Constitution territoriale » serait la jurisprudence du Tribunal constitutionnel.

B. L'échec du Tribunal constitutionnel : de la politisation de la justice à l'activisme judiciaire

Au cours des années 2004 à 2011, un nombre important de communautés autonomes ont entamé des processus de modification de leurs statuts d'autonomie[3]. L'État autonome semble avoir été consolidé et la majorité des parlements autonomes estiment que le moment est venu de procéder à une amélioration des instruments d'autonomie. Il y a un triple dénominateur commun aux réformes statutaires menées au cours de cette. D'une part, il y a eu une volonté d'élargir, de consolider et de mieux préciser le champ des compétences correspondant aux communautés. D'autre part, il y a eu un désir de donner une plus grande pertinence aux institutions de l'autonomie gouvernementale. Enfin, on a voulu doter l'entité autonome d'instruments de participation et de coopération avec l'État. Au cours de la période 2012 à 2019, les

---

[1] Loi 12/1983, du 14 octobre 1983, sur la procédure autonome. *BOE*, n° 247, le 15 octobre 1983.

[2] Manuel Aragón, « La Construcción del Estado Autonómico », *Cuadernos constitucionales de la cátedra Fadrique Furió Ceriol*, n° 54-55, 2009, p. 75.

[3] Au cours de cette période (2004-2011), huit statuts d'autonomie ont fait l'objet d'une réforme : Communauté de Valence (Loi organique 1/2006, du 10 avril), Catalogne (Loi organique 6/2006, du 19 juillet), îles Baléares (Loi organique 1/2007, du 28 février), Andalousie (Loi organique 2/2007, du 19 mars), Aragon (Loi organique 5/2007, du 20 avril), Castille et Léon (Loi organique 14/2007, du 30 novembre), Navarre (Loi organique 7/2010, du 27 octobre) et Estrémadure (Loi organique 1/2011, du 28 janvier).

processus de réforme statutaire ont également culminé, mais ils visaient des contenus très spécifiques et déterminés[1].

Parmi les réformes engagées, deux étaient particulièrement pertinentes, car elles concernaient des Communautés autonomes constituées en vertu de l'article 151 de la Constitution : la Catalogne et l'Andalousie. La particularité des réformes concernant ces deux communautés était qu'il fallait l'approbation par référendum du corps électoral avant l'approbation de la Loi par les parlements catalan et andalou dans le premier mandat et les *Cortes Generales* espagnols dans le deuxième mandat. Le problème d'une plus grande transcendance constitutionnelle a germé par rapport au Statut de la Catalogne, car comme l'expose le professeur Javier Perez Royo, le dernier mot, dans une démocratie, revenait aux citoyens catalans, qui étaient appelés à approuver ou à rejeter la règle lors du référendum du 18 juin 2006[2]. Le nouveau statut a gagné, ce qui signifie que l'exploration la plus ambitieuse des limites de la résistance du système juridique espagnol à l'expansion du pouvoir autonome est entrée en vigueur[3].

Mais dès que la réforme a été approuvée, il s'est passé quelque chose qui n'était jamais arrivé auparavant et pour lequel la démocratie espagnole en général, et le Tribunal constitutionnel en particulier, n'étaient pas préparés. Sept recours en inconstitutionnalité ont été déposés contre le statut. Mais les appels avaient une dimension évidente d'opportunité politique, voire partisane, puisque le principal promoteur des contestations était le principal parti d'opposition qui avait fait de la lutte contre des quotas d'autonomie plus importants pour le Pays basque et la Catalogne un étendard — plutôt qu'un besoin de s'attaquer à des règles

[1] Ce fut le cas des Statuts d'autonomie de Murcie (Loi organique 7/2013, du 28 novembre), de Castille-La Manche (Loi organique 2/2014, du 21 mai) et de Cantabrie (Loi organique 1/2018, du 5 novembre).

[2] Javier Pérez Royo, « La Última palabra », *El País*, 5 septembre 2009.

[3] Andrés Boix Palop, « La Rigidez del marco constitucional español respecto del reparto territorial del poder y el proceso catalán de desconexión », *in El Encaje constitucional del derecho a decidir. Un Enfoque polémico*, Jorge Cagiago, et Genaro Ferraiuolo (dir.), Madrid, Catarata, 2016, p. 38. En fait, la réforme du statut basque de 2003 était beaucoup plus ambitieuse et innovante dans ses propositions, mais elle n'a pas été formulée dans toutes ses phases. Le Parti populaire, dans son empressement à s'opposer à des quotas plus élevés d'autonomie basque, est allé jusqu'à approuver une réforme du code pénal transformant en délit l'organisation d'un référendum dans l'exercice de son droit de décider de son statut politique.

pouvant être considérées comme contraires à la norme fondamentale[1]. Preuve en est la bataille, sans précédent dans la jeune démocratie espagnole, menée par les deux grands partis — le PP dans l'opposition et le PSOE au gouvernement — pour contrôler la plénière du Tribunal constitutionnel et d'imposer leur vision particulière de l'État des autonomies.

Un double débat s'est alors engagé. L'un, de nature strictement juridique, tournait autour de la légitimité du contrôle de la constitutionnalité des Statuts d'autonomie de l'article 151 de la Constitution, l'autre, strictement politique, sur la politisation de la justice constitutionnelle. Ce dernier, dont la référence est obligatoire pour comprendre le rôle joué par le Tribunal constitutionnel au cours des quinze dernières années, était lié au développement de concepts qui, pendant la transition et le débat constituant, avaient été réduits au silence ou, au mieux, reportés dans l'attente d'un plus grand développement de la culture constitutionnelle espagnole. C'est le cas du principe d'unité, un principe que les élites politiques et médiatiques espagnoles considèrent comme rompu si le Statut d'autonomie de la Catalogne entre en vigueur[2]. On disait alors — et on dit encore aujourd'hui — que la droite espagnole la plus conservatrice avait la prétention d'utiliser le Tribunal constitutionnel comme une troisième chambre pour élucider les aspects pertinents de la politique espagnole sans la présence des minorités nationalistes basque et catalane, dont la présence en séance plénière du Tribunal était minimale, voire nulle.

Genaro Ferraiuolo a défini cette réalité, qui a fait irruption dans la pratique constitutionnelle espagnole avec la réforme statutaire catalane et s'est poursuivie ensuite avec le processus de souveraineté catalane, par l'expression *massimo tradimento* — la plus grave trahison que le Tribunal constitutionnel puisse commettre dans l'exercice de ses fonctions[3]. Ferraiuolo se référait à cette praxis à partir de laquelle les cours

---

[1] La preuve en est donnée par l'étude des professeurs Albert Lamarca et Vanesa Casado, « Comparativa entre les reformes dels Estatuts d'Autonomía de Catalunya i d'Andalusia. Artícles impugnats davant el Tribunal Constitucional », *Revista electrónica InDret*, nº 1, 2007, https://indret.com/comparativa-entre-les-reformes-dels-estatuts-dautonomia-de-catalunya-i-dandalusia/.

[2] Des années plus tard, pendant le processus de souveraineté, des dirigeants éminents du PP ont reconnu, en public et en privé, que la campagne contre le statut de la Catalogne était une erreur. Voir, Joan Baptista Culla, « Quizá fue un error », *El País*, 10 avril 2015.

[3] Gennaro Ferrauiolo, « Tribunal Constitucional y la cuestión nacional catalana. El papel del juez constitucional español. Entre la teoría y la práctica », *in El encaje*

constitutionnelles ont été utilisées comme des troisièmes chambres dans la poursuite des conflits politiques ; ou réaliser ce qui ne pouvait être réalisé en activant un canal — la juridiction constitutionnelle — qui n'était ni conçu ni préparé pour servir les intérêts des partis politiques. Au moment où l'organe de garantie « devient (ou est perçu comme) le lieu où se poursuit la confrontation parlementaire entre les partis dominants, l'objection pourrait gagner en consistance »[1]. Gennaro Ferraiuolo fait référence à l'objection démocratique.

1. Débat juridique : légitimité du contrôle du pacte politique et objection démocratique

Les recours en inconstitutionnalité présentés contre une règle institutionnelle de base, insérée dans le « bloc de constitutionnalité », négociée et acceptée par le parlement autonome et les *Cortes Generales* et avalisée par le corps électoral de la communauté concernée, constituaient une anomalie dans le système politique espagnol de l'époque. Voici comment le professeur Pedro Cruz Villalón s'exprime : « Dans la tradition de notre Constitution de 1978, de notre culture constitutionnelle, est ancrée l'idée que 'les lois sont respectées' : c'est-à-dire qu'elles sont interprétées, par les uns ou les autres, mais qu'elles ne sont pas déclarées inconstitutionnelles, dans un extrême ou un autre, lorsque matériellement cela peut être évité »[2]. En effet, pendant la période où le traitement et la résolution des recours ont duré — de 2006 à 2010 — l'incidence pratique — et politique — de la norme contestée, qui n'avait pas été suspendue, était inexistante.

L'objection démocratique — ou, selon les termes d'Alexander Bickel, la difficulté contremajoritaire[3] — pourrait être résumée, dans le cas d'espèce, par une seule question : comment est-il possible que l'opinion d'une majorité de juges constitutionnels prévale sur un pacte constitutionnel, négocié et accepté par deux parlements (l'un national, l'autre territorial) et soumis à un référendum contraignant ? Il était difficile de répondre du point de vue du droit constitutionnel démocratique. Il était évident que toute résolution portant sur des règles qui, par leur nature

constitucional del derecho a decidir. Un enfoque polémico, Jorge Cagiago et Genaro Ferraiuolo (dir.), Madrid, Catarata, 2016, p. 111.

[1] *Ibid.*, p. 114.

[2] Pedro Cruz Villalón, « La Reforma del Estado de las Autonomías », *Revista de estudios autonómicos y federales*, nº 2, 2006, p. 85.

[3] Alexander Bickel, *The Least Dangerous Branch: The Supreme Court at the Bar of Politics*, New York, Bobbs-Merrill Co., 1962.

étaient renforcées par une dignité particulière[1], allait avoir un cout démocratique aux conséquences imprévisibles. Le Tribunal constitutionnel lui-même avait souligné le caractère particulièrement contraignant des statuts, les qualifiant de : « norme institutionnelle de base » qui constituait « une pièce essentielle de la structure composite de l'État »[2].

Il existe certainement des arguments relativement convaincants pour défendre, sur la base d'une lecture légaliste, le contrôle de constitutionnalité auquel a été soumis le Statut catalan. L'article 27.2 de la Loi organique sur le Tribunal constitutionnel est clair en ce sens et laisse peu de marge de manœuvre. Mais il n'en est pas moins vrai qu'en termes démocratiques, ce type de contrôle successif constituait un cancer dans le fonctionnement normal du Tribunal. Voici comment Javier García Roca l'explique : « Que le Tribunal constitutionnel soit obligé de contrôler la constitutionnalité d'une loi avalisée est possible du point de vue procédural, mais cela constitue un cadeau empoisonné qui pourrait être parfaitement évité en intégrant un contrôle préalable des statuts avant leur entrée en vigueur »[3]. La cohérence du système démocratique espagnol était en jeu et, après — et non avant — avoir jugé le Statut catalan, la réforme de la Loi organique sur le Tribunal constitutionnel opérée en 2015 est revenue sur le recours préalable d'inconstitutionnalité[4].

À ce stade, le débat pourrait se réduire à une confrontation entre le principe de la légalité (la norme juridique régissant une intervention du Tribunal constitutionnel) et le principe démocratique, tel qu'il émane de la doctrine du Conseil constitutionnel français, qui refuse d'exercer le contrôle de constitutionnalité des lois préalablement soumises au référendum. Ce dernier est fondé sur le respect du principe démocratique : les lois votées sont l'expression directe de la volonté de la

[1] Víctor Ferreres, « El Tribunal Constitucional ante la objeción democrática: tres problemas », *Jurisdicción constitucional y democracia*, Madrid, CEPC, 2011, p. 16.

[2] Sentence 247/2007, *Fundamento Jurídico* 5.

[3] Javier García Roca, « Encuesta sobre el Estado Autonómico ». *Teoría y realidad constitucional*, Madrid, UNED, n° 24, 2009, p. 11-115.

[4] La réintroduction du recours préalable d'inconstitutionnalité après l'expérience catalane, par le biais de la Loi organique 12/2015 du 22 septembre, est passée inaperçue en raison d'une autre réforme de la Loi organique sur le Tribunal constitutionnel, 15/2015, du 16 octobre, de bien plus grande résonnance médiatique et de plus grande portée politique. Nous parlerons de ce dernier point plus tard.

souveraineté nationale française[1]. Cette logique est également à la base des arguments déployés par le professeur Javier Pérez Royo, l'un des constitutionnalistes les plus critiques à l'égard du rôle joué par le Tribunal constitutionnel durant la phase de résolution du Statut de la Catalogne.

L'épicentre de la doctrine de Pérez Royo est la nécessité de valoriser le rôle de la politique comme un exercice multiforme d'une grande complexité dont l'objectif est de parvenir à des pactes ou des accords[2]. Le Statut, a-t-on dit, est le résultat d'un accord. Contrairement au Tribunal constitutionnel, la Cour suprême du Canada[3], dans son avis du 20 août 2008[4], a introduit la complexité du pacte politique comme variable d'analyse juridique, ce qui l'a amenée à soutenir qu'une cour n'avait pas de fonction de contrôle sur les aspects politiques découlant des négociations constitutionnelles. Dans le cas d'espèce, le lien entre le pacte et la norme (la seconde est une conséquence du premier) entraine un résultat d'une grande pertinence politique et juridique : le pacte ne peut être contrôlé que par les organes constitutionnels qui l'ont atteint et selon la procédure établie par le Statut lui-même[5].

La prise en compte d'un pacte politique et la clause de réforme sont les deux éléments qui différencient le statut d'une loi organique, malgré le fait que le statut fasse partie du système juridique espagnol en tant que loi organique. Alors qu'une loi organique est un produit élaboré par les tribunaux généraux et peut être abrogée ou modifiée unilatéralement par ceux-ci, il n'en va pas de même pour le Statut, qui nécessite un accord politique et un référendum de ratification de cet accord. Le renouvèlement de l'accord ne peut donc être révisé que par les parties

---

[1] Pierre Bon, « El Consejo Constitucional tres la revisión constitucional de 23 de julio de 2008 », *Cuadernos de derecho público*, n° 35-36, 2008, p. 191-224.

[2] Javier Perez Royo, « La STC [*Sentencia del Tribunal Constitucional*] 31/2010 y la contribución de la jurisprudencia constitucional a la configuración de un Estado compuesto en España: elementos de continuidad y ruptura, e incidencia en las perspectivas de evolución del Estado autonómico », *Revista catalana de dret públic*, n° 34, 2011, p. 121-149.

[3] La Cour suprême du Canada est la juridiction unique de dernière instance en toute matière : civile, pénale, administrative et constitutionnelle.

[4] *Renvoi relatif à la sécession du Québec*, [1988] 2 RCS [Recueil des arrêts de la Cour suprême du Canada], p. 217.

[5] Les articles 222 et 223 du statut d'autonomie de la Catalogne, conformément à l'article 147.3 Constitution de 1978, stipulent la règlementation de la réforme comme l'un des contenus obligatoires du Statut. En d'autres termes : les parties à la négociation sont les seules légitimées à défaire l'accord conclu. La justice constitutionnelle échappe aux effets des clauses de réforme.

qui l'ont conclu, et non par un tiers étranger à la nature de l'accord et auquel aucune fonction politique n'est attribuée. Ceci — et nul autre — est la clé du retour des statuts de l'article 151 de la Constitution espagnole.

Dans une conversation ouverte entre le politologue Antón Losada et Javier Pérez Royo, cette dynamique a été expliquée du point de vue du droit constitutionnel démocratique, lorsqu'ils ont affirmé que l'intégration de la « nationalité » dans l'État — raison d'être de la Constitution territoriale — était le résultat de la combinaison de la démocratie représentative (garantie par la participation du parlement territorial et des *Cortes Generales*) avec la démocratie directe (exprimée par le référendum qui perfectionne la volonté convenue par les parlements)[1]. La pénétration d'un organe sans légitimité directe a fait exploser, en termes d'opportunité politique, le pacte conclu et ratifié par le corps électoral.

Un dernier aspect du référendum entre en jeu. Le référendum de ratification laisse entre les mains du corps électoral — et donc, le corps électoral exerce un contrôle — la possibilité d'accepter l'accord des parlements sur l'autonomie gouvernementale ou de le rejeter. La Catalogne a pu exercer un contrôle sur toute entente portant sur son autonomie. Josep Mª Castellà Andreu est de cet avis[2]. L'approbation du statut reste entre les mains des citoyens catalans, qui peuvent soit empêcher l'amendement, soit le ratifier. La nation, par le biais de son corps électoral, peut toujours dire non, comme garantie que l'État ne peut pas imposer unilatéralement un certain statut d'autonomie. Et si le dernier mot, dans un État démocratique, revient aux citoyens, on aurait cru que le Tribunal constitutionnel ne pouvait pas non plus imposer un tel statut.

Mais ce n'était pas le cas. Selon Enric Fossas, le Tribunal constitutionnel a manqué une magnifique occasion de se prononcer d'office sur la possibilité — ou non — de s'abstenir de juger, *in extenso* et pour la première fois dans l'histoire constitutionnelle espagnole, un statut réformé suivant la voie de l'article 152.2 de la Constitution[3]. L'arrêté 31/2010 crée un double problème : d'une part, en termes démocratiques, il désavoue le pacte entre les parlements et annule la volonté

[1] Antón Losada et Javier Pérez Royo, *La Reforma inevitable. Monarquía, plurinacionalidad y otras batallas*, Barcelona, Roca Editorial, 2018, p. 243.
[2] Josep M. Castellà, *La Función constitucional del Estatuto de Autonomía de Cataluña*, Barcelona, Institut d'estudis autonòmia, 2004, p. 94.
[3] Enric Fossas, « El Control de constitucionalidad de los Estatutos de Autonomía », *Revista catalana de derecho público,* nº 43, 2011, p. 9.

populaire exprimée. D'autre part, en termes politiques, « le Statut d'autonomie se transforme en une règle odieuse, peu susceptible de susciter la moindre adhésion en Catalogne. Et en conséquence de quoi, elle devient une norme stérile »[1].

2. *La bataille politique et la légitimité de l'exercice : récusations croisées et expiration dans la nomination des magistrats*

Gustavo Zagrebelsky, ancien président de la Cour constitutionnelle italienne, écrit que « l'accusation la plus forte, la plus infâme et la plus délégitimante qui puisse être portée contre une cour constitutionnelle [...] est celle d'agir ou d'avoir agi politiquement ; une accusation bien plus grave que celle de se tromper ou de s'être trompé »[2]. Pendant les quatre années qu'a duré le processus de délibération et de jugement des recours en inconstitutionnalité présentés, les deux principaux partis se sont battus sans ambigüité pour tenter de prendre le contrôle de la plénière du Tribunal. Dans la bataille, ils ont laissé une partie du prestige que le Tribunal constitutionnel avait accumulé ; un discrédit qui n'a cessé de croitre sur les magistrats eux-mêmes, qui n'ont pas manqué l'occasion d'entrer dans l'arène politique. Tout cela constituait également une autre raison du manque de légitimité pour statuer sur l'inconstitutionnalité du Statut de la Catalogne.

C'est le PP qui a fait le premier pas vers l'exercice d'un contrôle politique de la plénière. Elle l'a fait en présentant une récusation du magistrat Pablo Pérez Tremps sur la base d'une étude juridique réalisée au nom de la *Generalitat* ; une récusation qui, comme l'a souligné Luís Delgado, est « le premier précédent d'une déclaration de récusation d'un magistrat constitutionnel »[3]. Ce n'est pas un aspect mineur dans la mesure où l'article 22 de la Loi organique sur le Tribunal constitutionnel établit les principes d'impartialité et de dignité dans l'exercice de la fonction de magistrat constitutionnel. La nouveauté dans la tentative de modifier la composition de la plénière résidait, du point de vue de la procédure, dans le fait que le règlement même du fonctionnement du Tribunal ne prévoyait pas la récusation des magistrats du Tribunal

---

[1] Javier Pérez Royo, « El Tribunal Constitucional y la autonomía de Cataluña », *Crónica jurídica hispalense*, n° 15, 2011, p. 201.

[2] Gustavo Zagrebelsky, *Principios y votos. El Tribunal Constitucional y la política*, Madrid, Trotta, 2008, p. 37.

[3] Luís E. Delgado, « La Recusación de los magistrados del Tribunal Constitucional (Comentario al auto del Tribunal Constitucional 26/2007, de 5 de febrero) », *Revista española de derecho constitucional*, n° 82, 2008, p. 347-393.

constitutionnel, ce qui a généré de nombreuses difficultés au moment de la résolution[1]. La manœuvre n'a pas été promue dans l'intention de retirer de la procédure un magistrat qui pourrait être impartial dans la résolution du recours, mais elle avait plutôt un substrat plus politique.

À l'époque déjà, les médias désignaient les magistrats de la Cour constitutionnelle en fonction de leur appartenance idéologique : progressistes et conservateurs. Cette différenciation a été renforcée par le parti politique qui les avait proposés pour le poste. S'ils étaient nommés par le PP, ils appartenaient au secteur conservateur ; s'ils étaient nommés par le PSOE, ils appartenaient au secteur progressiste. Ce qui est curieux dans cette affaire, comme on le verra, c'est qu'ils ont voté en bloc, la voix de la présidente — en l'occurrence Maria Emilia Casas — étant la voix prépondérante pour départager les deux parties. Et c'est précisément ce qui s'est passé avec la récusation du magistrat Pablo Pérez Tremps, membre du camp progressiste. Le Tribunal constitutionnel a confirmé, par une faible marge de 6 voix contre 5 (Pérez Tremps, logiquement, n'a pas participé), la récusation du magistrat qui a renversé les conclusions valablement acceptées sur une question identique dans une décision antérieure, à savoir l'Ordonnance du Tribunal constitutionnel (ATC) 18/2006[2].

En effet, selon l'Ordonnance du Tribunal constitutionnel 18/2006, un travail académique ne pouvait « justifier un soupçon fondé de partialité, même si sa thèse coïncidait avec celle définie ultérieurement par l'une des parties ». Or dans l'Ordonnance du Tribunal constitutionnel 26/2007, cela a conduit à la récusation de Pablo Pérez Tremps. Ce qui dans l'Ordonnance du Tribunal constitutionnel 18/2006, par rapport au travail académique « se déplace exclusivement dans le domaine de la contribution académique, rationnelle, doctrinale et théorique », un an plus tard, dans l'Ordonnance du Tribunal constitutionnel 26/2007, ne peut « être qualifié d'étude scientifique théorique ». C'est un changement radical dans la doctrine jurisprudentielle. Le défi a été relevé avec la voix prépondérante du président. Mais les opinions dissidentes des

---

[1] Il convient de noter que dans son article 80, la Loi organique sur le Tribunal constitutionnel renvoie aux motifs d'abstention et de récusation prévus à l'article 219 de la Loi organique sur le Tribunal constitutionnel pour les juges et magistrats de la juridiction ordinaire. À son tour, contrairement à la juridiction ordinaire, la Cour constitutionnelle est un organe singulier et unique, dont les juges récusés ne peuvent être remplacés.

[2] *Fundamento Jurídico* 5.

juges avaient déjà mis en garde contre les graves effets que cette décision pourrait avoir sur l'avenir du Tribunal[1].

À la lumière du changement de jurisprudence qui a rendu la récusation du juge Pérez Tremps possible, la *Generalitat* de Catalunya a proposé la récusation d'un autre juge, Jorge Rodríguez-Zapata, membre du camp conservateur. Malgré le fait que l'affaire concernait une situation factuelle identique, à savoir la rédaction d'une étude pour la Fondation Pi y Sunyer, le Tribunal constitutionnel, changeant une fois de plus son critère jurisprudentiel, a rejeté la contestation. À la surprise du monde juridique et judiciaire, cette fois-ci un travail « ne peut constituer le fondement d'un soupçon fondé de partialité »[2]. Il est inquiétant que, face à deux situations identiques, le Tribunal constitutionnel ait récusé le magistrat progressiste (l'arithmétique de la plénière l'avait permis) et rejeté la requête en récusation du magistrat conservateur (qui avait été favorisé par la même arithmétique). Avec la guerre judiciaire a également commencé une guerre dans les médias.

C'est alors que le PSOE a promu l'approbation de la Loi organique 6/2007, du 24 mai, réformant la Loi organique sur le Tribunal constitutionnel dans le but de prolonger — ou du moins c'est ainsi que la presse de l'époque l'a expliqué — le mandat du président de la Cour qui était proche de son expiration[3]. Le PP a contesté cette réforme de la Loi organique sur le Tribunal constitutionnel devant celui-ci, qui a obligé, en prévision d'être récusés, le président et le vice-président à s'abstenir d'entendre le recours, en invoquant des données objectives d'apparence d'impartialité. Le secteur progressiste a perdu sa majorité, qui est restée entre les mains du secteur conservateur, qui a soutenu, pour sa part, la thèse du PP. Ce recours en inconstitutionnalité a fini par être mélangé avec le recours introduit contre le Statut d'autonomie de la Catalogne. Dans le cas du premier appel, la séance plénière menaçait d'être

---

[1] Les magistrats Eugeni Gay Montalvo et Manuel Aragón Reyes ont souligné, dans leurs votes dissidents respectifs, « les effets dévastateurs pour la juridiction constitutionnelle » que pourrait avoir la récusation.

[2] *Fundamento Jurídico* 2.

[3] Voir le titre d'*El País* du 6 mars 2007, « Le Congrès approuve une réforme pour empêcher le PP de contrôler le Tribunal constitutionnel ». Parmi les préceptes modifiés, les plus importants sont les paragraphes 1 et 3 de l'article 16. Dans sa nouvelle formulation, Loi organique 6/2007, du 24 mai, il est établi que « si le mandat de trois ans pour lequel ils ont été nommés président et vice-président ne coïncide pas avec le renouvèlement du Tribunal constitutionnel, ce mandat est prolongé pour prendre fin au moment où ce renouvèlement a lieu et où les nouveaux juges prennent leurs fonctions ».

modifiée, le PSOE ayant récusé les magistrats conservateurs Roberto García-Calvo et Jorge Rodríguez-Zapata. Avec cette manœuvre, le PSOE a de nouveau pris le contrôle de la Cour. Le PP a répondu avec la même arme et a récusé trois magistrats progressistes : Manuel Aragón, Pasqual Sala et Pablo Pérez Tremps.

Les manœuvres politiques ont laissé le Tribunal constitutionnel dans une situation sans précédent de cinq juges, ce qui, selon son propre cadre juridique, a conduit à la paralysie de l'organe. Le nombre minimum de magistrats nécessaires pour décider et se mettre d'accord est de huit. Cette impasse ne concernait pas seulement le Tribunal constitutionnel ; le Conseil général de la magistrature, l'organe directeur des juges, était également paralysé de manière chronique[1]. Le discrédit du Tribunal, qui était censé se prononcer sur une norme de la pertinence juridique et politique du Statut, était énorme.

Un pas supplémentaire dans l'échelle du non-sens a été franchi lorsque, pour éviter la paralysie, la Cour a accepté que les juges que l'on désirait récuser participent à la délibération sur leur propre récusation[2]. Le décès du magistrat Roberto García Calvo, membre du camp conservateur, a encore aggravé la situation au sein de la Cour constitutionnelle, car il a ouvert la possibilité que le secteur progressiste prenne à nouveau le contrôle de la plénière. Arrivée en 2010 et après plus de trois ans sans décision sur un statut d'autonomie toujours en vigueur, la pression politique et médiatique à laquelle la Cour était soumise l'a obligée à se prononcer. La Sentence 31/2010 du 18 juin 2010 a été considérée comme la sentence la plus importante de l'histoire du Tribunal constitutionnel.

C. La colonisation du Tribunal constitutionnel : de la judiciarisation de la politique à l'activisme partisan

Le cycle de réforme du Statut d'autonomie de la Catalogne, qui représente une période de tension sans précédent dans le modèle autonome et un discrédit, également sans précédent, du Tribunal constitutionnel, fait place à un changement de cycle politique. Si, dans la période précédente, la gauche avait piloté la réforme statutaire depuis la Catalogne et l'avait gérée depuis la Moncloa, avec le soutien d'une

---

[1] Le titre d'*El País* de Madrid, du 26 octobre 2007 était sans ambages, « Blocage des piliers de la justice. La Cour constitutionnelle et le pouvoir judiciaire sont paralysés par la querelle politique ».

[2] Le titre d'*El País* est à nouveau important : « La Cour constitutionnelle contourne ses règles pour éviter le blocage ».

nette majorité parlementaire au Congrès des députés, cette arithmétique qui avait rendu politiquement possible — ou du moins avait tenté — un saut qualitatif dans la « Constitution territoriale », a été dépassée par la droite. En novembre 2010, *Convergència i Unió* a remporté les élections en Catalogne avec une large majorité parlementaire. Ensuite, en novembre 2011, le PP a remporté les élections générales avec une confortable majorité absolue. Si le conflit statutaire catalan a monopolisé l'ordre politique espagnol pendant quatre ans, ce qui s'annonce à partir de 2012 ne sera plus une crise territoriale, mais une crise constitutionnelle qui mettra à l'épreuve la jeune démocratie espagnole[1].

En septembre 2012, deux entités ont fait irruption sur la scène politique espagnole — l'une historique (*Ómnium Cultural*) et l'autre nouvelle (*Asamblea Nacional Catalana*) — en appelant à la plus massive journée nationale de manifestations populaires en Catalogne. Pour ce faire, on a eu recours au slogan « Catalogne, nouvel État d'Europe ». Le président de la *Generalitat*, poussé par la pression populaire de cette nouvelle effervescence — qui n'est plus autonomiste ou nationaliste, mais indépendantiste et prétend exercer le droit de décider après que la sentence 31/2010 du Tribunal constitutionnel ait ignoré la volonté du peuple catalan exprimée par référendum, ait fermé la porte à toute aspiration nationale et à de plus grands quotas d'autonomie — rencontre le président du gouvernement pour explorer la voie du pacte fiscal avec la Catalogne comme solution politique au mécontentement social exprimé. De cette réunion, qui s'est tenue le 20 septembre au palais de la Moncloa, sortira le premier *non* des nombreux *non* que prononcera le président du gouvernement.

La conséquence est exprimée par le professeur Luis Moreno : « le désaccord bilatéral entre le président du gouvernement espagnol et le président de la *Generalitat* catalane en septembre 2012 a déséquilibré l'échafaudage sur lequel reposait l'État des autonomies »[2]. Les refus à une demande territoriale — nous insistons, socialement et politiquement majoritaire — légitime, basée sur l'exercice démocratique du droit de décider, finissent par se transformer en une grave crise constitutionnelle. Et ce qui aurait pu être canalisé par des canaux politiques, se transformera, d'abord, en un processus judiciaire complexe de nature

[1] Sur la nature constitutionnelle du conflit catalan, voir Enoch Albertí, « El Conflicto de Cataluña como crisis constitucional ». *Fundamentos: Cuadernos monográficos de teoría del estado, derecho público e historia constitucional*, nº 10, 2019, p. 301-341.

[2] Luís Moreno, *Trienio de mudanzas. España, Europa y el mundo, 2013-2015*. Madrid, Catarata, 2016, p. 155.

constitutionnelle et, ensuite, après la réforme du Tribunal constitutionnel opérée avec la Loi organique 15/2015, du 16 octobre, en un long processus pénal. Le professeur Iñaki Lasagabaster écrit que « le législateur semble recourir à une stratégie consistant à ne pas affronter directement le problème, en transférant la solution au Tribunal constitutionnel, qui semble assumer volontiers le rôle de facilitateur de ses souhaits »[1].

1. Le Tribunal constitutionnel, garant de l'unité de l'Espagne : l'exercice impossible du droit de décider

L'échec du Statut est à la base de la nouvelle demande formulée par une large majorité sociale qui s'exprime dans la rue, mais aussi dans les institutions (gouvernement de la *Generalitat* et Parlement de Catalogne). La résolution 742/IX du 27 septembre 2012 expose la situation créée et exprime sa volonté d'initier une nouvelle étape politique basée sur le droit de décider. À son tour, le président de la *Generalitat* décide que la majorité sociale qui s'est exprimée dans les rues le 11 septembre doit également le faire dans les urnes. Et les élections de novembre 2012 renforcent la majorité en faveur de l'exercice du droit de décider, ce qui finit par provoquer un pacte de gouvernement en Catalogne (appelé « Pacte pour la liberté. Accord pour la transition nationale ») qui fixe pour 2014 — coïncidant avec le tricentenaire de la perte des institutions catalanes durant la guerre de succession — la tenue d'un référendum ou d'une consultation dans l'exercice du droit de décider.

La Résolution 5/X du Parlement de Catalogne adoptée le 23 janvier 2-13— dite Déclaration de souveraineté et du droit de décider du peuple catalan — est la deuxième expression parlementaire de cette volonté d'exercer le droit de décider. Mais comme pour la première résolution, la seconde fait également l'objet d'un recours devant le Tribunal constitutionnel. Le Tribunal constitutionnel s'est prononcé sur la résolution 742/IX du 27 septembre 2012 dans un autre arrêt controversé, 42/2014, du 25 mars, qui ouvre la porte au contrôle de la constitutionnalité des déclarations politiques avec une phrase qui restera dans les annales de l'histoire jurisprudentielle espagnole : « le juridique ne s'arrête pas au contraignant »[2]. Mais avant d'analyser, même brièvement, la sentence, il convient de savoir ce qui est arrivé au Tribunal constitutionnel, car

---

[1] Iñaki Lasagabater, *Parlamento, Tribunal Constitucional, separación de poderes (con obligada referencia a Cataluña)*, Bizkaia, Instituto Vasco de Administración Pública, 2020, p. 64.

[2] Sentence 42/2014, *Fundamento Jurídico* 5.

avec l'arrivée du PP à la Moncloa, le plus haut interprète de la Constitution ne restera pas indemne quant à son prestige.

En 2012, deux juristes prestigieux — Pablo Salvador Coderch et Francisco Rubio Llorente — ont publié, à quelques jours d'intervalle, deux articles dans lesquels ils mettaient en garde contre les maux du Tribunal constitutionnel et formulaient des propositions pour améliorer son efficacité et son image[1]. Les propositions de Savador Coderch peuvent être résumées en cinq points : (1) une plus grande performance des magistrats ; (2) un changement de siège pour l'éloigner de Madrid ; (3) un allongement du mandat de neuf à douze ans ; (4) une plus grande implication des magistrats dans la résolution des peines et (5) une adaptation du Tribunal au support scientifique et technologique pour adapter les résolutions à la réalité sociale du moment. Le professeur Rubio Llorente a souligné la politisation de la justice constitutionnelle espagnole et a appelé à « mettre fin à la pratique scandaleuse du marchandage politique sans fin dans la nomination des juges ».

Ce qui a été publié n'a rien donné lorsqu'en juillet 2012, avant le renouvèlement des magistrats du Tribunal constitutionnel, le PP a proposé Andrés Ollero. Ollero, après avoir siégé dix-sept ans comme député populaire, ne représentait pas le meilleur profil d'impartialité et d'indépendance pour l'exercice de la fonction de magistrat. Malgré cela, la volonté de politisation du Tribunal constitutionnel est devenue évidente un an plus tard, en juillet 2013, lorsque le PP a proposé un militant de son parti politique pour occuper le poste de président de l'instance : Francisco Pérez de los Cobos. Celui-ci, pour accéder au poste de président, a caché sa condition de militant du PP dans le traitement parlementaire de sa nomination — ainsi l'a fait le PP lors de la présentation de sa candidature — et s'est défendu de pouvoir cumuler son militantisme politique avec le poste de magistrat et de président du PP. Le fait n'était ni mineur ni juridiquement sans importance, surtout si l'on considère la crise constitutionnelle qui se profile et la volonté du gouvernement de Mariano Rajoy de déléguer toute responsabilité politique au Tribunal constitutionnel.

La controversée Sentence 42/2014 du Tribunal constitutionnel est pertinente, car elle suppose un changement jurisprudentiel de grande importance dans la mesure où, comme cela s'est produit avec la

[1] Pablo Salvador, « Cinco propuestas para el Tribunal Constitucional », *El País*. 12 juillet 2012 ; Francisco Rubio Llorente, « Los Males del Constitucional », *El País*, 10 août 2012.

sentence 31/2010, elle subordonne la politique au droit. Si, jusqu'à cet arrêt, le Tribunal constitutionnel avait insisté sur le fait que son intervention nécessitait des actes ayant des conséquences juridiques, désormais, les conflits en dehors de la loi, comme les déclarations politiques sans force obligatoire, peuvent être soumis au contrôle constitutionnel. À cette fin, le Tribunal constitutionnel place ses arguments sur un terrain juridiquement marécageux : celui du potentiel juridique théorique des effets de la résolution parlementaire. Cela ne cesse pas d'être un danger pour le libre débat démocratique au parlement, car la volonté d'exercer le droit de décider de la société catalane se renforce, une fois de plus, lors des élections — à caractère politique plébiscitaire — du 27 septembre 2015.

La victoire des forces politiques en faveur du droit de décider provoque une troisième prise de position parlementaire : la Résolution 1/XI du 9 novembre 2015, également contestée devant le Tribunal constitutionnel. Rapidement, on déclarera la nullité de la prononciation du parlement catalan par le biais de la sentence 259/2015. Le contenu de cette résolution sera inquiétant pour plusieurs raisons : d'une part, à cause du fondamentalisme constitutionnel qui émane de la sentence ; d'autre part, à cause de la limitation du débat politique que cela implique. En d'autres termes, la sentence 259/2015 n'est pas très déférentielle à l'égard des principes et valeurs constitutionnels tels que la démocratie ou le pluralisme politique. Il n'y a pas d'autre légitimité que celle qui émane du principe de la légalité et de la Constitution. « [...] la légitimité d'une action politique du pouvoir public consiste essentiellement en sa conformité à la Constitution et à l'ordre juridique. Sans conformité avec la Constitution, il ne peut y avoir aucune légitimité »[1].

Un autre aspect pertinent, d'un point de vue juridique, est que l'ordre admis à traiter de la contestation accepte de notifier à la présidence, au bureau et au secrétaire du Parlement de Catalogne, au président de la *Generalitat* et au Conseil de gouvernement, le devoir d'empêcher ou de paralyser toute initiative visant à poursuivre un débat sur le droit de décider ou l'indépendance de la Catalogne qui contrevient aux dispositions de la sentence 215/2015. Dans le cas contraire, la procédure serait transférée au ministère public afin d'ouvrir une procédure pénale pour un éventuel délit de désobéissance. Une telle action — l'ouverture d'une procédure pénale contre les membres du Bureau d'un parlement

[1] Sentence 259/2015, *Fundamento Jurídico* 5.

pour avoir facilité un débat politique — a été possible grâce à l'approbation de la Loi organique 15/2015, du 16 octobre[1]. L'objectif de la réforme était de doter le Tribunal constitutionnel de pouvoirs exécutifs et, ce faisant, de l'autonomiser au point de « remettre sérieusement en question l'institution parlementaire des Communautés autonomes »[2].

2. *Le Tribunal constitutionnel et l'exécution de ses propres sentences : contrôle du débat politique et entrée du droit pénal*

La modification susmentionnée de la Loi organique sur le Tribunal constitutionnel répond à un mouvement politique du PP en réponse à la convocation des élections régionales, en clé plébiscitaire, le 27 septembre 2015. L'étiologie de la loi se trouve dans le préambule : « la nécessité de s'adapter à de nouvelles situations qui cherchent à éviter ou à contourner cette efficacité impose de développer les instruments nécessaires pour que la garantie d'efficacité soit réelle ». Certes, si c'était la raison, cela semblait inutile. Le caractère *erga omnes* — article 164 de la Constitution de 1978 et article 32, Loi organique sur le Tribunal constitutionnel — des sentences et le fait qu'elles avaient la même nature que les sentences prononcées par les organes juridictionnels, rendaient la réforme dispensable sauf si elle obéissait à une variable politique : renforcer le rôle du Tribunal constitutionnel dans le but d'accentuer la réponse judiciaire dans le conflit politique ouvert contre les institutions d'autogouvernement de la *Generalitat* de Catalogne, en particulier son Parlement.

La doctrine spécialisée était très critique à l'égard de la réforme expresse du Tribunal constitutionnel. En effet, comme le souligne Iñaki Lasagabaster, la réforme du Tribunal constitutionnel « tente d'affronter une situation politique, celle produite en Catalogne, avec des moyens juridicoconstitutionnels qui donnent l'apparence de la neutralité juridique »[3]. « Triste manifestation de l'utilisation politique du droit », écrivent les professeurs Gregorio Cámara Villar et José Antonio Montilla Martos[4]. Juan Fernando López Aguilar dénonce une opération

---

[1] Nous faisons référence à la Loi organique 15/2015, du 16 octobre, sur la réforme de la Loi organique 2/1979, du 3 octobre, du Tribunal constitutionnel, pour l'exécution des résolutions du Tribunal constitutionnel comme garantie de l'État de droit. *BOE*, 17 avril 2015.

[2] Iñaki Lasagabaster, *op. cit.*, p. 33.

[3] *Ibid.*, p. 42.

[4] Gregorio Cámara et José Antonio Montilla, « Insólita reforma », *El País*, 9 septembre 2015.

politique visant à transformer le Tribunal constitutionnel « en une sorte de tribunal administratif et de sanction de l'ordre public »[1].

Il est certain que canaliser la résolution d'un conflit politique en modifiant les rôles des institutions de nature judiciaire, dont la raison d'être n'est pas l'exercice de la politique, finit par avoir des couts en termes démocratiques. Il n'est pas nécessaire de modifier la Constitution pour altérer le système politique ; il suffit de pervertir son fonctionnement par des réformes infraconstitutionnelles ou que la société perçoive l'organe en question comme un artéfact soumis au jeu de la politique, pour donner naissance à d'autres manières de configurer le pouvoir. C'est pourquoi la réforme du Tribunal constitutionnel est importante et que les sentences 185/2016 et 215/2016, qui ont entériné la constitutionnalité de cette réforme, le sont encore plus.

Deux questions des plus intéressantes sont les sentences 185/2016 et 215/2016. Premièrement, il y a le concept de compétence que le Tribunal constitutionnel construit en le liant, nécessairement, avec le pouvoir d'exécuter ce qui a été résolu. Si une telle affirmation était vraie, toutes les juridictions constitutionnelles auraient des pouvoirs exécutifs — ce qui n'est pas le cas — et la juridiction constitutionnelle espagnole *serait née* en 2015 ; c'est-à-dire avec l'approbation de la réforme de la Loi organique sur le Tribunal constitutionnel[2]. Le pouvoir d'exécuter des jugements ne constitue pas une *note essentielle*, comme le prétend aujourd'hui le Tribunal constitutionnel. Au contraire, ce pouvoir est apparu comme un instrument permettant de renforcer l'activisme judiciaire dans des scénarios d'exceptionnalité politique claire. Deuxièmement, il y a les couts, en termes d'image et d'indépendance, du Tribunal constitutionnel, puisqu'il est habilité à délivrer des mandats aux parlements autonomes et à imposer des mesures spécifiques telles que des amendes coercitives, la suspension des fonctions des autorités et des employés publics, et l'exécution par substitution des résolutions adoptées dans les procédures constitutionnelles.

Les fonctions précitées ne sont pas anodines, car la réforme du Tribunal constitutionnel met en péril la séparation des pouvoirs et le fonctionnement démocratique normal de l'État espagnol. Un parlement

---

[1] Juan Fernando López Aguilar, « Cuestión catalana y crisis constitucional », *Teoría y realidad constitucional*, n° 37, 2016, p. 304.

[2] Il convient de noter que le Tribunal constitutionnel lui-même ne reconnait pas le caractère exécutoire des décisions de la Cour européenne des droits de l'homme et, malgré cela, les a qualifiées d'*incontestables*. Sentence 245/1991, *Fundamento jurídico* 3 et 4.

— et le parlement autonome est un parlement — pour fonctionner comme une institution démocratique doit exercer sa représentation librement, sans être conditionné ou soumis à la pression d'un autre organe de l'État. Pour cela, il existe une institution de droit constitutionnel et parlementaire destinée à garantir cette liberté d'exercice : l'inviolabilité. Ce qui a été dit n'a pas empêché le Tribunal constitutionnel d'envoyer des mandats au Bureau du parlement, interdisant l'introduction de sujets à l'ordre du jour, tels que conclure que la violation de la sentence 259/2015 facilite la tenue d'un vote en plénière ou de débattre politiquement d'une résolution parlementaire. Le parlement catalan a été empêché de débattre de certaines questions, indépendamment de l'accord qu'il pourrait adopter ou, même, sans la volonté d'adopter un quelconque accord.

Le Tribunal constitutionnel a fait usage, une fois de plus, d'un changement de critère jurisprudentiel, car il a cessé de considérer le siège parlementaire comme un *scénario privilégié du débat public*. En effet, avant le conflit constitutionnel avec la Catalogne, le Tribunal constitutionnel affirmait que : « la juridiction peut réagir contre la forme juridique qui résulte de ces intentions, mais l'intention elle-même et son débat ou sa discussion sont à l'abri dans une société démocratique de tout contrôle juridictionnel, surtout si le débat a lieu dans un Parlement, siège privilégié du débat public »[1]. La conception expansive des effets juridiques de toutes les résolutions politiques, à la lumière de la sentence 42/2014, est apparue comme l'argument capable de permettre au Tribunal constitutionnel d'agir sans limite[2]. De même, le changement constant des critères jurisprudentiels constitue une raison de plus de s'inquiéter de la politisation du Tribunal et de sa connivence au moment de valider les réformes proposées par le gouvernement PP pour faire face au processus de souveraineté catalane qui, comme on l'a dit, est à la base de la réforme.

En revanche, une prolifération excessive des procédures d'exécution des sentences — ou ordres ou décisions — constitutionnelles, soit par l'imposition de sanctions, soit par la suspension des fonctions des autorités, entraine une perte d'autorité du Tribunal constitutionnel et rapproche la juridiction constitutionnelle de la juridiction ordinaire[3]. Le rapport de la Commission de Venise sur la réforme exposée ici, disait

---

[1] ATC 135/2004, *Fundamento jurídico* 6.
[2] Voir, ATC 189/2015 et ATC 170/2015, entre autres.
[3] Voir, ATC 189/2015 et ATC 170/2015, entre autres.

qu'il était inadéquat d'unir dans le même organe judiciaire la fonction de décider et d'exécuter ; surtout quand il s'agit de la juridiction constitutionnelle[1]. Plus inadéquate sera l'introduction, *motu proprio*, de la voie pénale « comme instrument proéminent, sinon fondamental, du pouvoir d'exécution de ses sentences »[2]. L'action du Tribunal constitutionnel contre les membres du parlement autonome, représentants de la volonté populaire, revient à ignorer le principe fondamental d'inviolabilité des parlements, inhérent à toute démocratie parlementaire et expressément inclus dans les Statuts d'autonomie.

D. En guise de conclusion : chronique d'un revers de fortune

L'analyse du rôle du Tribunal constitutionnel dans le développement de l'État de droit social et démocratique présente deux parties différenciées dans le temps. La démocratie espagnole a maintenant une quarantaine d'années. Au cours des vingt premières années, le rôle du Tribunal constitutionnel a été déterminant pour développer, consolider et protéger les droits fondamentaux et les libertés publiques qui étaient inexistants pendant les quarante années précédentes de dictature franquiste. Cela n'a pas été facile et le Tribunal constitutionnel a rempli avec brio le mandat qui lui avait été confié par la Constitution espagnole. Il a également joué un rôle décisif, au cours de ces vingt premières années, dans le développement de l'État autonome. La consolidation d'un projet territorial décentralisé, avec la reconnaissance — timide, de l'avis de cet auteur — de la pluralité culturelle, sociale et politique n'a pas été une tâche facile, après quarante ans d'un État unitaire allergique à tout débat ou tentative sur la forme de la décentralisation.

Nous nous référons à ces deux aspects — droits fondamentaux et développement du principe d'autonomie — parce qu'ils sont à la base du changement substantiel du rôle du Tribunal constitutionnel au cours des vingt dernières années. Que devient la Cour ? L'analyse effectuée a offert les variables juridiques — mais aussi celles de l'opportunité politique — qui ont fait remonter le Tribunal constitutionnel à une époque où on pensait avoir oublié la conception du droit et de la démocratie. Et le germe de cette circonstance a été l'entrée de la politique

[1] Voir, Paloma Biglino, « Nota a la opinión de la Comisión de Venecia sobre los poderes de ejecución del Tribunal Constitucional », *in La Ejecución de las resoluciones del Tribunal Constitucional*, Madrid, CEPC, 2018, p. 105-122.
[2] Iñaki Lasagabaster, *op.cit.*, p. 198.

dans l'assemblée plénière du Tribunal constitutionnel, ce qui a provoqué un double phénomène qui, dans le cas espagnol, est allé de pair : politisation de la justice (avec des nominations de magistrats au profil politique clair) et judiciarisation de la politique (transfert de crises de nature clairement politique à la justice constitutionnelle avec des modifications *ad hoc* de la Loi organique sur le Tribunal constitutionnel).

Devant ces deux phénomènes, le Tribunal constitutionnel n'avait qu'une seule option : rendre au politique ce qui, par nature, lui revenait. Mais il ne l'a pas fait. Ni pendant la crise territoriale provoquée par la réforme du Statut catalan, ni après, lorsque le processus de souveraineté a pris des dimensions politiques et sociales sans précédent. De plus, on peut dire que le Tribunal constitutionnel a activement contribué à exacerber ces crises avec des résolutions qui ont transformé la Constitution de 1978 en une règle rigide et fermée, incapable d'apporter une réponse juridique à une demande sociale et politique — décider par référendum — largement acceptée en Catalogne et qui, en politique comparée — Québec et Royaume-Uni — avait été déployée. La sentence 31/2010 met fin au modèle territorial ; la CST 42/2014 est la porte d'entrée de l'activisme judiciaire, car toute activité parlementaire a — ou peut avoir — des conséquences juridiques et, par conséquent, est susceptible d'être contrôlée par la Constitution. La sentence 259/2015 enferme le débat politique dans les murs de la Constitution de 1978. Et les ordonnances 126/2017 et 144/2017 facilitent l'ingérence du politique dans le droit pénal, car elles impliquent l'irruption du ministère public — et du droit pénal — dans la sphère du débat public.

Au cours des vingt dernières années, le Tribunal constitutionnel semble avoir oublié que le parlement reste l'organe principal du système politique, car il est le dépositaire de la légitimation démocratique. Dans un État décentralisé comme l'Espagne, la centralité du parlement se reproduit également dans les régions autonomes. L'attaque contre l'inviolabilité des Chambres a eu deux précédents clairs : la Principauté des Asturies et la Communauté autonome du Pays basque. Mais la sentence 31/2010 occupe incontestablement une place de choix. Il s'agit d'une modification de la totalité de la politique en tant qu'exercice multiforme où le dialogue, la négociation, la concession et le compromis se marient dans la recherche d'un pacte politique entre deux parlements. La sentence 42/2014 élargit le contrôle politique des actions des chambres autonomes, ce qui conduit le Tribunal constitutionnel à s'immiscer et à avoir un effet sur l'autonomie organique, le débat politique et le processus législatif des parlements autonomes.

À ce stade, la droite espagnole — le PP, mais pas seulement le PP — a certifié que le Tribunal constitutionnel est devenu, dans la praxis politique, une troisième chambre de discussion et de débat, sans présence des minorités nationales, dont l'hégémonie est entre ses mains pour deux raisons principales. La première est de nature sociologique. Aujourd'hui encore, la majorité des magistrats placés dans l'élite de la justice constitutionnelle — aussi ordinaire — sont pour la plupart conservateurs et avec une vision peu progressiste des concepts qui sont à la base du conflit constitutionnel vécu au cours des dernières années : démocratie, séparation des pouvoirs, droits fondamentaux et pluralisme politique. L'interprétation restrictive de ces concepts a ouvert la voie à un débat — le débat territorial — qui n'avait pas fait l'objet d'un débat profond et serein et qui n'était pas non plus, en termes de pouvoir politique, fermé. La deuxième est de nature arithmétique. La majorité des trois cinquièmes requis pour le renouvèlement des magistrats était une arme de blocage pour les noms qui déplaisaient au conservatisme juridique. La Constitution devait être interprétée par les juristes capables de l'interpréter conformément à la prévalence du principe de l'unité de l'État et de la souveraineté unique.

Avec l'arrivée du PP à la Moncloa avec une majorité absolue, cette troisième chambre devait être dotée de pouvoirs exécutifs. La réforme de la Loi organique sur le Tribunal constitutionnel pour faciliter l'exécution des peines permet au Tribunal constitutionnel d'aller bien au-delà des limites de ses compétences. À cet effet, le Tribunal constitutionnel a élaboré une théorie selon laquelle les Conseils des parlements autonomes sont obligés de restreindre le débat politique en n'admettant pas à l'ordre du jour les propositions qui ignorent ou évitent la suspension ou la validité des normes ou résolutions décrétées par la Cour par voie d'ordonnance (même pas une ordonnance ou une sentence). S'ils ne le font pas, ils seront pénalement responsables, car un tel acte est passible du crime de désobéissance. Ce n'est qu'un exemple de ce que signifie la transformation d'un organe constitutionnel en exécuteur de décisions politiques.

Il ne fait aucun doute que tout cela a eu un cout en termes d'*auctoritas* et de prestige. Aujourd'hui, la compétence constitutionnelle a été brouillée. Le Tribunal constitutionnel a été comparé à un tribunal ordinaire, qui juge et exécute ce qui a été jugé, impose des sanctions et suspend les facultés des élus, une Cour dont les magistrats ne cachent pas leurs préférences politiques. Un organe qui a été incapable de procéder à une interprétation ouverte, progressive et flexible de la Constitution pour protéger les droits fondamentaux et les libertés publiques. Le Tribunal constitutionnel, en revanche, a pratiqué — comme le gouvernement espagnol — un fondamentalisme constitutionnel dans lequel la Constitution est devenue le canon de la rectitude du débat public. La démocratie espagnole n'est plus une démocratie militante, c'est une démocratie qui implique une adhésion inconditionnelle à la Constitution, et c'est la faute de ceux qui ont été chargés de l'interpréter.

LA JUSTICE CONSTITUTIONNELLE PORTUGAISE

Vol d'oiseau

Paulo FERREIRA DA CUNHA[1]

A. Du contrôle diffus de la constitutionnalité

La première expérience de contrôle de la constitutionnalité au Portugal, bien que traversant différents régimes politiques, n'a pas eu un grand succès. Très peu de cas judiciaires ont été « accusés » de contenir des attaques sur la Constitution. C'était peut-être à cause d'un manque de culture constitutionnelle, même parmi les gens de justice, les opérateurs juridiques.

Il y a eu, cependant, des situations picaresques dans cette histoire archéologique du contrôle de constitutionnalité au Portugal.

Pendant la dictature de João Franco, ami du roi D. Carlos (qui sera assassiné avec l'héritier du trône par deux activistes républicains), un décret a été approuvé (le 11 juillet 1907, trois ans avant la révolution républicaine) visant à refuser compétence au pouvoir judiciaire pour exercer le contrôle diffus de constitutionnalité. La raison de cette préoccupation gouvernementale serait simple, et fondée sur l'expérience récente : un juge de première instance aurait précisément refusé la force obligatoire au premier décret de la dictature monarchique en cours. C'était une revanche et une précaution. La solution du décret de Franco serait d'obliger le parquet à faire obligatoirement appel à la Suprême Cour de Justice, dans ce genre de cas. Et cette haute cour — la plus haute cour de justice (tout court), la plus haute, sans doute, à l'époque, car il n'existait pas de contrôle concentré à travers une cour constitutionnelle ou organe pareil — déciderait en réunion plénière.

Drôle de justice : en voulant contourner le contrôle diffus, on instituait, par un nouveau décret dictatorial, une sorte de régime mixte, avec une partie de contrôle concentré. L'année suivante, peut-être à cause des vents d'apaisement politique, cette solution a été écartée, déclarée nulle, par une Loi du 9 septembre 1908, publiée le 12 septembre.

---

[1] Juge, Cour suprême de Justice (*Supremo Tribunal de Justiça*), Portugal.

Le contrôle diffus a théoriquement continué, sans cas dignes de mention.

B. L'institutionnalisation du contrôle concentré

Pendant une première période à la suite de la révolution du 25 avril 1974, on a institué un contrôle concentré de la constitutionnalité des lois, ayant comme entité décisoire le « Conseil de la révolution », de composition militaire modérée. Cependant, il y avait une commission de juristes, la « Commission constitutionnelle », laquelle préparait les décisions du conseil. Celui-ci a presque toujours suivi l'avis des juristes. Ainsi, durant cette période, qui s'échelonne de 1976 à 1983, pour un total de 213 avis juridiques rendus par la commission des juristes, le conseil militaire n'a pas suivi leurs opinions dans seulement 13 cas. Il est souhaitable qu'on puisse un jour faire une thèse sur cette concordance et cette discordance si ponctuelle.

Après, une vraie Cour constitutionnelle a été créée au moyen d'une révision constitutionnelle, et cet organe se situe désormais au sommet du système constitutionnel portugais. Cette Cour est quelquefois attaquée pour sa prétendue nature politique, en raison de sa composition qui résulte majoritairement d'une élection parlementaire (10 parmi les 13 juges sont élus).

Du coup, les critiques les plus orthodoxes de cette Cour aimeraient qu'elle soit abolie ou encore éventuellement remplacée par une nouvelle section de la Suprême Cour de Justice, dont les membres sont ou bien juges de carrière ou bien, à tout le moins, des personnalités du monde juridique, élus par candidature soumise au scrutin d'un jury nommé par le Conseil supérieur de la magistrature. On reparlera de cela à la fin de cet exposé succinct.

C. La Cour constitutionnelle et ses fonctions

Nous parlerons d'abord brièvement des fonctions de la Cour constitutionnelle.

En ce qui concerne l'objet du contrôle de constitutionnalité, il est aujourd'hui restreint aux normes, écartant les cogitations (« crimidée » orwellienne), les manifestations purement idéologiques, les intentions, etc. — quelques-unes de ces réalités seront des actes anticonstitutionnels, mais pas soumis à la juridiction de la Cour. Cette première remarque herméneutique ne surprendra pas : il s'agit d'un contrôle qui s'exerce, non pas sur une norme ou un principe en abstrait, ontologiquement considérés, si on ose le dire, mais plutôt sur une certaine interprétation de la norme. Aucun cas n'est absolument « clair » : il faut toujours interpréter, et décider si la question doit être renvoyée à la Cour constitutionnelle.

La Cour a compétence sur les questions d'inconstitutionnalité des normes et aussi d'illégalité des normes. Une innovation relative (partagée, par exemple, avec le Brésil) est la possibilité de porter jugement sur l'absence de législation, ce qu'on appelle « inconstitutionnalité par omission ».

Ainsi, la Cour, dans le domaine le plus direct et propre de son activité, connait des questions strictement normatives (y compris les normes « principielles », et les actes normatifs de second et troisième degré comme les règlements et les dépêches normatives), écartant les actes non normatifs, comme, par exemple, les actes politiques, administratifs, ou judiciaires, par action ou par omission, et concernant l'inconstitutionnalité et l'illégalité.

L'article 227 de la Constitution de la République portugaise considère expressément que sont inconstitutionnelles les normes qui contrarient les dispositions de la Constitution ou les principes qui y sont enchâssés. La Constitution s'inscrit dans une vague clairement « principialiste », qui a eu dans le néoconstitutionnalisme plus activiste son apothéose. Mais il arrive que l'on constate un décalage entre les principes juridiques qui ont été enchâssés et leur application judiciaire. Tel que nous l'avons précédemment laissé entendre, il peut aussi exister une inconstitutionnalité par inaction du législateur. Selon l'article 283 de la Constitution portugaise, le président de la République, le défenseur des droits (*Ombudsman*) ou, pour des questions régionales de violation des droits respectifs, les présidents des parlements des Azores et de Madeira, peuvent demander que la Cour se penche sur une prétendue existence d'une inconstitutionnalité par omission. Une des premières questions soulevées dans ce cadre a été, curieusement, l'absence de loi permettant l'allocation de chômage aux professeurs d'université. Évidemment, pendant des siècles, il n'y avait pas de chômage au sein de cette classe professionnelle.

Il va de soi qu'il y a des actes de l'État qui ne sont pas inclus dans la prévision de contrôle constitutionnel : par exemple, les actes politiques du gouvernement national et des gouvernements des régions autonomes des Azores et de Madère. Cependant, il a des actes politiques qui peuvent toucher la compétence de la Cour, notamment les référendums, les décisions parlementaires de perte du mandat des députés, les élections parlementaires, etc. Nouvelle exception à l'exception : il peut y avoir des actes politiques graves, très graves mêmes, qui ne seront jamais exclus d'un contrôle de constitutionnalité ou autre. Et en ce cas-là, ils ne seront pas simplement objet d'annulation, mais « fulminés » par la sanction classiquement la plus grave : l'annulation.

Il faut aussi tenir compte du fait que, dans le cas du contrôle de la légalité ou de la constitutionnalité des actes administratifs, puisque la Constitution est une loi — et certainement cela découle aussi d'une certaine vision du principe de la subsidiarité, dans le cas appliqué à la juridiction — les cours compétentes pour juger ces infractions seront les Cours administratives, et en dernier recours la Suprême Cour Administrative. Pourquoi alors cette démarche qui semble briser la symétrie du système ? Parce que l'on considère l'inconstitutionnalité ou l'illégalité dans ces cas sous l'angle de la violation de Loi.

Une des grandes divisions de l'activité de la Cour est celle qui concerne la distinction entre compétence de fiscalisation concrète et abstraite. Dans le cadre de la première, selon l'article 280, la Cour connait et juge les inconstitutionnalités et les illégalités des décisions judiciaires en général ; eu égard à la seconde, la Cour connait et juge, avec force obligatoire générale, à la demande de certaines entités, les inconstitutionnalités de toutes les normes et quelques illégalités, selon l'article 281.

Une particularité doit être retenue : après la déclaration d'inconstitutionnalité dans le cadre de la fiscalisation ponctuelle, concrète, faite trois fois par la Cour sur le même objet et dans le même sens d'inconstitutionnalité ou d'illégalité, elle doit apprécier et déclarer la force obligatoire générale (*erga omnes*) de cette décision.

D. Les contrôles

Bien sûr, le contrôle de la constitutionnalité est au Portugal à la fois concentré et diffus. Les différentes cours ont le pouvoir de procéder au contrôle concret de la constitutionnalité, tout comme elles peuvent renvoyer l'affaire à la Cour constitutionnelle (voir art. 280).

Bien entendu, le strict contrôle politique est sans implications du point de vue juridictionnel. L'Assemblée législative, ainsi que le président de la République, doivent, selon le texte constitutionnel, défendre et faire respecter la Constitution (art. 162, a et 127, 3). De même pour l'Administration publique, vinculée à la Constitution (art. 266, 2).

Revenons au contrôle concentré. Son exercice a deux modalités : le contrôle préventif (art. 278 et 279) et le contrôle successif, par la voie de l'action, la voie principale, la voie directe (art. 281). Autant le président de la République ou, le cas échéant, les Représentants de la République aux régions autonomes peuvent demander l'appréciation préventive de la constitutionnalité des normes.

Le contrôle successif peut être requis à la demande de plusieurs entités (art. 281, 2) : le président de la République, le président du parlement ; le premier ministre ; le défenseur des droits ; le procureur général de la République ; un dixième des députés au parlement ; et des organes déterminés des régions autonomes (art. 281, 2, g). Le contrôle successif, ou *a posteriori*, peut être abstrait ou concret. En ce qui concerne le contrôle abstrait, l'activité de la Cour peut s'exercer dans un moment quelconque après le caractère « définitif » de l'acte juridique en question, après la production de tous les actes normatifs nécessaires à l'intégration de l'efficacité. C'est ce qui est prévu dans la loi de la Cour constitutionnelle, articles 62 à 66, et articles 281 et 282. À son tour, le contrôle concret se suscite par voie incidente. Il peut être soit diffus, soit concentré.

Le contrôle diffus, évidemment, est possible au sein de toutes les cours, mais on accorde un recours devant la Cour constitutionnelle des décisions des cours refusant l'application d'une norme ayant pour base son inconstitutionnalité (art. 280, 1, a), ou bien, si une Cour applique une norme dont l'inconstitutionnalité a été invoquée pendant le procès (art. 280, 1, b), et encore dans quelques autres cas (art. 280, 2).

E. L'éternel débat

Bien sûr, la grande et éternelle question entourant la Cour constitutionnelle portugaise (et ce n'est pas un cas isolé) est sa relation avec la politique. On rappellera le classique travail de Otto Bachof sur la dimension politique des cours constitutionnelles, et son héritage doctrinal[1]. Deux mots sur la question suffiront, peut-être, puisque le problème est idéologique en bonne partie, et ainsi, interminable.

Les uns n'admettent pas une cour constitutionnelle tout court, même si cette cour théorique, sans doute dans une certaine mesure (par sa propre nature) politique, puisse être modérée par quelques freins plus juridiques. C'est, pour eux, en général, une question de principe : pas

[1] Otto Bachof, *Estado de direito e poder político: os Tribunais constitucionais entre o direito e a política*, trad. port. de J. M. Cardoso da Costa, Coimbra, Instituto de Estudos Autonómicos, 1980.

de cours relevant de nominations politiques, ni de juges sans formation juridique.

La composition de la Cour constitutionnelle portugaise est de treize juges, dont dix sont élus par le parlement (en général par accord entre les deux plus grands partis — l'un de droite et l'autre de gauche modérée — quelquefois élargissant l'accord à gauche ou à droite) et trois par cooptation des dix juges (art. 222, 1).

Parmi l'ensemble des juges de la Cour, six sont recrutés parmi les juges d'autres cours, et six sont recrutés parmi d'autres juristes.

Cette composition, voire l'existence de la Cour, pose des difficultés à certains, plus puristes (*hoc sensu*), qui estiment que le dernier mot sur des questions portant sur la compétence de la Cour devrait être restreint aux juges de carrière, dans une cour le plus possible écartée des pouvoirs politiques.

D'autres, pour leur part, ne considèrent pas que la genèse parlementaire du choix de la majorité des juges de cette Cour soit un péché originel, et estiment ainsi que la Cour ne peut être considérée comme illégitime à cause de cela.

Une composition éventuellement plus sensible à l'enjeu politique de même qu'aux attentes de la société peut, selon eux, constituer un apport positif d'ouverture de vues (dans plusieurs pays, même les Suprêmes Cours sont formées de juristes sans carrière judiciaire antérieure) et sensibilité aux questions plus actuelles.

Diverses études portant sur le comportement des juges constitutionnels au Portugal semblent, de façon générale, conclure que la situation n'est pas aussi critique que certains l'affirment. D'une part, il semble que les juges ne soient pas attachés aux forces politiques qui les ont choisis. Leur interprétation du droit apparait impartiale, ils ne sont pas des délégués ou des commissaires politiques. Cependant — et cela est aussi confortant, nous semble-t-il — ils semblent rendre des jugements qui s'inscrivent au sein d'une philosophie judiciaire cohérente et qui ne subissent pas l'influence de leur appartenance politique.

C'est un débat interminable, dont les deux partis peuvent avoir chacun une moitié de la vérité, mais on ne voit pas en quoi cela serait mis à l'agenda d'une révision constitutionnelle, sauf si un populisme quelconque décide d'en faire un enjeu politique, ce qui serait une triste et dangereuse manipulation de la Justice.

Maintenant, la Cour constitutionnelle est respectée, elle a joué un rôle marqué par la modération et la défense du droit, par exemple, dans les moments difficiles pour la justice et la légalité, lorsque le Portugal a été sous le joug de la *Troika*, alors que les pouvoirs « locaux » semblaient penser que la règle suprême ne serait pas la Constitution, mais les marchés internationaux ou les représentants des créanciers.

Heureusement, le Portugal a repris le chemin d'un vrai et plein État de droit. Mais plusieurs défis demeurent présents bien entendu. C'est à cause de cela que même un pays avec une belle juridiction constitutionnelle comme le Portugal ne peut pas se renfermer dans une prétendue souveraineté judiciaire et se fermer au constitutionnalisme *multilevel* : d'abord, par le biais de la juridiction européenne, et dans un avenir proche souhaité avec la création de la Cour constitutionnelle internationale[1].

---

[1] Asma Ghachem et Henri Pallard (dir.), *Une Cour constitutionnelle internationale au service du droit démocratique et du droit constitutionnel. Actes du colloque*, Beyrouth, Association pour la recherche sur la transition démocratique et Konrad Adenauer Stiftung, 2015.

ÉVOLUTION DE LA RULE OF LAW ET DU CONSTITUTIONNALISME AU ROYAUME-UNI

Alex ATANASOV[1]

A. Constitutionnalisme et *rule of law*

Assez tôt, en commençant avec l'adoption de la *Grande Charte des libertés* en 1215, les Anglais se sont mis à organiser leurs institutions juridiques et politiques d'une façon qui a largement contribué aux succès historiques qu'a connus la société britannique. Ils y sont parvenus en se donnant les moyens juridiques incarnant un nouvel État progressif soumis à la *rule of law*[2] et à un ordre constitutionnel[3]. Cela explique en partie pourquoi la construction de l'Empire britannique a connu un tel succès, même si on se réfère, le plus souvent, qu'à son hégémonie politique et économique[4].

Néanmoins, il y a trop longtemps que la trame du modèle constitutionnel britannique n'a pas changé en fonction de nouvelles donnes économiques et politiques. Des tensions apparaissent dans ce vieux modèle de coordination de l'État, suggérant peut-être que le système constitutionnel en vigueur est dépassé[5]. La Grande-Bretagne contemporaine est

---

[1] Professeur adjoint, Collège de droit, Université des sciences appliquées, Bahrain. Je tiens à remercier Henri Pallard pour ses très nombreux conseils qui m'ont permis de sensiblement améliorer ce texte. Les erreurs demeurent toutefois les miennes. Texte traduit par Michel Giroux et Henri Pallard.

[2] *Rule of law* et État de droit véhiculent des sens différents. C'est pourquoi nous refusons dans notre texte de traduire l'un par l'autre. Voir, Daniel Mockle, « L'État de droit et la théorie de la *rule of law* », *Les Cahiers de droit*, vol. 35, 1994, p. 823-904.

[3] Voir, Douglas C. North et Barry Weingast, « Constitutions and Commitment: The Evolution of Institutions Governing Public Choice in 17th Century England », *Journal of Economic History*, vol. 49, 1989, p. 803-32. Sans les profondes réformes institutionnelles et la révolution financière que l'Angleterre avait auparavant déclenchées, elle n'aurait jamais pu vaincre la France.

[4] Russell Hardin, *One for All: The Logic of Group Conflict*, éd. revue, Princeton, Princeton University Press, 1997, p. 28.

[5] Le lien de causalité en droit constitutionnel est extrêmement difficile à prouver et nous avons pris en considération ces défis méthodologiques. C'est pourquoi le but de cet article est uniquement de provoquer une réflexion et une discussion sur le parcours

confrontée à de nombreux défis en raison de son appui sur la *rule of law* et un système constitutionnel quelque peu usé et inadapté aux exigences du monde contemporain. Certaines des voies de développement empruntées par le passé, qui fonctionnaient à l'époque, sont aujourd'hui désuètes. Par contre, d'autres États, en adhérant au régime constitutionnel et à la *rule of law*, ont réussi à s'en donner un qui répond aux nouveaux besoins politiques et économiques. Dans une large mesure, la quintessence culturelle britannique — son environnement social et le contexte de son système à succès — n'existe plus. Le résultat est un affaiblissement du pouvoir organisationnel de la société britannique par l'ordre constitutionnel et, en conséquence, un système constitutionnel affaibli qui n'est pas tout à fait adapté à l'évolution rapide du monde contemporain. Le pouvoir ne se recrée ou ne se renouvèle pas comme auparavant.

Cet article retrace les transformations dans l'exercice et le contrôle du pouvoir au fil du temps dans le système britannique. Certes, ses traits constitutionnels ont rendu possible, très tôt, la mise en place d'un État géré par le droit et d'un empire politique et économique ; mais ils sont aussi à l'origine de défis importants dans le système actuel. Certaines voies de développement empruntées par le passé — qui ont permis à un pouvoir absolu de migrer du roi au parlement et, plus récemment, à l'exécutif — sont aujourd'hui dépassées. Un défi est le contrôle du pouvoir de l'exécutif.

Le constitutionnalisme renvoie à une série d'idées et de modèles de comportement sur la manière de règlementer les pouvoirs du gouvernement afin de donner effet aux principes fondamentaux d'un régime politique[1]. De même, la notion très fondamentale de la *rule of law* renvoie à la gestion du gouvernement par le droit, des règles à vocation générale, par opposition à la discrétion du dirigeant. Ainsi, en assimilant l'un à l'autre, nous parlerons de la *rule of law* revêtant des atours

---

historique de la constitution britannique qui pourrait prendre un tournant dangereux. Selon Stefan Voigt, *Constitutional Economics: A Primer*, Cambridge, Cambridge University Press, 2020, à la p. 13, explique clairement le problème de la causalité : « Malheureusement, établir la causalité est particulièrement difficile en économie constitutionnelle parce que la variable supposée causer un certain effet n'est jamais vraiment exogène. »

[1] *Cf.* K.E. Whittington, « Constitutionalism », *in The Oxford Handbook of Law and Politics*, K.E. Whittington, R.D. Kelemen et G.A. Caldeira (dir.), Oxford, Oxford University Press, 2008, p. 281.

constitutionnels. Nous nous pencherons sur les formes que peut prendre la *rule of law* et sur leur influence sur le régime constitutionnel.

Aristote annonce l'idéal d'un « gouvernement de lois et non d'hommes »[1], mettant en place l'idée fondamentale de la *rule of law*. Il est plus souhaitable d'être gouverné par des règles plutôt que par la discrétion des dirigeants. La version restreinte de la *rule of law* est fondée sur la relation entre les citoyens et le gouvernement ; en traitant avec les citoyens, les fonctionnaires utilisent leurs pouvoirs à l'intérieur du cadre prévu par le droit. Dans une version plus large et plus ambitieuse, le rôle central est joué par les cours supérieures de justice qui défendent les valeurs fondamentales de la société lorsqu'ils se prononcent sur une cause[2]. Cette dernière version est fondée sur les valeurs et les normes existantes jugées nécessaires à l'existence d'un ordre politique[3]. Habituellement, les lois sont évaluées et appliquées en fonction des valeurs libérales fondamentales de liberté et de justice. Enfin, dans la version amplifiée de la *rule of law*, les règles juridiques ne peuvent contourner les valeurs politiques libérales primordiales ou les principes moraux généraux de la communauté, tels que la liberté d'expression et la non-discrimination, car ils sont jugés fondamentaux. La nécessité de faire respecter la *rule of law* signifie qu'elle est intrinsèquement liée à un organe indépendant, une cour de justice, pour régler les différends et empêcher pacifiquement les personnes au pouvoir d'imposer leurs souhaits personnels à la société.

Cet essai ne traitera que des trois versions fondamentales de la *rule of law* exposées ci-dessus et de son cadre général, le constitutionnalisme. Nous mettons l'accent sur les structures constitutionnelles liées à la *rule of law* et à leur application au Royaume-Uni. Plus précisément, notre but est de rappeler les modifications qui sont survenues dans les structures du pouvoir au fil du temps dans le système britannique. Nous comprendrons alors comment ces transformations sont à l'origine des réalisations politiques et économiques remarquables du Royaume-Uni, et comment ces mêmes transformations sont la source d'importants problèmes que connait le système actuel.

---

[1] *Les Politiques*, III 16, 1087a.

[2] Ian Loveland, *Constitutional Law, Administrative Law, and Human Rights: A Critical Introduction*, 6e éd., Oxford, Oxford University Press, 2012, p. 50.

[3] Maurice Adams, Ernst Hirsch Ballin et Anne Meuwese, « The Ideal and the Real in the Realm of Constitutionalism and the Rule of Law: An Introduction », *in Constitutionalism and the Rule of Law: Bridging Idealism and Realism*, Cambridge, Cambridge University Press, 2017, p. 4.

B. Pouvoir, constitutionnalisme et *rule of law*

Le constitutionnalisme anglais repose sur une constitution non codifiée qui a évolué sous la pression politique du transfert progressif du pouvoir à des segments plus larges de la société. La principale réalisation a été la division progressive du pouvoir par la loi. Le pouvoir arbitraire du monarque a été remplacé par un système qui réduit les risques de décisions irréfléchies. L'inclusion progressive de personnes de plus en plus nombreuses pour diriger le gouvernement a permis l'afflux de nouvelles idées. Cela a évité la stagnation à laquelle se heurte un décideur lorsqu'il prend des décisions pour tous. En outre, le monarque a progressivement perdu le pouvoir de prendre des décisions intéressées qui allaient à l'encontre des intérêts de la société dans son ensemble.

D'un point de vue historique, l'évolution du système anglais se résume en une réduction graduelle du pouvoir absolu. Son thème central est une lutte pour le pouvoir et son morcèlement. Les Normands avaient mis en place un pouvoir royal absolu qui n'avait que quelques restrictions. L'aristocratie était le principal bénéficiaire de ce régime. Avec le temps, le règne absolu du roi s'est mis à s'éroder.

La *Magna Carta Libertatum* (*Grande Charte des libertés*) est le premier document juridique conduisant à une réduction du pouvoir arbitraire et absolu du roi. Un roi impopulaire, devant des seigneurs en rébellion, s'est vu contraint de signer cette *Grande Charte des libertés* en 1215. À son origine, on retrouve des intérêts économiques, le contrôle de la fiscalité, principale source de financement de tout État. Cette réduction du pouvoir du roi à un accès incontrôlé à l'argent est vraisemblablement le changement le plus important que la Grande *Charte* ait réalisé[1]. Cela a permis d'utiliser des mécanismes juridiques pour protéger les intérêts économiques d'une plus grande partie de la société, l'aristocratie, plutôt que les intérêts d'un individu, le roi.

La *Grande Charte* a aussi réussi l'introduction de la *rule of law* dans des domaines jusqu'alors ignorés du droit en reconnaissant certains droits : le droit à un procès équitable, le droit à un jury, le droit de ne pas être puni autrement que par la loi, ainsi que les droits à la vie, à la liberté et à la propriété. Les systèmes juridique et politique ont acquis une plus grande stabilité. En favorisant la loyauté de certains sujets envers le système, la nouvelle conception de la *rule of law* les a

[1] Entre autres, on y retrouve les grandes lignes de la distinction ultérieure entre la Chambre des lords et la Chambre des communes.

encouragés à résoudre leurs conflits de façon moins couteuse en ayant recours aux cours au lieu de l'épée.

Cependant, de tels avantages tirés de la *Grande Charte* ne bénéficiaient que certaines classes politiques restreintes, les groupes ayant accès au roi étant limités. L'un d'eux était le comté, l'unité territoriale locale. Ses représentants devant le roi sont devenus la Chambre des communes[1], la chambre basse du parlement britannique. À son origine est le désir de réduire les déplacements du roi à travers son royaume, autrefois rendus nécessaire afin qu'il puisse avoir l'œil sur les agissements de ses administrateurs régionaux et qu'il puisse rendre la justice, comté par comté. Les représentants des comtés sont désormais convoqués pour se présenter devant le roi et lui rendre conseil. Malgré ses limites, la *Grande Charte* a lancé le processus de création d'un certain système de gouvernement. Tout en jetant les bases d'une version minimale de la *rule of law*, elle a aussi préparé le terrain pour la gestion des conflits qui devaient éventuellement se produire entre le roi et le parlement eu égard au partage du pouvoir et du contrôle de la richesse.

C. Le pouvoir parlementaire et la fin de l'absolutisme

Le pouvoir du parlement faisait contrepoids à l'absolutisme royal et à ses exigences arbitraires. Ces deux centres de pouvoir faisaient toutefois l'impasse sur le contrôle de la principale source de revenus de l'État anglais : la fiscalité. Au début, le pouvoir du parlement était faible, car au 13e siècle, les grands propriétaires terriens et les fonctionnaires convoqués personnellement par le roi pour traiter d'importantes affaires gouvernementales ne se réunissaient que de façon irrégulière. Éventuellement, le parlement se mit à recourir à des mécanismes juridiques dans la promotion de ses intérêts fiscaux.

Au cours du 14e siècle, les lords et les représentants des villes et des contés se sont mis à se réunir séparément pour devenir la Chambre des lords et la Chambre des communes. Le roi les convoquait lorsqu'il avait besoin d'argent et celles-ci lui octroyaient chacune leur propre subvention. L'évolution du parlement en institution représentative est devenue un outil utile entre les mains du roi dans des rapports de force face aux barons lorsqu'ils lui faisaient obstruction, notamment lorsqu'il avait besoin de fonds. Il avait ainsi la possibilité d'obtenir des fonds de deux sources alternatives. Il pouvait passer outre aux restrictions imposées

[1] S.F.C Milsom, *Historical Foundations of the Common Law*, London, Butterworths, 1969, p. 16.

par l'une des deux chambres du parlement en demandant à l'autre de lui donner des fonds. Cette possibilité de choisir sa source de revenus a toutefois pris fin au cours du règne d'Henri IV (1366-1413), lorsque les communes ont affirmé leur primauté sur les lords en matière de fiscalité. Cette division du pouvoir entre les deux chambres du parlement a eu une influence complexe sur le développement constitutionnel britannique. L'équilibre du pouvoir était encore précaire, mais les nouvelles règles de droit et les nouveaux arrangements constitutionnels devenaient progressivement plus nombreux et plus complexes.

La guerre de Cent Ans avec la France (1347-1453) a entrainé des demandes répétées de fonds. Une structure institutionnelle plus complexe s'est développée afin de permettre une perception plus efficace des impôts. Cependant, cette transformation du système fiscal a provoqué une résistance au sein des couches de la population anglaise, qui en avaient le plus souffert, confrontées à des guerres sans conséquence et impossibles à gagner. Au 15e siècle, le parlement en tant que tel est apparu et la notion de droit divin des rois s'est trouvée sensiblement affaiblie.

Au cours de cette période, un nouveau principe de gestion du pouvoir s'est imposé : le consentement des représentants du peuple. Les groupes de personnes qui devaient consentir et qui bénéficiaient du système se sont élargis. Cette évolution dans le mode de gouvernement a également permis à un plus grand pourcentage de la population de prendre part au processus de prise de décisions politiques ; désormais, davantage de personnes pouvaient participer au contrôle des décisions du dirigeant. Cet élargissement de la base de l'autorité décisionnelle a également conduit à une importance accrue accordée aux droits individuels et collectifs.

D. Du 17e au 19e siècles

1. Les juges et le constitutionnalisme

Des conflits définissant l'étendue des pouvoirs du roi, des communes et des lords ont marqué l'histoire de l'Angleterre au 17e siècle. Ces affrontements se produisaient fréquemment devant les cours de common law[1] où les parties exerçaient des pressions sur les juges afin qu'ils donnent raison à leurs aspirations au pouvoir. Dans cette querelle du contrôle du pouvoir, les juges, eux, cherchaient à sauvegarder leur

---

[1] Loveland, *ibid.*, p. 24.

indépendance et, parfois, y parvenaient. Un stratagème auquel ils avaient recours pour maintenir que ni les lois du parlement ni les actions du monarque n'étaient suprêmes était la doctrine du droit naturel[1]. Il revenait ainsi aux juges de déterminer la validité des unes et des autres. Dans le cadre de ces déterminations, les cours s'appuyaient sur des valeurs qui promouvaient une version étendue de la *rule of law* basée sur des idées de la nature et de Dieu.

Les cours de common law ont ainsi revendiqué des pouvoirs d'interprétation qui se révèleraient, plus tard, essentiels au mode d'interprétation constitutionnelle que la Cour suprême des États-Unis a revendiqué dans l'affaire *Marbury c. Madison*[2]. Cette usurpation voilée du pouvoir — faisant jouer la constitutionnalité de l'action de l'administration — a permis à la Cour suprême de se hisser au sommet de la hiérarchie de l'autorité aux États-Unis, lui permettant d'avoir le dernier mot sur la détermination de la loi du pays. La base essentielle du modèle de travail du constitutionnalisme a donc été mise en œuvre par les juges anglais au 17e siècle.

Plusieurs jugements de l'époque font allusion à des valeurs si fondamentales à la constitution anglaise qu'on ne saurait, encore aujourd'hui, les remettre en question[3]. Bien avant la plupart des autres pays, les juges anglais se référaient déjà à quelque chose qui s'apparentait aux droits naturels. Ainsi, le contenu normatif de la *rule of law*, ou sa version plus étendue et plus ambitieuse, étaient déjà largement établis en Angleterre. Les cours de common law donnaient expression aux valeurs fondamentales de la société et les défendaient. L'évaluation des lois et leur application en fonction des valeurs fondamentales de liberté et de justice ont jeté les bases du libéralisme moderne en obligeant le pouvoir au Royaume-Uni à se définir à l'intérieur de cadres précis. Les affaires suivantes en sont de bons exemples.

La décision du juge en chef Coke dans le *Case of Prohibitions* (1607)[4] est probablement la plus importante de l'époque d'un point de vue constitutionnel. Elle traite de l'indépendance du juge, de la division des pouvoirs et de la *rule of law*. Jacques Ier revendiquait le droit de siéger en tant que juge et de développer la common law comme il l'entendait. Il était de l'avis que le droit était fondé sur la raison, et que lui et d'autres la possédaient au même titre que les juges. Les juges de

---

[1] *Ibid.*

[2] [Vol.] 5 US [United States Reports] (1 Cranch) [p.] 137 (1803).

[3] *Ibid.*, p. 22.

[4] [Vol.] 12 Coke Reports [p.] 64.

la Cour des plaids communs ont suivi leur juge en chef et ont rejeté cette revendication royale. Même si le roi n'était soumis à aucun homme, il était toutefois soumis au droit. On affirmait alors la suprématie du droit sur toute personne, y compris le roi. Selon le juge en chef, le roi, n'ayant pas une expertise suffisante des nombreuses règles de la common law, n'avait aucun droit de siéger en tant que juge. Cette expertise n'était pas une question de « raison naturelle » ou de « bon sens », mais exigeait la maitrise d'une « raison artificielle [...] qui nécessite une longue étude et expérience, avant qu'un homme puisse en prendre connaissance »[1]. Coke fixait ainsi des limites au pouvoir du monarque.

Dans l'affaire *Dr Bonham*[2] (1610), le juge en chef Coke s'exprimait ainsi : « Et il apparait dans nos livres que, dans de nombreux cas, la common law contrôlera les lois du parlement, et parfois les jugera totalement nulles : en effet, lorsqu'une loi du parlement est contraire au droit ou à la raison commune, ou répugnante, ou impossible à exécuter, la common law la contrôlera, et jugera cette loi nulle. »[3] Cette déclaration judiciaire est probablement le meilleur exemple d'une version étendue de la *rule of law* qui utilise les principes de justice naturelle pour passer outre, même à une loi du parlement. La forte présence de cet élément de pensée rationnelle caractérise l'époque de la Renaissance. Tout aussi important dans cet arrêt est l'appel aux droits. De tels jugements contribuent au discours formateur des droits universels, qu'ils soient produits ou découverts par la raison humaine.

Cinq ans plus tard, dans l'affaire *Day v. Savadge* (1614)[4], le juge en chef Hobart conclut que « même une loi du parlement, faite contre l'équité naturelle, comme pour rendre un homme juge dans un litige auquel il est lui-même partie, est nulle en elle-même, en raison de la maxime *jura naturae sunt immutabilia*, et elles sont *leges legum* ». Les lois de la nature sont immuables et sont « la loi des lois » ; elles sont supérieures aux autres lois créées par l'homme, comme celles du parlement. Ce jugement reflète la pensée de son époque. La Renaissance battait son plein en Angleterre. Francis Bacon (1561-1626), un des grands personnages historiques, est surtout connu pour son travail philosophique et la promotion de la méthode scientifique, basée sur le

---

[1] *Ibid.*, p. 87.

[2] *Thomas Bonham v. College of Physicians* (1610), 8 Coke Reports 107; [Vol.] 77 English Reports [p.] 638

[3] Cité par Loveland, *ibid.*, p. 22.

[4] 80 English Reports 235.

raisonnement humain. Mais il a aussi été l'*Attorney General* (Procureur général) et Lord chancelier de la reine Élisabeth et a eu également l'occasion d'utiliser l'expression *leges legum*.

Dans *R. v. Love* (1653)[1], le juge Keble déclarait : « Tout ce qui n'est pas conforme à la loi de Dieu, ou à la raison droite soutenue par les Écritures, [...] qu'il s'agisse de lois du Parlement, de coutumes ou d'actes judiciaires de la Cour, ce n'est pas le droit de l'Angleterre »[2]. Sa conception du droit anglais est ainsi basée sur deux sources de droit naturel, la raison humaine et la loi de Dieu ; la raison humaine est une loi située au-dessus de la loi faite par l'homme et ayant Dieu comme base. D'un point de vue fonctionnaliste, ce raisonnement aurait fait du pouvoir judiciaire la « plus haute source de droit » au sein du droit anglais[3]. Les juges auraient été les seuls, grâce à leur capacité rationnelle, à pouvoir découvrir la loi créée par Dieu.

Le pouvoir judiciaire faisait échec aux conflits manifestes et potentiellement violents et les transformait en différends soumis à la *rule of law*. Dans l'affaire *Tuberville v. Savage* (1669)[4], Savage avait tenu des propos insultants à l'égard de Tuberville. En réponse, Tuberville avait saisi la poignée de son épée et déclaré : « Si ce n'était pas l'heure d'assises, je n'accepterais pas un tel langage de ta part ». Lors des assises, les juges, d'habitude en fonction à Londres, prenaient la route des comtés pour rendre la justice. En l'absence de juges, on n'aurait peut-être pas pu éviter la violence. Somme toute, même si les juges n'étaient pas en province en permanence, les cours de justice déployaient de sérieux efforts pour remplacer l'autoassistance et les conflits violents par des procédures judiciaires.

Mais avec le temps, les juges, qui auparavant faisaient appel aux principes supérieurs du droit naturel pour trancher les questions constitutionnelles importantes, se sont soumis au pouvoir politique. Or cette lumière judiciaire ne s'est pas éteinte du jour au lendemain. Ce fut une descente progressive dans les eaux troubles du contrôle partisan du pouvoir judiciaire et, de là, de la *rule of law*. Les rois ont manié leur pouvoir absolutiste contre la *rule of law* et contre les juges qui adoptaient une ligne de conduite autonome.

Depuis l'époque médiévale, on reconnaissait au monarque un pouvoir de contrainte sur les régions côtières du pays ; afin de mieux

---

[1] [Vol.] 5 State Trials [p.] 825.
[2] *Ibid.*, p. 22.
[3] *Ibid.*, p. 24.
[4] 86 English Reports 684.

défendre le royaume, il pouvait exiger qu'elles lui fournissent des navires en cas d'urgence militaire. Dans les années 1630, Charles Ier a voulu imposer une redevance féodale — de fait, une taxe fondée sur ce droit — à toutes les régions du pays au lieu de leur demander de fournir un navire. Dans *R v. Hampden* (1637)[1], les juges des trois cours de common law siégeant ensemble se sont prononcés sur la question. Par dix voix contre deux, ils ont donné raison au roi. John Hampden, un opposant au roi à la Chambre des communes avait refusé de payer cette nouvelle taxe en faisant valoir qu'elle ne pouvait être invoquée que lorsqu'une urgence militaire devenait imminente. Selon la majorité, le roi seul est en mesure d'évaluer le caractère imminent d'une urgence. La Cour a fait preuve d'une grande retenue en refusant d'aborder les questions portant sur la bonne foi ou sur la justesse des conclusions royales. Désormais, le roi disposait d'un mécanisme juridique lui permettant de contourner le principe, généralement admis, que la perception d'un impôt devait être autorisée par le parlement[2].

Par ailleurs, la Chambre étoilée, une cour généralement respectée, s'est vue transformée en instrument politique au 17e siècle. Elle est devenue un synonyme de justice non pondérée, de procédure clandestine et de châtiment sévère. Sous Charles Ier, la cour s'est mise à appliquer de façon coercitive les lois contre la dissidence religieuse et la diffamation séditieuse afin de faire respecter des politiques générales et religieuses impopulaires, devenant, pour les opposants du roi, un symbole d'oppression[3]. Tout au long des règnes de Jacques Ier et de Charles Ier, la cour se transforma lentement d'un instrument de justice en une institution de persécution malveillante, de sorte qu'en 1630, on la craignait en raison de ses décisions arbitraires et partisanes.

En 1629, Leighton avait publié un ouvrage appelant au meurtre des prêtres, vilipendant les évêques en général, et l'archevêque William Laud en particulier. Il prônait une violente révolte puritaine. La Chambre étoilée utilisa cet exemple pour bâillonner l'opposition et légitimer l'oppression religieuse de tout opposant. On imposa à Leighton une punition sévère, même selon les normes de l'époque. La Chambre étoilée le condamna à payer une amende de 10 000 livres. Il fut fouetté, on lui fendit un côté du nez, on lui coupa une oreille et on lui marqua « SS » — semeur de sédition — en guise de cicatrice sur la joue.

---

[1] 3 State Trials 826.

[2] *Ibid.*, p. 89.

[3] Daniel L. Vande Zande, « Coercive Power and the Demise of the Star Chamber », *American Journal of Legal History*, vol. 50, 2010, p. 326.

Quelques jours plus tard, il fut de nouveau fouetté, on lui coupa l'autre côté du nez et l'autre oreille. Il est ensuite emprisonné à vie. Une douzaine d'années plus tard, libéré, il eut l'occasion d'adresser le *Long Parlement* ; des députés se mirent alors à pleurer en l'écoutant raconter la nature barbare de son châtiment.

En 1634, William Prynne, qui avait été traduit devant la Chambre étoilée pour la publication de *The Histriomastix*, un ouvrage s'élevant contre le théâtre car encourageant l'immoralité, est trouvé coupable de diffamation séditieuse. Il est condamné à une amende de 5 000 livres et à une série de châtiments barbares. Il est aussi privé de son diplôme universitaire et expulsé des *Inns of Court*. Condamné au pilori à Westminster et à Cheapside, il dut porter une pancarte dénonçant son livre comme diffamation et voir ses livres brulés publiquement devant lui ; à chacun de ces endroits, on lui trancha une oreille. Par la suite, il fut emprisonné.

Malgré la tendance des juges de recourir, par moment, à la *rule of law* basée sur des valeurs naturelles, rationnelles et éternelles, leurs prises de position s'accommodaient souvent au pouvoir politique. Cela a fait obstacle au développement, en droit constitutionnel britannique, du principe de la suprématie des cours en matière constitutionnelle, principe créé par les juges américains, plus de deux siècles plus tard dans *Marbury v. Madison*. En refusant de poursuivre son raisonnement jusqu'à son aboutissement logique, la magistrature anglaise fait dépendre la constitutionnalité d'une loi sur la simple promulgation du parlement, et non sur un contrôle judiciaire. Il faut conclure à l'impossibilité d'un tel régime en l'absence d'un document écrit faisant partie intégrante de la constitution, tel que le *Bill of Rights* (Déclaration des droits) enchâssé dans la Constitution américaine. Or le premier *Bill of Rights* a été rédigé en Angleterre en 1689, environ un siècle avant le *Bill of Rights* américain. Plus surprenant encore, leur contenu se ressemble.

Le Royaume-Uni n'a pas développé ces principes pour, par la suite, les transformer en une structure plus complexe incorporant ces doctrines de droit naturel dans une constitution écrite posant des droits et des limites au pouvoir. Ce n'est que plus tard, aux États-Unis, que les valeurs constitutionnelles fondamentales fondées sur la *rule of law* écrite se sont transformées en un des premiers textes constitutionnels de la Modernité. Les cours anglaises n'ont pas su développer leurs décisions en un système élaboré d'application judiciaire de ces droits comme l'ont fait les cours américaines. La tradition anglaise a donné naissance à l'idée, mais sans jamais passer à sa mise en pratique moderne. Néanmoins, des principes de droit fondés sur la *rule of law* ont vu le jour, ce qui a donné au système britannique une base solide en tant qu'État fondé sur la *rule of law*. En l'absence d'une indépendance judiciaire, les juges ne peuvent pas respecter les principes sous-jacents à la *rule of law* et au constitutionnalisme. Ils demeurent simplement soumis au roi ou au parlement, sans pouvoir défendre les valeurs supérieures, dont la *rule of law* et le constitutionnalisme sont l'expression.

La diminution de l'indépendance judiciaire et la croissance de l'influence politique étaient contreproductives ; les juges n'étaient pas en mesure de trancher une affaire dans l'intérêt de la société et cherchaient plutôt à donner raison à leurs supérieurs politiques. Il revient à un pouvoir judiciaire indépendant d'avoir une certaine conception de son rôle politique : contrôler la production de règles par le roi ou le parlement[1]. En interprétant les règles, les cours modifient le sens des politiques que les autres branches du gouvernement cherchent à mettre en œuvre. Un pouvoir judiciaire indépendant est libre d'agir comme il l'entend, tout en alignant ses interprétations sur sa conception des intérêts sociaux. Il semble que le pouvoir judiciaire en Angleterre au 17e siècle, malgré son indépendance dans sa défense des droits naturels, s'alignait parfois sur les intérêts politiques étroits du parlement et du roi.

Dès 1610, lorsque le juge en chef Coke et d'autres juges ont fait référence à leur pouvoir de contrôle d'actes répugnants du parlement, ils rendaient plus difficile l'adoption de règles émanant du parlement qui n'étaient pas conformes à « la common law ou à la raison ». Ils visaient à contrôler la faiblesse humaine et le comportement intéressé, ainsi qu'à corriger des erreurs de droit touchant des décisions, une prise de position très en avance sur leur temps. Au 17e siècle, les juges anglais ont établi la base essentielle du modèle de travail du constitutionnalisme : l'évaluation des lois et de leur application en fonction des valeurs fondamentales, la liberté et la justice. Cela a rendu possible le progrès politique au Royaume-Uni sur les bases du libéralisme moderne.

Au début du 17e siècle, la discussion sur les idées politiques avait lieu non seulement au parlement mais aussi devant les cours. En prenant leurs propres positions sur les grandes questions touchant la société à

---

[1] Voir William L. Landes et Richard A. Posner, « The Independent Judiciary in an Interest Group Perspective », *Journal of Law and Economics*, vol. 18, 1975, p. 875-901.

l'époque, les juges participaient à l'évolution de la nouvelle réalité socioéconomique. Or un quart de siècle plus tard, ils ne jouent plus ce rôle social. En 1616, le juge en chef Coke est démis de ses fonctions. L'époque de l'indépendance judiciaire était révolue. L'une des cours, la Chambre étoilée, dont le juge Coke avait fait une utilisation productive, devint une cour répondant aux dictats du roi. Les poursuites contre les rivaux politiques et religieux du roi ont conduit à une perte de légitimité de la Chambre étoilée et polarisé la résistance contre le roi, entrainant l'abolition de cette Chambre et accélérant le début de la guerre civile[1]. L'ordre politique, juridique et constitutionnel s'était effondré et les relations sociales avaient sombré en un conflit militaire.

Au cours du 17e siècle, le pouvoir politique se polarise et le chaos règne au sein du gouvernement. Les négociations entre les pouvoirs politiques, dans le cadre de l'ordre établi, étaient devenues très difficiles, voire impossibles. On ne pouvait plus résoudre les conflits politiques par des moyens pacifiques, c'est-à-dire légaux. Le droit établi ne suffisait pas ; les divers pouvoirs politiques ne se sentaient pas limités par les contraintes habituelles, le respect du système de règles constitutionnelles, car les enjeux de pouvoir entre les parties en conflit étaient beaucoup trop élevés. Le système existant de la *rule of law* et du constitutionnalisme s'était effondré.

Une absence de négociation fructueuse entre les parties en conflit — la Chambre des communes, la Chambre des lords et la monarchie — dans leur lutte pour le pouvoir, a caractérisé la plus grande partie du 17e siècle. D'un côté se trouvaient la Chambre des communes et la Chambre des lords, de plus en plus réticentes à donner leur aval à des impôts sans recevoir, en contrepartie, une concession du monarque, qui aurait eu pour effet de limiter ses pouvoirs personnels[2]. De l'autre se trouvaient les souverains de la dynastie des Stuarts qui croyaient disposer d'un pouvoir absolu — toute autorité juridique — en vertu de la doctrine du droit divin des rois. Le conflit se solda par la chute de la dynastie des Stuarts qui n'est pas parvenue à gérer une situation politique complexe. Cette impuissance a conduit à la subordination d'un souverain absolu au jugement des autres pouvoirs[3] qui croyaient corriger une décision humaine erronée. À l'issue de cette lutte sanglante pour le pouvoir en Angleterre, le roi a perdu son autorité absolue et les

---

[1] Daniel L. Vande Zande, *ibid.*

[2] Loveland, *ibid.*, p. 25.

[3] Gary J. Miller, *Managerial Dilemmas: The Political Economy of Hierarchy*, Cambridge, Cambridge University Press, 1992, p. 80.

pouvoirs de la monarchie se sont effrités avec le temps. Désormais, on accédait au trône seulement grâce à la volonté du parlement.

Le contrôle politique du parlement sur l'État anglais s'était accru : il possédait le pouvoir absolu de promulguer toute loi souhaitée. La Glorieuse Révolution (1688-1689) a mis en place une transformation constitutionnelle dans le fonctionnement des institutions de l'État et dans la conduite des affaires politiques. Cette redistribution des pouvoirs entre le parlement et la monarchie pose les fondements d'un nouveau régime constitutionnel caractérisé par la croissance du pouvoir du parlement. Or ce parlement souverain a lui-même évolué pour devenir un régime d'autorité absolue. La *rule of law* est devenue l'obéissance aux règles du parlement.

2. Dicey et la souveraineté parlementaire

Le professeur A.V. Dicey a eu une influence importante sur le droit constitutionnel anglais. En 1885, il publiait son ouvrage magistral, *Introduction to the Study of the Law of the Constitution*[1], moment déterminant pour la théorie constitutionnelle. Si aucun travail dans ce domaine ne peut y passer outre, Dicey a toutefois fait l'objet de critiques sévères. Malgré quelques effets positifs mitigés, sa théorie est à l'origine de problèmes fondamentaux pour le système constitutionnel britannique et pour la *rule of law*. En vertu de cette théorie, le pouvoir arbitraire et discrétionnaire du roi se voit réduit, mais du même coup, on accorde un pouvoir absolu au parlement. Aujourd'hui, cela revient souvent à le donner à l'exécutif.

La contribution diceyenne la plus importante est la mise en œuvre de la *rule of law* sur le territoire britannique. Ce principe se réduit à une simple déclaration. Une loi — un texte législatif émanant du parlement — est la plus haute forme de droit dans la structure constitutionnelle britannique. Le parlement britannique est un législateur souverain[2] promulguant une règle incontestable.

Cette conception de la souveraineté parlementaire a permis au régime politique de connaitre un succès relatif, pendant un certain temps, en permettant à un plus grand nombre de personnes de prendre part à l'exercice du pouvoir par la voie des urnes. Le groupe tenant les rênes de l'État s'est accru en accordant la franchise électorale à un plus

---

[1] London, MacMillan & Co, 1985, 407 p.
[2] Loveland, *ibid.*, p. 23.

grand nombre de personnes[1]. Or la souveraineté parlementaire a été la source de problèmes à long terme. Au début, des hommes raisonnablement éduqués, partageant une vision commune en raison de leur statut social de bourgeois et de leur conception capitaliste de l'économie, siégeaient au parlement et s'entendaient généralement sur l'orientation que l'on devait donner au pays. En l'absence d'une seule personne responsable de la direction du pays, on évitait les erreurs occasionnées par de mauvais conseillers ou par une ignorance ou insouciance des évènements se produisant au pays.

Cependant, l'obéissance aux règles du parlement a donné naissance à un problème majeur : le petit groupe d'individus contrôlant l'exécutif possédait un pouvoir absolu. Vu la suprématie du parlement, l'indépendance judiciaire avait disparu et on ne pouvait ainsi maintenir les valeurs au cœur de la conception traditionnelle de la *rule of law*. La magistrature n'est pas dotée du pouvoir requis pour contrôler les décisions législatives. Ainsi, en limitant le pouvoir absolu du roi, la théorie diceyenne a légitimé la transmission de ce pouvoir absolu au parlement. Or le parti détenant la majorité des sièges à la Chambre des communes contrôle le parlement, car le conseil des ministres — l'exécutif — est tiré des députés de ce parti qui ont ainsi tout intérêt à le soutenir pour se maintenir au pouvoir.

E. Constitutionnalisme moderne et *rule of law*

Un monde en évolution rapide met au défi un système fondé sur la tradition. Or le système britannique en grande partie basé sur des traditions, éprouve de plus en plus de difficulté à maintenir sa structure constitutionnelle face à la multiplication des changements sociaux auxquels il fait face, sans compter que les flux d'informations sont fluides et facilement manipulables. Un fonctionnement convenable et continu du système constitutionnel britannique dépend de l'allégeance d'un nombre suffisant de personnes ; elles doivent se sentir obliger de le suivre et de s'adapter à tout changement radical dans son mode de fonctionnement. Là réside le problème : aujourd'hui, des personnes exerçant le pouvoir peuvent, pour divers motifs, ne pas se sentir liées par l'ordre actuel de sorte que des traditions constitutionnelles

[1] Henri Pallard, « Démocratie, élections et suffrage : l'Angleterre au 18e et au 19e siècles », *in Démocratie, élections et culture : de la théorie à la pratique*, El Houssain Abouchi et Henri Pallard (dir.), Série : Colloques et Séminaires, n° 30, Facultés des Sciences Juridiques, Université Cadi Ayyad, 2010, p. 71-81.

s'effritent. Le système en vigueur s'érode sans être remplacé par une structure alternative qui tiendrait compte de cette évolution.

1. Principaux traits

a) Système évolutif

Malgré cela, on peut affirmer que le bilan historique du constitutionnalisme britannique est fort positif. Il a été reproduit dans de nombreuses anciennes colonies, ayant choisi de l'imiter. En particulier, les États-Unis ont développé des traits caractéristiques de la constitution et de la *rule of law* apparues auparavant en Angleterre. Ils en ont fait évoluer certains aspects, comme l'indépendance du pouvoir judiciaire en tant qu'arbitre final des différends entre les branches du gouvernement, souvent en s'inspirant d'éléments ayant leur origine en Angleterre, pays qui ne les a jamais cependant poursuivis jusqu'à leur aboutissement logique.

La stabilité du régime politique et constitutionnel britannique et son développement sage et progressif ont fait l'envie du monde entier. Un processus de transformation graduelle du pouvoir a conduit à des ententes entre les parties présentes sur l'échiquier politique. Les règles constitutionnelles, ayant survécu à ce processus de sélection évolutif et s'étant imposées après des siècles de disputes et de conflits, se prêtaient à une coordination paisible de la société, à la suite de leur acceptation par les divers groupes luttant pour le pouvoir. Les règles constitutionnelles concurrentes, privilégiant certains intérêts étroits, n'ont pas survécu au processus. Les règles qui ont limité le pouvoir du monarque et élargi progressivement la base consensuelle du gouvernement se sont imposées en raison de leur plus grande efficacité ; les règles absolutistes ont échoué car elles produisaient un système constitutionnel plus faible, moins en mesure de réconcilier les conflits. La *rule of law* a bénéficié de la règle darwinienne de la survie du plus apte. Il est plus difficile pour un système absolutiste de se maintenir, car le dirigeant agit en fonction d'informations incomplètes et d'une réalité faussée. Les renseignements lui parvenant sont, de plus, eux-mêmes tronqués en raison du caractère absolu de son pouvoir. Le dirigeant a besoin de conseillers qui lui disent la vérité sans crainte de représailles[1].

Néanmoins, les arrangements constitutionnels reflètent les rapports de pouvoirs au moment de leur création ; ils ne peuvent pas fonctionner perpétuellement. Les conditions sociales changent et les règles

---

[1] Voir Machiavel, *Le Prince*, chapitres 22 et 23.

élaborées au cours des siècles, même si elles ont servi la société de manière extraordinaire, doivent être modifiées en fonction des nouvelles données. Le Royaume-Uni doit composer avec d'importants changements dans son environnement social — les principaux étant le déclin des traditions et l'évolution rapide du monde — appelant des modifications au régime constitutionnel. Un parlement souverain dominé par un exécutif n'offre pas la sécurité requise pour protéger les valeurs fondamentales et les ententes constitutionnelles contre un comportement arbitraire du pouvoir. Un tel régime ouvre la porte toute grande au populisme avec ses solutions faciles ; auparavant, le peuple britannique et ses joueurs politiques avaient pu y résister.

La souveraineté parlementaire en Angleterre jouait un rôle positif en tant que contrôle de l'exercice du pouvoir. Dans cette version du constitutionnalisme, le parlement se trouvait au sommet de la pyramide du pouvoir. Le pouvoir arbitraire et discrétionnaire de toute personne autre que le parlement lui-même était mis en échec. Il était indésirable car imprévisible ; il n'était assujetti à aucune obligation et ne créait aucun droit, condition nécessaire au bon fonctionnement du système constitutionnel. Le principe de la suprématie du parlement évitait ce problème en fixant la loi au-dessus des hommes, assurant ainsi un gouvernement par des lois et non un gouvernement par des individus. Le parlement, en tant que législateur, a limité le pouvoir de ceux qui s'opposaient à la *rule of law*.

En tant que source absolue de la *rule of law,* le parlement a également limité les pouvoirs de l'administration. Les fonctionnaires devaient se conformer à la loi promulguée qui précisait la portée de leurs actions officielles, désormais plus prévisibles. S'ils pouvaient toujours choisir comment utiliser leurs pouvoirs et quand les exercer, leur marge de manœuvre était néanmoins réduite.

La domination de l'exécutif lui permet de discipliner et d'exclure du parti des députés qui ne se plient pas à ses désirs. Au Royaume-Uni, les élections parlementaires sont de type majoritaire. Un des effets de ce genre de système électoral est un parlement où deux grands partis dominent la scène politique. Si les députés expulsés par l'un des grands partis peuvent facilement en créer un nouveau, il leur est beaucoup plus difficile de se faire élire lors d'un scrutin à tour unique. C'est exactement ce qui s'est produit en 2019. Le 3 septembre 2019, 21 députés avaient dénoncé la politique du premier gouvernement de Boris Johnson ; le Parti conservateur leur retira le droit de siéger en tant que députés conservateurs. Par la suite, au moment des élections, ils se sont vus remplacés par des candidats plus dociles. Résultat, plusieurs membres de longue date du Parti conservateur en furent évincés.

b) Système flexible

Les crises politiques détruisent les constitutions inflexibles ou rigides, du fait qu'elles sont incapables de s'adapter au changement et de les encadrer. Les constitutions plus souples peuvent survivre plus longtemps que celles qui ne contiennent aucun mécanisme de modification dont le fonctionnement est plus simple. D'une part, le système doit faire preuve d'une sensibilité aux préoccupations du public et pouvoir s'accommoder aux demandes de changements. D'autre part, il doit faire preuve d'une certaine capacité de résistance à ces demandes ; il ne doit pas se modifier en fonction des aléas et au gré des humeurs passagères du public, souvent marquées par une forme d'imprudence. Ainsi, un second principe prônant la stabilité des règles constitutionnelles revêt une importance particulière, nuançant le besoin de flexibilité. En dernière analyse, il faut pouvoir identifier le moment qui s'avère opportun pour modifier la constitution.

Un système constitutionnel doit être sensible aux préoccupations de l'opinion publique et faire preuve de flexibilité. Il est nécessaire de trouver un équilibre entre ouverture et ténacité. Un système constitutionnel qui ne protège pas les principes fondamentaux du régime peut s'avérer instable. S'il est vrai qu'un référendum permet aux citoyens de faire connaitre leur point de vue, il est toutefois nécessaire de préciser et ainsi limiter son rôle de au sein de l'ordre constitutionnel. Sa vocation peut s'apparenter à un sondage sans conséquence pour le législateur ; à l'inverse, elle peut l'obliger à adopter une loi pour donner effet au résultat du vote. Le parlement ayant tout pouvoir de décision, les référendums sont censés, en principe, n'avoir qu'une fonction consultative. Les conséquences d'une telle consultation populaire et sa relation à la souveraineté parlementaire doivent faire l'objet d'un examen critique dans le contexte du système constitutionnel du Royaume-Uni.

Par exemple, rien de plus qu'une simple permission du premier ministre de l'époque, David Cameron, n'a suffi pour donner lieu à un référendum sur l'indépendance de l'Écosse en 2014 ou sur le Brexit en 2016. Cela n'est guère une disposition constitutionnelle adéquate pour empêcher l'éclatement du pays. En outre, la place qu'occupent les référendums dans le système constitutionnel britannique souffre d'une absence de clarté. Cependant, le parlement s'est considéré lié par ces deux référendums, estimant n'avoir aucun d'autre choix que de leur donner effet. Plus grave encore, David Cameron les a autorisés dans son propre intérêt ; il cherchait à se maintenir au pouvoir en faisant taire l'aile droite de son Parti conservateur. Le résultat escompté ne s'est pas produit. Contrairement à ses attentes, il a subi une défaite étroite, mais embarrassante lors du référendum sur le Brexit et a dû démissionner. Nous concluons que l'exécutif, et en particulier le premier ministre, dispose de trop de pouvoir, sujet à aucun contrôle et frisant parfois l'absolutisme.

c) Constitution non écrite

Le Royaume-Uni a une constitution non écrite, ou plus précisément non codifiée, comprenant plusieurs sources. Nous ne retrouvons pas ses composantes en un seul endroit. Ses dispositions proviennent de la jurisprudence ou règles de common law, des lois ou statuts du parlement, des pouvoirs traditionnels ou prérogatives royales, des coutumes et pratiques ou conventions constitutionnelles. On n'a jamais tenté de rassembler ces normes constitutionnelles et de les codifier en un seul instrument cohérent. Comme depuis plusieurs siècles, on retrace encore le principal contenu de la constitution dans une myriade de décisions judiciaires, de lois du parlement et de pratiques politiques établies. C'est pourquoi l'on dit que la constitution est non écrite. Bon nombre des problèmes décrits dans cet article proviennent d'un manque de clarté qui a à son origine cette constitution non écrite.

2. Transformations

Il y a une grande différence entre l'histoire constitutionnelle du Royaume-Uni et celle de la plupart des autres pays. L'évolution progressive de sa constitution, l'absence d'un document constitutionnel explicite et complet, et le rôle majeur des bouleversements du 17e siècle dans le développement du modèle constitutionnel britannique ont eu comme résultat un modèle unique de constitutionnalisme qui s'est développé principalement sur la base de la tradition.

Alex Carroll[1] résume ainsi le modèle constitutionnel britannique fondé sur les traditions : (a) un accord important portant sur le rôle du gouvernement et une réticence de permettre à la partisanerie politique de perturber les relations personnelles ; (b) une tendance générale à favoriser le développement graduel et le changement modéré de la common law, accompagnée d'une méfiance à l'égard des solutions idéologiques ou rapides ; (c) un grand respect voué aux responsables

---

[1] Alex Carroll *Constitutional and Administrative Law*, 5e éd., Harlow (R.-U.), Pearson Education Limited, 2009, p. 17.

des affaires de la nation et une déférence élevée envers leurs décisions, et un respect connexe pour l'autorité et ses symboles politiques, par exemple la monarchie, symbole de l'État en Grande-Bretagne ; (d) une société homogène créée au fil des siècles depuis la conquête normande de 1066, qui a perdu son uniformité à la suite de l'immigration massive qu'a connue le Royaume-Uni depuis la Seconde Guerre mondiale.

Carroll nous offre une analyse très perspicace de la transformation des traditions dans notre monde contemporain. Certaines hypothèses culturelles à leur origine sont maintenant remises en question. L'homogénéité raciale et religieuse d'antan s'est vue profondément bouleversée par l'arrivée d'immigrants en provenance des anciens territoires coloniaux britanniques. Des scandales, des affaires louches et d'autres révélations provenant d'une presse agressive ont conduit à une perte de confiance dans l'élite politique et même dans la monarchie. Selon plusieurs citoyens, ni le système parlementaire ni le système des partis n'ont tenu leurs promesses, étant perçus comme déconnectés de la réalité sociale, économique et environnementale. La popularité des groupes axés sur une cause unique s'est sensiblement accrue au grand dam des partis politiques établis. Une montée du nationalisme a remis en question la structure même du Royaume-Uni.

La société britannique s'est profondément transformée. Si les traditions ne fonctionnent plus comme auparavant, cela peut donner lieu à un problème fondamental dans un régime constitutionnel basé sur celles-ci. En conclusion, nous examinerons deux cas où l'affaiblissement des traditions constitutionnelles laisse entrevoir des problèmes critiques pour le fonctionnement du constitutionnalisme britannique.

a) Affaiblissement des traditions

Le modèle constitutionnel britannique n'a pas su développer de structures à long terme autres que les accords conclus pour mettre fin à un conflit, par exemple, lors de la Glorieuse Révolution, ou pour élargir la base du pouvoir en permettant à un plus grand nombre de personnes d'avoir accès aux urnes. Où des structures constitutionnelles existent, elles sont souvent le produit de conventions constitutionnelles, plus malléables qu'un texte constitutionnel gravé dans la pierre, c'est-à-dire qu'une constitution rigide protégée par des règles rendant difficile sa modification.

Les nombreuses défaites du gouvernement de Theresa May au parlement (2018-2019) en sont un bon exemple. Selon une convention constitutionnelle, lorsqu'un projet de loi gouvernemental particulièrement important est défait au parlement, comme ce fut le cas pour May, le gouvernement est alors contraint de démissionner, car le parlement a fait savoir que le gouvernement ne jouit plus de sa confiance. Le gouvernement May s'est maintenu dans ses fonctions malgré de nombreuses défaites parlementaires.

Ainsi, les structures, outre les traditions, pouvant faire obstacle à la captation du pouvoir par certains groupes d'intérêt sont plus faibles que dans d'autres systèmes constitutionnels bien établis, tels que les États-Unis. Étant donné sa constitution écrite, il devient difficile et couteux de faire quoique ce soit en dehors des limites déjà bien tracées par les normes constitutionnelles.

b) Peuple et souveraineté parlementaire

À bien des égards, les principes constitutionnels formels qui ont vu le jour en Angleterre à la suite de la révolution politique au 17e siècle restent largement inchangés aujourd'hui. Cette absence de renouvèlement dans la portée de ces principes est à l'origine du problème auquel le Royaume-Uni est confronté aujourd'hui. On accorde une plus grande importance à la notion de primauté de la volonté du peuple — s'exprimant par des référendums — et ce facteur change la donne du jeu. La volonté populaire rentre en conflit avec les règles établies au cours de cette longue période passée — du 17e au 19e siècle — de gouvernance constitutionnelle. Elle laisse entendre un autre déplacement majeur probable du pouvoir s'éloignant de l'absolutisme du parlement.

Alors que la souveraineté appartenait au peuple américain selon les révolutionnaires américains, la souveraineté, au Royaume-Uni, appartenait au parlement. La *rule of law* au Royaume-Uni était celle de l'aristocratie qui cédait progressivement le pouvoir aux représentants élus. En revanche, aux États-Unis, le pouvoir a été remis entre les mains du peuple dès la conception de la république, quoique le peuple, même aux États-Unis, était au départ une classe très restreinte composée exclusivement d'hommes blancs, éduqués, bourgeois et capitalistes.

Le système britannique a rompu avec la concentration du pouvoir entre les mains de l'administration royale et l'a transmis au parlement. Cependant, aujourd'hui, le pouvoir revient entre les mains de l'exécutif, émanant du parlement. Les modalités qui permettent de faire passer la souveraineté du parlement au peuple sont assez complexes. Une issue heureuse n'est aucunement garantie. La démocratie parlementaire est une entité complètement différente de la démocratie directe dirigée par le peuple. Même aux États-Unis, la déclaration de souveraineté du peuple s'est accompagnée d'une myriade de divisions du pouvoir et de contrôles de l'autorité, il y a plus de deux siècles de cela. Aujourd'hui au Royaume-Uni, il est nécessaire de réfléchir sur la nature du système constitutionnel et sur la portée de la *rule of law*. Les deux systèmes, la démocratie parlementaire et la démocratie directe, ne peuvent coexister sans des règles très claires fixant des limites à chacune d'elles. Or le Royaume-Uni souffre d'une absence de direction. Toute résolution du problème doit passer par une réforme constitutionnelle complète, qui ne peut avoir lieu qu'à l'issue d'un débat politique, universitaire et populaire, sur la direction que le pays doit emprunter.

PRIMAUTÉ DE LA POLITIQUE ET SUPRÉMATIE JUDICIAIRE AUX ÉTATS-UNIS

De Marbury v. Madison à Shelby County v. Holder

Michel GIROUX[1]
Henri PALLARD[2]

Selon l'article 3, section 1 de la Constitution américaine, le pouvoir judiciaire des États-Unis repose sur sa Cour suprême et ses cours inférieures[3]. La section 2 du même article établit sa compétence sur les causes en droit et en équité portant sur l'application des lois des États-Unis, sur les traités, sur le droit maritime, sur les litiges touchant les États-Unis de même que ceux mettant aux prises deux ou plusieurs États, sur ceux entre parties n'étant pas ressortissants du même État de même que ceux portant sur le corps diplomatique. Or nous ne trouvons aucune allusion au contrôle judiciaire (*judicial review*), le pouvoir de la Cour de statuer sur la conformité des lois et des actes de l'exécutif à la Constitution. L'origine de ce pouvoir, attribué à sa décision dans *Marbury v. Madison*[4], a permis à la Cour suprême de jouer un rôle politique important et l'a transformé en objet de convoitise politique. Pour certains, la Cour suprême doit avant tout faire progresser les droits et les libertés des plus démunis, des défavorisés et des minorités ; pour d'autres, son rôle consiste plutôt, avant tout, à freiner l'activisme judiciaire et assurer la pérennité des valeurs traditionnelles. Or ces objectifs s'avèrent diamétralement opposés. De là l'importance de chercher, pour un parti politique, à mettre la main sur le processus de nomination des juges à la Cour suprême afin d'y nommer des candidats qui sauront faire prévaloir l'un plutôt que l'autre de ces objectifs.

---

[1] Professeur titulaire en Droit et justice, Université Laurentienne, Sudbury (Ontario), Canada.

[2] Directeur, Centre international de recherche interdisciplinaire sur le droit, et professeur émérite, Université Laurentienne, Sudbury (Ontario), Canada.

[3] Tous les textes pertinents de la Constitution américaine sont reproduits en annexe de cet article.

[4] [Vol.] 5 US [United States Supreme Court Reports] (1 Cranch) [p.] 137 (1803). Sur les véritables origines du pouvoir de contrôle judiciaire, voir *supra*, Alex Atanasov, « Évolution de la rule of law et du constitutionnalisme au Royaume-Uni ».

Sur le plan des écoles de pensée, on désigne sous le nom de « formalisme » ou d'« originalisme » la vision qui prétend limiter l'activisme judiciaire en exigeant du juge une fidélité au sens original du texte constitutionnel, alors qu'on désigne sous le nom de « pragmatisme » ou de « libéralisme » l'approche qui veut que le droit soit interprété à la lumière de valeurs contemporaines. En réalité, l'originalisme est mis au service d'un activisme politique conservateur, militantisme qu'il n'hésite pas à reprocher à un libéralisme au service d'une conception plus égalitaire du pouvoir. Dans les faits, l'une et l'autre idéologie n'hésitent guère à renverser un précédent afin de faire avancer son programme politique, damant ainsi le pion à son adversaire doctrinal, même si cela doit parfois se faire au prix d'une certaine incohérence doctrinale.

Dans ce texte, nous nous pencherons sur les faits saillants de l'histoire de la Cour suprême, ceux qui ont structuré son pouvoir de contrôle judiciaire de la constitutionnalité des lois et des actes de l'administration. Nous commencerons par un examen du débat autour de la création de ce pouvoir dans *Marbury v. Madison* et, ensuite, nous verrons comment il a été utilisé, avant et après la guerre de Sécession, pour limiter l'accès de personnes noirs au pouvoir, et, après la guerre, pour favoriser une certaine vision économique de la liberté véhiculée par *Lochner v. New York*, 198 US 45 (1905). Pendant la Grande Dépression, la Cour suprême a fait preuve d'une plus grande ouverture d'esprit envers des mesures gouvernementales voulant améliorer le sort des travailleurs et des démunis. Dans *Brown v. Board of Education*, 347 US 483 (1954), elle démontrait une plus grande sensibilité aux questions touchant l'inégalité sociale et économique, engendrée par les effets de la ségrégation et de la discrimination en général. À partir des années 1970, le conservatisme américain s'est, à son tour, graduellement emparé du contrôle des nominations à la Cour suprême pour mettre fin à cette nouvelle attitude jurisprudentielle. Nous conclurons en argumentant que le conflit portant sur la Cour suprême et son approche idéologique reflète les divisions qui caractérisent la société américaine.

A. Autorité de l'État et autorité fédérale : 1789–1870

Lors de la première période de son histoire, la Cour suprême se préoccupe à définir la frontière entre l'autorité des États membres de la fédération et l'autorité fédérale de même qu'à renforcer sa propre autorité au sein de l'ordre politique américain. Entrainer dans des querelles politiques, elle fait appel à l'idée d'un droit neutre et objectif, une certaine conception de la *rule of law*[1], pour assoir le bienfondé de ses décisions et pour affirmer son autonomie institutionnelle tout comme son pouvoir régissant la détermination de la constitutionnalité des actes des deux autres branches du gouvernement.

1. Marbury v. Madison

En arrière-plan au différend à l'origine de *Marbury v. Madison*[2], il y a le conflit entre, d'une part, les Fédéralistes — guidé par John Adams et Alexander Hamilton — partisans d'un État centralisateur et méfiant des possibles excès de la démocratie, et d'autre part, les Républicains-démocrates — conduit par Thomas Jefferson et James Madison — partisans de limites au pouvoir des États formant la fédération. En 1798, le Congrès, sous le contrôle des Fédéralistes, avait adopté les Lois sur les étrangers et la sédition (*Alien and Sedition Acts*)[3] dont l'objet, selon ses opposants, était de freiner leur activité politique. Peu après, le Kentucky et la Virginie, sous la direction de Jefferson et de Madison respectivement, avaient adopté une résolution stipulant qu'il revenait aux États de la fédération de se prononcer sur la constitutionnalité des lois fédérales, niant dès lors un rôle quelconque à la Cour suprême dans la détermination d'une telle question.

Lors des élections de 1800, Jefferson devint président et les Républicains-démocrates prirent le contrôle de la Chambre des représentants. Entre les élections et l'investiture de Jefferson, Adams, le président sortant, proposa plusieurs Fédéralistes pour des postes. Après que ces désignations furent confirmées par le Sénat, il signa les lettres de nomination qui devaient leur être transmises. Un des récipiendaires était John Marshall, secrétaire d'État, nommé juge en chef de la Cour suprême. Or certaines lettres ne furent pas transmises avant la prise de pouvoir de Thomas Jefferson, celui-ci donnant ordre à son secrétaire d'État, Madison, de ne pas les transmettre. Sans sa lettre de

---

[1] Sur la différence entre l'État de droit et la *rule of law*, voir Daniel Mockle, « L'État de droit et la théorie de la *rule of law* », *Les Cahiers de droit*, vol. 35, 1994, p. 823-904.

[2] Voir, Robert Lowry Clinton, *Marbury v. Madison and Judicial Review*, Lawrence, University Press of Kansas, 1989, 344 p. ; R. Kent Newmyer, *John Marshall and the Heroic Age of the Supreme Court*, Baton Rouge, Louisiana State University Press, 2001, 511 p.

[3] *Naturalization Act*, 1 Statute [United States Statutes at Large] [p.] 566 ; *Alien Enemies Act*, 1 Statute 577, 50 USC [United States Code] 21-24 ; *Alien Friends Act*, 1 Statute 570 ; *Sedition Act*, 1 Statute 596.

nomination comme juge de paix, William Marbury, ne pouvant exercer ses fonctions, intenta une action devant la Cour suprême, présidée par le nouveau juge en chef Marshall, lui demandant d'émettre un bref de *mandamus*[1] obligeant Madison à lui remettre sa lettre.

La Cour scinda la question en trois, une première relative au fond de l'affaire, les deux autres, relevant de la procédure. D'abord, Marbury avait-il droit à la transmission de la lettre ? Ensuite, disposait-il d'un recours, vu le refus de Madison de la lui transmettre ? Enfin, la Cour suprême avait-elle l'autorité d'émettre une injonction en la matière ? Lors d'un jugement unanime, la Cour arrête que Marbury avait droit à la lettre. Dans l'exercice de leurs charges administratives, les agents de l'État possèdent une marge de liberté hors de tout contrôle juridictionnel, mais leurs actions doivent être conformes à la loi. La Cour soumettait ainsi l'exécutif au principe de la suprématie de la loi. Ensuite, Marbury disposait d'un recours afin d'obtenir réparation à la suite de la violation de son droit. La Cour pouvait émettre une injonction ordonnant à un agent de faire quelque chose pour réparer le tort subi. Elle soumettait ainsi l'exécutif, dans son application de la loi, au contrôle de la Cour. Quant à la troisième question, la Cour conclut qu'elle n'avait pas le pouvoir d'émettre elle-même une telle injonction, car le *Judiciary Act* (Loi sur la magistrature)[2], qui prétendait accorder un tel pouvoir à la Cour suprême, était inconstitutionnel. Selon le paragraphe 2 de la section 2, Article III de la Constitution, la Cour suprême a seulement une compétence en appel, sa compétence en première instance étant limitée aux cas qui y sont énumérés. La Cour s'appuyait sur deux principes pour justifier sa conclusion. D'abord, la constitution est supérieure à la loi, celle-ci devant s'y conformer. Ensuite, le pouvoir d'interpréter la constitution et de déterminer si la loi y est conforme revient à l'institution judiciaire.

Sous l'habile direction de son juge en chef, la Cour a ainsi évité de se faire le bouc émissaire du conflit qui traversait la scène politique, tout en affirmant l'autonomie institutionnelle des pouvoirs législatif et exécutif et en jetant les bases de son propre pouvoir constitutionnel. En faisant appel à la *rule of law* (la suprématie du droit), interprétée et appliquée par le pouvoir judiciaire, la Cour a affirmé son contrôle de la légalité des actes de l'administration, et a érigé le principe selon lequel

---

[1] Une ordonnance d'une cour obligeant le gouvernement, une entreprise ou autorité publique à exécuter une tâche qu'ils sont légalement tenus d'accomplir.

[2] 1 Statute 73 (1789).

un recours judiciaire doit nécessairement exister lorsqu'un droit a été enfreint, tout en affirmant son contrôle de la constitutionnalité des lois adoptées par le Congrès. Peu importe si, comme l'ont soutenu certains auteurs[1], la lecture par Marshall du *Judiciary Act* était à peine plausible, son invocation de cette partie de l'article III de la Constitution sur laquelle il s'appuyait pour invalider la disposition du *Judiciary Act* était partielle et trompeuse, les précédents invoqués avaient sapé sa lecture à la fois du *Judiciary Act* et de la Constitution. En prononçant l'inconstitutionnalité d'une loi du Congrès au nom de principes juridiques dégagés implicitement du consensus politique à leur l'origine, il contournait le conflit annoncé qui aurait opposé la Cour à l'exécutif. En refusant de s'octroyer toute l'étendue du pouvoir qu'elle aurait pu dégager d'une certaine interprétation de la loi, la Cour s'attribuait une autorité beaucoup plus étendue sur le droit constitutionnel du pays. Désormais arbitre ultime des questions portant sur la séparation des pouvoirs, le judiciaire se hissait sur un pied d'égalité aux deux autres grandes institutions gouvernementales, les pouvoirs exécutif et législatif.

L'étendue du pouvoir judiciaire que Marshall revendiquait pour sauvegarder l'intégrité des institutions dans le système constitutionnel était très ambigüe. Mais cela était sans importance. Ayant affirmé son pouvoir de contrôle judiciaire des actes administratifs et législatifs malgré l'absence d'une telle mention dans le texte constitutionnel, la Cour suprême n'a pas cru bon dans les circonstances de l'exercer. Cette réticence ne sera vaincue que seize ans plus tard. Par ailleurs, des résolutions du Kentucky et de la Virginie laissaient planer l'ambigüité sur l'étendue du pouvoir de la Cour. *Marbury* n'avait pas réglé cette question. Dans *McCulloch v. Maryland*, 17 US 316 (1819), Marshall s'attaquait directement à cette question en déclarant inconstitutionnelle une loi de l'État du Maryland et affirmant la suprématie du gouvernement fédéral sur les États. Les États ne pouvaient faire obstacle à un exercice valide, par le gouvernement fédéral, d'un de ses pouvoirs.

Tel que nous l'avons vu, *Marbury* a vu le jour à la suite d'un refus de l'administration d'exécuter un acte ; dans cette affaire, la Cour avait refusé d'ordonner à l'administration d'exécuter l'acte en question. Trente-cinq ans plus tard, l'arrêt *Kendall v. United States*, 37 US 524

---

[1] Susan Low Bloch et Maeva Marcus, « John Marshall's Selective Use of History in *Marbury v. Madison* », *Wisconsin Law Review*, vol. 2, 1986, p. 301 ; William W. Van Alstyne, « A Critical Guide to *Marbury v. Madison* », *Duke Law Journal*, vol. 18, 1969, p. 1.

(1838), nous met à nouveau en présence d'un refus de l'administration d'exécuter un acte. Mais cette fois-ci, la Cour n'a pas fait preuve de la même réserve. Kendall avait refusé d'agir conformément à une loi du Congrès ordonnant au ministre des Postes de suivre la recommandation du solliciteur général du Trésor dans l'affaire en question. La Cour arrêta que le président ne pouvait pas utiliser son pouvoir d'exécution des lois pour empêcher leur exécution. La Cour fédérale peut dès lors émettre un bref de *mandamus* ordonnant à un fonctionnaire d'exécuter l'acte stipulé par la loi. La Cour étendait ainsi le contrôle judiciaire aux actes de l'exécutif.

2. *Dred Scott v. Sandford*

En 1820, le Congrès adoptait le *Missouri Compromise*[1] qui admettait le Missouri comme État esclavagiste et interdisait l'esclavage dans la partie septentrionale du territoire de la Louisiane. Un esclave du nom de Dred Scott avait quitté, avec son propriétaire, le Missouri pour vivre, pendant quatre ans, dans l'État de l'Illinois ainsi que dans le territoire du Wisconsin. Revenu au Missouri en compagnie de son propriétaire, il intenta une action réclamant la reconnaissance de son émancipation en vertu de son séjour dans des territoires où l'esclavagisme était interdit. La Cour suprême refusa de lui accorder sa liberté[2]. Pour celle-ci, une personne d'origine africaine, qu'elle soit esclave ou libre, ne tombait pas sous la définition de « citoyen » au sens de la Constitution. Ensuite, les personnes qui n'étaient pas de race blanche ne pouvaient pas se voir octroyer la liberté ou la citoyenneté en vertu de l'*Ordinance of 1787*[3], une loi du Congrès confédéral, portant sur la gouvernance du Territoire du Nord-Ouest, dont l'Illinois et le Wisconsin. Enfin, le *Missouri Compromise* interdisant l'esclavagisme dans les territoires outrepassait les pouvoirs du Congrès et était entaché de nullité[4], car il privait un propriétaire de son bien, en violation de l'application régulière de la loi (*due process of law*), exigée par le Cinquième Amendement.

[1] Conference committee report on the Missouri Compromise, March 1, 1820 ; Joint Committee of Conference on the Missouri Bill, 03/01/1820-03/06/1820 ; Record Group 128l ; Records of Joint Committees of Congress, 1789-1989.

[2] *Dred Scott v. Sandford*, 60 US (19 How.) 393 (1856), 19 Howard's Reports 393 (1856).

[3] An Ordinance for the Government of the Territory of the United States North West of the River Ohio, adopté le 13 juillet, 1787. *Journals of the Continental Congress, 1774-1789*, vol. 32, p. 334.

[4] Les Treizième et Quatorzième Amendements à la Constitution ont pour effet de renverser *Dred Scott v. Sandford.*

Pour la première fois depuis *Marbury*, la Cour suprême déclare invalide une loi du Congrès, et renchérit en se reconnaissant explicitement un pouvoir de contrôle judiciaire sur les actes du Congrès. C'est ainsi que, dans la jurisprudence américaine, la conception moderne du contrôle judiciaire a été plus directement établie dans *Dred Scott* que dans *Marbury*. En étendant l'autorité établie dans *Marbury* pour contrôler la constitutionnalité d'un acte du Congrès, la Cour suprême tentait de régler un conflit politique en faisant appel au droit énoncé par la Cour. Pour des raisons qui lui sont propres, la Cour suprême a refusé de restreindre la portée de sa décision dans *Dred Scott,* avec, comme résultat, un désastre moral et politique.

Les juges fédéralistes ont réalisé leurs objectifs étroits dans *Marbury* et *Dred Scott* en établissant une distinction entre le domaine du droit et celui de la politique, entre la prise de décisions juridiques et politiques, limitant sa compétence à celle-là. Le contrôle judiciaire de la constitutionnalité exigeait simplement l'application des principes fondamentaux fixes et immuables énumérés explicitement dans le texte écrit de la Constitution, lui-même étant considéré comme le reflet d'un consensus populaire. Il appartenait au corps judiciaire de dire ce qu'était le droit et, en cas d'un conflit, de décider du champ respectif attribué au droit et à la politique. Les juges ont ainsi réussi à articuler une norme qui minimisait la possibilité que la Cour s'immisce dans des questions politiques.

Selon Marshall, les principes fondamentaux fixes et immuables des États-Unis, qui faisaient l'objet d'un consensus, étaient ceux de la majorité, en l'occurrence, la classe blanche et bourgeoise. Il s'ensuivait que le contrôle judiciaire protégeait les intérêts des hommes détenant le capital, le système juridique étant mis au service de leurs intérêts fonciers. Étaient exclus de sa protection, les femmes, les Amérindiens et les Noirs. Lorsque ces classes défavorisées ont cherché à accéder au pouvoir ou à être reconnues par l'ordre juridique, le consensus marshallien s'est effondré.

B. Protection du droit de propriété : 1870–1937

Ce n'est qu'avec la promulgation du Quatorzième Amendement, en 1868, que la Cour suprême vit son autorité en matière de contrôle judiciaire fermement établie. Cet amendement amènera la Cour à jouer un rôle central en tant qu'institution garante de l'égalité à l'encontre des actions hostiles du gouvernement national ou des États. Pendant cette deuxième période de contrôle judiciaire, qui se situe entre la fin de la période *post bellum* jusqu'en 1937, la Cour suprême a exercé son autorité, dans une large mesure, pour protéger les droits contractuels et ceux liés à la propriété privée à l'encontre des limites que les gouvernements étatiques et fédéral voulaient leur imposer.

Deux tendances, qu'on qualifie aussi d'approche bicéphale au Quatorzième Amendement, marquent cette deuxième période du contrôle judiciaire aux États-Unis : son interprétation restreinte de la protection accordée aux Américains d'origine africaine et son interprétation libérale en matière de protection des droits de propriété et de liberté contractuelle. L'importance de la propriété privée en tant que valeur commune ressortait déjà très clairement des motifs que la cour avait rendus dans les affaires *Marbury* et *Dred Scott*. Le contrôle judiciaire était utilisé pour protéger les valeurs communes contre un législateur intempestif. L'apogée de cette approche devait durer de la guerre de Sécession jusqu'à la Grande Dépression.

1. Protection des Noirs

La victoire des États de l'Union en 1865 avait mis fin à l'esclavage. Cependant, la portée des droits protégés par le gouvernement fédéral en vertu des Amendements de la Reconstruction — Treizième, Quatorzième et Quinzième — demeurait floue. Cette ambigüité a conduit à une certaine incohérence dans la jurisprudence de la Cour suprême qui a rendu possible, par la suite, sa reconnaissance de la ségrégation.

La Louisiane avait adopté une loi donnant à une entreprise privée un monopole sur l'abattage d'animaux dans la ville de La Nouvelle-Orléans. L'entreprise retenue devait se conformer à des objectifs publics, relativement, par exemple, au prix et à la qualité et devait garantir à tous les bouchers l'accès à l'abattoir. Cette loi avait été adoptée en fonction de considérations reliées à la santé publique de même qu'avec l'objectif d'accorder aux Noirs l'accès à ce métier. La ville était dépourvue d'un système d'égouts publics et les boucheries étaient situées en son cœur. De telles mesures avaient été adoptées dans les villes du nord au cours de la dernière décennie. Une confrérie de bouchers blancs de La Nouvelle-Orléans contesta la validité de la loi en s'appuyant sur les garanties de la clause sur les privilèges et immunités du Quatorzième Amendement qui stipule que les États ne peuvent priver une personne de sa vie, de sa liberté ou de ses biens sans respecter l'application régulière de la loi.

Dans ses arrêts portant sur les abattoirs[1], la Cour, par une majorité de cinq juges contre quatre, déclara que l'objet du Quatorzième Amendement était la protection des anciens esclaves et refusa de donner raison aux bouchers blancs qui cherchaient à maintenir leurs pratiques discriminatoires. Or la Cour aurait très bien pu s'arrêter là, la question devant être tranchée en l'espèce étant réglée ; elle a toutefois choisi, à dessein, d'aller plus loin en tenant des propos plus généraux donnant naissance à une interprétation restreinte de la protection accordée par le Quatorzième Amendement. Selon elle, celui-ci n'accordait pas au gouvernement fédéral le contrôle de tous les droits civils octroyés par les États ; les États possédaient une compétence unique sur les droits tombant sous leur autorité. De plus, la protection fédérale ne s'étendait pas aux droits de propriété. Cette décision a eu pour effet de restreindre la portée de la protection fédérale accordée aux droits des Noirs et de justifier des limites imposées par les États à leurs droits. Finalement, la décision a eu pour conséquence d'exclure de la protection du Quatorzième Amendement le droit des femmes blanches de pratiquer le droit[2] ou d'avoir accès aux urnes[3].

Le Congrès avait adopté le *Civil Rights Act of 1875* (Loi de 1875 portant sur les droits civiques)[4] afin d'assurer l'égalité civique de tous les citoyens et de leur reconnaitre l'égalité d'accès au logement et aux transports publics. Dans une série d'arrêts[5], la Cour suprême déclara que la partie de la loi interdisant la discrimination en matière de logement était inconstitutionnelle. Le gouvernement fédéral n'avait pas le pouvoir, en vertu du Treizième Amendement, de sanctionner des actes racistes posés par des citoyens privés[6]. De plus, le Quatorzième Amendement s'appliquait seulement aux États et non à des entités privées[7]. Le juge John Marshall Harlan signait une dissidence vigoureuse.

---

[1] *The Butchers' Benevolent Association of New Orleans v. The Crescent City Live Stock Landing and Slaughter-House Company*, 83 US 36 (1872). Les décisions rendues sont connues collectivement comme les *Slaughterhouse Cases*.

[2] *Bradwell v. State of Illinois*, 83 US 130 (1873).

[3] *Minor v. Happersett*, 88 US 162 (1875).

[4] 18 Statute 335.

[5] *Civil Rights Cases*, 109 US 3 (1883).

[6] Ce n'est que dans *Jones v. Alfred H. Mayer Co*, 392 US 409 (1968), que la Cour suprême renversait cette décision.

[7] Bien que la décision n'ait jamais été renversée, la Cour suprême a jugé dans l'affaire *Heart of Atlanta Motel, Inc v. United States*, 379 US 241 (1964) que le Congrès pouvait interdire la discrimination raciale par des acteurs privés en vertu de la clause de commerce.

L'interprétation restreinte du Quatorzième Amendement dont a fait preuve la Cour suprême préfigure son aval donné aux lois ségrégationnistes adoptées par les États. Dans l'affaire *Plessy v. Ferguson*, 163 US 537 (1896), elle confirmait par une majorité de sept juges contre un seul, la constitutionnalité d'une loi de la Louisiane[1] obligeant les Blancs et les Noirs de prendre place dans des wagons de chemin de fer « séparés mais égaux ». Selon la Cour, la loi, incarnant les habitudes et les traditions du peuple de la Louisiane, s'avérait ainsi « raisonnable » ne violant pas, de ce fait, le Quatorzième Amendement. La Cour réduisait alors considérablement la protection fédérale accordée aux droits des Afro-Américains. Le juge Harlan compara la décision de la majorité à celle de *Dred Scott*.

Cependant, la Cour s'est montrée prête à protéger l'accès des Noirs aux urnes en confirmant la validité du contrôle fédéral des élections. Dans *Ex parte Siebold*, 100 US 371 (1879), elle a maintenu la déclaration de culpabilité, en vertu d'une loi fédérale, d'un juge d'élections, nommé par l'État du Maryland, accusé de bourrage des urnes. Dans *Ex Parte Yarbrough*, 110 US 651 (1884), elle étendait ce contrôle à des personnes autres que des agents d'un État en permettant leur poursuite pour des activités visant à empêcher les Noirs de voter. Par contre, dans l'affaire *Hodges v. United States*, 203 US 1 (1906), la Cour refusait de considérer que le Treizième Amendement accorde au gouvernement fédéral le pouvoir de punir un groupe d'hommes blancs accusés d'empêcher des Noirs d'accéder à leur travail.

Si les amendements de la Reconstruction ne sont parvenus qu'à offrir une protection limitée lorsqu'on leur a fait appel pour protéger les droits civils et politiques des Afro-Américains dans les années 1870-1880, il en fut tout autrement lorsqu'on les utilisa pour protéger la propriété privée et la liberté contractuelle bénéficiant la classe masculine, blanche et bourgeoise.

2. *Protection de la propriété privée et de la liberté contractuelle*

Le Quatorzième Amendement a connu un sort différent dans son utilisation pour la protection de la propriété privée et de la liberté contractuelle. Tout au long de l'ère Lochner, de 1897 à 1937, la Cour suprême a donné une interprétation large au Quatorzième Amendement en appliquant la clause de l'application régulière de la loi pour invalider des mesures portant sur la règlementation du commerce. Elle jugea que

[1] *Separate Car Act*, Section 3 of Act 111 (1890).

des lois portant sur le salaire minimum et la liberté syndicale portaient atteinte au droit à la liberté contractuelle. La Louisiane avait adopté une loi visant à empêcher la fraude dans le domaine des contrats d'assurance maritime. En vertu de celle-ci, les compagnies d'assurance voulant vendre leurs produits devaient s'inscrire aux registres de l'État. L'effet de la loi était d'interdire aux citoyens de la Louisiane la possibilité de conclure des contrats d'assurance maritime avec des compagnies qui résidaient à l'extérieur de l'État. Dans *Allgeyer v. Louisiana*, 165 US 578 (1897), la Cour interpréta la clause de l'application régulière de la loi comme comprenant la liberté économique. Elle se donna ainsi le pouvoir de déterminer l'étendue et la validité de restrictions économiques et de contrôler la substance, voir le fond des lois, plutôt que de se limiter à la dimension procédurale des régimes législatifs. Au cours de ces années, la Cour suprême a maintenu une main ferme sur les lois fédérales et étatiques qui cherchaient à imposer des limites au droit à la propriété privée et au laissez-faire économique. Une Cour activiste assurait ainsi la prééminence d'un ordre politique conservateur.

Dans *Lochner v. New York*, 198 US 45 (1905), une décision très partagée à cinq juges contre quatre, la Cour suprême arrêta qu'une loi limitant les heures de travail violait la liberté contractuelle garantie par le Quatorzième Amendement. L'État de New York avait adopté une loi règlementant le nombre maximum d'heures de travail des boulangers, dix heures par jour ou soixante heures par semaine. Toute boulangerie violant cette limite était passible d'une sanction pénale. La Cour déclara la loi inconstitutionnelle en affirmant qu'elle portait atteinte à la liberté contractuelle tombant sous la protection de la vie, de la liberté et de la propriété garantie par le Quatorzième Amendement. Un État pouvait seulement restreindre la liberté contractuelle dans le cadre d'un exercice valide de son pouvoir de police. Selon la Cour suprême, des lois prétendument adoptées sous le couvert d'un pouvoir de police ont souvent comme véritable objectif de procéder à une redistribution de la richesse. Il est donc nécessaire, pour les cours, de bien identifier l'objet effectivement poursuivi par une loi. Dans cette cause, la loi n'avait aucun rapport avec la santé publique et était donc inconstitutionnelle.

Dans une autre affaire s'inscrivant à l'intérieur de cette période, le Congrès avait adopté une loi règlementant les relations de travail au sein des entreprises ferroviaires. Désormais, les chemins de fer ne pouvaient plus inclure dans un contrat de travail une clause voulant que l'employé s'abstienne de participer à des activités syndicales quelconques. La loi interdisait toute discrimination envers un employé simplement du fait de son adhésion à un syndicat. Dans *Adair v. United States*, 208 US 161 (1908), la Cour suprême déclara inconstitutionnelle une telle limitation du droit d'un employeur de licencier un employé pour son appartenance à un syndicat. D'abord, elle passait outre à la garantie de l'application régulière de la loi garantie par le Cinquième Amendement qui offrait une protection à l'encontre des entraves à la liberté individuelle et au droit de propriété. Le droit de conclure des contrats pour l'achat du travail d'autrui et le droit de propriété sur son propre travail — qui en rend possible la vente dans un contrat de travail — bénéficiaient de sa protection. Ensuite, le moyen en question — la règlementation du contrat de travail — n'avait aucun rapport avec le pouvoir fédéral de règlementer le commerce interétatique. Le grand juriste, Oliver Wendell Holmes, Jr., signa une dissidence vigoureuse. Quelques années plus tard, dans *Coppage v. Kansas*, 236 US 1 (1915), la Cour récidivait en refusant d'accorder aux États, cette fois-ci, le pouvoir qu'elle avait antérieurement refusé au Congrès. Elle réaffirmait la primauté de la liberté contractuelle sur le syndicalisme, quelques années plus tard, en refusant aux syndicats la protection de la législation fédérale contre des poursuites antitrusts[1].

D'autres décisions s'inscrivant dans la logique de l'arrêt *Lochner* vinrent limiter le pouvoir du gouvernement de règlementer les relations contractuelles. Au nom de la primauté de la liberté contractuelle et du droit à la propriété privée, la Cour suprême annula diverses dispositions fédérales : la règlementation du travail des enfants dans *Hammer v. Dagenhart*, 247 US 251 (1918), la reconnaissance d'un salaire minimum aux femmes et aux enfants dans le district de Colombia dans *Adkins v. Children's Hospital*, 261 US 525 (1923), un régime de retraite contributif obligatoire pour des employés de compagnies ferroviaires dans *Railroad Retirement Board v. Alton Railroad Co*, 295 US 330 (1935) et la législation fédérale règlementant l'industrie du charbon dans *Carter v. Carter Coal Co*, 298 US 238 (1936). En totalité, la Cour suprême invalida presque deux-cents mesures sociales et règlementaires pendant cette période.

Somme toute, ces décisions portent sur la primauté de la propriété privée, protégée par la liberté contractuelle, au sein de la hiérarchie des valeurs constitutionnelles[2]. Selon l'idéologie dominante, leur protection

---

[1] *Duplex Printing Press Co v. Deering*, 254 US 443 (1921).

[2] Stephen A. Siegel, « Understanding the *Lochner* Era: Lessons from the Controversy over Railroad and Utility Regulation », *Virginia Law Review*, vol. 70, 1984, p. 187.

s'avérait nécessaire, car elles permettaient à l'individu de définir ses fins propres et de se donner les moyens de les poursuivre. En limitant l'étendue du pouvoir du gouvernement et en protégeant la liberté économique, la Cour se concevait comme un bouclier contre des tentatives de réforme sapant les fondements de l'individualisme et du commerce, des valeurs tenant une place centrale dans le firmament politique constitutionnel. Elle devait protéger la liberté de commerce qui permet aux individus de réaliser leurs propres fins tout en mettant en échec les diverses tentatives de domination d'un groupe sur un autre qui aurait recours à un pouvoir collectif, tel que les syndicats ouvriers. Le regroupement de pouvoirs financiers au sein d'une entreprise ne provoquait aucunement, pour sa part, ce type d'hostilité chez les juges. La primauté accordée à la propriété privée renforçait la domination économique de la classe bourgeoise dans la société américaine. Les améliorations aux conditions de vie que les travailleurs, les enfants, les femmes, les Noirs avaient obtenues de leurs représentants élus étaient réduites à néant par une Cour suprême dont une conception traditionnelle de la société, de l'économie et du pouvoir orientait les décisions.

Les juges estimaient donner effet à des droits ; ils ne croyaient pas prendre des décisions politiques et la dimension politique de leur vision du droit était ainsi occultée[1]. Les décisions découlant de *Lochner* orientent, aujourd'hui, la discussion portant sur les failles de l'activisme judiciaire et sur la légitimité de l'application régulière de la loi[2]. Les juges sont perçus comme ayant débordé du cadre de leurs pouvoirs lorsqu'ils s'immiscent au sein du processus politique. Aux choix du législateur élu, la Cour substituait ses choix politiques. Elle était insensible aux grands changements, tributaires de l'industrialisation de l'économie et de la transformation des relations capitalistes, qu'avait vécus la société américaine. Au nom d'un bien commun défini par le libre marché, elle défendait une idéologie constitutionnelle anachronique qui perpétuait le pouvoir d'une classe sur les autres. En refusant d'accorder une protection quelconque aux groupes vulnérables victimes des nouveaux modes de production, son annulation de diverses mesures sociales adoptées par le Congrès facilitait le tort qu'elle voulait empêcher de se produire — la domination d'une classe, la grande

[1] David Kairys, *The Politics of Law: A Progressive Critique*, 3e éd., New York, Basic Books, 1988, 752 p.
[2] John Hart Ely, *Democracy and Distrust: A Theory of Judicial Review*, Cambridge, Mass., Harvard University Press, 1980, 268 p.

bourgeoisie, sur une autre, les travailleurs, les démunis, les femmes et les groupes minoritaires.

Même lorsque la logique de *Lochner* dominait l'analyse de la Cour suprême au début du 20e siècle, la conception classique du contrôle judiciaire de la constitutionnalité des dispositions législatives en fonction de la propriété privée et de la liberté contractuelle était remise en question au sein de jugements dissidents. De plus, la nécessité de lois visant à promouvoir l'organisation de groupes économiquement faibles et leur permettant de se défendre contre des rivaux mieux nantis et plus forts se faisait sentir de façon plus aigüe. En 1937, la Cour suprême, elle-même, enterra définitivement *Lochner* dans *West Coast Hotels Co v. Parrish*, 300 US 379 (1937), en renversant sa décision dans *Adkins*. Mais la Cour avait déjà sonné le glas de *Lochner* quelques années auparavant, dans l'affaire *Nebbia v. New York*, 291 US 502 (1934), alors qu'elle avait reconnu la constitutionnalité d'une loi règlementant le prix du lait. La perspective judiciaire sur la validité de la règlementation gouvernementale de l'économie avait évolué, étant donné les préoccupations de plus en plus pressantes occasionnées par un chômage élevé[1].

C. Protection des minorités et des défavorisés

Cependant, l'abandon de *Lochner* ne marqua pas la fin de l'activisme judiciaire qui s'axa maintenant sur la protection de nouveaux droits constitutionnels[2]. Pour contrer la montée de régimes totalitaires, on cherchait maintenant à protéger les libertés civiques des groupes et races minoritaires. Pendant le mandat d'Earl Warren (1953-1969) comme juge en chef de la Cour suprême, celle-ci a cessé d'accorder un cautionnement judiciaire à la ségrégation raciale et y a, par ailleurs, mis fin dans le domaine de l'éducation publique[3]. De même, elle a élargi les droits constitutionnels des accusés en accordant une interprétation libérale au *Bill of Rights*, surtout dans le contexte de la clause portant sur l'application régulière de la loi du Quatorzième Amendement, en plus de mettre fin à la prière dans les écoles publiques. Sous le mandat d'Earl

---

[1] Barry Cushman, *Rethinking the New Deal Court: The Structure of a Constitutional Revolution*, New York, Oxford University Press, 1998, 335 p.

[2] David A. Strauss, « Why Was Lochner Wrong? », *University of Chicago Law Review*, vol. 70, 2003, p. 373.

[3] Geoffrey Stone et David Strauss, *Democracy and Equality: The Enduring Constitutional Vision of the Warren Court*, New York, Oxford University Press, 2020, 227 p.

Warren, la Cour suprême était animée d'un souci de promotion de la liberté, de l'égalité et de la démocratie.

Déjà dans *United States v. Carolene Products Company*, 304 US 144 (1938), un changement de perspective se dessinait à l'horizon. Là, la Cour annonçait dans une note en bas de page qu'elle exercerait un contrôle plus strict lorsqu'une loi lui semblerait, de prime abord, violer une disposition constitutionnelle ou discriminer contre des minorités discrètes et isolées. *Carolene Products* ouvrait ensuite la voie à une série de décisions protégeant la liberté individuelle : *Sweatt v. Painter*, 339 US 629 (1950), déclarant illégales et discriminatoires les facultés de droit séparées pour les Noirs dans les universités financées par l'État, *Smith v. Allwright*, 321 US 649 (1944) interdisant les primaires présidentielles réservées aux seuls blancs, et *Shelly v. Kraemer*, 334 US 1 (1948) interdisant les conventions restreignant la vente de domiciles en fonction de la race. *Carolene Products* préságeaient la décision unanime de la Cour suprême dans *Brown v. Board of Education*, 347 US 483, à la page 493 (1954). Dans cette affaire, celle-ci déclara que les institutions scolaires financées par l'État, séparées mais égales, pour les enfants blancs et noirs étaient incompatibles avec les protections offertes par le Quatorzième Amendement, car elles étaient foncièrement inégales. Ce revirement jurisprudentiel étonne d'autant plus, car c'est la Cour suprême qui a avalisé et donné effet juridique aux politiques publiques des États du Sud en matière de discrimination raciale, sous toutes ses formes. Lorsque certains États refusèrent de se plier aux nouvelles normes, une Cour, unanime, statua dans *Cooper v. Aaron*, 358 US 1 (1958), que les États étaient liés par ses décisions. Dans cette décision historique, elle s'est explicitement attribuée, pour la première fois, le pouvoir exclusif d'interpréter la Constitution. Mais dans *Milliken v. Bradley,* 418 U.S. 717 (1974), la Cour commença à faire marche arrière. Les effects de *Carolene Products*, pour leur part, ont eu un écho dans des domaines tels que la redistribution des districts électoraux au Congrès et dans les États, l'interdiction de la prière dans les écoles publiques, la reconnaissance des droits procéduraux des accusés en matière pénale et la protection de la vie privée.

Dans le domaine pénal, la Cour suprême a élargi la portée des protections accordées par le Quatrième Amendement. Depuis *Mapp v. Ohio*, 367 US 643 (1961), les procureurs des États sont soumis aux mêmes contraintes en matière de preuves illégales que leurs collègues fédéraux. Il leur était, désormais, interdit d'utiliser, dans un procès, les preuves saisies lors de perquisitions illégales. Dans *Gideon v.*

Wainwright, 372 US 335 (1963), les accusés indigents se voyaient attribués un avocat aux frais de l'État, en vertu du Sixième Amendement. De même, dans *Miranda v. Arizona*, 384 US 436 (1966), la Cour jugea que lors d'une garde à vue, le Cinquième Amendement donne droit à un avocat, au droit d'une mise en garde lui informant de ce droit et de celui de garder le silence. Avant de pouvoir utiliser une déclaration faite durant un interrogatoire sous garde, la poursuite doit démontrer que la personne interrogée a été clairement informée de ses droits et qu'elle a compris le sens de la mise en garde qui lui a été récitée.

Le Premier Amendement s'applique désormais aux États, en vertu de la décision de la Cour suprême dans *Engel v. Vitale*, 370 US 421 (1962). Dans cette affaire, l'État de New York avait imposé le récit d'une prière non confessionnelle quotidienne aux élèves, qui pouvaient toutefois en être dispensés s'ils le souhaitaient. Selon la Cour, l'État avait ainsi violé la clause interdisant l'établissement d'une religion. Cette décision a été appliquée ultérieurement dans diverses situations de façon à élargir la portée de l'interdiction de la prière lors d'activités non scolaires mais reliées à l'école, telles que les manifestations sportives.

Ensuite, la Cour suprême a élargi la portée du Premier Amendement en reconnaissant l'existence d'un droit à la vie privée, bien que le libellé de la constitution soit silencieux sur ce point. Dans *Griswold v. Connecticut*, 381 US 479 (1965), elle arrêta qu'une loi interdisant l'utilisation de produits contraceptifs portait atteinte à la vie privée conjugale. Par la suite, le principe énoncé dans *Griswold* se voyait étendu au droit à l'avortement dans *Roe v. Wade*, 410 US 113 (1973), aux relations homosexuelles dans *Lawrence v. Texas*, 539 US 558 (2003), et au mariage homosexuel dans *Obergefell v. Hodges*, 576 US 644 (2015). L'opposition à ce que l'on invoque le droit à la vie privée en matière sexuelle demeure répandue.

Par ailleurs, dans *Reynolds v. Sims*, 377 US 533 (1964), la Cour suprême a dû se pencher sur le partage du pouvoir entre le milieu rural et le milieu urbain au sein des législatures des États. Les zones rurales faiblement peuplées étaient surreprésentées et la classe moyenne bourgeoise habitant les banlieues sous représentée. En ayant recours à la clause portant sur l'égale protection de la loi du Quatorzième Amendement, la Cour a justifié l'imposition de districts électoraux de taille à peu près égale et a opéré une redistribution fondamentale du pouvoir.

Ce souci accru pour la protection de la liberté individuelle et des droits constitutionnels a conduit la Cour suprême à limiter aussi la portée de la justice militaire. Elle a étendu la protection offerte par le système de tribunaux publics et a retiré aux tribunaux militaires leur compétence sur les civils ou non-militaires américains. Dans *Toth v. Quarles*, 350 US 11 (1955), la Cour arrêta que le système de justice militaire n'avait pas compétence pour entendre une accusation contre un ancien militaire. Toth avait déjà quitté les forces militaires lorsqu'il fut arrêté et traduit en cour martiale pour meurtre. Selon la Cour suprême, une fois de retour à la vie civile, il appartenait à la justice ordinaire de se prononcer sur sa culpabilité pour une infraction commise pendant son service militaire. Dans *Reid v. Covert*, 354 US 1 (1957), la Cour a étendu la protection constitutionnelle des Cinquième et Sixième Amendements en matière de procédure pénale au personnel non militaire à l'extérieur du territoire des États-Unis, mettant ainsi fin aux procès, en cour martiale, des employés civils à l'étranger, peu importe le type d'infraction déposé.

D. La remontée de la pensée conservatrice

À la grande consternation du milieu conservateur, les droits civiques avaient complètement délogé la propriété et la liberté individuelle de son ancienne prééminence. Une riposte s'annonçait. Sous le juge en chef Warren Burger (1969-1986), la Cour suprême adopta une interprétation moins généreuse des protections offertes par les Quatrième et Cinquième Amendements, sans toutefois renverser les grands arrêts ayant fait jurisprudence sous la chefferie d'Earl Warren. Depuis, la volonté de la Cour suprême de protéger les droits des minorités et des groupes défavorisés s'est sensiblement atténuée. Aujourd'hui, l'idéologie conservatrice régnante à la Cour suprême fait valoir la retenue judiciaire comme valeur fondamentale, au sein d'une démocratie. Or un véritable programme politique se tapit derrière ce discours de désengagement politique, qui, d'un point de vue formel, ne se distingue guère des différents genres d'activisme prônés par la Cour suprême, au cours des diverses périodes que nous avons recensées. Ce qui distingue ce programme politique des autres, ce sont, d'abord, les valeurs et les objets qui l'animent et, ensuite, sa capacité d'occulter sa dimension partisane, de se présenter comme une approche apolitique et neutre dans l'interprétation des règles de droit.

On peut décrire l'approche adoptée par la vision conservatrice de diverses façons. L'une, selon Amy Coney Barrett[1], juge à la Cour suprême, fonde sa conception de l'activité judiciaire en distinguant une approche pragmatique au droit d'une approche formaliste. Selon cette conception, les juges pragmatiques favoriseraient une plus grande discrétion judiciaire et seraient plutôt préoccupés par les injustices qui résultent d'une adhésion trop rigide aux textes juridiques. Les juges formalistes prôneraient, pour leur part, des techniques d'interprétation constitutionnelle qui accordent un plus grand respect au texte constitutionnel, à l'histoire et à la tradition. L'idéologie conservatrice prétend emprunter la voie du formalisme. Or en réalité, celle-ci s'avère tout aussi pragmatique que les autres idéologies qui ont motivé l'approche de la Cour suprême au droit.

Le *Voting Rights Act of 1965*[2] avait mis en place une série de mesures pour réparer les torts occasionnés à la démocratie électorale depuis la Reconstruction et pour construire une véritable démocratie multiraciale. Cette loi avait connu un grand succès, facilitant l'inscription de nombreux électeurs noirs aux rôles électoraux, alors qu'auparavant, ils se voyaient interdit l'accès aux urnes dans les États du Sud. Dans *Shelby County v. Holder* 570 US 529 (2013), la Cour déclara inconstitutionnel un article fondamental de la loi, car fondée sur des données vieilles de quarante ans. Au lieu de s'en tenir à une interprétation qui adhère strictement au texte législatif et qui donne effet à l'intention du législateur, elle concluait que les méfaits de la ségrégation sur la participation électorale s'étaient estompés. Depuis, plus de 25 États ont soit adopté des lois rendant l'accès aux urnes plus difficile soit sont en train de le faire. Ces lois touchent surtout les minorités raciales et les plus démunis de la société. Cela favorise le parti républicain[3], l'auteur de ces mesures et le parti politique prônant la retenue judiciaire.

De même, on sait que dans *Roe v. Wade*, 410 US 113 (1973), la Cour a reconnu un droit à l'avortement fondé sur le droit à la vie privée, en vertu de la clause portant sur l'application régulière de la loi, garantie par le Quatorzième Amendement. Dans *Planned Parenthood v. Casey*,

---

[1] Amy Coney Barrett, « Keynote Address: The Nature of the Federal Equity Power », *2022 Federal Courts Symposium, Notre Dame Law Review*, https://www.youtube.com/watch?v=n0LA-z-SW5w.

[2] 79 Statute 437 ; Public Law 89-110.

[3] Geoffrey Skelley, « How the Republican Push to Restrict Voting Could Affect Our Elections », *FiveThirtyEight,* 17 May 2021, https://fivethirtyeight.com/features/how-the-republican-push-to-restrict-voting-could-affect-our-elections/.

505 US 833 (1992), la Cour a maintenu ce droit à l'avortement jusqu'à ce que le fœtus soit viable. Or dans *Whole Woman's Health v. Jackson*, 595 US 30 (2021), la Cour ne s'est pas sentie le moindrement liée par sa décision antérieure et refusait de déclarer inconstitutionnelle, en vertu d'une question procédurale, une loi du Texas interdisant l'avortement après la sixième semaine de grossesse. Ensuite, dans *Dobbs v. Jackson Women's Health Organisation*, 597 US 215 (2022), elle renversa *Roe v. Wade.* Dans *Becerra v. Texas*, 23-1076, 598 U.S. __ (2024), elle a maintenu la décision d'une cour inférieure qui confirmait une loi du Texas interdisant les avortements d'urgence dans presque toute situation. C'est un pragmatisme — animé par une conception éthique particulière interdisant l'avortement — plutôt que le formalisme, qui explique le mieux ces décisions.

Par ailleurs, l'aile conservatrice de la Cour suprême a redonné vie à la doctrine des questions majeures (*major questions doctrine*). Selon cette doctrine de création judiciaire, lorsque le Congrès autorise une agence à règlementer une question d'importance nationale, il doit le faire clairement. En l'absence d'une déclaration explicite à cet effet, la Cour conclura à l'absence d'intention d'habiliter ainsi l'agence. Or les critères qui déterminent l'application de cette doctrine manquent de précision, de sorte qu'il est impossible de prédire quand la Cour l'invoquera. Il semble plutôt que la doctrine soit un instrument permettant à la Cour de rejeter des politiques adoptées par le Congrès et d'imposer les siennes. Son mode d'utilisation reproduit le recours au caractère raisonnable retrouvé dans *Lochner* et son fort penchant conservateur contre le changement pour invalider la délégation d'un pouvoir[1] ; rien d'autre que ceci ne peut expliquer les conclusions différentes de la Cour dans les affaires *NFIB v. OSHA* et *Biden v. Missouri*[2].

E. Conclusion

Libéraux et conservateurs se livrent une lutte sans merci pour le contrôle de la Cour suprême. La critique conservatrice, voulant donner la place à une approche formaliste à l'interprétation constitutionnelle,

---

[1] Dans *NFIB v. OSHA*, 595 US __ (2022), la doctrine des questions majeures a mis en échec des mesures de protection contre la COVID-19. Dans *Biden v. Missouri*, 595 US __ (2022), la Cour a donné son aval à des mesures de protection plus stricte contre la COVID-19, sans jamais faire mention de la doctrine.

[2] David M. Driesen, « The Death of Law and Equity: A Comment on Two COVID cases », *Verfassungsblog on Matters Constitutional*, 19 janvier 2022, https://verfassungsblog.de/the-death-of-law-and-equity/.

préconise la tradition. Elle prétend que les décisions politiques reviennent au législateur et que les cours ne doivent pas usurper son rôle. Selon cette vision, la Cour suprême doit se limiter à déterminer leur conformité aux normes constitutionnelles[1]. La réalité est toute autre. D'abord, l'approche formaliste abandonne la tradition lorsque celle-ci ne s'accorde pas avec son point de vue. Ensuite, aux politiques du législateur, la Cour substitue les siennes en fonction de sa vision du monde. Enfin, la Cour a instrumentalisé le formalisme pour promouvoir ses préoccupations politiques.

Aussi longtemps que l'idéologie conservatrice dominera la Cour suprême, les revendications des minorités raciales, des pauvres, des femmes ne pourront connaitre de succès, car elles véhiculent une conception différente de la justice et une répartition différente du pouvoir. Ces exclus demandent leur intégration au pouvoir de façon à influer sur les décisions qui les touchent. Cela demande que la classe détenant le pouvoir en cède une partie et compose avec des fins différentes. C'est le conflit des classes qui se joue au sein de la Cour suprême. Le conflit idéologique entre le formalisme et le pragmatisme porte sur la transformation des rapports entre la classe dominante — surtout blanche et bourgeoise — et la classe dominée — surtout de couleur, plus féminine et plus pauvre.

Ce conflit au sein de la Cour suprême s'estompera au fur et à mesure que les États-Unis réussiront à réduire l'inégalité raciale, sociale et économique. Ces différences s'estompant, le conflit politique à la Cour perdra sa raison d'être et la Cour reviendra à des préoccupations plus judiciaires et moins politiques. Paradoxalement, le conservatisme judiciaire, au nom d'un formalisme et de la liberté individuelle, met en échec les mesures mises en œuvre par le gouvernement pour améliorer le sort des défavorisés. De ce fait, on cristallise les rapports de pouvoir existant. Dans l'entretemps, la suprématie judiciaire se trouve instrumentalisée au service de la primauté de la politique.

[1] Sur ce sujet, voir lors des débats oraux, les propos très révélateurs du juge en chef John Roberts sur les droits de personnes transgenres dans *United States v. Skrmetti*, No. 23-477, https://www.supremecourt.gov/oral_arguments/argument_transcripts/2024/23-477_2c8f.pdf.

Annexe: Constitution des États-Unis d'Amérique (extraits)[1]

Article III

Section 1. Le pouvoir judiciaire des États-Unis sera dévolu à une Cour suprême et à telles cours inférieures que le Congrès pourra, le cas échéant, ordonner et établir. Les juges de la Cour suprême et des cours inférieures conserveront leurs charges tant qu'ils auront une bonne conduite et recevront, à échéances fixes, une indemnité pour leurs services qui ne sera pas diminuée tant qu'ils resteront en fonction.

Section 2. (1) Le pouvoir judiciaire s'étendra à toutes les causes, en droit et en équité, survenues sous l'empire de la présente constitution, des lois des États-Unis, des traités conclus, ou qui seraient conclus, sous leur autorité ; à toutes les causes concernant les ambassadeurs, les autres ministres et les consuls ; à toutes les causes d'amirauté et de juridiction maritime ; aux différends dans lesquels les États-Unis seront partie ; aux différends entre deux ou plusieurs États ; entre un État et les citoyens d'un autre État ; entre citoyens de différents États ; entre citoyens d'un même État réclamant des terres en vertu de concessions d'autres États ; entre un État ou ses citoyens et des États, citoyens ou sujets étrangers.

(2) Dans toutes les causes concernant les ambassadeurs, les autres ministres et les consuls, et celles dans lesquelles un État sera partie, la Cour suprême aura la juridiction du premier degré. Dans toutes les autres causes susmentionnées, elle aura juridiction d'appel, à la fois pour le droit et pour le fait, avec telles exceptions et sous telles règles que le Congrès aura établies.

(3) Le jugement de tous les crimes, sauf le cas de mise en accusation (*impeachment)*, sera effectué par un jury ; et ce jugement aura lieu dans l'État où lesdits crimes auront été commis ; mais quand ils n'auront été commis dans aucun État particulier, le jugement aura lieu à tel endroit ou tels endroits que le Congrès pourra avoir déterminés par une loi.

Amendements

Premier Amendement

Le Congrès ne fera aucune loi qui touche l'établissement ou interdise le libre exercice d'une religion, ni qui restreigne la liberté de la parole ou de la presse, ou le droit qu'a le peuple de s'assembler pacifiquement

[1] https://fr.usembassy.gov/wp-content/uploads/sites/50/2017/06/pub_constitution.pdf.

et d'adresser des pétitions au Gouvernement pour la réparation des torts dont il a à se plaindre.

Quatrième Amendement

Le droit des citoyens d'être garantis dans leur personne, domicile, papiers et effets, contre les perquisitions et saisies non motivées ne sera pas violé, et aucun mandat ne sera délivré, si ce n'est sur présomption sérieuse, corroborée par serment ou affirmation, ni sans qu'il décrive particulièrement le lieu à fouiller et les personnes ou les choses à saisir.

Cinquième Amendement

Nul ne sera tenu de répondre d'un crime capital ou infamant sans un acte de mise en accusation, spontané ou provoqué, d'un Grand Jury, sauf en cas de crimes commis pendant que l'accusé servait dans les forces terrestres ou navales, ou dans la milice, en temps de guerre ou de danger public ; nul ne pourra pour le même délit être deux fois menacé dans sa vie ou dans son corps ; nul ne pourra, dans une affaire criminelle, être obligé de témoigner contre lui-même, ni être privé de sa vie, de sa liberté ou de ses biens sans procédure légale régulière ; nulle propriété privée ne pourra être réquisitionnée dans l'intérêt public sans une juste indemnité.

Sixième Amendement

Dans toutes poursuites criminelles, l'accusé aura le droit d'être jugé promptement et publiquement par un jury impartial de l'État et du district où le crime aura été commis — le district ayant été préalablement délimité par la loi — d'être instruit de la nature et de la cause de l'accusation, d'être confronté avec les témoins à charge, d'exiger par des moyens légaux la comparution de témoins à décharge, et d'être assisté d'un conseil pour sa défense.

Treizième Amendement

Section 1. Ni esclavage ni servitude involontaire, si ce n'est en punition d'un crime dont le coupable aura été dument convaincu, n'existeront aux États-Unis ni dans aucun des lieux soumis à leur juridiction.

Section 2. Le Congrès aura le pouvoir de donner effet au présent article par une législation appropriée. [1865]

Quatorzième Amendement

Section 1. Toute personne née ou naturalisée aux États-Unis, et soumise à leur juridiction, est citoyen des États-Unis et de l'État dans lequel elle réside. Aucun État ne fera ou n'appliquera de lois qui restreindraient les privilèges ou les immunités des citoyens des États-

Unis ; ne privera une personne de sa vie, de sa liberté ou de ses biens sans procédure légale régulière ; ni ne refusera à quiconque relève de sa juridiction légale protection des lois.

[...]

Section 5. Le Congrès aura le pouvoir de donner effet aux dispositions du présent article par une législation appropriée. [1868]

Quinzième Amendement

Section 1. Le droit de vote des citoyens des États-Unis ne sera dénié ou limité par les États-Unis, ou par aucun État, pour des raisons de race, couleur, ou de condition antérieure de servitude.

Section 2. Le Congrès aura le pouvoir de donner effet au présent article par une législation appropriée.

SUPRÉMATIE DU PARLEMENT ET *RULE OF LAW* AU CANADA : 1867-1982

Henri PALLARD[1]

L'idéologie dominante en droit au Canada au 20e siècle s'inspirait de la théorie de la suprématie du parlement mise de l'avant par Albert Venn Dicey. L'État de droit était l'État gouverné par un parlement suprême qui ne connaissait aucune limite à son pouvoir. Les juges ont eu recours à cette théorie pour justifier leur refus de s'adonner au contrôle judiciaire de la constitutionnalité des lois eu égard à leur conformité aux droits de la personne. Du moment qu'une loi avait été adoptée à l'intérieur du cadre des pouvoirs du parlement fédéral ou de ceux des législatures des provinces, les juges se montraient très réticents à déclarer la loi inconstitutionnelle.

Avant l'adoption de la *Charte canadienne des droits et libertés*[2] en 1982, la protection des droits fondamentaux de la personne était censée être assurée par le pouvoir législatif. La protection que leur accordait le pouvoir judiciaire était ainsi très limitée. Entre 1867 et 1960, les juges avaient parfois recours au principe du partage des pouvoirs entre le parlement fédéral et les législatures provinciales pour invalider des lois discriminatoires. En 1960, le gouvernement fédéral adoptait la *Déclaration canadienne des droits et libertés*. Cette loi n'était pas enchâssée dans la constitution. Les cours ont refusé d'accorder une primauté quelconque à cette loi sur les autres, car elle n'avait aucune valeur constitutionnelle ; à leurs yeux, elle demeurait une loi ordinaire.

À travers ces deux périodes, l'esprit de Dicey se vouant à la suprématie du parlement a ainsi continué à inspirer cette attitude de retenue judiciaire ; la réparation de violations des droits fondamentaux était du ressort du législateur et non du juge. Ceci s'est d'ailleurs avéré un facteur important dans la décision de constitutionnaliser des droits et libertés en 1982.

---

[1] Directeur, Centre international de recherche interdisciplinaire sur le droit, professeur émérite, Université Laurentienne, Sudbury (Ontario), Canada.

[2] Partie 1 de la *Loi constitutionnelle de 1982*, constituant l'Annexe B de la *Loi de 1982 sur le Canada* (Royaume-Uni), 1982, chap. 11.

Dans ce texte, nous commencerons par étudier la théorie de la suprématie du parlement, telle que mise de l'avant par Dicey, de même que la conception de l'État de droit qui en résulte. Ensuite, nous nous pencherons sur l'impact de cette théorie sur l'interprétation constitutionnelle des droits de la personne par la Cour suprême du Canada entre 1882 et 1960. Enfin, nous examinerons pourquoi l'adoption de la *Déclaration canadienne des droits en liberté* [1]en 1960 n'est pas parvenue à transformer l'approche restrictive de la Cour suprême face à l'interprétation des droits fondamentaux. On verra alors que la théorie de la suprématie du parlement soumettait les juges à la volonté du législateur conformément à la vision judiciaire d'un État de droit fondé ultimement sur le principe de la suprématie parlementaire.

A. La suprématie du parlement et la *rule of law*

En bref, un parlement peut adopter n'importe quelle loi en autant qu'elle demeure conforme à la procédure d'adoption législative qu'il a établie, par exemple, l'obligation de promulguer une loi avant qu'elle n'ait effet. Albert Venn Dicey (1835-1922), un juriste britannique, théoricien du constitutionnalisme, a entrepris une analyse exhaustive de la constitution du Royaume-Uni. Sa théorie constitutionnelle est exposée dans son œuvre *Introduction to the Study of the Law and the Constitution*[2] qui paraissait en 1885. Deux grands principes constitutionnels sont identifiés : la suprématie du parlement et sa relation à sa conception de la *rule of law*[3].

La théorie de la *rule of law* comporte trois éléments. Premièrement, on peut seulement punir quelqu'un après que sa culpabilité a été démontrée au moyen de preuves présentées devant une cour de justice ordinaire[4], pour une violation précise de la common law ou de la *statute law*[5]. Deuxièmement, tout le monde est égal devant la loi et toute personne est assujettie au droit, peu importe leur titre ou leur rang, qu'il occupe une charge officielle au sein de l'État ou qu'il soit un simple

---

[1] SC [Statuts du Canada] 1960, chap. 44.

[2] London, MacMillan & Co, 1985, 407 p.

[3] L'expression « État de droit » ne traduit pas pleinement l'expression utilisée en anglais, *rule of law*. Sur la différence entre ces deux expressions, voir Daniel Mockle, « La *rule of law* et l'État de droit », *Les Cahiers de droit*, vol. 35, 1994, p. 823.

[4] Cela exclut les cours extraordinaires telles que la Cour de la Chambre étoilée (*Star Chamber*).

[5] Dicey, *ibid.*, p. 174.

citoyen[1]. Troisièmement, les cours représentent l'institution la mieux placée pour assurer la protection des droits et libertés de la personne. Ce dernier élément justifie le contrôle judiciaire des lois afin d'assurer qu'elles soient conformes à un ordre de règles supérieures, les règles constitutionnelles[2].

La doctrine de la suprématie du parlement, le deuxième élément de la théorie constitutionnelle de Dicey, englobe, elle aussi, trois composantes[3]. D'abord, le parlement est suprême et peut adopter, selon son bon vouloir, n'importe quelle loi portant sur n'importe quel sujet. Ensuite, le parlement n'est lié par aucune loi qu'un parlement antérieur aurait pu adopter et il ne peut pas lier un parlement futur. Enfin, une cour ne peut, pas plus qu'une personne, contester la sagesse d'une loi adoptée par le parlement. Cette doctrine entraine trois conséquences. D'abord, le parlement peut adopter des lois qui ne sont pas conformes à la *rule of law* ; ensuite, la magistrature est liée par ces lois et doit leur donner effet juridique ; enfin, l'unique limite au pouvoir du parlement revêt la forme d'un contrôle politique ; seul l'électorat peut désavouer les lois du parlement en votant contre le gouvernement lors d'élections subséquentes.

B. Le contexte constitutionnel canadien

Nous pouvons diviser notre étude de la suprématie du parlement canadien sur la *rule of law* au Canada, en deux périodes ; la première allant de l'adoption de la *Loi constitutionnelle de 1867*[4] à 1960, et la deuxième allant de l'adoption de la *Déclaration canadienne des droits*[5] en 1960 à l'adoption de la *Charte canadienne des droits et libertés* en1982.

La *Loi constitutionnelle de 1867* est le document constitutionnel de base du Canada. Ce document comporte deux particularités. D'abord, il ne contient aucune grande déclaration des droits et libertés; il accorde toutefois une relative protection à certains droits linguistiques et religieux. Quelques articles protègent l'utilisation du français et de

[1] *Ibid.*, p. 179-180.
[2] *Ibid.*, p. 210.
[3] *Ibid.*, p. 35.
[4] Auparavant connu comme l'*Acte de l'Amérique du Nord Britannique de 1867*, 30 et 31 Victoria (Royaume-Uni).
[5] Statuts du Canada 1960, chap. 44.

l'anglais dans certaines circonstances[1] et les religions catholique et protestante dans d'autres[2]. Autrement, ce document ne mentionne pas les droits et les libertés traditionnels d'inspiration libérale et ne prétend pas les protéger. Ensuite, il établit un partage des pouvoirs entre le gouvernement fédéral et les gouvernements provinciaux. Dans le système canadien, les régimes provinciaux ne sont ni supérieurs ni inférieurs au gouvernement fédéral ; ils possèdent une sphère d'autonomie et de souveraineté qui leur est propre. Il en va de même pour le gouvernement fédéral[3]. C'est ainsi que chaque ordre de gouvernement est souverain à l'intérieur de ses champs de compétence.

Selon le préambule de la *Loi constitutionnelle de 1867*, le Canada a « une constitution reposant sur les mêmes principes que celle du Royaume-Uni ». Cette phrase a eu pour effet d'importer dans le droit constitutionnel canadien les principes du droit constitutionnel du Royaume-Uni. Les deux grands principes gérant le gouvernement du Royaume-Uni — la *rule of law* et la suprématie du parlement — liaient désormais le gouvernement des provinces et le gouvernement fédéral canadien. Cela entrainait deux conséquences.

D'abord, les cours canadiennes devaient utiliser leur pouvoir de contrôle des lois d'après la *rule of law* pour contrôler la constitutionnalité des actions gouvernementales ; elles s'assurent que les gouvernements provinciaux et fédéral agissent à l'intérieur des domaines de compétence que la *Loi constitutionnelle de 1867* leur a attribué. Les lois fédérales et provinciales devaient se conformer à la répartition des pouvoirs. Les cours n'hésitaient pas à déclarer *ultra vires* une loi, soit provinciale, soit fédérale, qui était, selon elles, du ressort de l'autre. Cependant, la *rule of law* n'était pas utilisée pour protéger les droits fondamentaux.

Ensuite, les cours canadiennes ont eu recours au principe de la suprématie du parlement afin de légitimer une conception restreinte de leur pouvoir de contrôle sur les actions gouvernementales portant atteinte aux droits et libertés de la personne. Ce respect envers le pouvoir législatif devait continuer de se manifester ainsi même à la suite de l'adoption de la *Déclaration canadienne des droits* en 1960. Les cours

---

[1] Son article 133 garantit l'existence de bilinguisme parlementaire, législatif et judiciaire au niveau fédéral de même que dans la province de Québec.

[2] Son article 93 protège l'existence des écoles confessionnelles protestantes au Québec et des écoles confessionnelles catholiques en Ontario.

[3] Il faut éviter de parler de niveau ou d'utiliser toute expression dénotant une hiérarchie entre le pouvoir fédéral et le pouvoir provincial, ou une subordination de l'un à l'autre.

canadiennes ont fait preuve d'une grande réticence en matière de protection des droits de la personne justement en raison de l'effet de la pensée de Dicey sur leur conception de leur rôle. Avant 1960, elles interprétaient la division constitutionnelle des pouvoirs afin de protéger la suprématie des parlements provinciaux et fédéral dans leurs domaines de compétence respectifs. Une déclaration d'inconstitutionnalité d'une loi se faisait en fonction de la reconnaissance du principe de la suprématie parlementaire et qu'un parlement ne pouvait pas lier un autre parlement. Après 1960, les cours canadiennes se sont montrées réticentes d'interpréter la *Déclaration* comme invalidant des lois qui portent atteinte aux droits et libertés qui y était énoncé. En effet, la *Déclaration*, même si par son article 1 elle garantissait les droits fondamentaux traditionnels d'inspiration libérale[1], demeurait une loi ordinaire adoptée par le parlement qui n'avait fait l'objet d'aucune modification constitutionnelle. En vertu de la théorie de la suprématie du parlement, puisqu'un parlement ne peut pas lier un parlement futur et qu'un parlement futur n'est pas lié par un parlement antérieur, les cours canadiennes ne pensaient pas qu'elles pouvaient déclarer l'inconstitutionnalité d'une loi qui violait des droits et libertés énoncés dans la *Déclaration*.

C. De 1867 à 1960

Dans le domaine de la protection des droits et libertés, le dossier des cours canadiennes est mixte. Elles invalident des lois et actions discriminatoires, non pas au nom des principes protégeant les droits et libertés, mais au nom des principes constitutionnels portant sur la répartition des pouvoirs entre les gouvernements provinciaux et fédéral. Généralement, elles n'utilisaient pas la *rule of law* pour protéger les droits en raison du respect qu'elles accordent au principe de la suprématie parlementaire. Nous examinerons à tour de rôle comment le recours à la doctrine de la séparation des pouvoirs pouvait ou non

[1] « Il est par les présentes reconnu et déclaré que les droits de l'homme et les libertés fondamentales ci-après énoncés ont existé et continueront à exister pour tout individu au Canada quels que soient sa race, son origine nationale, sa couleur, sa religion ou son sexe : a) le droit de l'individu à la vie, à la liberté, à la sécurité de la personne ainsi qu'à la jouissance de ses biens, et le droit de ne s'en voir privé que par l'application régulière de la loi ; b) le droit de l'individu à l'égalité devant la loi et à la protection de la loi ; c) la liberté de religion ; d) la liberté de parole ; e) la liberté de réunion et d'association ; f) la liberté de la presse. »

fournir une protection à l'encontre de la discrimination fondée sur l'origine ethnique et sur la religion.

1. La discrimination fondée sur l'origine ethnique

Dans *Union Colliery Company of British Columbia c. Bryden*[1], la province de la Colombie-Britannique avait adopté une loi qui interdisait à toute personne d'origine chinoise de travailler dans les mines de charbon. Le Comité judiciaire du Conseil privé décréta que la loi était *ultra vires* de la province, car elle portait sur la naturalisation, un champ de compétence législative fédéral selon le paragraphe 91(25) de la *Loi constitutionnelle de 1867*. Le Comité judiciaire a fondé son jugement sur la séparation des pouvoirs entre les gouvernements provinciaux et fédéral, et en a conclu que la province légifère dans un domaine fédéral. Il appartient à la Cour de déterminer les limites des domaines de compétence attribués aux parlements ; mais ayant décidé cette question, il n'appartient pas à une cour de déterminer si un parlement fait un sage usage de ses pouvoirs. Il n'était alors pas nécessaire de traiter de questions épineuses portant sur la discrimination, l'égalité ou la *rule of law*.

L'utilisation de la séparation des pouvoirs offrait une protection contre la discrimination fondée sur la race ou l'ethnie, mais c'était par accident à la suite de la correction d'un excès de compétence. Son utilisation n'offrait aucune garantie d'une telle protection comme le démontre *Cunningham c. Tomey Homma*[2]. Dans cette affaire, la province de la Colombie-Britannique avait adopté une loi refusant le droit de vote aux Canadiens d'origine chinoise ou japonaise. Selon le Comité judiciaire, la législature provinciale pouvait adopter des lois portant sur l'accès aux urnes lors d'élections municipales et provinciales. L'interdiction d'accès aux urnes était un exercice valide du pouvoir provincial. La reconnaissance du principe de la suprématie législative conduisait la Cour à refuser de se pencher sur la sagesse d'une telle loi.

2. La discrimination fondée sur la religion

La protection éventuelle contre la discrimination fondée sur la religion devait, elle aussi, dépendre du résultat de l'analyse de la Cour, menée en fonction de la doctrine du partage des compétences législatives, propres au fédéralisme. Dans une affaire, la ville de Québec avait adopté un règlement interdisant la distribution de documents dans

---

[1] [1899] United Kingdom Privy Council [p.] 58, [1899] Appeals Cases [p.] 580 (Privy Council).

[2] [1903] Appeals Cases 151 (Privy Council).

la rue sans la permission du chef de police. Les Témoins de Jéhovah se voyaient toujours refuser un permis. L'un d'entre eux, Laurier Saumur, avait été arrêté à de nombreuses occasions, pour avoir justement distribué des tracts sans permis. Il contesta la légalité de ses arrestations. Dans *Saumur c. Ville de Québec*[1], la Cour (5-4) lui donna raison, mais pour des motifs partagés. Un juge décela un conflit avec une loi provinciale. Deux juges décidèrent que seulement le parlement fédéral pouvait limiter la liberté religieuse en vertu de sa compétence en matière pénale. Deux autres juges, plus hardis, avaient fait référence à une déclaration implicite des droits dans le préambule de la *Loi constitutionnelle de 1867* pour justifier leur décision. Selon ce raisonnement, puisque le Canada a une constitution reposant sur les mêmes principes que celle du Royaume-Uni et que celui-ci protège la liberté de religion, le règlement contesté était inconstitutionnel. De même, la règlementation de la religion et de l'expression était une compétence fédérale de sorte que le règlement municipal était *ultra vires*. Peu après, la province du Québec adopta une loi règlementant la distribution d'écrits religieux. Dans *Saumur c. Procureur général du Québec*, [1964] RCS 252, la Cour suprême du Canada, invoquant une question de procédure, refusa d'entendre la cause[2].

Dans une autre affaire, Frank Roncarelli, propriétaire d'un restaurant qui détenait un permis d'alcool, déposait régulièrement des cautions pour libérer des Témoins de Jéhovah qui étaient arrêtés pour avoir violé la loi interdisant la distribution d'écrits sans les permis nécessaires. Afin de mettre fin à l'obstructionnisme de Roncarelli et comme avertissement à toute autre personne qui aurait été tentée de l'imiter, le premier ministre du Québec, Maurice Duplessis, ordonna l'annulation du permis d'alcool de son restaurant. Cela devait entraîner sa faillite. Dans la cause *Roncarelli c. Duplessis*, [1959] RCS 121, la Cour suprême du Canada (6-3) statua que le premier ministre n'avait pas le pouvoir en vertu de la loi régissant le commerce des alcools d'ordonner l'annulation du permis, ce pouvoir appartenant à la Commission des alcools. L'annulation constituait une violation de la *rule of law* et de l'égalité devant la loi.

Cependant, dans ses motifs, le juge Rand devait restreindre sensiblement la portée de ces propos en réaffirmant le principe de la suprématie

---

[1] [1953] [vol.] 2 RCS [Recueil des arrêts de la Cour suprême du Canada] [p.] 299.

[2] Stephen A. Scott, « Saumur v. The Attorney-General for Quebec », *McGill Law Journal*, vol. 11, 1965, p. 88.

parlementaire sur la *rule of law*. Sans langage explicite, une loi ne peut pas permettre l'exercice d'un pouvoir arbitraire illimité dans un but capricieux et non pertinent. En conséquence, en ayant recours à un langage explicite, le législateur peut permettre l'exercice capricieux d'un pouvoir arbitraire illimité sans rapport à l'objet de la loi. La *rule of law* est ainsi subordonnée à la doctrine de la suprématie du parlement. La Cour utilisera le principe de la primauté du droit pour annuler des actions discriminatoires à moins que la doctrine de la souveraineté parlementaire ne s'applique.

Dans une certaine mesure, la Cour suprême a réussi à protéger les libertés civiles contre les actions du premier ministre Duplessis. De 1950 à 1960, dans une série d'arrêts, la Cour suprême a protégé les droits et libertés contre des actions du gouvernement du Québec en faisant valoir la théorie d'une déclaration des droits implicites au sein du préambule de la *Loi constitutionnelle de 1867*[1]. Elle y revenait dans d'autres contextes également[2]. Nous voyons ainsi poindre une transformation dans l'approche de certains juges à l'absence de limites aux pouvoirs du parlement, même si ce désir de confronter la justification habituelle se voyait hypothéquer par la réticence judiciaire à abandonner la théorie de la suprématie du parlement.

D. De 1960 à 1982

La décision de la Cour suprême du Canada dans *Saumur* (1953) fut un moment charnière qui devait conduire à l'adoption de la *Déclaration canadienne des droits*[3]. Au cours des années 1950, la nécessité d'une intervention législative pour protéger les droits et les libertés devenait de plus en plus évidente, pour de nombreuses personnes. *Saumur* incita un futur premier ministre, John Diefenbaker, à appuyer la demande des Témoins de Jéhovah pour l'adoption d'une loi consacrant la reconnaissance des droits et libertés de la personne. Après que Diefenbaker fut porté au pouvoir, son gouvernement fit adopter la *Déclaration*. La cause *Saumur* fut également ce qui convainquit un autre futur premier

---

[1] *Boucher c. R*, [1951] RCS 265 ; *Chaput c. Romain*, [1955] RCS 834 ; *Henry Birks & Sons v. Montreal (City of)*, [1955] RCS 799 ; *Lamb v. Benoit*, [1959] RCS 321 ; *Switzman c. Elbling*, [1957] RCS 285.

[2] *Reference Re Alberta Legislation*, [1938] RCS 100 ; *Winner v. SMT (Eastern) Ltd*, [1951] RCS 887 ; *Smith & Rhuland Ltd. v. Nova Scotia*, [1953] 2 RCS 95.

[3] Statuts du Canada 1960, chap. 44. Voir, Edward McWhinney, « Public Law: Alarms and Foreign Excursions » in *Canadian Annual Review for 1960*, John T. Saywell (dir.), Toronto, University of Toronto Press, 1961, p. 288.

ministre, Pierre Elliott Trudeau, de la nécessité d'enchâsser dans la constitution la protection des droits et libertés fondamentaux[1].

La *Déclaration* se donnait comme objectif la protection des droits fondamentaux. Or cette loi n'étant pas inscrite dans la constitution, une telle fin louable était vouée à l'échec. N'étant qu'une loi ordinaire, la Cour suprême du Canada a refusé de lui accorder une priorité quelconque sur les autres lois ordinaires. Ne relevant pas d'un ordre supérieur aux autres lois, elle ne saurait contenir quelques propriétés lui permettant d'infléchir leur interprétation et leur orientation[2]. Le pouvoir judiciaire demeurait prisonnier de sa conception de la *rule of law* et de son dogme entourant la suprématie du parlement. La magistrature demeurait ainsi incapable de s'adapter aux transformations des attentes du public en matière de protection des droits de la personne qui s'était manifestée depuis la Deuxième Guerre mondiale.

1. La liberté religieuse

En 1963, la Cour suprême du Canada rendait sa première décision importante portant sur la *Déclaration* dans la cause de *Robertson et Rosetanni c. La Reine* [1963] RCS 651. La Cour devait se prononcer sur la légalité de l'interdiction d'exploiter un commerce le dimanche, prévue par la *Loi sur le dimanche*. Selon les requérants, la loi portait atteinte à leur liberté de religion garantie par la *Déclaration*, car ils se voyaient obligés à se plier à une pratique religieuse — respecter un jour saint en s'abstenant de travailler — contre leur volonté. Ils faisaient valoir que la protection accordée à la liberté par la *Déclaration* devait avoir priorité sur la prohibition prévue par la loi. La Cour refusa de leur donner raison en adoptant une interprétation restreinte de la portée de la *Déclaration* afin de protéger la suprématie du parlement. D'abord, elle ne trouva rien d'innovateur dans la protection accordée par la *Déclaration* ; comme la *Déclaration* l'énonçait elle-même à son article 5, elle protégeait les droits tels qu'ils existaient au moment de son adoption. Ensuite, si le gouvernement ne pouvait pas empêcher quiconque de pratiquer la religion de son choix, il pouvait néanmoins

[1] Gary Botting, *Fundamental Freedoms and Jehovah's Witnesses*, Calgary, University of Calgary Press, 1993, p. 105-116. En 1982, la *Charte canadienne des droits et libertés*, enchassée dans la Constitution, entrait en vigueur.

[2] Dulcey B. Fowler, « The Canadian Bill of Rights—A Compromise between Parliamentary and Judicial Supremacy », *American Journal of Comparative Law*, vol. 21, 1973, p. 712-746.

promouvoir certaines pratiques religieuses. La *Loi sur le dimanche* ne portait donc pas atteinte à la liberté des requérants.

Le juge Cartwright, en dissidence, se rangea, pour sa part, du côté des requérants. Il partageait leur avis selon lequel la loi portait atteinte à leur liberté de religion. On ne devait pas recourir à un examen portant sur l'objet de la loi afin de déterminer si elle violait la liberté de religion ; on devait plutôt se pencher sur la limite elle-même. Le comportement exigé avait une fonction purement religieuse, la promotion d'une pratique religieuse, et en tant que telle, violait la liberté de religion. Le juge Cartwright se disait aussi d'avis que la *Déclaration* permettait aux juges d'annuler une loi qui violait un droit ou une liberté qu'elle protégeait. Selon lui, la suprématie du parlement était donc soumise à la logique des droits et libertés qui devait ainsi avoir préséance sur les dispositions statutaires qui lui étaient incompatibles.

La Cour suprême s'est montrée tout aussi réticente à protéger la liberté religieuse des huttérites dans *Walter c. Alberta (AG)*, [1969] RCS 383[1]. Cette secte chrétienne a ses origines dans la Réforme protestante au 16e siècle. Ses membres ont un mode de vie communautaire et exploitent leurs terres agricoles en commun. De plus, étant pacifistes, ses membres avaient refusé de s'engager dans les forces armées canadiennes pendant la Seconde Guerre mondiale. Cela leur avait attiré la rancune de leurs concitoyens. En réponse aux pressions d'un public préoccupé par les conséquences de leur activité communautaire sur la compétition économique dans l'industrie agricole, le gouvernement de la province de l'Alberta avait adopté une loi limitant la superficie des terres que pouvaient posséder de telles communautés religieuses. Dans un jugement unanime, la Cour décréta que la loi était *intra vires* des pouvoirs de la province malgré son effet accessoire sur la liberté religieuse.

2. Discrimination et égalité

À la suite de sa nomination en tant que juge en chef, le juge Cartwright devait toutefois faire marche arrière eu égard à sa déclaration antérieure reconnaissant une limite au pouvoir du parlement d'enfreindre les droits et libertés protégés par la *Déclaration*. La *Loi sur les Indiens*[2] interdisait aux autochtones de se retrouver en état d'ébriété à l'extérieur d'une réserve (art. 94). Les non-autochtones, pour leur

---

[1] Voir, John A. Hostetler, « The Communal Property Act of Alberta », *University of Toronto Law Journal*, vol. 14, 1961, p. 125.

[2] Statuts Révisés du Canada 1952, chap. 149, art. 149.

part, ne faisaient pas l'objet d'un tel type de prohibition. Dans *La Reine c. Drybones*, [1970] RCS 282[1], la Cour (6-3) arrêta que l'article en question de la loi était discriminatoire, car Drybones se voyait refuser un traitement égal. Afin de donner effet à la *Déclaration* et rendre inopérant cet article de la loi, la Cour a épousé le raisonnement du juge en chef Cartwright dans *Robertson et Rosetanni* et a conclu que la loi violait le droit de l'intimé à l'égalité devant la loi. Les lois ne doivent pas être interprétées ou appliquées de manière à porter atteinte à une liberté ou un droit protégé, et les juges sont autorisés à annuler les lois qui violent les droits. Par contre, le juge en chef, dissident, revenait sur sa logique et, s'y référant explicitement, renonçait à sa conclusion d'antan. Il percevait un danger en reconnaissant aux juges un pouvoir de déclarer inopérante une disposition législative lorsqu'une cour est d'avis qu'elle enfreigne un des droits ou libertés protégés par la *Déclaration*. Cela revenait à permettre aux juges de s'arroger le pouvoir du parlement. Le danger maintenant n'était plus une absence de limite au pouvoir du parlement, mais un excès de pouvoir de la magistrature.

Si une hirondelle ne fait pas le printemps, une seule décision de la Cour suprême du Canada n'annonce pas une transformation de son interprétation de la *Déclaration*. Dans *Lavell*[2], la Cour abandonnait son raisonnement dans *Drybones* pour revenir à la logique de *Robertson et Rosetanni*. Jeannette Lavell et Yvonne Bédard, deux femmes autochtones, avaient épousé des hommes non autochtones. Selon l'article 12 de la *Loi sur les Indiens*, une femme autochtone qui épousait un homme non-autochtone perdait du fait même son statut autochtone, et les bénéfices y afférant. Cependant, si une femme non-autochtone épousait un homme autochtone, elle obtenait le statut autochtone et l'homme autochtone conservait son statut. La loi accordait aux hommes autochtones un traitement plus favorable qu'aux femmes autochtones. Bédard et Lavell demandèrent à la Cour de déclarer que cette différence constituait une discrimination fondée sur le sexe qui violait le droit à l'égalité garanti par la *Déclaration*.

Vu la décision de la Cour dans *Drybones*, on aurait pu s'attendre à une déclaration selon laquelle la disposition contestée dans *Lavell* s'avérait inopérante. Quatre des juges formant la majorité dans *Drybones* pour donner préséance à la *Déclaration* ont signé le jugement de

[1] Voir, Herbert Marx, « La déclaration canadienne des droits et l'affaire Drybones : Perspectives nouvelles ? », *Revue juridique Thémis*, vol. 5, 1971, p. 305.
[2] *Procureur général du Canada c. Lavell* et *Isaac c. Bédard*, [1974] RCS 1349.

la majorité, mais, en cette occasion, refusent de lui accorder une préséance quelconque sur la disposition contestée ; ils choisirent plutôt de suivre la logique de *Robertson et Rosetanni* pour refuser de déclarer inopérante une disposition législative. Le juge Ritchie, qui avait rédigé les motifs de la majorité dans *Drybones* appuyant le recours à la *Déclaration* pour faire obstacle à la discrimination sous l'égide de l'égalité devant la loi, prononça le jugement de la Cour. Il donna un sens formel — égalité dans l'administration de la loi — plutôt que matériel — égalité de fait devant la loi — à la protection accordée à l'égalité devant la loi par la *Déclaration*, en se fondant sur Dicey.

> [...] « l'égalité devant la loi », reconnue par Dicey comme une partie du « règne du droit », comporte le sens d'assujettissement égal de toutes les classes au droit commun du pays appliqué par les tribunaux ordinaires, et à mon avis, l'expression « égalité devant la loi » qui figure à l'article 1, al. b) de la Déclaration des droits doit être traitée comme signifiant l'égalité dans l'administration ou l'application de la loi par les fonctionnaires chargés de son application et par les tribunaux ordinaires du pays.[1]

Cela suffisait pour distinguer *Drybones* de *Lavell* et *Bédard*. Dans *Drybones*, l'application même de l'article contesté empêchait un groupe racial de bénéficier de l'égalité de traitement dans l'administration et l'application de la loi. Dans *Lavell*, nous n'étions pas en présence d'une inégalité de ce type. Il n'y avait pas de discrimination, car les femmes autochtones étaient toutes traitées de la même façon et n'étaient aucunement obligées d'épouser des hommes non autochtones.

Bora Laskin[2], qui était arrivé à la Cour deux ans plus tôt et qui devait être nommé juge en chef quelques mois après cette décision, signalait l'incohérence de la distinction opérée par la majorité dans son jugement dissident.

> À mon avis, à moins que nous devions nous écarter de ce qui a été dit dans l'affaire Drybones, les deux appels qui sont maintenant devant nous doivent être rejetés. Je n'ai aucune inclination à rejeter ce qui a été décidé dans l'arrêt Drybones ; et sur la question centrale de la discrimination prohibée cataloguée dans l'article 1 de la Déclaration canadienne des droits, il est, à mon

[1] *Ibid.*, p. 1366.

[2] Bora Laskin était le premier de dix juges que le premier ministre Pierre Elliott Trudeau devait nommer à la Cour suprême du Canada, dans ce qui était largement perçu comme un effort de reconstruire son idéologie.

> avis, impossible de considérer l'affaire Drybones comme différente des deux affaires en appel. Si, comme dans l'affaire Drybones, la discrimination en raison de la race rend certaines dispositions législatives inopérantes, le même résultat doit s'ensuivre quant aux dispositions législatives qui dénotent la discrimination en raison du sexe.[1]

Il semble ainsi que les juges de la majorité n'ont pu résister, dans *Lavell* et *Bédard,* au fantôme de Dicey qui les appelait au respect du principe séculaire de la primauté du parlement.

E. Conclusion

Selon Dicey, la protection des droits et libertés contre un excès de pouvoir parlementaire se manifestait lors des élections, car à ce moment-là, l'électorat pouvait renvoyer un gouvernement qui avait fait un usage excessif de son pouvoir. Or cette attitude tend à ignorer le pouvoir que peut exercer un gouvernement pour orienter, voire manipuler, le débat ayant cours sur la place publique. De plus, c'est passer outre à la volonté d'une majorité de limiter les droits d'une minorité pour une raison quelconque. C'est aussi présumer que, même si la majorité s'opposait à une telle mesure, elle destituerait le gouvernement ; or d'autres motifs peuvent amener l'électorat à reconduire un parti au gouvernement. Enfin, c'est présumer de l'efficacité des élections comme un moyen de contrôle sur le pouvoir du gouvernement, un pouvoir de contrôle plus théorique que pratique.

Nous ne retrouvons aucun critère au sein de la *rule of law* visant à déterminer si une mesure restreint la liberté de façon excessive. La théorie de Dicey légitime un abus des droits de la personne au nom d'une suprématie parlementaire et de l'application régulière de la loi. Nous pouvons difficilement réconcilier l'approche de la démocratie majoritaire à l'idéologie de la primauté des droits de la personne[2]. En effet, les droits, dans la version dite de la première génération, posent une limite à l'exercice du pouvoir du gouvernement touchant la liberté et l'égalité. La question demeure de savoir qui doit déterminer que le gouvernement a franchi la limite et ce qui constitue un contrôle efficace, mettant fin à la violation. Préoccupé exclusivement par la certitude

---

[1] *Ibid.*, p. 1375.

[2] Voir *Décider à la majorité. Pourquoi ?*, *Raisons politiques*, n° 53, Paris, Presses de Sciences Po, 2014.

juridique garantie par l'application régulière de la loi, Dicey accorde une protection insuffisante aux droits et libertés individuels.

La théorie diceyenne est un produit de son époque[1]. La *rule of law* et la suprématie du parlement sont des descriptions de pratiques politiques dominantes d'une certaine époque que la Grande-Bretagne a adoptées lors de la deuxième moitié du 19e siècle. Dicey a transformé ces attributs contingents en principes normatifs nécessaires[2]. Cette description « normative » de pratiques politiques accorde le bénéfice du pouvoir à la classe dominante de l'époque qui a bénéficié des avantages économiques, politiques et sociaux de la transformation qui s'est opérée dans la société anglaise au cours des 18e et 19e siècles. Sa théorie, animée par une pensée individualiste, voulait assurer la maitrise continue de la bourgeoisie ascendante et la protéger contre ce qui était perçu comme des demandes excessives animées par des pensées « radicale », « socialiste » ou « féministe ». La théorie de Dicey s'inscrit dans le cadre de certaines préoccupations politiques et philosophiques découlant de la situation politique et économique de l'Angleterre de son époque.

Les juges canadiens n'ont pas trouvé de solution aux contraintes apparentes de la suprématie législative. Dans *R. c. Therens*, [1985] 1 RCS 613, la Cour suprême expliquait cette réticence judiciaire en ces termes :

> [...] les tribunaux ont ressenti une certaine incertitude ou ambivalence dans l'application de la *Déclaration canadienne des droits*, du fait que celle-ci ne traduit pas un mandat constitutionnel clair de rendre des décisions judiciaires ayant pour effet de limiter ou de restreindre la souveraineté traditionnelle du Parlement. (par. 48, p. 639)

Drybones devait demeurer la seule décision de la Cour suprême du Canada qui ait déclaré inopérante une disposition législative en vertu de la *Déclaration canadienne des droits*. En limitant la portée de sa décision dans *Drybones* à un cas d'espèce, la Cour réaffirme sa soumission à la doctrine de la suprématie législative. Plusieurs facteurs peuvent

---

[1] Voir Ian Christopher Fletcher, « 'This Zeal for Lawlessness': A.V. Dicey, *The Law of the Constitution*, and the Challenge of Popular Politics, 1885-1915 », *Parliamentary History*, vol. 16, 1997, p. 309 ; Bernard J. Hibbitts, « The Politics of Principle: Albert Venn Dicey and the Rule of Law », *Anglo-American Law Review*, vol. 23, 1994, p. 1.

[2] En effet, Dicey tire un *devoir-être* de l'*être*, une norme d'un fait, violant dès lors l'interdiction de David Hume.

expliquer le changement de cap des juges majoritaires dans *Drybones*, sur l'utilisation de la *Déclaration* pour invalider des lois. D'abord, il y a une appréhension croissante du rôle qu'ils auraient été appelés à jouer dans l'ordre constitutionnel en maintenant la logique adoptée dans *Drybones*. Une certaine conception de la démocratie et du gouvernement responsable devant les électeurs se tapissait derrière leur réticence à s'engager dans un débat constitutionnel avec un parlement élu. Ensuite, il se peut qu'ils soient devenus plus sensibles aux difficultés inhérentes aux questions de politique publique lorsqu'ils étaient appelés à régler des questions portant sur l'étendue des droits de la personne dans une société démocratique.

Il faut aussi accorder un certain poids à la formation qu'ont reçue ces juges. À ce moment-là, la théorie de Dicey occupait le devant de la scène de sorte que ces futurs juges auraient été formés à son idéologie. Cette théorie devait par la suite être remise en question et les juges ne pouvaient demeurer insensibles à ce débat, certains épousant ces nouvelles thèses. L'effet ne devait se faire sentir dans les rangs des juges qu'une génération plus tard. Nous en voyons les effets dans les dissidences de *Robertson et Rosetanni*, *Lavall* et *Bédard*, ainsi que dans la décision hardie de la majorité dans *Drybones*. La désignation de Bora Laskin comme juge en chef de la Cour suprême du Canada en 1973 signalait l'arrivée au sommet de la magistrature d'un juge prêt à remettre en question la description diceyenne de la relation du juge au législateur.

Avant 1949, la Cour suprême du Canada était sous la tutelle du Comité judiciaire du Conseil privé du Royaume-Uni[1] qui était la cour de dernière instance pour le Canada. Ce n'est que cette année-là que les juges canadiens ont obtenu leur autonomie du Royaume-Uni. Ce contrôle judiciaire de la mère-patrie assurait la prééminence au Canada de l'idéologie constitutionnelle dominante au Royaume-Uni, en l'occurrence la suprématie du parlement et la *rule of law*. Le Royaume-Uni exerçait un contrôle idéologique de fait sur l'approche que pouvait emprunter un juge au Canada. L'effet de l'affranchissement de la Cour suprême du Canada sur sa conception de sa relation avec le pouvoir législatif ne devait se faire sentir qu'une génération plus tard.

De même, nous ne pouvons pas sous-estimer l'effet du grand voisin du Sud sur la perception canadienne de la relation entre la magistrature

---

[1] En pratique, les juges siégeant à la Commission d'appel de la Chambre des Lords, la cour de dernière instance au Royaume-Uni.

et le législatif dans l'ordre constitutionnel. Après la Seconde Guerre, même si le Canada conservait toujours des liens étroits avec le Royaume-Uni, les médias et la culture — la proximité aidant — portaient de plus en plus d'attention aux évènements aux États-Unis, entre autres, les interventions de sa Cour suprême dans le domaine des libertés publiques et des garanties juridiques[1]. L'activisme judiciaire américain ne passait pas inaperçu et n'était pas sans effet au Canada sur la conception diceyenne du juge dans l'ordre constitutionnel.

Toutefois, il a fallu une intervention du constituant pour transformer la donne constitutionnelle ; c'est celui-ci qui a mis fin à la suprématie du parlement et qui a reconnu au juge le pouvoir d'invalider des lois qui portaient atteinte aux droits de la personne. En 1982, la *Charte canadienne des droits et libertés* entrait en vigueur. Elle est enchâssée dans la constitution canadienne et protégée par une procédure de modification spéciale aux articles 38 à 49 de la *Loi constitutionnelle de 1982*. En vertu du paragraphe 24(1) de la *Charte*, en présence d'une violation d'un droit ou liberté garantis, une cour a le pouvoir d'octroyer la réparation qu'elle estime convenable et juste eu égard aux circonstances. Cela comprend la situation où une loi est déclarée inopérante, en vertu de l'article 52 de la *Loi constitutionnelle de 1982*, lorsqu'elle est jugée incompatible avec un droit garanti par la *Charte*. Selon l'article 32, la *Charte* s'applique aux pouvoirs exécutifs et législatifs[2]. La *Charte* a ainsi mis fin à la suprématie absolue du parlement en accordant un rôle important au juge dans la protection de la *rule of law* au Canada. Cependant, la rédaction de la *Charte* a subi l'influence de Dicey, car elle reconnait une primauté relative au législateur en lui accordant, en vertu de son article 33, le pouvoir de suspendre pour une période de cinq ans les dispositions garantissant certains droits et libertés.

Enfin, quand est-il maintenant du statut de la *Déclaration* et des *Codes des droits de la personne* en tant que lois ordinaires vis-à-vis des autres lois ordinaires ? Depuis l'entrée en vigueur de la *Charte canadienne des droits et libertés*, la Cour suprême du Canada est revenue sur son refus de leur accorder un statut spécial quelconque. Désormais, même si n'étant que des lois ordinaires, n'ayant jamais été enchâssées

---

[1] Par exemple, sur les écoles ségrégées, *Brown v. Board of Education of Topeka*, 347 US 483 (1954).

[2] Sur le fonctionnement de ces articles de la *Charte canadienne des droits et libertés*, voir *infra*, Michel Giroux, « Contrôle judiciaire de la constitutionnalité des lois et de l'action gouvernementale en vertu de la Charte canadienne des droits et libertés ».

dans la Constitution, la Cour leur a reconnu, dans une série de décisions[1] une valeur quasi constitutionnelle. Lors d'un conflit entre une loi et un *Code des droits de la personne* ou la *Déclaration*, ces derniers doivent être reconnus comme des lois fondamentales déterminant le champ d'application de la loi contestée. Les juges ont reconnu que des textes ordinaires garantissant les droits et libertés avaient préséance sur une loi ordinaire. Un débat qui avait duré plus de trente ans prenait fin.

[1] *Insurance Corporation of British Columbia c. Heerspink*, [1982] 2 RCS 145 ; *Winnipeg School Division No. 1 c. Craton*, [1985] 2 RCS 150 ; *Tranchemontagne c. Ontario (Directeur du Programme ontarien de soutien aux personnes handicapées)*, [2006] 1 RCS 513.

CONTRÔLE JUDICIAIRE DE LA CONSTITUTIONNALITÉ DES LOIS ET DE L'ACTION GOUVERNEMENTALE

La Charte canadienne des droits et libertés

Michel GIROUX[1]

A. Introduction

En adoptant la *Charte canadienne des droits et libertés*[2] (la *Charte*) en 1982, le Canada a choisi d'enchâsser un document de protection des droits fondamentaux au sein de sa constitution. Les droits garantis par la *Charte* s'inspirent, en grande partie, des grands documents nationaux et internationaux de protection des droits fondamentaux qui existaient lors de son adoption, tels que la *Déclaration universelle des droits de l'Homme*[3], la *Convention européenne des droits de l'Homme*[4], le *Pacte international relatif aux droits civils et politiques*[5], et le *Bill of Rights* américain[6]. Un certain nombre de ces garanties, toutefois, sont le produit de l'histoire canadienne et du contexte politique particulier qui prévalait alors au Canada. C'est ainsi que, de façon générale, la *Charte* garantit les libertés fondamentales (art. 2), les droits démocratiques (article 3 à 5), la liberté de circulation et d'établissement à l'intérieur du Canada (article 6), les garanties juridiques (art. 7 à 14), les droits à l'égalité (article 15), les droits linguistiques (art. 16 à 23), les droits des peuples autochtones (art. 25), et le patrimoine multiculturel du Canada (art. 27).

Nous devons préciser d'emblée qu'il n'existe pas, à proprement parler, de « cour constitutionnelle » au Canada, du moins lorsqu'on assigne à cette expression un sens qui s'inspire d'une perspective européenne.

---

[1] Professeur titulaire en Droit et justice, Université Laurentienne, Sudbury (Ontario), Canada.

[2] Partie 1 de la *Loi constitutionnelle de 1982*, constituant l'Annexe B de la *Loi de 1982 sur le Canada* (Royaume-Uni), 1982, chap. 11.

[3] Nations Unies, Assemblée générale, 10 décembre 1948.

[4] Conseil de l'Europe, 4 novembre 1950.

[5] Nations Unies, Assemblée générale, 16 décembre 1966.

[6] 1er au 10e Amendements, 1791, de la Constitution des États-Unis de 1787.

L'institution qui s'y apparente le plus est la Cour suprême du Canada. Toutefois, contrairement aux cours constitutionnelles européennes, tel le Conseil constitutionnel français, sa compétence déborde largement le strict cadre du droit constitutionnel puisqu'elle dispose d'une juridiction générale d'appel en toutes matières — civile, pénale et administrative. Hormis cette distinction, il demeure qu'en sa qualité de juridiction d'appel de dernier ressort du pays, la Cour suprême du Canada joue un rôle structurel en matière d'évolution constitutionnelle. Son pouvoir à cet égard est d'autant plus considérable grâce à la procédure de renvoi en vertu de laquelle le gouverneur en conseil peut lui demander son avis sur une question de droit importante, telle la constitutionnalité d'une loi fédérale ou provinciale.

En cherchant ici à rendre compte de la problématique du contrôle judiciaire de la constitutionnalité des lois et de l'action gouvernementale, à la suite de plus de quarante-deux ans de jurisprudence rendue en vertu de la *Charte,* nous nous pencherons successivement sur ses diverses dispositions structurantes, les articles 52, 1, 32, 24 et 33, ce qui nous permettra de considérer les questions du statut constitutionnel de la *Charte*, de son application, de ses limites, de son interprétation et des recours qu'elle prévoit en cas de violation. Suivra ensuite, en guise de conclusion, un propos portant sur la légitimité du contrôle judiciaire de la constitutionalité en vertu de la *Charte*.

B. L'article 52 de la Charte

L'article 52 de la *Loi constitutionnelle de 1982* affirme que la Constitution du Canada est la loi suprême du Canada et qu'elle rend inopérantes les dispositions incompatibles de toute autre règle de droit. La *Charte*, qui forme la première partie de la *Loi constitutionnelle de 1982*, se voit ainsi reléguée au rang de garantie constitutionnelle.

L'article 52 rendant inopérantes les dispositions de toutes règles de droit qui s'avèrent incompatibles avec la Constitution[1], il est nécessaire de s'interroger sur la portée de cette incompatibilité lorsqu'il n'est pas absolument nécessaire de procéder à l'annulation intégrale de la loi. La

[1] Dans *R. c. Sullivan*, 2022 CSC [Cour suprême du Canada] [jugement nº] 19, [2022] [vol.] 1 RCS [Recueil des arrêts de la Cour suprême du Canada] [p.] 460, la Cour suprême précise qu'il n'existe aucun pouvoir judiciaire discrétionnaire de permettre aux lois inconstitutionnelles de demeurer en vigueur sous réserve de l'octroi d'une réparation au cas par cas, en fonction des faits particuliers de l'affaire.

jurisprudence a en effet donné naissance à diverses techniques[1] permettant aux tribunaux de restreindre la portée de la déclaration d'inconstitutionnalité, de façon à limiter leur intrusion au sein des schémas législatifs.

Il s'agit tout d'abord de la dissociation. Dans l'arrêt *R. c. Wholesale Travel Group Inc.*, [1991] 3 RCS 154, à la p. 207, la Cour suprême a jugé que si une partie d'une disposition d'un texte de loi est susceptible d'être retranchée, elle peut être invalidée sans que le reste du texte de loi le soit, pourvu que la dissociation envisagée ne s'inscrive pas à l'encontre d'un schéma législatif indissociable. De l'avis de la Cour, procéder ainsi, loin d'usurper la fonction du législateur, est la solution la plus conforme au paragraphe 52 (1).

Ensuite, il y a l'interprétation large, qualifiée également d'« interprétation extensive », une méthode cherchant à insérer des mots additionnels à la disposition. Cette méthode s'avère appropriée lorsque l'incompatibilité entre une loi et la Constitution résulte de l'omission de mots que le législateur aurait dû ajouter[2]. Dans l'affaire *Ontario (Procureur général) c. G*, 2020 CSC 38, [2020] 3 RCS 629, la Cour suprême a précisé que ce stratagème n'est approprié que lorsque l'on peut présumer que le législateur aurait adopté la loi telle que modifiée par la déclaration de la Cour. Ainsi, dans l'affaire *Vriend*[3], la Cour suprême a choisi d'ajouter l'orientation sexuelle à une loi albertaine de protection des droits de la personne plutôt que d'invalider la loi au motif qu'elle excluait la prohibition de la discrimination fondée sur cette caractéristique.

Pour sa part, l'interprétation atténuée amène la Cour à rendre une loi inopérante que lorsqu'on cherche à l'appliquer au sein d'une conjoncture particulière. Autrement, la loi demeure valide. Ainsi dans l'affaire *R. c. Appulonappa*, [2015] 3 RCS 754, la Cour suprême a confirmé la constitutionnalité d'une mesure qui sanctionnait l'organisation du passage de clandestins en sol canadien, mais l'a rendue inopérante à certains groupes dont l'intervention n'a rien à voir avec le crime

---

[1] Voir Danielle Pinard, « Les sanctions d'une règle de droit législative incompatible avec la *Charte canadienne des droits et libertés* : le *reading in*, le *reading down*, l'interprétation large, l'interprétation atténuée, etc. ! », *Revue du Barreau*, n° spécial, 2003, p. 421.

[2] *Trial Lawyers Association of British Columbia c. Colombie-Britannique (Procureur général)*, [2014] 3 RCS 31.

[3] *Vriend c. Alberta*, [1998] 1 RCS 493, par. 161.

organisé, tels que ceux qui cherchent à secourir un membre de leur famille.

Finalement, il arrive que les tribunaux prononcent l'invalidité d'une loi tout en suspendant l'application de cette déclaration d'inconstitutionnalité pour une période fixe afin de permettre au législateur de réagir. Cette période ne dépasse généralement pas un an. Pour la Cour suprême, il s'agit d'une mesure extraordinaire à laquelle on doit avoir recours que dans des situations exceptionnelles, en ayant conscience qu'une loi inconstitutionnelle demeure alors en vigueur. C'est notamment le cas lorsque la déclaration d'invalidité de la loi expose le public à des personnes potentiellement dangereuses[1]. Ce type de recours peut également donner lieu à une déclaration accessoire qui exempte la partie ayant obtenu gain de cause de l'application de la loi au cours de la période durant laquelle elle sera suspendue temporairement. Cette dernière mesure constitue toutefois un recours accordé en vertu de l'article 24 de la *Charte* plutôt que de l'article 52. C'est la seule situation jusqu'ici reconnue par la jurisprudence où l'on a permis une combinaison de réparations fondée à la fois sur l'article 52 et l'article 24. Normalement, l'article 24 intervient en l'absence d'une règle de droit, lorsque la source de la violation de la *Charte* provient d'un acte du pouvoir exécutif.

C. L'article premier de la Charte

L'article premier se lit comme suit :

> La Charte canadienne des droits et libertés garantit les droits et libertés qui y sont énoncés. Ils ne peuvent être restreints que par une règle de droit, dans des limites qui soient raisonnables et dont la justification puisse se démontrer dans le cadre d'une société libre et démocratique.

La première phrase constitutionnalise les droits et libertés garantis, tandis que la deuxième précise la nature de la limite dont ces derniers peuvent faire l'objet. Eu égard à celle-ci, le constituant reconnait que l'on peut restreindre les droits garantis par la *Charte* « dans des limites qui soient raisonnables et dont la justification puisse se démontrer dans le cadre d'une société libre et démocratique. » Nous étudierons tour à tour ces notions de règle de droit et de caractère raisonnable et justifiable de la limite.

---

[1] *R. c. Swain*, [1991] 1 RCS 933.

1. Exigence d'une règle de droit

Le fardeau de démontrer que l'État a porté atteinte au droit d'un justiciable incombe évidemment à ce dernier. Lorsque celui-ci ne parvient pas à s'acquitter de ce fardeau, on conclut à l'absence de violation. Lorsqu'au contraire, le justiciable parvient à s'acquitter de ce fardeau, la question de savoir si l'article 1 entre en jeu dépend de la source de la violation. Si cette dernière a pour origine l'acte d'un agent du gouvernement, tel qu'un policier, la Cour conclura que le gouvernement a porté atteinte à la *Charte* sans même avoir à considérer l'article 1. Pour qu'il soit permis à l'État d'invoquer la clause limitative, il faut que la source de la violation provienne d'une « règle de droit ».

Cette règle de droit peut revêtir diverses formes. Il peut tout d'abord s'agir d'une mesure législative ou règlementaire, le plus souvent explicite, mais parfois implicite comme dans *R. c. Orbanski* et *R. c. Elias*, [2005] 2 RCS 3, par. 43, où il a été jugé que le pouvoir des policiers de vérifier la sobriété des conducteurs résulte des pouvoirs qui sont nécessairement implicites dans une disposition législative générale permettant à un agent de la paix de procéder à l'arrestation d'un véhicule.

Ensuite, cette règle de droit peut relever de la politique d'une entité gouvernementale, à certaines conditions : l'entité doit être autorisée à adopter la politique contestée ; celle-ci doit constituer une règle obligatoire d'application générale ; la politique doit être suffisamment précise pour être applicable ; et elle doit être facilement accessible au public. Ce fut justement le cas dans l'affaire *Greater Vancouver Transportation Authority c. Fédération canadienne des étudiantes et étudiants — Section Colombie-Britannique*, [2009] 2 RCS 295, par. 50, 65, où la Cour suprême a conclu qu'une politique adoptée par une commission provinciale des transports visant à prohiber de la publicité à caractère politique sur ces autobus devait être considérée comme une règle de droit au sens de l'article premier.

Sera également considérée à ce titre la règle de common law qui suppose une intervention gouvernementale suffisante pour faire intervenir la *Charte*[1]. Les règles de common law qui concernent strictement les litiges privés ne se qualifient pas car les chartes des droits sont conçues pour régir les rapports entre les individus et le gouvernement plutôt que pour régir les champs d'activités qui ont rapport au droit civil. Toutefois, lorsque le législateur choisit d'adopter une mesure visant à régir le droit privé, celle-ci devient une « règle de droit » au

[1] *SDGMR c. Dolphin Delivery Ltd*, [1986] 2 RCS 573.

sens de l'article premier, puisque nous sommes désormais en présence d'une intervention gouvernementale suffisante pour faire intervenir la *Charte*.

2. Caractère raisonnable et justifiable de la limite

Cette notion comporte deux éléments fondamentaux. Le premier vise l'objectif social poursuivi par le législateur alors que le deuxième vise le moyen choisi en vue d'atteindre cet objectif. Ensemble, ils forment ce qu'il est désormais convenu d'appeler le critère Oakes, du nom d'un célèbre arrêt de la Cour suprême[1].

a) Un objectif urgent et réel

En ce qui concerne le premier critère, la Cour suprême a jugé que l'objectif doit se rapporter à des préoccupations urgentes et réelles pour justifier de porter atteinte à un droit ou une liberté garantie par la Constitution et qu'il ne doit pas, par ailleurs, être contraire aux principes qui constituent l'essence même d'une société libre et démocratique[2]. Dans *R. c. Big M Drug Mart Ltd*, [1985] 1 RCS 295, arrêt qui concerne la validité constitutionnelle de la *Loi sur le dimanche*[3], la Cour a également jugé que le moment pertinent pour identifier l'objectif du législateur est le moment où la loi est adoptée, plutôt que le moment où la constitutionnalité de celle-ci est contestée. Ainsi la Cour a jugé que la *Loi sur le dimanche*, dont l'origine est séculaire et qui avait pour effet *inter alia* d'interdire l'ouverture des commerces le dimanche, a été adoptée à des fins religieuses, et porte par conséquent atteinte à la liberté de religion. L'argument voulant que l'évolution des conditions sociales ait transformé l'objectif de la loi en un objectif laïque a donc été rejeté.

Le tribunal appelé à identifier l'objectif de la mesure contestée peut, par ailleurs, avoir à distinguer celui-ci de l'objectif de l'ensemble de la loi[4]. C'est l'objectif spécifique de la mesure contestée qui importe et non pas un objectif idéalisé ou trop abstrait. Ainsi, s'il est vrai de dire que la majorité des mesures pénales qui restreignent un droit ou une liberté visent de façon générale la sécurité publique, la Cour doit pousser son analyse au-delà de ce lieu commun pour s'intéresser à la

---

[1] *R c. Oakes, [1986] 1 RCS 103.*

[2] *Figueroa c. Canada (Procureur général),* [2003] 1 RCS 912, par. 59.

[3] Statuts Révisés du Canada de 1970, chap. L-13.

[4] *Québec (Procureure générale) c. Alliance du personnel professionnel et technique de la santé et des services sociaux,* [2018] 1 RCS 464, par. 45-47.

façon particulière dont cet objectif se traduit au sein d'une instance particulière.

Le choix des termes « urgentes et réelles » laisse croire que la Cour se montre exigeante dans l'évaluation de la validité des objectifs législatifs contestés. Cependant, depuis *Oakes*, la Cour a eu l'occasion de se pencher sur l'article 1 à maintes reprises et elle a généralement conclu que les mesures contestées étaient conformes au critère énoncé. Eu égard à la problématique de la légitimité du contrôle judiciaire de la constitutionnalité des lois, il peut ainsi paraitre plus acceptable que les tribunaux invalident une mesure pour une atteinte au deuxième élément du critère *Oakes* plutôt qu'en remettant en question l'à-propos de l'objectif législatif.

Par ailleurs, divers arrêts[1] de la Cour suprême affirment que les tribunaux doivent hésiter à reconnaitre comme « urgent et réel » des objectifs législatifs visant l'assainissement des finances publiques et la commodité administrative. En soi, ces considérations sont généralement considérées comme insuffisantes pour avaliser l'atteinte aux droits fondamentaux. Ainsi, dans l'affaire *Singh c. Ministère de l'Emploi et de l'Immigration*, a Cour suprême devait décider si la procédure prévue dans la *Loi sur l'immigration*[2], qui concerne l'arbitrage des revendications du statut de réfugié, portait atteinte aux droits de l'appelant à la vie, à la liberté et à la sécurité de sa personne garantis par l'article 7 de la *Charte*. Selon l'avocat du ministère de l'Immigration, la Cour devait considérer, dans son analyse de l'application de l'article 1 à l'espèce, que la Commission d'appel de l'Immigration faisait déjà face à une surcharge de travail et que ce serait taxer indument les ressources de l'administration que de lui imposer le respect d'exigences procédurales plus onéreuses. Le juge Wilson se dit d'avis que de tels objectifs de commodités administratives n'avaient pas leur place lorsque l'on devait considérer si la limitation d'un droit de la *Charte* était justifiée. Pourtant, il arrive que la Cour soit prête à faire preuve d'une certaine ouverture à cet égard. Dans *Terre-Neuve (Conseil du Trésor) c. N.A.P.E.*, par exemple, la Cour suprême a décidé qu'une crise financière gouvernementale pouvait justifier la restriction d'un droit ou d'une liberté garantie par la *Charte* si elle était liée à d'autres

[1] *Terre-Neuve (Conseil du Trésor) c. NAPE*, [2004] 3 RCS 381 ; *Nouvelle-Écosse (Workers' Compensation Board) c. Martin*, [2003] 2 RCS 504 ; *Singh c. Ministre de l'Emploi et de l'Immigration*, [1985] 1 RCS 177 ; *Conseil scolaire francophone de la Colombie-Britannique c. Colombie-Britannique*, [2020] 1 RCS 678.

[2] *Loi sur l'immigration, 1976*, Statuts du Canada 1976-77, chap. 52.

considérations d'intérêt public, telle la sauvegarde d'emplois, de lits d'hôpitaux, de même que de programmes d'éducation et d'aide sociale.

b) Le moyen choisi en vue d'atteindre cet objectif

Après que le gouvernement a réussi à démontrer l'existence d'un objectif urgent et réel, il doit ensuite établir, toujours selon l'arrêt *Oakes*, que les moyens qu'il a choisis pour atteindre cet objectif sont raisonnables et que leur justification peut se démontrer. Ceci donne lieu à l'application d'un test de proportionnalité entre l'objectif considéré urgent et réel et les moyens choisis pour l'accomplir. Les tribunaux sont ainsi appelés à soupeser les intérêts de la victime de la violation et ceux de la société. Dans *Oakes*, la Cour suprême a jugé que ce test compte trois éléments : ceux du lien rationnel, de l'atteinte minimale et de la pondération finale.[1]

L'élément du lien rationnel exige que le gouvernement démontre, à tout le moins, qu'il est raisonnable de supposer que la règle de droit peut contribuer à la réalisation de l'objectif en question[2]. Imaginons, par exemple, que le gouvernement voudrait rétablir la peine capitale pour ceux qui sont reconnus coupables de meurtre planifié et délibéré. Supposons que le justiciable qui conteste cette mesure démontre dans un premier temps qu'on ait ainsi porté atteinte à son droit à la vie, en violation de l'article 7 de la *Charte*. Dans sa réplique, imaginons que le gouvernement invoque l'article premier pour soutenir que cette mesure s'appuie sur un objectif gouvernemental urgent et réel, savoir celui de dissuader les gens de commettre ce type de crime particulièrement grave. Face à un tel scénario, on peut facilement imaginer que cet objectif recevrait la faveur des tribunaux. La question clé à cette étape de l'analyse consisterait alors à déterminer si la peine de mort constitue effectivement un moyen de dissuasion efficace à l'égard des meurtriers en puissance. On peut facilement concevoir qu'une telle question entrainerait une bataille des chiffres où les experts, statistiques à l'appui, tenteraient de faire prévaloir la thèse défendue par leurs clients. Le ministère public tenterait ainsi de démontrer que le choix de la peine capitale a été soigneusement conçu afin de dissuader la commission de

---

[1] Pour l'application du test de proportionnalité par la Cour européene des droits de l'Homme, voir *SAS c. France*, [2014] CEDH 2014-07-01, requête no 43835/11. Voir aussi, *Le Contrôle de proportionnalité*, *Revue justice actualités*, n° 24, déc. 2020, École nationale de la magistrature, 134 p., https://www.enm.justice.fr/api/getFile /sites/default/files/RJA24-le-controle-de-proportionnalite.pdf.

[2] *Association de la police montée de l'Ontario c. Canada (Procureur général),* [2015] 1 RCS 3, par. 143-144.

ce genre de crime alors que la défense, pour sa part, prétendrait que le moyen choisi n'a aucun lien rationnel avec l'objectif visé, qu'il est inéquitable et fondé sur des considérations irrationnelles.

Si le gouvernement parvient à démontrer l'existence d'un lien rationnel entre l'objectif, urgent et réel, et le moyen choisi pour l'atteindre, le deuxième élément du critère de proportionnalité l'oblige alors à démontrer que le moyen choisi porte également le moins possible atteinte au droit garanti par la *Charte*. Ainsi, pour reprendre l'exemple du rétablissement de la peine capitale, supposons que la mesure contestée rétablirait la peine de mort, non seulement pour le meurtre prémédité et délibéré mais pour tout genre d'homicide intentionnel. La défense pourrait alors certes prétendre que si le tribunal conclut qu'il existe un lien rationnel en l'espèce, la mesure contestée devrait néanmoins être jugée inconstitutionnelle parce qu'elle ne se limite pas à la situation du meurtre prémédité et délibéré. Un tel argument s'appuierait sur la proposition que seuls ceux qui contemplent la possibilité de tuer de sang-froid pourraient possiblement être dissuadés par la possibilité d'être eux-mêmes exécutés s'ils passent aux actes, que ce facteur de dissuasion ne s'applique pas au meurtre passionnel. Mentionnons, par ailleurs, qu'il est suffisant à cette étape que le gouvernement démontre que le moyen choisi fait partie d'une série de solutions raisonnables[1] et il n'a pas à adopter une mesure moins efficace que celle qu'il a choisie[2]. Mais il doit néanmoins démontrer l'absence de moyens moins intrusifs d'atteindre l'objectif de façon réelle et substantielle[3].

La pondération finale, troisième élément du critère de proportionnalité proposé par la Cour suprême dans *Oakes*, amène les tribunaux à « mettre en balance l'incidence de la loi sur les droits protégés et l'effet bénéfique de la loi sur le plan de l'intérêt supérieur du public »[4]. Tel que le fait remarquer une majorité de la Cour suprême :

> La troisième étape de l'analyse de la proportionnalité donne l'occasion d'apprécier, à la lumière des détails d'ordre pratique et contextuel qui ont été dégagés aux première et deuxième étapes, si les avantages découlant de la limitation sont

[1] *Québec (Procureur général) c. A*, [2013] 1 RCS 61.
[2] *RJR-MacDonald Inc. c. Canada (Procureur général)*, [1995] 3 RCS 199.
[3] *Carter c. Canada (Procureur général)*, 2015 CSC 5, [2015] 1 RCS 331, par. 102.
[4] *R. c. K.R.J.*, [2016] 1 RCS 906, par. 77.

> proportionnels aux effets préjudiciables, mesurés au regard des valeurs consacrées par la Charte.[1]

L'affaire *R. c. K.R.J.* est une des seules où la Cour suprême a invalidé une mesure sur l'unique base de cet élément, c'est-à-dire après avoir conclu que la mesure poursuivait pourtant un objectif urgent et respectait à la fois les éléments du lien rationnel et de l'atteinte minimale. Normalement, on conclut que l'élément de la pondération finale n'a pas été respecté après avoir, par ailleurs, statué qu'il en était de même pour l'élément de l'atteinte minimale.

D. L'article 32(1) de la Charte

La disposition à l'article 32(1) concerne l'application de la *Charte*. Elle se lit ainsi :

> 32. (1) La présente charte s'applique :
>
> a) au Parlement et au gouvernement du Canada, pour tous les domaines relevant du Parlement, y compris ceux qui concernent le territoire du Yukon et les territoires du Nord-Ouest ;
>
> b) à la législature et au gouvernement de chaque province, pour tous les domaines relevant de cette législature.

La Charte est donc applicable au parlement fédéral tout comme aux législatures des provinces ainsi qu'à leurs gouvernements respectifs lorsque ceux-ci se manifestent tant à travers des règlements, des arrêtés, des directives ou toutes autres règles de cette nature. Elle vise essentiellement à limiter les pouvoirs du gouvernement sur le particulier. En principe, le constituant a choisi délibérément d'exclure les activités privées de sa protection[2]. Nous disons bien, en principe, car, comme nous le verrons, ce propos doit être nuancé. En réalité, il faut comprendre que la *Charte* s'applique à une entité soit de façon permanente, en raison de son essence, soit conjoncturellement, en raison d'une fonction particulière qu'elle est amenée à exercer[3].

1. Une entité gouvernementale en raison de son essence

Il s'agit du cas où l'entité elle-même est considérée comme une composante du « gouvernement » au sens de l'article 32. Une telle

---

[1] *Thomson Newspapers Co c. Canada (Procureur général).* [1998] 1 RCS 877, par. 125.

[2] *Mckinney c. Université de Guelph*, [1990] 3 RCS 229.

[3] *Eldridge c. Colombie-Britannique (Procureur général)*, [1997] 3 RCS 624, par. 44.

conclusion requiert l'examen de la question de savoir si l'entité, à qui l'on reproche d'avoir enfreint un droit garanti par « la *Charte*, peut — soit de par sa nature même, soit à cause du degré de contrôle exercé par le gouvernement sur elle — être à juste titre considérée comme faisant partie du 'gouvernement' au sens du par. 32(1) »[1]. En pareil cas, toutes les activités de l'entité sont assujetties à la *Charte*, indépendamment du fait que l'activité en cause pourrait à juste titre être qualifiée de « privée » si elle était exercée par un acteur non gouvernemental. Comme la Cour suprême l'explique dans l'arrêt *Douglas*[2], la *Charte* s'applique à l'ensemble des activités des gouvernements, qu'elles puissent ou non être qualifiées de « privées ». Autrement, ceux-ci pourraient échapper à l'emprise de la *Charte* en créant des sociétés privées afin de gérer leurs programmes.

Ainsi dans l'affaire *Lavigne*[3], la Cour suprême a conclu que le Conseil des gouverneurs d'un collège communautaires de l'Ontario est une émanation du gouvernement puisque celui-ci possède un pouvoir de contrôle routinier ou régulier à son égard, le Conseil n'étant qu'une partie de la structure gouvernementale. La jurisprudence dégage d'ailleurs divers critères visant à déterminer si un pouvoir de contrôle de ce type peut être dégagé de la nature d'une entité quelconque. C'est notamment le cas lorsque les administrateurs sont nommés à titre amovible par le gouvernement et que celui-ci peut règlementer leur fonctionnement en vertu de la loi. Par contre, dans l'affaire *McKinney*[4], la Cour suprême a conclu à l'absence d'un pouvoir de contrôle gouvernemental routinier ou régulier dans le cas des universités, en dépit du fait que ces entités sont financées en grande partie par le gouvernement et que celui-ci leur impose une importante règlementation.

Les municipalités constituent, par ailleurs, un autre type d'entité, qui, par sa nature, fait partie intégrante du « gouvernement ». La Cour suprême en est arrivée à cette conclusion en fonction de divers facteurs, notamment du fait qu'à l'instar du parlement et des législatures provinciales, il s'agit de corps élus démocratiquement, en mesure de prélever des taxes auprès de la population, pouvant adopter des règles de droit et les faire respecter, sans compter qu'ils exercent des responsabilités

---

[1] *Ibid.*
[2] *Douglas/Kwantlen Faculty Assn c. Douglas College*, [1990] 3 RCS 570, à la p. 585.
[3] *Lavigne c. Syndicat des employés de la fonction publique de l'Ontario*, [1991] 2 RCS 211.
[4] *Mckinney c. Université de Guelph*, [1990] 3 RCS 229.

déléguées par une législature provinciale, dont celle-ci devrait autrement s'acquitter elle-même[1].

2. *Une entité gouvernementale en raison de sa fonction*

Il s'agit du cas où un acte particulier d'une entité privée est assujetti à la *Charte* du fait qu'il peut être attribué au gouvernement. Dès lors, l'analyse cible non plus l'identité de l'acteur mais bien l'acte qu'il a posé. Si celui-ci s'inscrit dans la gamme des activités qui relèvent normalement du gouvernement, tel que c'est le cas lorsque ce dernier lui a délégué l'autorité d'administrer l'un de ses programmes, l'acte en question peut faire l'objet d'une analyse fondée sur la *Charte* ; cependant, le reste des activités de l'entité en sont épargnées. En l'absence d'une telle règle, les législatures pourraient facilement soustraire de l'application de la *Charte* des secteurs d'activités qui relèvent normalement des gouvernements.

Illustrons cette problématique en recourant à l'exemple d'un hôpital. Selon la jurisprudence, ses activités peuvent ou non être assujetties à la *Charte* en fonction du contexte. Ainsi, dans l'affaire *Stoffman*[2], on a conclu qu'en appliquant un règlement de retraite obligatoire qu'elle avait elle-même conçue, le conseil d'administration du *Vancouver General Hospital* ne mettait pas en œuvre une politique gouvernementale. Ce règlement relève strictement de sa régie interne. Certes, le gouvernement de la province dispose du pouvoir formel de nommer les membres de ce conseil d'administration mais cela vise simplement à assurer une représentation équitable de certains groupes en son sein. Conséquemment, la décision contestée n'est pas soumise à la *Charte*. Toutefois, dans *Eldridge*, la Cour suprême en a décidé autrement. Il s'agissait ici de savoir si la *Charte* s'appliquait à la décision de ne pas fournir des services d'interprétation gestuelle à l'intention des personnes atteintes de surdité dans le cadre du régime de soins de santé de Colombie-Britannique. En répondant à l'affirmative, la Cour explique qu'en vertu de l'*Hospital Insurance Act*[3], l'État finance les services hospitaliers en remboursant aux hôpitaux les services médicalement nécessaires dans le cadre d'un système dont l'accès est universel et gratuit. L'organisme auquel a été délégué le pouvoir discrétionnaire de décider si un service constitue un avantage médicalement nécessaire est la *Medical Services Commission*. En l'espèce, cet organisme a exercé

[1] *Godbout c. Longueuil (Ville)*, [1997] 3 RCS 844, par. 51.
[2] *Stoffman c. Vancouver General Hospital*, [1990] 3 RCS 483.
[3] Revised Statutes of British Columbia, 1979, chap. 180.

une fonction gouvernementale. Pour la Cour, l'offre de ces services va au-delà d'une simple question de régie interne de l'hôpital et manifeste une politique gouvernementale. La législature, lorsqu'elle définit son objectif comme étant celui de garantir l'accès à un éventail de services médicaux, ne peut pas s'échapper de l'emprise du paragraphe 15(1) de la *Charte* de fournir ces services sans discrimination en déléguant aux hôpitaux la responsabilité de réaliser cet objectif. Il existe un lien direct et défini entre une politique gouvernementale particulière et la décision de la Commission que l'on conteste.

E. Les recours en vertu de l'article 24 de la *Charte*

Ces recours relèvent à la fois des alinéas 24(1) et 24(2) de la *Charte*. Nous les considèrerons tour à tour.

1. L'alinéa 24(1)

Cette disposition se lit ainsi :

> 24. (1) Toute personne, victime de violation ou de négation des droits ou libertés qui lui sont garantis par la présente charte, peut s'adresser à un tribunal compétent pour obtenir la réparation que le tribunal estime convenable et juste eu égard aux circonstances.

Il s'agira tout d'abord de déterminer quel tribunal est compétent aux fins de la disposition pour ensuite traiter des types de réparation qui se qualifient.

a) Un tribunal compétent

Les cours supérieures des provinces peuvent toujours entendre des requêtes en vertu de l'alinéa 24(1) même lorsque la juridiction autrement saisie de l'affaire exerce une compétence concurrente à cet effet[1]. Ainsi, les justiciables ne sont jamais laissés sans recours.

Par ailleurs, afin de déterminer si un quelconque tribunal judiciaire ou administratif possède la compétence requise, il faut examiner sa loi constitutive. Lorsqu'il est régulièrement saisi d'une affaire dans laquelle est invoqué l'alinéa 24(1), il pourra trancher la question que si cette loi lui accorde le pouvoir de trancher des questions de droit et ne lui retire pas explicitement la compétence à l'égard de la *Charte*[2]. C'est

---

[1] *Canada (Procureur général) c. McArthur*, [2010] 3 RCS 626, par. 14.

[2] *R c. Conway, [2010] 1 RCS 765, par. 22.*

notamment le cas d'une cour provinciale de juridiction pénale[1] et dans certaines circonstances, d'un arbitre en droit du travail[2]. Par contre, un juge qui préside une enquête préliminaire en matière pénale n'est pas un « tribunal compétent »[3].

b) La réparation convenable et juste eu égard aux circonstances

S'agissant de reconnaitre au tribunal le pouvoir d'accorder la réparation convenable et juste eu égard aux circonstances, le constituant entendait lui offrir une marge de manœuvre considérable. Les tribunaux peuvent donc faire preuve d'imagination et innover en la matière dans la mesure où la réparation demeure « convenable et juste eu égard aux circonstances »[4].

L'affaire *Doucet-Boudreau c. Nouvelle-Écosse (Ministre de l'Éducation)*[5] offre une illustration intéressante de la créativité dont ont fait preuve les tribunaux à ce chapitre. Il s'agissait ici de parents de Nouvelle-Écosse qui enjoignaient à la province et au conseil scolaire acadien de leur fournir des écoles secondaires homogènes de langue française. Le gouvernement provincial reconnaissait que l'article 23 de la *Charte* leur conférait un tel droit mais tardait à se conformer à ses obligations constitutionnelles à cet égard. Comme l'a souligné la Cour suprême, cela constituait un problème puisque les droits linguistiques ont ceci de particulier qu'ils nécessitent une masse critique pour leur mise en œuvre. Or l'inertie gouvernementale contribuait à l'érosion progressive de la minorité francophone de sorte que la persistance de la violation du droit aurait pu éventuellement mettre fin à son existence. Conséquemment, le juge de première instance a conclu à une violation de l'article 23 et a ordonné au gouvernement de faire de son mieux pour remédier aux vices constitutionnels à l'intérieur de délais déterminés. Qui plus est, celui-ci s'est déclaré compétent pour exiger que le gouvernement se présente à nouveau devant lui afin qu'il puisse s'assurer que les mesures nécessaires seraient effectivement prises. Ce dernier élément de la décision fut contesté par le gouvernement en appel. La Cour d'appel de la Nouvelle-Écosse[6] a ajouté foi en sa prétention en

---

[1] *R c. Smith*, [1989] 2 RCS 1120. Celles-ci ne peuvent toutefois ordonner le paiement de dommages-intérêts.

[2] *Weber c. Ontario Hydro*, [1995] 2 RCS 929.

[3] *R c. Hynes*, [2001] 3 RCS 623, par. 49.

[4] *Vancouver (Ville) c. Ward*, [2010] 2 RCS 28, par. 19.

[5] [2003] 3 RCS 3.

[6] *Doucet-Boudreau v. Nova Scotia (Attorney General)*, 2001 NSCA 104 (CanLII), https://canlii.ca/t/4v3r.

jugeant qu'après avoir constaté l'existence de la violation de la *Charte*, le juge était devenu *functus officio*, de sorte qu'il outrepassait sa compétence en exigeant que le gouvernement lui rendre subséquemment des comptes. De même, la Cour d'appel s'est dite d'avis que l'alinéa 24(1) n'élargit pas la compétence des tribunaux de façon à leur donner le pouvoir de mettre à exécution les réparations qu'ils accordent. Une majorité de la Cour suprême a accueilli l'appel des parents face à cette décision. Pour le plus haut tribunal du pays, le juge du procès n'était pas devenu *functus officio* au moment opportun et n'avait pas non plus usurpé les fonctions du pouvoir exécutif en l'espèce. Au contraire, la réparation pour laquelle a opté le juge du procès défendait adéquatement les droits des parents en encourageant la province à construire des écoles avec célérité, sans faire dévier la cour du rôle qui revient aux tribunaux, eu égard à la séparation des pouvoirs qui régit le fonctionnement de l'État.

L'affaire *Doucet-Boudreau* a été l'occasion pour la Cour suprême de se pencher sur le sens de l'expression « convenable et juste eu égard aux circonstances ». Il faut, en outre, qu'elle permette de défendre adéquatement les droits et libertés du demandeur. Ensuite, les tribunaux ne doivent pas chercher à enfreindre inutilement les fonctions qui relèvent principalement du pouvoir exécutif. De même, les tribunaux ne doivent pas imaginer des types de réparation qui dépassent le seuil de leur moyen et la nature de leur expertise. Par ailleurs, la réparation prévue ne doit pas causer des difficultés indues à la partie à qui elle incombe. Finalement, la Cour encourage la magistrature à faire preuve de créativité et de souplesse en la matière.

En l'espèce, on a jugé que la décision du juge du procès répondait généralement à l'ensemble de ces éléments. Tel que nous l'avons vu, le gouvernement reconnaissait que son comportement enfreignait le droit des parents mais tardait néanmoins à fournir les écoles nécessaires à la réalisation du droit garanti. Si le juge s'était limité à ordonner au gouvernement de faire de son mieux pour fournir cette éducation dans les plus brefs délais sans l'obliger à lui rendre des comptes en temps opportun, celui-ci aurait pu poursuivre sa politique d'atermoiement, obligeant ainsi les parents à entamer une nouvelle procédure avec tous les délais et les frais que ceci aurait engagés. Compte tenu de la nature du droit en présence et de l'historique des interactions entre les partis, le juge du procès avait fait preuve de créativité pour que le droit des parents soit respecté avant qu'il ne devienne trop tard pour secourir la minorité francophone de Nouvelle-Écosse. Ainsi, vu les circonstances, le juge n'avait pas indument usurpé les fonctions du pouvoir exécutif.

2. L'alinéa 24(2)

Le problème entourant l'exclusion de la preuve illégalement obtenue fait couler beaucoup d'encre[1]. L'intérêt qu'on porte à ce sujet relève autant de considération pratique que philosophique. Pour les plaideurs, l'exclusion de la preuve illégalement obtenue signifie souvent l'acquittement d'un accusé qui aurait autrement été reconnu coupable. Pour les auteurs, ce problème entraine un conflit entre la poursuite de deux séries d'objectifs traditionnels de la procédure pénale : d'une part, la lutte contre la criminalité et son corolaire, la recherche de la vérité, et d'autre part, les objectifs visant à favoriser l'intégrité du système pénal et le respect des garanties constitutionnelles de l'accusé. La problématique de la preuve illégalement obtenue peut donc se concevoir comme une tentative de réconcilier ces deux séries d'objectifs. Au Canada, cette dialectique a entrainé l'adoption de l'alinéa 24(2) de la *Charte*, qui prévoit :

> (2) Lorsque, dans une instance visée au paragraphe (1), le tribunal a conclu que des éléments de preuve ont été obtenus dans des conditions qui portent atteinte aux droits ou libertés garantis par la présente charte, ces éléments de preuve sont écartés s'il est établi, eu égard aux circonstances, que leur utilisation est susceptible de déconsidérer l'administration de la justice.

Ainsi, pour le justiciable, il s'agit, tout d'abord, de démontrer, selon le libellé même de la disposition, que les éléments de preuve dont la recevabilité est contestée « ont été obtenus dans des conditions qui portent atteinte aux droits ou libertés garantis » par la *Charte*. En pratique, il s'agit d'un élément de preuve, tel un aveu incriminant ou une preuve matérielle, obtenue à la suite de la violation de certaines garanties juridiques, tel le droit de garder le silence, le droit à l'avocat,

[1] Voir notamment, Simon Roy, « L'Article 24(2) de la Charte canadienne », *in Canadian Charter of Rights and Freedoms/Charte canadienne des droits et libertés*, 5e éd., E. Mendes et S. Beaulac (dir.), Toronto, Lexis Nexis, 2013, p. 1189-1219 ; Veenu Goswami, « Breaking the Purposive Barrier: Embracing Non-Repetition as a Guiding Principle for Subsection 24(2) of the Charter », *University of British Columbia Law Review*, vol. 51, 2018, p. 289 ; Stephen Thaman, « Constitutional Rights in the Balance: Modern Exclusionary Rules and the Toleration of Police Lawlessness in the Search for Truth », *University of Toronto Law Review*, vol. 61, 2011, p. 691.

le droit à la protection contre la détention arbitraire, de même le droit à la protection contre les fouilles, saisies et perquisitions abusives.

Ensuite, force est de reconnaitre que l'alinéa 24(2) adopte un moyen terme. C'est uniquement lorsque l'utilisation de la preuve obtenue illégalement est susceptible de déconsidérer l'administration de la justice que celle-ci sera exclue. Autrement, la preuve est recevable. L'alinéa 24(2) peut donc se concevoir comme étant un compromis politique. D'une part, les tenants de la loi et de l'ordre auraient préféré que l'on conserve la règle canadienne de common law qui préconise l'admission de toute preuve pertinente indépendamment de la manière dont elle a été obtenue. D'autre part, les groupes voués à la défense des libertés publiques militaient en faveur d'une règle d'exclusion à l'américaine, qui écarte tout élément de preuve obtenue en violation du *Bill of Rights*.

Eu égard aux facteurs à considérer pour déterminer si l'utilisation de la preuve est susceptible de déconsidérer l'administration de la justice, la jurisprudence de la Cour suprême a évolué considérablement depuis l'adoption de la *Charte*. Il est possible de résumer cette évolution à partir de la distinction entre le critère des arrêts *Collins/Stillman*[1] et celui de l'affaire *Grant*[2]. Le premier critère a eu cours entre 1987 et 2009 alors que le second règne depuis lors. Le critère *Collins/Stillman* donnait lieu à une règle d'exclusion quasi automatique lorsqu'il était jugé que la preuve concernée portait atteinte à l'équité du procès, c'est-à-dire lorsque l'État avait adopté un comportement amenant l'accusé à prêter son concours à la police pour l'incriminer. Ce type de violation s'inscrivait le plus souvent dans le contexte d'une violation du droit à l'avocat ou du droit de garder le silence. Lorsqu'au contraire, la preuve contestée était une preuve matérielle obtenue lors d'une fouille abusive, celle-ci était généralement admise puisque son existence, disait-on, préexistait la violation de la *Charte*.

Depuis que le critère *Collins/Stillman* a été rejeté en faveur de celui adopté dans *Grant*, on a rejeté le principe d'une règle d'exclusion quasi automatique. Les tribunaux se voient désormais conférer une large marge de manœuvre devant être exercée judiciairement en fonction d'une série de facteurs qui modifient considérablement la précédente grille d'analyse. Ils doivent maintenant évaluer et soupeser l'effet que l'utilisation des éléments de preuve aurait sur la confiance de la société envers le système de justice en tenant compte de la gravité de la

---

[1] *R c. Collins*, [1987] 1 RCS 265 ; *R c. Stillman*, [1997] 1 RCS 607.
[2] *R c. Grant*, [2009] 2 RCS 353.

conduite attentatoire de l'État, de l'incidence de la violation sur les droits de l'accusé garantis par la *Charte* et de l'intérêt de la société à ce que l'affaire soit jugée au fond.

F. L'article 33 de la Charte

L'article 33 de la *Charte*, que l'on qualifie de « clause nonobstant », « clause dérogatoire » ou encore « clause échappatoire » se lit ainsi :

> 33. (1) Le Parlement ou la législature d'une province peut adopter une loi où il est expressément déclaré que celle-ci ou une de ses dispositions a effet indépendamment d'une disposition donnée de l'article 2 ou des articles 7 à 15 de la présente charte.
> (2) La loi ou la disposition qui fait l'objet d'une déclaration conforme au présent article et en vigueur à l'effet qu'elle aurait sauf la disposition en cause de la charte.
> (3) La déclaration visée au paragraphe (1) cesse d'avoir effet à la date qui y est précisée ou, au plus tard, cinq ans après son entrée en vigueur.
> (4) Le Parlement ou une législature peut adopter de nouveau une déclaration visée au paragraphe (1).
> (5) L'article (3) s'applique à toute déclaration adoptée sous le régime du paragraphe (4).

La clause nonobstant représente à l'instar de la deuxième phrase de l'article premier, une limite au principe de la primauté de la *Charte*. Il a joué un rôle important dans le cadre des négociations constitutionnelles de 1981. On dit que c'est à la suite de la proposition du gouvernement central d'insérer cette clause dans son projet de *Charte* que les provinces récalcitrantes se sont finalement ralliées[1]. À l'instar de l'article premier, elle représente un compromis entre deux écoles : ceux qui, en faveur d'une solution à l'américaine, désiraient enchâsser une charte dans la constitution et ceux qui, fidèles à la tradition britannique, désiraient maintenir le principe de la suprématie parlementaire. Comme le stipule le paragraphe 1 de l'article, le Parlement ou la législature

[1] Dale Gibson, *The Law of the Charter: General Principles*, Toronto, Carswell, 1986, p. 124. Est-il besoin de rappeler que l'une de ces provinces récalcitrantes, le Québec, n'a toujours pas souscrit à l'accord ? Pour une explication détaillée des évènements politiques entourant le refus du Québec de signer l'accord, voir Claude Morin, *Lendemains piégés : du référendum à la nuit des longs couteaux*, Montréal, Boréal Express, 1988.

d'une province peut, en invoquant cette clause, s'échapper de l'emprise de la *Charte*.

Si l'adoption de l'article 33 a déçu les partisans de la révision judiciaire de la constitutionnalité des lois, la clause nonobstant fait perdre à la *Charte* toute sa valeur. Premièrement, cette clause ne peut être invoquée qu'à l'encontre de ses articles 2 et 7 à 15. C'est dire qu'elle s'applique à l'ensemble des libertés fondamentales, des garanties juridiques en matière pénale et des droits à l'égalité. Toutefois les droits démocratiques, les droits linguistiques, l'article 24 relatif aux recours, de même que les droits contenus dans d'autres parties de la *Loi constitutionnelle de 1982*, sont tous à l'abri de la clause nonobstant.

Deuxièmement, l'obligation qui incombe au législateur qui désire invoquer l'article 33 d'expressément déclarer son intention ne lui laisse d'autres choix que de débattre son projet de loi en chambre. Ceci pourra entraîner des conséquences politiques néfastes pour le gouvernement à qui l'opposition pourra reprocher de vouloir empiéter sur les droits fondamentaux des citoyens. L'effet des alinéas 3 à 5 de l'article 33, qui obligent le gouvernement à renouveler son intention expresse de déroger à un droit fondamental à la suite d'une période de 5 ans, pourrait, compte tenu des mêmes considérations politiques, inciter ce dernier à n'utiliser son pouvoir de dérogation qu'avec prudence. Le cout politique qu'un gouvernement peut avoir à payer après avoir invoqué la clause nonobstant est bien illustré par la controverse qu'a suscitée l'adoption de cette clause dans le contexte de la constitutionnalité de la *Charte de la langue française*[1], au Québec, surtout dans le dossier de la langue d'affichage[2]. Par ailleurs, notons que la clause nonobstant peut être invoquée par le gouvernement avant même qu'un tribunal aille statuer sur la constitutionnalité de la mesure contestée ou encore postérieurement à sa déclaration d'inconstitutionnalité. Le gouvernement peut ainsi, à sa guise, choisir soit de prévenir, soit d'encaisser, soit de guérir en adoptant la loi à nouveau.

En terminant, mentionnons que dans l'arrêt *Ford c. Québec (Procureur général)*, [1988] 2 RCS 712, la Cour suprême a jugé que le gouvernement québécois avait agi constitutionnellement en utilisant systématiquement l'article 33 pour l'ensemble de sa législation de 1982 à 1985. On se souvient que le gouvernement de l'époque avait pris cette

---

[1] Lois refondues du Québec, chap. C-11.

[2] Voir à ce sujet, Michael Mandel, *The Charter of Rights and The Legalization of Politics in Canada*, Toronto, Wall and Thompson, 1994, p. 121-123.

mesure pour contester le fait que la constitution avait été rapatriée et chambardée sans son consentement. Indépendamment du contexte politique bien particulier ayant donné lieu à ce geste, cette décision nous démontre dans quelle mesure l'existence de l'article 33 rend fragiles les garanties constitutionnelles qui lui sont soumises. Cela dit, il est rare que l'on y fasse appel depuis l'adoption de la *Charte*. Le gouvernement fédéral n'a jamais eu recours à cette clause alors que, outre le Québec, les provinces de la Saskatchewan, du Yukon, de l'Ontario et de l'Alberta ont également tour à tour fait une déclaration relative à l'article 33, quoique celles-ci n'ont pas toutes donné suite à une loi.

G. Conclusion

Les démocraties qui ont choisi d'enchâsser un document de protection des droits fondamentaux au sein de leur constitution n'échappent généralement pas à la problématique de la légitimité du contrôle judiciaire de la constitutionnalité. C'est notamment le cas du Canada, surtout à la suite de l'adoption de la *Charte*.

Au Canada, comme ailleurs, la critique du « gouvernement par les juges » et la menace à une certaine forme de démocratie qui en résulterait a su trouver, autant à gauche[1] qu'à droite[2], un certain nombre de partisans pour qui la « magistrocratie » empiète indument sur la souveraineté populaire. Que l'on soit d'accord ou non avec ce point de vue, force est de constater qu'une majorité de nos plus grands débats de société, depuis plus de trente ans, ont subi le test de l'application de la *Charte* par les tribunaux : Mentionnons, à titre d'exemples,

---

[1] Voir notamment, Michael Mandel, *La Charte des droits et libertés et la judiciarisation du politique au Canada*, Montréal, Boréal, 1996 ; et Andrew Petter, *The Politics of the Charter*, Toronto, University of Toronto Press, 2010.

[2] Voir notamment, F.L. Morton et Rainer Knopff, *The Charter Revolution and the Court Party,* Peterborough, Ontario, Broadview Press, 2000 ; Mathieu Bock-Côté, *Le Multiculturalisme comme religion politique*, Paris, Les Éditions du Cerf, 2016.

l'avortement[1], la peine de mort[2], l'aide médicale à mourir[3] et le mariage des personnes du même sexe[4].

Tocqueville disait qu'« il n'est presque pas de question, aux États-Unis, qui ne se résolve tôt ou tard en question judiciaire »[5]. L'adoption de la *Charte* a ainsi fait résonner l'écho de Tocqueville au nord du 49e parallèle. Mais les tribunaux se défendent bien d'avoir cherché à s'arroger un pouvoir à l'encontre de la volonté des politiques, rappelant que ce sont bien ces derniers qui ont délibérément choisi d'enchâsser la *Charte* au sein de la *Constitution* du pays. Les juges, pour leur part, n'ont jamais demandé d'exercer le pouvoir qu'elle leur confère. Ces derniers admettent néanmoins que, pour demeurer légitime, la révision judiciaire de la constitutionnalité des lois doit comporter des balises visant à assurer que le pouvoir législatif conserve une sphère d'activité suffisante pour jouer pleinement son rôle.

> Le principe de la séparation des pouvoirs est « un élément essentiel de notre constitution » [...] Il reconnait qu'un organe du gouvernement « ne peut jouer son rôle lorsqu'un autre empiète indument sur lui » [...] ainsi, il ne fait aucun doute que le Parlement doive pouvoir « exercer ses activités législatives libre de toute ingérence de la part d'organismes ou d'institutions externes, y compris les tribunaux ».[6]

Pour la Cour suprême, « bien que l'adoption de la *Charte canadienne des droits et libertés* aille « dans une large mesure [...] fait passer le système canadien de gouvernement de la suprématie parlementaire à la

---

[1] *R c. Morgentaler, [1988] 1 RCS 30 ; Borowski c. Canada (Procureur général), [1989] 1 RCS 342, Tremblay c. Daigle, [1989] 2 RCS 530.*

[2] Cette question s'est posée dans le cadre d'une demande américaine d'extradition concernant deux fugitifs que l'on soupçonnait de meurtre. Il s'agissait de déterminer si le Canada pouvait procéder à cette extradition sans obtenir des assurances de la part de l'État de Washington que ces fugitifs ne subiraient pas la peine de mort, advenant leur condamnation : *États-Unis c. Burns*, [2001] 1 RCS 283.

[3] *Rodriguez c. Colombie-Britannique (Procureur général)*, [1993] 3 RCS 519 ; *Carter c. Canada (Procureur général),* [2015] 1 RCS 331. Voir, Henri Pallard et Michel Giroux, « L'aide médicale à mourir au Canada : de Rodriguez à Carter », *Revue des droits et libertés fondamentaux*, 2019, chron. n° 06, http://www.revuedlf.com/droit-constitutionnel/laide-medicale-a-mourir-au-canada-de-rodriguez-a-carter/.

[4] *Renvoi relatif au mariage entre personnes du même sexe*, [2004] 3 RCS 698.

[5] Alexis de Tocqueville, *De la démocratie en Amérique*, https://fr.wikisource.org/wiki/De_la_démocratie_en_Amérique/Édition_1848/Deuxième_partie/Chapitre_8.

[6] *Mikisew Cree First Nation c. Canada (Gouverneur général en conseil)*, [2018] 2 RCS 765, par 35.

suprématie constitutionnelle »[1], cela n'a pas transformé radicalement les rapports entre les politiques et les tribunaux. Ils s'inscrivent toujours sous le signe de la complémentarité plutôt que de l'adversité. La Cour se représente cette relation comme relevant d'un « dialogue »[2] qui, loin de nuire au processus démocratique, lui permet plutôt de l'enrichir.

[1] *Ibid.*, par. 36.

[2] À ce sujet, voir Jean Leclair, « La Métaphore du dialogue en droit constitutionnel canadien : un concept qui dessert les intérêts du citoyen ? », *in Dialogues sur la justice : le public, le législateur, les tribunaux et les médias*, Patrick Molinari (dir.), Montréal, Institut canadien d'administration de la justice, Les Éditions Thémis, 2003, p. 83-98.

CONSTITUTION ET COUR CONSTITUTIONNELLE

L'histoire de la Mongolie

Manuel J. PELÁEZ[1] et Xiaomei HAN[2]

La Mongolie est un pays enclavé d'Asie orientale, avec une population de 3,3 millions environ et une superficie de 1,5 million de kilomètres carrés environ. La capitale, Oulan-Bator, est la plus grande ville du pays. Le principal groupe ethnique est celui des Mongols Khalkha[3], qui représentent environ 80 % de la population ; nous y retrouvons en plus des minorités ethniques, comme les Kazakhs[4]. La langue officielle est le mongol, et la religion des principaux résidents est le bouddhisme tibétain[5]. Environ 30 % de la population est nomade ou semi-nomade.

Au cours de son histoire, la Mongolie a été gouvernée par de nombreux nomades — Huns[6], Xianbeis[7], Rourans[8], Turcs[9], Khitans[10]. En

[1] Professeur d'Université, Faculté de Droit, Université de Malaga, Espagne.

[2] Professeure associée, Université de Malaga, Espagne.

[3] Les Mongols de Khalkha forment le plus grand sous-groupe de Mongols depuis le 15e siècle, avec plus de 3 millions de personnes en Mongolie.

[4] Les Kazakhs sont un groupe ethnique habitant principalement les montagnes de l'Oural — cette chaine s'étend de la côte de l'océan Arctique au fleuve Oural et au nord-ouest du Kazakhstan — et les parties nord de l'Asie centrale et orientale. Il y a environ 102 000 Kazakhs en Mongolie.

[5] Le bouddhisme tibétain, la forme de bouddhisme pratiquée au Tibet, a également des adeptes dans les régions entourant l'Himalaya, en Asie centrale, dans les régions du sud de la Sibérie comme Tuva, et en Mongolie. Sa première diffusion a commencé au cours des 7e et 9e siècles.

[6] Les Huns étaient un peuple nomade qui vivait en Asie centrale, dans le Caucase et en Europe de l'Est du 4e au 6e siècle.

[7] Les Xianbeis formaient un ancien peuple nomade habitant l'est de l'Eurasie, dans cette région occupée aujourd'hui par la Mongolie, la Mongolie intérieure et le Nord-est de la Chine.

[8] Le Rouran ou le Rouran Khaganate était une confédération tribale et plus tard un État. Le Rouran a duré de la fin du 4e siècle au milieu du 6e siècle.

[9] Les Turcs étaient un groupe ethnique qui vivait en Eurasie et utilisait la langue turque. Les anciens Turcs ont fondé un État en 552 dont le territoire comprenait toute la Mongolie actuelle et le nord de l'Asie centrale.

[10] Les Khitans étaient un peuple nomade mongol qui, à partir du 4e siècle, habitait la région de la Mongolie, du nord-est de la Chine et de l'Extrême-Orient russe.

1206, Gengis Khan[1] a créé la Grande Mongolie. En 1260, son petit-fils Kubilai Khan (1215-1294)[2] a établi la dynastie des Yuans (1271-1368). Après sa disparition, les Mongols sont retournés dans les prairies mongoles, mais ils se sont souvent heurtés à la dynastie Ming de Chine (1368-1644). Au cours des 16e et 17e siècles, la Mongolie a commencé à être influencée par le bouddhisme tibétain. À la fin du 17e siècle, l'ensemble du territoire de la Mongolie a été inclus dans le territoire chinois pendant la dynastie Qing de Chine (1636-1911). Après la chute de la dynastie Qing en 1911, la Mongolie a déclaré son indépendance, mais elle n'a pas été reconnue internationalement à ce moment-là. La Mongolie a acquis son indépendante en 1921 sous le contrôle de l'Union soviétique, et a rejoint les Nations Unies en 1961 ; c'est à ce moment qu'elle obtient la reconnaissance internationale. La République populaire de Mongolie a été créée en 1924 sous l'influence de l'Union soviétique. Après les changements drastiques en Europe de l'Est, au début de 1990, une révolution démocratique a éclaté en Mongolie. La Constitution mongole actuelle a été adoptée le 13 janvier 1992. Cette nouvelle Constitution prévoit un système multipartite et la société a commencé la transition vers une économie de marché.

A. Aperçu général de l'histoire constitutionnelle de la Mongolie

À travers son histoire, la Mongolie a eu quatre constitutions. La République populaire de Mongolie s'était effectivement donnée une constitution à trois reprises, en 1924, 1940 et 1960.

À propos de l'histoire des trois Constitutions au cours de la République populaire de Mongolie, en 1911, la Mongolie du Nord — ou Mongolie extérieure — est devenue indépendante et la Grande Mongolie a été fondée. En 1915, la Chine, la Russie et la Mongolie ont signé un accord accordant à la Mongolie du Nord son autonomie, et en même temps, reconnaissant la suzeraineté de la République de Chine sur la Mongolie du Nord[3]. En 1919, le gouvernement chinois ordonna au

---

[1] Gengis Khan (~1158-1227) était le fondateur et le Grand Khan de l'Empire mongol. Après sa mort, l'Empire mongol est devenu le plus grand empire contigu de l'histoire.

[2] Kublai Khan (1215-1294), le cinquième Khan de l'Empire mongol, était le fondateur du Premier Empire de la dynastie des Yuans en Chine.

[3] L'Accord Chine-Russie-Mongolie ou Traité de Kyakhta a été signé le 25 mai 1915 entre ces trois pays. Par cet accord, la Russie et la Chine reconnaissaient l'autonomie de la Mongolie extérieure, la Mongolie reconnaissait la suzeraineté de la Chine, et la Mongolie renonçait à pouvoir conclure des traités internationaux portant sur des questions politiques et territoriales.

général Xu Shuzheng[1] de saisir la Mongolie. Ses militaires ont réussi à occuper la ville de Niislel Khüree (en réalité Oulan-Bator) sans rencontrer de résistance. Xu impossa les Huits Articles sur le Bogd Khan, obligeant le parlement mongolien de se soumettre à la domination chinoise. Cet acte de force a mis fin à l'autonomie de la Mongolie extérieure. Cette réaffurnatuin du contrôle chinois sur la Mongolie fut de courte durée. En 1921, la Mongolie du Nord a de nouveau déclaré son indépendance et a établi le Gouvernement révolutionnaire du peuple mongol avec une monarchie constitutionnelle.

Le 3 juin 1924, la monarchie constitutionnelle en Mongolie a été abolie. En août de la même année, le 3e Congrès du Parti populaire révolutionnaire mongol a adopté la ligne générale de la République populaire mongole, celle de suivre la voie non capitaliste. Le 26 novembre, on a célébré à Khüree le premier Congrès du Grand Khoural national[2]. Au cours de ce congrès, on a adopté une version écrite de la Constitution de la République populaire mongole, annoncé la fondation de la République populaire mongole, et renommé la capitale Khüree Oulan-Bator. C'était la première constitution.

En juin 1940, la deuxième Constitution de la Mongolie a été approuvée lors du huitième congrès du Grand Khoural national. En février 1945, les gouvernements de l'Union soviétique, des États-Unis d'Amérique et du Royaume-Uni signèrent l'accord de Yalta[3]. Une des conditions de cet accord stipulait que « le statut de la Mongolie du Nord doit être maintenu », et cela afin que l'Union soviétique puisse lutter contre le Japon. En août 1945, après un référendum, la Mongolie a déclaré officiellement sa séparation de la Chine, et le gouvernement de

[1] Xu Shuzheng (1880-1925) était un général chinois et un chef de guerre en République de Chine.

[2] Le Grand Khoural national, un parlement monocaméral, est la Grande Assemblée de l'État de Mongolie. De 1914 à nos jours, le Grand Khoural national a un pouvoir législatif et de contrôle en Mongolie.

[3] Le président américain Franklin D. Roosevelt, le premier ministre britannique Winston Churchill et le premier ministre de l'Union soviétique Joseph Staline ont conclu l'Accord de Yalta vers la fin de la Seconde Guerre mondiale. S'étant rencontrés à Yalta, dans le sud de l'Union soviétique en février 1945, ils ont abordé dans leurs discussions des questions telles que l'occupation de l'Allemagne, les élections libres dans les pays libérés d'Europe de l'Est, les frontières d'après-guerre de la Pologne et de la Russie, et une stratégie commune contre le Japon. Staline a aidé les États-Unis contre le Japon, comme il l'avait promis ; mais il a rapidement étendu l'influence soviétique en Europe de l'Est après la guerre, et les élections qu'il a acceptées n'ont jamais eu lieu.

la République de Chine a reconnu l'indépendance de la Mongolie en janvier 1946. En février 1951, le peuple mongol — ou le peuple de Hural — a célébré la première élection.

Le 6 juillet 1960, lors de la première réunion du quatrième Grand Khoural du Peuple, la troisième Constitution mongole, et la troisième Constitution de la République populaire de Mongolie, a été approuvée. Depuis sa promulgation, cette Constitution a été révisée à de nombreuses reprises. Elle comportait dix chapitres avec 94 articles, et stipulait que la République populaire mongole est un pays socialiste basé sur l'alliance des travailleurs, de la coopérative Alat — les agriculteurs et les bergers — et des intellectuels. Le Parti révolutionnaire du peuple mongol était le leadeur du pays et de la société de la République populaire mongole. Le Grand Khoural national avait à la fois le pouvoir législatif et le pouvoir de contrôle en Mongolie. Ces pouvoirs comprenaient concrètement : approuver et réformer la Constitution, adopter des lois, formuler les principes et les mesures de politique intérieure et diplomatique, élire le présidium du Grand Khoural national, composer le Conseil des ministres — la plus haute autorité exécutive du pays, responsable devant le Grand Khoural national et son présidium —, approuver la création, la suppression et la formation des départements de chaque ministère, constituer la Cour suprême de la République populaire de Mongolie, et nommer les procureurs nationaux. À partir du dixième Congrès du Grand Khoural national, son mandat est passé de quatre à cinq ans.

En mars 1990, lors du huitième Congrès du onzième Grand Khoural national, les députés ont décidé d'établir la présidence de la République populaire de Mongolie et ont modifié la Constitution mongole en conséquence. Le 3 septembre de la même année, ils ont organisé la première élection présidentielle par vote populaire direct en Mongolie, et Punsalmaagiin Ochirbat a été choisi comme premier président de la Mongolie.

La dernière Constitution mongole, qui a été approuvée le 13 janvier 1992 et est entrée en vigueur le 12 février de la même année, est la quatrième constitution de l'histoire mongole. Elle comporte six chapitres, 70 articles et les clauses constitutionnelles supplémentaires. En autres choses, elle a modifié le nom du pays. Depuis le 12 février 1992, le nom du pays est « Mongolie » ; de 1924 à 1992, le nom du pays était « République populaire de Mongolie ». La Constitution stipule également que la Mongolie met en œuvre un système parlementaire présidentiel ; la Mongolie est un État indépendant et souverain ; son objectif ambitieux est d'établir une société civile démocratique et humanitaire ; sans les lois en vigueur, il est interdit de stationner des forces militaires étrangères sur le territoire mongol ; l'État reconnaît toutes les formes de propriété publique et privée ; l'État respecte les religions, et les religions soutiennent l'État ; les citoyens jouissent de la liberté de croire en la religion et de ne pas croire en la religion.

Après l'entrée en vigueur de la Constitution de 1992, M. Punsalmaagiin Ochirbat[1] a continué à exercer la fonction de président de la Mongolie. Le 18 mai 1997 a eu lieu la deuxième élection présidentielle par vote populaire direct. Le candidat du Parti révolutionnaire du peuple mongol, Natsagiin Bagabandi[2], a été élu deuxième président dans l'histoire de la Mongolie. Il s'agissait de la première élection présidentielle organisée après l'entrée en vigueur de la quatrième constitution mongole[3].

B. La Cour constitutionnelle de la Mongolie : le Tsets

Le système judiciaire de la Mongolie se compose de trois niveaux. En principe, la troisième instance est le jugement final, mais pour certains cas particuliers, la première instance du deuxième instant est le jugement final. Selon l'article 48 de la Constitution mongole, le système judiciaire mongol est composé de la Cour suprême, de la Cour provinciale, y compris la Cour de la capitale, de la Cour régionale, de la Cour de comté et de la Cour de district ; il existe également une Cour constitutionnelle.

La Cour suprême de Mongolie est la plus haute juridiction. Ses principales fonctions sont les suivantes : contrôler les décisions de la juridiction inférieure conformément aux règles administratives ; connaitre des affaires relatives aux droits de l'homme et à la liberté qui lui sont soumises par la Cour constitutionnelle ou le Tsets et l'administration générale du ministère public ; interpréter et expliquer formellement la législation, à l'exception de la Constitution ; statuer sur les affaires

---

[1] Punsalmaagiin Ochribat, né le 23 janvier 1942, est une personne politique mongole et membre de la Cour constitutionnelle de Mongolie. Il a été le premier président de la Mongolie de 1990 à 1997.

[2] Natasagiin Bagabandi, née le 22 avril 1950, est un homme politique mongol et membre du Parti révolutionnaire du peuple mongol. Il a été le président de la Mongolie de 1997 à 2005.

[3] Voir Mendee Jargalsaikhan, *Small Islands of Democracy in an Authoritarian Sea: Explaining Mongolian and Kyrgyz Democratic Development*, thèse, University of British Columbia, Vancouver, Canada, avril 2009.

autorisées par les lois, entre autres. La décision de la Cour suprême est rendue en dernière instance, elle doit être appliquée par tous les tribunaux et autres services concernés.

La Cour suprême comprend la Cour administrative de justice. Il y a des tribunaux administratifs dans les 21 provinces et dans la capitale. Le contrôle juridictionnel est le pouvoir légal de la Cour administrative.

La Cour provinciale et la Cour de la capitale acceptent et entendent les affaires pénales graves, les affaires civiles dont l'objet de la procédure est plus de 10 millions de Tugriks — la monnaie officielle de la Mongolie — et les affaires d'appel. Les tribunaux régionaux et les tribunaux de comté ne statuent qu'en première instance, et toutes ces affaires sont des affaires pénales relativement mineures, ou des affaires civiles dont l'objet de la procédure est inférieur à 10 millions de Tugriks mongols.

La Cour constitutionnelle ou le Tsets constitutionnel de Mongolie est l'organe suprême de contrôle de l'application de la Constitution[1]. La Cour constitutionnelle examine si les lois et les règlements sont inconstitutionnels, et résout les litiges relatifs aux cas d'inconstitutionnalité. Ces cas proviennent principalement des requêtes des citoyens, des requêtes des tribunaux, des réunions du Grand Khoural, des requêtes du président, du premier ministre, du président de la Cour suprême et du procureur général de l'État. La plupart de ces affaires concernent les droits de l'homme.

Les membres de la Cour constitutionnelle doivent être des citoyens mongols, avoir un statut professionnel juridique et politique élevé, ne pas avoir de casier judiciaire et être âgés de plus de 40 ans. Conformément à la législation, les membres de la Cour constitutionnelle sont nommés par le Grand Khoural national, son mandat est de six ans. Parmi les membres, trois sont nommés par le Grand Khoural national, trois sont nommés par le président de la Mongolie et trois sont nommés par la Cour suprême de Mongolie.

En outre, la Cour constitutionnelle, selon le chapitre V de la Constitution de Mongolie, qui stipule le statut de la Cour constitutionnelle, est la plus haute autorité avec pouvoir de supervision de la mise en œuvre de la Constitution ; elle a le pouvoir de juger et de résoudre les litiges

[1] Tom Ginsburg et Gombosuren Ganzorig, « Constitutional Courts in New Democracies: Understanding Variation in East Asia », *Global Jurist Advances*, 2002, vol. 2, art. 4 ; Tom Ginsburg, « When Courts and Politics Collide: Mongolia's Constitutional Crisis », *Columbia Journal of Asian Law*, vol. 14, 2001, p. 309.

concernant la Constitution ; elle doit veiller à ce que la Constitution soit strictement respectée.

C. Les réformes de 2019

La Constitution de la Mongolie est entrée en vigueur le 12 février 1992. Le parlement y a adopté sept amendements en 2000. Malgré le progrès qu'avait connu la Mongolie sous son régime constitutionnel adopté en 1990, tel qu'en témoigne l'alternance des partis politiques au pouvoir à la suite d'élections parlementaires et présidentielles libres et équitables, des défis d'ordre constitutionnel se faisaient sentir. Entre 2008 et 2016, divers projets de modifications constitutionnelles ont vu le jour, mais seulement trois ont été soumis au parlement. Or ils sont tous demeurés lettre morte. Depuis 2014, tous les grands partis politiques appuyaient l'idée d'une révision constitutionnelle, mais le processus n'aboutissait pas. En 2016, le Parti du peuple mongolien réalisait une victoire électorale écrasante, ouvrant ainsi la voie à l'adoption de modifications constitutionnelles. En novembre 2019, à la suite de discussions importantes sur la place publique, la Mongolie modifiait sa Constitution de 1992. Ces modifications rentraient en vigueur en mai 2020.

Le processus encadrant le débat constitutionnel conduisant à l'adoption des nouvelles dispositions en 2019 avait suivi une démarche inédite ; elle comportait un scrutin expérimental permettant à un groupe de citoyens choisis au hasard à travers le pays d'avoir une influence importante sur le résultat[1]. Une version remaniée d'un projet de modification constitutionnelle voyait le jour en mai 2018 et les propositions controversées, telles que l'octroi au parlement du pouvoir de nommer les juges de la Cour suprême, se voyaient rayées de cette version. Une troisième version était rendue publique en avril 2019. En juin 2019, le parlement, saisi du projet, adoptait en première lecture, la modification de 20 des 70 articles de la Constitution. Du côté politique, les dispositions proposées visaient, d'une part, à accroitre le pouvoir du premier ministre en lui permettant de nommer et de révoquer les ministres et, d'autre part, à réduire le pouvoir du parlement de s'ingérer dans le processus budgétaire tout en augmentant ses pouvoirs de contrôle et

[1] Munkhsaikhan Odonkhuu, « Mongolia's Long, Participatory Route to Constitutional Reforms », 20 janvier 2020, https://constitutionnet.org/news/mongolias-long-participatory-route-constitutional-reforms.

d'enquête sur les finances publiques[1]. Du côté de l'administration de la justice, on voulait assurer l'indépendance de la magistrature, d'une part en libérant le Conseil général de la magistrature — responsable de la nomination des juges — de la tutelle politique en réduisant le nombre de membres affiliés à des partis politiques et, d'autre part, en créant un Comité sur la discipline de la magistrature à qui revenait la discipline et la révocation des juges[2].

Trois membres de la cour constitutionnelle, le juge en chef et les membres de la Cour suprême, le procureur général et les juges des différents niveaux de tribunaux et d'appels se voyaient remerciés de leurs services après l'entrée en fonction du nouveau président. Ce processus de politisation de la magistrature a abouti en mars 2019 à l'adoption d'une loi habilitant le Conseil de sécurité nationale, dont le président, le président du parlement et le premier ministre, de recommander le renvoi des juges en chef, des procureurs et du directeur de l'Autorité indépendante contre la corruption. Le président Khaltmaagiin Battulga les avait tous rapidement remplacés[3].

Ces propositions ont de nouveau fait l'objet de discussions publiques. Or en juillet 2019, le président venait bouleverser le débat en proposant son propre projet d'amendements. Ses propositions avaient pour effet une modification radicale du fondement de la constitution et un accroissement important des pouvoirs présidentiels. En outre, elles retiraient du projet parlementaire les clauses relatives au système judiciaire dont l'objet était une réduction de l'influence du président dans le système judiciaire[4].

Se sont ensuite livrés un bras de fer le président et une coalition de la société civile et des avocats. Le président voulant le retrait de toutes les dispositions portant sur le système judiciaire, il menaçait d'abandonner le groupe de travail pour le consensus et d'appuyer un projet

---

[1] Lhamsuren Munkh-Erdene, « The Transformation of Mongolia's Political System: from Semi-Parliamentary to Parliamentary? », *Asian Survey*, vol. 50, 2010, p. 311.

[2] Munkhsaikhan Odonkhuu, « Towards an Independent, Impartial and Fair Judiciary in Mongolia: Judicial Ethics », Working Paper for the Young Scholars Workshop 2013, Centre for Asian Legal Studies, Faculty of Law, National University of Singapore, aout 2014.

[3] Gangabaatar Dashbalbar, « Role of Constitutional Tsets in the Consolidation of Democracy in Mongolia », *Nagoya University Asian Law Bulletin*, vol. 5, 2020, https://cale.law.nagoya-u.ac.jp/en/wp-content/uploads/2021/04/alb5.pdf.

[4] Mendee Jargalsaikhan et Julian Dierkes, « Mongolian Constitutional Revision Leads to Uncertainty », 9 octobre 2019, http://blogs.ubc.ca/mongolia/2019/constitution-reform-referendum-parliamentary-presidential/.

visant l'établissement d'un projet présidentiel. Les avocats et les organisations de la société civile ont fait front commun et, grâce à leur campagne publique, le parlement a conservé, en deuxième lecture, dans le projet, des clauses importantes portant sur l'indépendance de la magistrature. Les discussions sur d'autres dispositions, telles que le système électoral et le pouvoir du premier ministre de nommer et révoquer les ministres, faisaient aussi l'objet de vives discussions. À la suite de diverses manœuvres de part et d'autre, le parlement adoptait en troisième lecture le projet de modification constitutionnelle en novembre 2019, qui rentrait en vigueur le 25 mai 2020.

Si une opposition acharnée du président aux propositions portant sur l'indépendance et la responsabilité judiciaire a conduit à l'abandon de certaines propositions, des modifications importantes ont toutefois vu le jour. D'abord, on ne peut plus élargir les pouvoirs du président par l'adoption d'une simple loi ; il semble qu'il faudra désormais procéder par modification constitutionnelle. La présidence perd les pouvoirs, qui lui avait été conférés par des lois ordinaires, de nommer les grands magistrats de l'État, y compris les membres du Conseil général de la magistrature et du Comité de discipline de la magistrature.

Certaines modifications visent à réduire le risque d'ingérence politique dans le système judiciaire[1]. Le nombre de membres du Conseil général de la magistrature est fixé à dix avec un mandat non renouvelable de quatre ans. On ne peut plus influencer le Conseil en modifiant le nombre de membres ou leur mandat. Désormais, les juges élisent cinq des dix membres du Conseil général de la magistrature ; les cinq autres sont nommés à la suite d'un processus ouvert à tous. À leur tour, les membres du Conseil élisent leur président. Quant au Conseil, il soumet ses rapports sur l'indépendance de la magistrature à la Cour suprême.

Un nouveau Comité de discipline de la magistrature voit le jour[2] auquel reviennent les décisions portant sur la suspension ou la révocation des juges et sur l'imposition d'autres sanctions disciplinaires. Une loi organique doit règlementer la composition et le mandat du Comité. Le Conseil général de la magistrature et le président se voient retirer toute fonction en matière de discipline judiciaire. De plus, la modification constitutionnelle supprime la loi habilitant le Conseil de sécurité nationale — que le président dirige — à suspendre et à révoquer un juge, y compris les juges en chef, sans donner un motif.

---

[1] Loi constitutionnelle de la Mongolie du 13 janvier 1992, art. 49.5.
[2] *Ibid.*, art. 49.6.

D. Conclusion

Une trentaine d'années se sont écoulés depuis l'adoption de la Constitution démocratique et de la loi sur le Tsets constitutionnel. L'établissement du Tsets a permis une transition plus rapide de transition du socialisme à la démocratie. Le Tsets a joué un rôle fondamental dans la consolidation de la démocratie et de la protection des droits de l'homme en Mongolie. Toutefois, certaines questions doivent être abordées en ce qui concerne la relation entre le Grand Khoural de l'État et le Tsets. Cette relation a été conçue pour être une relation de coopération et de dialogue. Cependant, elle n'a pas toujours fonctionné comme prévu. Parfois, le Grand Khoural ne coopérait pas et cela a eu une influence négative sur la légitimité du Tsets. Le dialogue entre les deux doit être reconsidéré afin que le Tsets prenne la décision finale sans l'intervention du Grand Khoural. Les citoyens, en tant qu'individus, devraient avoir un accès direct au Tsets et pouvoir y déposer une plainte en cas de violations des droits fondamentaux garantis par la Constitution. Outre ces améliorations, le Tsets a facilité le transfert pacifique des pouvoirs au cours des 27 dernières années et a garanti le strict respect de la première Constitution démocratique de la Mongolie.

Le 1er mars 2021, une nouvelle Loi sur la magistrature prennait effet. Elle remplaçait les lois sur les tribunaux, sur l'administration judiciaire et sur le statut juridique des juges de Mongolie. Malgré certaines carences, cette loi marque un pas en avant sur le développement de l'État de droit, car elle cherche à promouvoir une admistration impersonnelle de la justice et clarifiant la relation des tribunaux avec le Tsets[1]. Si le Tsets a contribué à la consolidation de la démocratie en Mongolie depuis sa création en 1992, il doit toujours confronter des problèmes liés à son indépendance et à ses compétences, notamment dans ses relations avec le Grand Khural de l'État et la Cour suprême[2].

[1] OSCE Office for Democratic Institutions and Human Rights (ODIHR), « Opinion on the Law of the Judiciary – Mongolia », Varsovie, 23 décembre 2021, Opinion-Nr.: JUD-MNG/414/2021, https://www.osce.org/files/f/documents/1/8/509672.pdf.

[2] Gangabaatar Dashbalbar, « Role of Constitutional Tsets in the Consolidation of Democracy in Mongolia », Nagoya University Asian Law Bulletin, vol. 5, 2020, p. 21-34, https://cale.law.nagoya-u.ac.jp/en/wp-content/uploads/2021/04/alb5.pdf.

DING QI : LA COUR POPULAIRE SUPRÊME ET LA CONSTRUCTION CHINOISE D'UN ÉTAT DE DROIT

Dale BRAWN[1]

A. Introduction

Depuis la fin de la révolution culturelle en octobre 1976, l'économie chinoise a subi une transformation massive. En 1976, elle représentait cinq pour cent du PIB mondial. Trente-cinq ans plus tard, elle est devenue la deuxième économie mondiale[2]. Cette évolution n'a pas été sans effet sur les institutions de l'État. Dans son livre, *The Power of the People's Supreme Court of China*[3], Ding Qi décrit le cadre institutionnel de la Cour populaire suprême chinoise et examine comment elle négocie ses relations avec d'autres acteurs institutionnels — le Parti communiste chinois, l'administration et le pouvoir législatif — alors qu'elle tente de gérer les conséquences juridiques de l'expansion rapide de l'économie et de l'importance croissante de l'économie de marché.

Le système juridique chinois était presque totalement dysfonctionnel pendant et immédiatement après la révolution culturelle. Les changements apportés au système juridique ont accompagné l'engagement économique de la Chine dans le monde. Depuis la fin des années 1970,

[1] Professeur émérite, Université Laurentienne, Sudbury (Ontario), Canada. Ce compte rendu a été traduit par Michel Giroux.

[2] Groupe de la Banque mondiale, « Publication des résultats sommaires du Programme de comparaison internationale 2011 : le rapport compare la taille réelle des économies mondiales », 29 avril 2024, https://www.banquemondiale.org/fr/news/press-release/2014/04/29/2011-international-comparison-program-results-compare-real-size-world-economies.

[3] Ding Qi, *The Power of the Supreme People's Court of China: Reconceptualizing Judicial Power in Contemporary China*, Taylor and Francis, Londres, 2020, 164 pages. Ce livre a été initialement soumis comme thèse de doctorat à l'Université d'Amsterdam en 2018. Depuis lors, la situation politique en Chine a considérablement évolué sous la direction de son président, Xi Jinping. Il reste à voir dans quelle mesure la Cour populaire suprême a pu maintenir sa volonté d'autonomie institutionnelle à travers le développement de la notion d'État de droit, même avec des caractéristiques chinoises. Pour une étude plus récente, voir Élise Launay, *Xianzheng, un constitutionnalisme à la chinoise ?* Droit. Institut national des langues et civilisations orientales, Paris, 2023.

l'approfondissement de la réforme du marché et l'intensification des échanges commerciaux avec l'étranger ont donné lieu à un paysage très complexe de changements juridiques. Selon Susan Finder, la Cour populaire suprême a bénéficié d'une période de réformes économiques et sociales depuis au moins les années 1980 et est devenue plus autonome et spécialisée et mieux à même de se concentrer sur l'émission de règles juridiques. Depuis la fin du 20e siècle, elle est devenue plus professionnelle[1] et a un plus grand impacte sur le monde extérieur. La réforme du système juridique chinois a entrainé des changements réels et substantiels.

Depuis le début du 21e siècle, les tribunaux chinois ont vu leur rôle évoluer de manière spectaculaire. L'un de ces changements résulte très certainement de l'afflux de litiges intentés par les entreprises face à la réforme commerciale de la Chine. Il y a trente ans, les tribunaux étaient davantage confrontés à des affaires pénales qu'à des affaires commerciales. Aujourd'hui, c'est l'inverse. Les tribunaux chinois étaient sans doute mal préparés à la complexité et au nombre d'affaires commerciales qu'ils devaient désormais traiter, par rapport aux affaires pénales plus routinières qui dominaient auparavant leur rôle. Le traité de Qi suit cette évolution de la fonction de la Cour populaire suprême et examine comment elle s'est éloignée du droit pénal pour s'occuper d'une pléthore de litiges civils.

L'étude de Qi vise à répondre à deux questions importantes (p. 5). Premièrement, comment la Cour populaire suprême exerce-t-elle son pouvoir, tant en théorie qu'en pratique, dans l'environnement politique et constitutionnel actuel de la Chine ? Deuxièmement, comment le pouvoir exercé par la Cour populaire suprême contribue-t-il à notre compréhension de la manière dont l'exercice du pouvoir par la plus haute cour dans un État non démocratique diffère de son exercice dans un pays où il y a une séparation des pouvoirs ?

Qi propose une analyse originale du pouvoir de la plus haute juridiction chinoise et de sa place au sein d'un cadre juridique autoritaire dans lequel, presque quotidiennement, elle doit trouver un équilibre entre l'exercice du pouvoir judiciaire et la réalité politique qui en fait un acteur important. Nous nous intéressons particulièrement à l'utilisation de la règle de la primauté du droit de droit par la Cour populaire

---

[1] Susan Finder, « Why I Research China's Supreme People's Court: Because It Keeps Evolving and It Matters », *USALI Perspectives*, vol. 2, n° 3, https://usali.org/usali-perspectives-blog/why-i-research-chinas-supreme-peoples-court.

suprême pour promouvoir ses intérêts institutionnels. Selon Qi, la Cour populaire suprême tente de créer un État de droit similaire à celui qui existe en Occident, tout en essayant de consolider son pouvoir dans un État autoritaire (p. 31-32). Qi affirme que, en dépit des contraintes qui pèsent sur sa capacité à agir indépendamment du Parti, la Cour populaire suprême tente de remplir sa mission première de tribunal en renforçant progressivement son autorité à une époque de réforme en Chine (p. 123-131). Une telle entreprise comporte des défis inhérents. La manière dont la Cour populaire suprême exerce son pouvoir a remis en question notre compréhension de l'exercice du pouvoir judiciaire dans divers environnements juridiques, démocratiques ou non. Qi affirme que malgré la pléthore de contraintes politiques et institutionnelles auxquelles la Cour est confrontée, elle fait de plus en plus preuve d'un intérêt très pragmatique pour l'extension de son pouvoir judiciaire. Toutefois, cette évolution se heurte à ses propres contradictions.

B. La Cour populaire suprême

L'étude de Qi examine la Cour tant du point de vue de sa conception institutionnelle (chapitre 2) que de sa réalité fonctionnelle (chapitres 3 et 4). Elle analyse les changements que la Cour populaire suprême a subis et conclut qu'ils en ont fait une institution différente et unique par rapport aux cours suprêmes d'autres pays. Contrairement à ce qui se passe dans d'autres pays influents, la plus haute juridiction chinoise doit ménager la chèvre et le chou, coincée qu'elle est entre le Parti et le système juridique qu'elle supervise (p. 29-37), une réalité qui est à la fois la base de ses points communs avec les autres cours suprêmes et de ses différences par rapport à ces dernières. En outre, l'incompétence des membres de la Cour et le manque de volonté de la Cour de remettre en question la manière dont les bureaucrates et les politiciens de l'État cherchent à l'instrumentaliser suggèrent que l'exercice impartial du pouvoir judiciaire continuera d'être une aspiration plutôt qu'une question existentielle (p 134-135). Cette situation ne changera pas tant que la Cour sera soumise à l'autorité du Parti et tant que cette structure institutionnelle ne disposera pas de frein et de contrepoids.

La Cour populaire suprême de Chine est la plus haute juridiction du pays et est unique à plusieurs niveaux. Elle supervise environ quatre-cents juges professionnels et est soutenue par un cadre de six-cents huissiers administratifs, greffiers et autres membres du personnel judiciaire. Compte tenu de sa taille et de son influence, la Cour a une présence formidable en Chine. Comme partout ailleurs, il s'agit d'une cour suprême. Elle siège au sommet de quatre niveaux de tribunaux. Au-dessous de ces dernières se trouvent ensuite les hautes cours provinciales et, en dessous, une myriade de cours intermédiaires et locales (p. 15-21).

Toutefois, il serait erroné de comparer la Cour populaire suprême de Chine avec la plus haute juridiction d'autres pays. La Cour suprême de Chine est bien plus qu'un simple tribunal. Il s'agit d'une institution globale qui remplit trois fonctions principales : juridictionnelle, administrative et législative. Bien qu'elle soit la plus haute juridiction de Chine et, à ce titre, responsable de l'examen des décisions des juridictions inférieures, elle est également l'un des principaux administrateurs du système judiciaire chinois. À ce titre, elle supervise la structure, la rémunération et le personnel des juridictions qui lui sont subordonnées. La nature du rôle législatif de la Cour repose sur sa capacité à faire avancer ou reculer les lois nationales. Mais la base de toutes les fonctions de la Cour populaire suprême est le fait que, comme les autres tribunaux chinois, elle est aussi un organe politique soumis aux souhaits et aux caprices de l'appareil du Parti, dont les membres surveillent et contrôlent étroitement les activités de la Cour[1].

Comme le note Qi, son étude examine la Cour populaire suprême dans le contexte de la dynamique politique et constitutionnelle de la Chine. Une telle approche s'avère nécessaire afin de comprendre comment la Cour évolue et accroit sa puissance. C'est ainsi que Qi a réalisé une analyse complète de la Cour et du pouvoir qu'elle exerce en reconceptualisant la notion de pouvoir judiciaire tel qu'il est exercé en Chine. Son travail implique une réinterprétation du fonctionnement des Cours suprêmes qui va au-delà de l'exercice du pouvoir judiciaire dans les démocraties libérales (p. 135-137).

Qi propose une analyse détaillée de la plus haute juridiction chinoise à travers une analyse de sa conception institutionnelle (p. 14-39). L'auteur suggère que pour comprendre le fonctionnement de la Cour, il faut diviser l'attribution de ses pouvoirs en trois couches. Les caractéristiques organisationnelles et institutionnelles de la Cour, constituant les deux premières couches, sont conformes aux dispositions constitutionnelles du pays. Quant à la troisième couche, Qi se penche sur la nature de la relation de la Cour avec le Parti et la façon dont les dictats

[1] David Said, « Why Canada's Supreme Court Isn't Likely to Go Rogue like Its US Counterpart », *The Conversation*, July 2022, https://news.uoguelph.ca/2022/07/why-canadas-supreme-court-isnt-likely-to-go-rogue-like-its-u-s-counterpart/.

du Parti déterminent la manière dont le pouvoir est exercé par la Cour (p. 29-38). L'auteur décrit comment le Parti fait sentir son influence auprès de la Cour, et comment celle-ci répond à ce jeu d'influence en matière d'idéologie, d'orientation politique du Parti, et de supervision dans la façon dont elle exerce ses fonctions judiciaires. Il n'est pas surprenant que Qi ait constaté que la Cour fonctionne en harmonie avec le reste de la bureaucratie de l'État. Qi conclut que cela suggère que la Cour a de nombreuses fonctions qui n'ont que peu ou pas de lien avec le règlement des litiges judiciaires.

Selon l'auteur, c'est une erreur de penser que le système judiciaire chinois reste faible et incompétent alors que le pays connait une transformation socioéconomique spectaculaire. L'étude de Qi reflète d'autres travaux universitaires récents qui ont montré que le système judiciaire chinois devient, bien que lentement, plus professionnel et plus indépendant. Elle suggère qu'il est possible de discerner une lueur d'espoir dans la manière dont la Cour aborde le contrôle constitutionnel et la protection des droits de l'homme. (p. 115-116) L'apport de ceux qui se trouvent au sommet de la Cour à cette transformation est moins clair.

Il est évident, cependant, que les litiges commerciaux qui inondent aujourd'hui les tribunaux chinois ont entrainé, ou du moins ont été accompagnés, d'une amélioration du professionnalisme des juges chinois. Avant la fin du début du 21e siècle, un nombre important de juges chinois étaient des officiers militaires à la retraite ayant peu ou pas de formation juridique. Chose certaine, le professionnalisme croissant du système judiciaire chinois s'est accompagné d'un afflux de femmes que l'on retrouve aujourd'hui à travers l'ensemble du système judiciaire chinois.

C. Le fonctionnement de la Cour

Selon la professeure Susan Finder, observatrice de la Cour populaire suprême, plusieurs facteurs ont entrainé des changements significatifs dans l'orientation de la politique judiciaire[1]. L'un d'entre eux est la pensée de Xi Jinping sur le socialisme et son utilisation à des fins politiques. Selon Finder, Zhang Jun, l'actuel président et juge en chef de la Cour populaire suprême[2], a utilisé la campagne d'éducation thématique

[1] Susan Finder, *ibid.*

[2] Lorsque Qi rédigeait sa thèse, Zhou Qiang était président de la Cour populaire suprême (2013-2023). Zhang Jun, qui a succédé à la présidence de la Cour populaire

orchestrée par les dirigeants du Parti pour demander aux divisions de la Cour populaire suprême, aux cours de circuit et aux institutions affiliées d'entreprendre des recherches axées sur les problèmes actuels importants dans le domaine du droit et de proposer des solutions et une feuille de route pour les futurs changements de politique guidés par la pensée de Xi Jinping. La politique judiciaire en Chine a pris une nouvelle direction sous la direction de Zhang, qui a mis l'accent, plus que par le passé, sur le traitement des litiges liés aux pétitions. L'approche de Zhang s'est attaquée à des problèmes tels que la tendance de la Division de dépôt des affaires de la Cour à rejeter les affaires déposées en fin d'année en raison de l'impact de nouvelles affaires sur le nombre d'affaires pouvant être considérées comme closes[1]. Une autre nouvelle orientation politique concernait ce que les universitaires et les observateurs juridiques occidentaux appellent l'activisme judiciaire. En Chine, il s'agissait d'utiliser la loi pour s'assurer que les personnes utilisant le système juridique chinois aient le sentiment que le processus judiciaire produisait des jugements qui résolvaient ce problème à un stade précoce de la procédure et d'une manière qui produisait des résultats satisfaisants pour les parties au litige.

L'universitaire canadien, David Said, propose une autre façon d'examiner le fonctionnement de la Cour, en se concentrant sur la manière dont elle résout les difficultés causées par la politique du Parti[2]. Il suggère de ne pas se contenter d'examiner les initiatives politiques des dirigeants du Parti, mais de se pencher sur le fonctionnement réel de la Cour populaire suprême. Cette approche est fondée sur la conviction que les tribunaux à tous les niveaux utiliseront l'autorité dont ils disposent pour maximiser leur poids politique ; en examinant l'exercice de l'autorité d'un tribunal et la réduction ou l'expansion de ses activités, il est possible de mesurer l'ampleur de la pression politique exercée sur un pouvoir judiciaire.

Un truisme implicite dans l'étude de Qi est que, puisque la plupart des fonctions principales de la Cour populaire suprême sont sous la supervision des dirigeants du Parti, un observateur peut déterminer les préférences du Parti en étudiant les activités de la Cour. Qi soutient que le pouvoir judiciaire chinois doit exercer ses fonctions juridictionnelles

---

suprême en 2023, était le procureur général du Parquet populaire suprême (2018-2023). Son accession a marqué un changement important dans leadeurship de la Cour. L'étude de Qi doit être lue dans le contexte de la présidence de Zhou Qiang.

[1] Susan Finder, *ibid.*

[2] David Said, *Ibid.*

d'une manière considérée comme cohérente avec les politiques actuelles de la direction du Parti (p. 112-131). Les politiques du parti sont généralement promulguées par le Comité central ou le Comité central politicojuridique. L'une des principales responsabilités de la Cour est de maintenir la stabilité sociale tout en luttant contre la corruption. En d'autres termes, elle est chargée de jouer son rôle en diffusant la dernière politique et directive de réforme du Parti, tout en formulant des règlements et des lignes directrices détaillées à l'intention des tribunaux qui lui sont subordonnés.

Au chapitre 3, Qi explique en quoi certains auteurs reconnaissent désormais que la Cour a abordé un large éventail d'activités judiciaires et non judiciaires en résolvant les litiges de manière pragmatique tout en promouvant le développement économique par le biais d'interprétations judiciaires abstraites conçues pour promouvoir le développement juridique et la réforme judiciaire (p. 73-74). Cependant, Qi suggère également qu'à ce jour, peu d'universitaires ont pris le temps d'examiner en profondeur la manière dont les fonctions judiciaires et non judiciaires de la Cour se sont combinées pour façonner la manière dont le pouvoir de la Cour a évolué. Il affirme que l'un des éléments qui rend son étude unique est la mesure dans laquelle il explore les fonctions pratiques de la Cour en examinant en quoi son activité se répercute à la fois sur les fronts judiciaires et non judiciaires.

L'auteur affirme que la principale fonction de la Cour découle de son rôle d'arbitre et d'interprète impartial de la loi, rôles généralement associés aux activités judiciaires exercées par les juges dans les salles d'audience (p. 60-68). Mais l'une des particularités des plus hauts magistrats chinois est qu'en plus de leurs fonctions juridictionnelles, ils sont souvent amenés à participer à des activités en dehors de la salle d'audience (p. 83-106). Selon Qi, les juges doivent donc à la fois être perçus comme se consacrant à des fonctions semi-judiciaires et non juridictionnelles, tout en étant considérés comme des intellectuels publics dont les propos sont importants pour les justiciables et les hommes politiques.

D. Comparaison avec d'autres cours constitutionnelles

Au chapitre 4, Qi observe à plusieurs reprises que les juges en Chine sont plus que de simples arbitres, et que la Cour populaire suprême est bien plus qu'un tribunal de dernier ressort. Contrairement à la plupart des juges occidentaux des hautes cours, qui accomplissent peu de tâches en dehors de leur rôle de juge, les juges des hautes cours chinoises exercent un large éventail de fonctions non judiciaires qui institutionnalisent les règles autoritaires et servent l'élite dirigeante (p. 92-105). Il s'agit notamment de promouvoir l'idéologie politique la plus récente, d'imposer une discipline administrative conforme aux directives du Parti et de traiter les griefs juridiques liés aux pétitions. La Chine se distingue par le fait que les juges chinois sont soumis au contrôle du Parti, ce qui explique peut-être pourquoi les fonctions non judiciaires ont un poids considérable au sein du système judiciaire.

Malgré sa double fonction de tribunal et de caisse de résonance politique, le professionnalisme de la Cour et la manière dont elle exerce le pouvoir judiciaire tout en conservant un certain degré d'indépendance institutionnelle sont évidents. Les fonctions judiciaires et non judiciaires de la Cour ne sont pas séparées. Par exemple, Qi suggère que les demandes d'instructions des juridictions de niveau inférieur aux juridictions de niveau supérieur peuvent être attribuées en partie aux pressions que les juridictions de niveau supérieur exercent sur les juridictions qui leur sont inférieures par le biais d'évaluations des performances et de systèmes de classement des juridictions (p. 85-87).

Qi affirme que son étude est un argument en faveur d'un réexamen et d'une réinterprétation du pouvoir des plus hautes juridictions dans les pays non démocratiques, où le pouvoir judiciaire fait partie intégrante, voire inséparable, du système politique (p. 105-106). Un problème important reconnu par Qi est l'évaluation du pouvoir de la plus haute juridiction fonctionnant dans un État autoritaire comme la Chine, contrairement aux pays occidentaux où les principes constitutionnels sont profondément ancrés dans les systèmes judiciaires. La Cour suprême du peuple exerce des fonctions, telles que l'émission de directives et de règles judiciaires, que d'autres cours suprêmes dans d'autres juridictions accomplissent également. Cependant, sa position unique dans la société chinoise la rend plus puissante que ses homologues occidentales, mais aussi beaucoup plus faible en raison de sa relation de soumission au Parti. Un exemple du caractère unique de la Cour est que, contrairement aux autres cours suprêmes, elle doit émettre des quasi-législations visant à combler les lacunes laissées par les rédacteurs des lois (p. 60-67). Une autre particularité de la Chine est le rôle de la Cour dans l'approbation des condamnations à mort, l'audition des affaires en appel, l'approbation des sentences arbitrales et l'administration des juridictions inférieures. À cela, on doit par ailleurs ajouter, comme le remarque la professeure Finder, la tendance des fonctionnaires des tribunaux chinois à modifier les documents judiciaires pour en renforcer l'effet pédagogique. Elle suggère qu'il s'agit là d'une tentative de la Cour d'établir des normes de procédure et de fond dans l'ensemble du système juridique[1].

D'après les études existantes, il est possible de comprendre l'évolution des plus hautes juridictions en examinant deux aspects du rôle des juges. Premièrement, les magistrats doivent être examinés du point de vue de leur rôle de gardiens de la loi et de protecteurs des droits fondamentaux. En second lieu, il convient d'examiner leur contribution au développement du droit, car ils comblent les lacunes entre le droit et la pratique. À cet égard, Jianli Song suggère que le système juridique chinois s'est rapproché davantage des systèmes juridiques de droit civil de l'Europe continentale que des traditions de common law de la Grande-Bretagne et des États-Unis[2]. Selon d'autres chercheurs, la Cour populaire suprême semble préférer le professionnalisme judiciaire au populisme et les modes formels de résolution des litiges aux solutions alternatives. En d'autres termes, elle se comporte de plus en plus comme les plus hautes juridictions d'autres pays[3].

E. Une conception chinoise de l'État de droit

Des universitaires comme Qi suggèrent que la Cour populaire suprême soutient le développement d'une version chinoise de l'État de droit parce qu'elle s'engage dans l'élaboration de lois et de politiques qui lui sont propres grâce à sa coopération avec le Parti et diverses institutions de l'État (p. 131). Pour certains, cela s'avère prometteur et pourrait bien aboutir à l'élaboration d'une version chinoise et unique de l'État de droit. Cette évolution est liée à l'engagement de la Chine envers la modernisation économique et à son ouverture croissante à l'Occident, qui a commencé vers 1978. L'évolution du pays vers une économie de marché a entrainé une croissance économique impressionnante et des changements sociétaux et juridiques importants[4]. Par exemple, un examen national du barreau a été institué en 2002, au moins en partie en raison d'un désir de rendre les juges du pays plus qualifiés.

Mais le processus a été ralenti par le fait que de nombreux juges continuent à se percevoir davantage comme des fonctionnaires que

---

[1] Susan Finder, *ibid.*

[2] Jianli Song, « China's Judiciary: Current Issues », *Maine Law Review*, vol. 59, 2007, p. 142.

[3] David Said, *ibid.*

[4] Jianli Song, *ibid.*

comme des professionnels de la justice. En outre, des études sur les tribunaux chinois ont montré que les juges continuent à être enclins à trancher les affaires en fonction de leurs préférences idéologiques et personnelles, ce qui n'est pas sans rappeler les résultats des études sur la magistrature en Amérique du Nord. Cela signifie que le droit et les décisions juridiques et politiques que les juges produisent sont souvent le résultat d'opinions bien arrêtées qui n'ont pas grand-chose à voir avec une compréhension du droit positif[1].

Les chercheurs dont les travaux se concentrent sur la Cour insistent souvent sur sa nature semi-politique, suggérant que le pays ne dispose pas d'un « État de droit » en raison du lien de la Cour avec le Parti. Ils examinent de près les institutions et les fonctions internes de la Cour. C'est ainsi que des universitaires comme David Said suggèrent que la Cour populaire suprême est compromise par des pressions politiques et idéologiques externes. Étant donné que la Cour ne dispose pas de l'autorité légale nécessaire pour procéder à un contrôle constitutionnel indépendant et qu'elle est soumise au contrôle nominal d'autres organes du Parti, elle ne peut pas fonctionner comme une cour d'appel suprême[2].

Qi offre une perspective originale sur la légitimité du pouvoir de la plus haute juridiction sous un régime autoritaire ; elle rend possible une plus grande clarté dans notre compréhension de l'exercice du pouvoir judiciaire et de la séparation des pouvoirs dans un régime non démocratique. La Cour du 21e siècle est devenue très différente de son homologue du 20e siècle. Elle est devenue une institution juridique efficace, efficiente et prévisible dans une ère de transformation. Même les observateurs occasionnels remarquent la professionnalisation croissante de la Cour et la compétence des juges de la Cour suprême. La Cour joue désormais un rôle important — fondé sur ses propres initiatives et intérêts institutionnels — dans le développement du droit (p. 73-74). La Cour a renforcé son autorité grâce à ses interprétations judiciaires et à son utilisation du système des affaires directrices. Il serait erroné, selon Qi, de penser que la Cour populaire suprême n'a pas la capacité de renforcer le pouvoir judiciaire et même de créer une version chinoise de l'État de droit, car l'augmentation de l'autorité de la Cour s'est faite dans le cadre de contraintes institutionnelles très importantes (p. 132-135). Qi suggère que la création d'une version chinoise de ce qui était

[1] David Said, *ibid.*
[2] *Ibid.*

jusqu'à présent perçu comme une doctrine occidentale a, depuis 2014, été soutenue par les dirigeants du Parti qui se sont prononcés en faveur de la réforme juridique et de la gouvernance par le droit dans le cadre de leurs efforts pour créer un modèle chinois d'« État de droit socialiste » (p. 3-4, 84 and 124).

F. Relation avec le Parti

Dans le monde de l'après-20e siècle, la Cour suprême du peuple est devenue de plus en plus importante pour le Parti, en particulier dans le domaine du développement sociétal et économique. La Cour se situe au sommet d'une pyramide administrative où les juges sont affectés à différents rangs bureaucratiques. En dehors du droit, ceux qui siègent dans les plus hautes juridictions traitent davantage de questions administratives et de questions relatives au Parti que d'affaires juridiques (p. 84-92). Au cours de la période étudiée par Qi, le Parti annonçait les résultats administratifs et juridiques attendus du Parti populaire suprême, et les inspecteurs du Parti veillaient à ce que ceux-ci soient atteints. L'utilisation de la Cour populaire suprême par le Parti a profité à la Cour, malgré les contraintes imposées par ses superviseurs, car le Parti a de plus en plus impliqué la Cour dans des changements significatifs du système judiciaire[1].

Outre son rôle quasi législatif, la Cour populaire suprême est chargée d'élaborer la politique judiciaire par le biais de ses « avis » (p. 68-73). Ceux-ci ont pour effet de traduire la politique du parti en lois. Les membres de la Cour influencent également les actions des autres institutions de l'État en participant à des conférences et à des discussions avec les ministres de l'État. En fait, le rôle de la Cour en tant que participant aux affaires de l'État est si important que les juges de la Cour ont tendance à considérer la prise de décision judiciaire comme une fonction institutionnelle plutôt que juridique, rendant ainsi les juges aussi anonymes que les autres administrateurs de l'État.

L'article 131 de la Constitution de la République populaire de Chine stipule que « [l]es tribunaux populaires procèdent de façon indépendante, conformément aux dispositions de la loi, et ne souffrent aucune ingérence des organes administratifs, des groupements sociaux ou des individus. » Néanmoins, le Parti maintient un fort leadeurship sur le Tribunal du Peuple d'au moins deux façons (p. 29-37). Premièrement, le tribunal populaire est chargé d'établir des comités juridictionnels à

[1] Susan Finder, *ibid.*

tous les niveaux et ces comités supervisent le fonctionnement des tribunaux inférieurs en discutant des décisions prises dans des affaires importantes et souvent compliquées. Sur la base de cette règle, le comité d'adjudication a le pouvoir de prendre certaines décisions essentielles de sorte que ses membres font alors double emploi avec les membres de la Cour populaire suprême. En outre, les membres des comités d'adjudication disposent d'une autorité substantielle sur les juges, titre personnel. Ce pouvoir a été renforcé par les réformes judiciaires de l'administration Xi Jinping, qui ont considérablement accru le pouvoir des membres des comités locaux en leur permettant de nommer des juges au sein des tribunaux provinciaux.

De nombreux spécialistes se posent la question suivante : « Qu'est-ce que la Cour populaire suprême est autorisée à faire ? » La plupart d'entre eux s'accordent à dire que la Cour a toujours fonctionné sous d'importantes contraintes du parti, tant institutionnelles que politiques. Comme le suggère David Said, la question importante est de savoir « quels types de pouvoirs restent-ils à la Cour compte tenu de ces contraintes »[1]. Après avoir noté que le parti dirige et contrôle la Cour, il suggère que la question la plus intéressante concerne les modalités de cette direction et de ce contrôle. Selon lui, il s'agit là d'un aspect qui a changé de façon spectaculaire récemment.

Certains observateurs de la Chine posent une autre question : la direction du Parti était-elle à l'aise avec la position favorable de la Cour face à la primauté du droit et à l'indépendance judiciaire ? La difficulté méthodologique associée à la réponse à cette question explique probablement pourquoi il n'existe pas encore d'étude définitive permettant d'évaluer de manière convaincante l'attitude de la direction du Parti à l'égard de la réforme juridique en ce qui concerne la Cour populaire suprême[2].

Ce qui est devenu évident, c'est que la Cour n'est plus un simple pion du Parti. La réalité est que la Cour a désormais un large contrôle sur ses propres affaires, même si elle continue à fonctionner sous l'étroite surveillance du Parti. Selon Qi, le contrôle du Parti sur la Cour est menacé, car la Cour se débat avec la notion d'État de droit socialiste tandis que le Parti cherche à renforcer sa propre légitimité à une époque de transformations sociales importantes. La nature symbiotique de la relation entre la Cour et le Parti est aujourd'hui étudiée sous deux

---

[1] David Said, *ibid.*

[2] *Ibid.*

aspects. Premièrement, les dirigeants du parti ont fait preuve d'une grande tolérance à l'égard de l'indépendance du pouvoir judiciaire, et ils continuent à donner du pouvoir à la Cour en veillant à ce qu'elle dispose d'un champ d'action juridique suffisant ; sous cet angle, la recherche examine comment la Cour manœuvre indépendamment de certaines des contraintes qui ont jusqu'à présent limité sa capacité à agir seule. Deuxièmement, un autre axe de recherche s'interroge sur la mesure dans laquelle le parti peut permettre l'émergence d'un pouvoir judiciaire fort et indépendant qui aurait le potentiel de contester son pouvoir politique, même si ce n'est qu'en marge.

Selon Qi, malgré le fait que la direction du Parti soit devenue plus tolérante à l'égard de l'autonomisation croissante des tribunaux, la Cour continue de fonctionner sous des contraintes institutionnelles et politiques très réelles et profondément enracinées (p. 124-127). Qi suggère qu'il est important de comprendre que l'environnement institutionnel dans lequel le pouvoir judiciaire opère est un facteur important pour comprendre le rôle principal de la Cour dans la société chinoise (p. 127-129). En outre, il ne faut pas sous-estimer les dommages à long terme qui peuvent résulter de la limitation de l'épanouissement des membres du pouvoir judiciaire ; la bureaucratie peut avoir un impact négatif sur les aspirations et la carrière des juges.

Selon Qi, malgré les tentatives de la Cour de devenir plus indépendante du Parti et d'étendre ses capacités institutionnelles et son autonomie judiciaire, la réalité est que les efforts de la Cour dans ces domaines sont confrontés à des défis importants, y compris un manque d'influence nécessaire pour contrebalancer les autres acteurs du gouvernement. Pourtant, écrit Qi, la Cour ne doit pas être considérée comme un simple outil du Parti, mais plutôt comme une importante institution d'État cherchant à la fois l'indépendance institutionnelle et l'autonomie fonctionnelle dans une ère de transformation (p. 129-135). Somme toute, des facteurs extralégaux contribuent à l'exercice du pouvoir par la Cour suprême populaire qui joue à la fois un rôle judiciaire similaire et un rôle politique nettement différent à ses homologues dans les démocraties libérales bien établies.

TABLE DES MATIÈRES

Sommaire **7**

Curriculum vitae : Henri Pallard **11**

Préface. Mélanges en l'honneur du professeur Henri Pallard **49**
Yadh BEN ACHOUR

Apport du juge constitutionnel dans la construction de l'État de droit **57**
El Houssain ABOUCHI, Abdelmalek EL OUAZZANI et Michel GIROUX
A. Aperçu historique 58
B. État, droit, État de droit et contrôle constitutionnel 61
C. Approches de l'apport du juge constitutionnel 67

Société, juge et droit **81**
Rachid BAGAOUI
A. Les sociologues et le droit 81
B. La sociologie — les sciences sociales — et le juge en contexte canadien 83

Les Sociétés islamiques et l'idée de constitutionnalité. La Société de droit contre l'État de droit **89**
Yadh BEN ACHOUR
A. Les sociétés islamiques, sociétés de droit 90
B. Société de droit, État de droit 93
C. La société de droit face à la constitutionnalité 94
D. Conclusion 97

Le Juge constitutionnel et l'État de droit au Maroc **101**
Nadia BERNOUSSI
A. Propos liminaires 102
B. Historique 104
C. Structure et *process* 105
1. La structure 106
2. Process 108

D. Une jurisprudence entre régulation et protection 111
1. Régulation de l'activité normative des pouvoirs publics ... 111
2. Protection des droits fondamentaux 113
E. Conclusion 116

La Tunisie, le juge constitutionnel et l'État de droit 119
Lamia NEJI
A. Arrière-plan 120
B. La Constitution du 27 janvier 2014 124
C. Une accessibilité conditionnée 128
1. Vers la multiplicité des autorités de saisine 129
2. Vers l'extension du champ de contrôle 133
D. Un contrôle mitigé 137
1. L'apport timide du Conseil constitutionnel 138
2. L'apport controversé de l'IPCCPL 140
E. Conclusion 145
Post scriptum 146

Le Contrôle de constitutionnalité en Égypte.
Les Amendements constitutionnels 151
Hassan ABDELHAMID
A. Introduction et problématique 151
B. La « clause de l'immuabilité » en droit comparé 154
C. Contrôle des amendements constitutionnels selon la jurisprudence de la Haute Cour constitutionnelle 159
1. L'ancienne jurisprudence : refus de contrôler les lois constitutionnelles 162
2. La nouvelle jurisprudence : vers la possibilité d'un contrôle des lois constitutionnelles 164
D. Conclusion 166

La Question prioritaire de constitutionnalité.
La France, une démocratie suffisamment mûre
pour accepter pleinement l'État de droit ? 169
Thomas SIRET
A. Une « inconstitutionnalité matérielle absolue » 169
1. La conception de l'État de droit à la française 169
2. Des justifications historiques à l'absence de contrôle de constitutionnalité 171

B. Un renouvellement de la conception de l'État de droit à la française *via* la matrice kelsénienne 173
1. Le coup d'État juridique de 1971 et la transformation du Conseil constitutionnel en chambre législative spécialisée 173
2. La QPC et le contrôle par voie d'exception 177

Justice constitutionnelle et État de droit en France : un mariage de raison 183
Martial MATHIEU
A. Une institution étrangère à la tradition constitutionnelle française 184
1. Les échecs du contrôle de constitutionnalité, des Lumières au Second Empire 185
2. Le triomphe de la souveraineté de la loi sous la Troisième République 188
B. Une institution imparfaitement adoptée 190
1. L'adoption laborieuse de la justice constitutionnelle 190
2. Une mutation inachevée 194

Le Conseil constitutionnel français et l'environnement 197
Jean-Marie BRETON
A. Fonction et les méthodes du Conseil constitutionnel 198
1. Contrôle de constitutionnalité 199
a) Missions du Conseil constitutionnel 199
b) Domaine du contrôle de constitutionnalité 199
2. La QPC au service du droit de l'environnement 200
a) Le mécanisme de la QPC 200
b) Portée et limites du recours à la QPC en matière environnementale 201
B. Le ontrôle de constitutionalité de la législation environnementale 203
1. Pollutions, et atteintes à l'environnement et à la biodiversité 204
a) Déchets plastiques 204
b) Semences et les OGM 204
c) Changement climatique 206
2. Espaces et ressources naturels 207
a) Protection du littoral 207
b) Approvisionnement en eau 208

c) Fracturation hydraulique 208
d) Exploitation d'hydrocarbures 209
3. Cadre et conditions de vie 209
a) Respect du principe de participation 209
b) Droits de l'Homme et contrôle des multinationales 210
c) Protection du climat et contribution carbone 211
C. Reconnaissance de la valeur constitutionnelle et sanction du respect de la Charte de l'environnement 212
1. Consécration de la valeur constitutionnelle de la Charte 212
a) Intégration de la Charte au bloc de constitutionnalité 212
b) Portée normative de la Charte 213
2. Mise en oeuvre de la Charte 214
a) Effet utile de l'article 7 de la Charte 214
b) Sanction des dispositions de la Charte 215
D. Conclusion 217

Le Tribunal constitutionnel espagnol et l'État de droit. Dérive partisane d'un organisme politisé 219
Damià DEL CLOT
A. Le Tribunal constitutionnel et les héritages du franquisme 221
1. Nomination des juges et des magistrats : éviter la politisation 221
2. Le modèle territorial indéfini de l'État et le rôle du Tribunal constitutionnel 224
B. L'échec du Tribunal constitutionnel : de la politisation de la justice à l'activisme judiciaire 227
1. Débat juridique : légitimité du contrôle du pacte politique et objection démocratique 230
2. La bataille politique et la légitimité de l'exercice : récusations croisées et expiration dans la nomination des magistrats 234
C. La colonisation du Tribunal constitutionnel : de la judiciarisation de la politique à l'activisme partisan 237
1. Le Tribunal constitutionnel, garant de l'unité de l'Espagne : l'exercice impossible du droit de décider 239
2. Le Tribunal constitutionnel et l'exécution de ses propres sentences : contrôle du débat politique et entrée du droit pénal 242
D. En guise de conclusion : chronique d'un revers de fortune 245

La Justice constitutionnelle portugaise. Vol d'oiseau 249
Paulo FERREIRA DA CUNHA
A. Du contrôle diffus de la constitutionnalité 249
B. L'institutionnalisation du contrôle concentré 250
C. La Cour constitutionnelle et ses fonctions 250
D. Les contrôles 252
E. L'éternel débat 253

Évolution de la *rule of law* et du constitutionnalisme au Royaume-Uni 257
Alex ATANASOV
A. Constitutionnalisme et *rule of law* 257
B. Pouvoir, constitutionnalisme et *rule of law* 260
C. Le pouvoir parlementaire et la fin de l'absolutisme 261
D. Du 17e au 19e siècles 262
1. Les juges et le constitutionnalisme 262
2. Dicey et la souveraineté parlementaire 270
E. Constitutionnalisme moderne et *rule of law* 271
1. Principaux traits 272
a) Système évolutif 272
b) Système flexible 274
c) Constitution non écrite 275
2. Transformations 275
a) Affaiblissement des traditions 276
b) Peuple et souveraineté parlementaire 277

Primauté de la politique et suprématie judiciaire aux États-Unis. De Marbury v. Madison à Shelby County v. Holder 279
Michel GIROUX et Henri PALLARD
A. Autorité de l'État et autorité fédérale : 1789–1870 280
1. Marbury v. Madison 281
2. Dred Scott v. Sandford 284
B. Protection du droit de propriété : 1870–1937 285
1. Protection des Noirs 286
2. Protection de la propriété privée et de la liberté contractuelle 288
C. Protection des minorités et des défavorisés 292
D. La remontée de la pensée conservatrice 295
E. Conclusion 297

Annexe: Constitution des États-Unis d'Amérique (extraits)....... 299

Suprématie du parlement et *rule of law* au Canada : 1867-1982.. 303

Henri PALLARD

A. La suprématie du parlement et la *rule of law*.......................... 304
B. Le contexte constitutionnel canadien.. 305
C. De 1867 à 1960 307
1. La discrimination fondée sur l'origine ethnique 308
2. La discrimination fondée sur la religion 308
D. De 1960 à 1982 310
1. La liberté religieuse.. 311
2. Discrimination et égalité 312
E. Conclusion 315

Contrôle judiciaire de la constitutionnalité des lois et de l'action gouvernementale. La Charte canadienne des droits et libertés.. 321

Michel GIROUX

A. Introduction.. 321
B. L'article 52 de la Charte 322
C. L'article premier de la Charte.. 324
1. Exigence d'une règle de droit 325
2. Caractère raisonnable et justifiable de la limite 326
a) Un objectif urgent et réel.. 326
b) Le moyen choisi en vue d'atteindre cet objectif............ 328
D. L'article 32(1) de la Charte... 330
1. Une entité gouvernementale en raison de son essence....... 330
2. Une entité gouvernementale en raison de sa fonction........ 332
E. Les recours en vertu de l'article 24 de la *Charte* 333
1. L'alinéa 24(1).. 333
a) Un tribunal compétent.. 333
b) La réparation convenable et juste eu égard aux circonstances... 334
2. L'alinéa 24(2).. 336
F. L'article 33 de la Charte 338
G. Conclusion 340

Constitution et cour constitutionnelle.
L'histoire de la Mongolie 343
Manuel J. PELÁEZ et Xiaomei HAN
A. Aperçu général de l'histoire constitutionnelle
de la Mongolie 344
B. La Cour constitutionnelle de la Mongolie : le Tsets 347
C. Les réformes de 2019 349
D. Conclusion 352

Ding Qi : La Cour populaire suprême et la
construction chinoise d'un État de droit 353
Dale BRAWN
A. Introduction 353
B. La Cour populaire suprême 355
C. Le fonctionnement de la Cour 357
D. Comparaison avec d'autres cours constitutionnelles 359
E. Une conception chinoise d'un État de droit 361
F. Sa relation avec le Parti 363

Table des matières 367

Structures éditoriales du groupe L'Harmattan

L'Harmattan Italie
Via degli Artisti, 15
10124 Torino
harmattan.italia@gmail.com

L'Harmattan Hongrie
Kossuth l. u. 14-16.
1053 Budapest
harmattan@harmattan.hu

L'Harmattan Sénégal
10 VDN SICAP AMITIE 3
BP 45034 Dakar-Fann
direction@senharmattan.com

L'Harmattan Cameroun
Tsinga/Derrière polyclinique FECAFOOT
BP 11486 Yaoundé
Jacques.koukam@harmattan.fr

L'Harmattan Burkina Faso
Villa 281, secteur 23 623, rue 14.32
Ouagadougou
zagbie@outlook.fr

L'Harmattan Guinée
Almamya, rue KA 028 OKB Agency
BP 3470 Conakry
harmattanguinee@yahoo.fr

L'Harmattan RDC
185, avenue Nyangwe
Commune de Lingwala - Kinshasa
matangilamusadila@yahoo.fr

L'Harmattan Congo
219, avenue Nelson Mandela
BP 2874 Brazzaville
deunovmikhael@gmail.com

L'Harmattan Mali
Immeuble Mgr Jean Marie Cissé
Aci Hamadallaye
BP 145 Bamako
syllaka@yahoo.fr

L'Harmattan Togo
Djidjole - Maison Amela
face EPP BATOME
02 BP 20680 Lomé
didieramela11@gmail.com

L'Harmattan Côte d'Ivoire
Résidence Karl - Cité des Arts
Abidjan-Cocody
03 BP 1588 Abidjan
harmattan.ivoire@gmail.com

L'Harmattan Bénin
Rue 604, (Immeuble à l'entrée
de la rue UCAO- Cite de Saint-Jean)
Cotonou
stepcorpus@gmail.com

Nos librairies en France

Librairie internationale
16, rue des Écoles
75005 Paris
librairie.internationale@harmattan.fr
01 40 46 79 11
www.librairieharmattan.com

Librairie des savoirs
21, rue des Écoles
75005 Paris
librairie.sh@harmattan.fr
01 46 34 13 71
www.librairieharmattansh.com

www.ingramcontent.com/pod-product-compliance
Lightning Source LLC
LaVergne TN
LVHW011148061026
849535LV00003B/644
* 9 7 8 2 3 3 6 5 2 6 7 1 3 *